T4T

Eine Jüngerschafts-*Re*-Revolution

Die Story der schnellstwachsenden Gemeindegründungsbewegung der Welt, und wie dasselbe
auch in deiner Umgebung geschehen kann!

T4T - Eine Jüngerschafts-Re-Revolution

Steve Smith & Ying Kai

© William Carey Verlag
ISBN 978-3-944108-07-0
1. Auflage August 2012

© der englischen Ausgabe: T4T - A Discipleship Re-Revolution
2011 WIGTake Resources, LLC

Bibelstellen wurden – mit wenigen Ausnahmen – der Elberfelder
Übersetzung entnommen. © R. Brockhaus Verlag, Witten

Covervorlage: Mike Mirabella
Übersetzung: Markus Rapp
Lektorat: Riccardo Meusel

Satz & Layout: Riccardo Meusel, www.buchlayout.net
Druck: Booksfactory, www.booksfactory.de

William Carey Verlag

www.christusfuereuropa.de
www.T4Tonline.de

Kontakt: info@T4Tonline.de

WAS ANDERE ÜBER DIESES BUCH SAGEN

„Ein atemberaubendes Buch, das biblische Prinzipien und praktische Erfahrung miteinander verbindet. Die Umsetzung der Prinzipien dieses Buches hat unsere Gemeindegründungsarbeit weltweit transformiert und uns ermöglicht, in einem afrikanischen Land innerhalb von nur zwei Jahren 4.000 neue Gemeinden zu gründen. Dies geschah durch einfache Gläubige, die Gottes Wirken durch ihr Leben und ihren Dienst erfuhren. Ich empfehle die gründliche Lektüre dieses Buches von ganzem Herzen!"

Pastor Raymond Belfield, Executive Missions Direktor, Vorstandsmitglied des Assemblies of God World Ministries Council in England a.D.

„T4T spricht die grundlegendste, jedoch oft übersehene Aufgabe eines jeden an, dessen Verlangen es ist, eine Gemeindegründungsbewegung zu erleben: Das intensive, fokussierte, anhaltende Training von Jüngern. Ich empfehle dieses Buch in höchstem Maße für all diejenigen, die Gott auf erstaunliche Weise in einer Volksgruppe oder Nation wirken sehen wollen."

Richard Schlitt – Internationaler Direktor von OMF International

„Eine Pflichtlektüre für jede missionsorientierte Person und jeden Gemeindegründungs-Praktiker! T4T: Eine Jüngerschafts-*Re*-Revolution ist außerordentlich praxisnah und biblisch einwandfrei. Es vermittelt Inspiration, um Gott heute für das Unmögliche zu vertrauen: Gemeindegründungsbewegungen, die allein aus Gott entspringen."

Alvin W. Hull, Direktor von New Ministries

„Gott bewegt sich auf beispiellose Weise, um – während wir tiefer ins 21. Jahrhundert vorstoßen – Seine globale Mission zu erfüllen. Aufgrund Seiner göttlichen Fürsorge und Kraft ereignet sich die explosive Ausdehnung des Zeugnisses einheimischer Christen und die Multiplikation von Gemeinden durch eine reproduzierbare Methode namens „Training für Trainer". Steve Smith und Ying Kai präsentieren dieses Phänomen aus der Sicht von Praktikern, die diese absolut biblische, effektive Methode der Evangelisation und Gemeindegründung geleitet haben und es immer noch tun."

Dr. Jerry Rankin, Präsident i.R., International Mission Board, SBC

„Revolutionär in seiner eleganten Einfachheit und schonungslos in seiner fokussierten Entschiedenheit, Menschen zu Christen zu führen, die wieder andere zu Christus führen, enthält T4T die besten Methoden aktueller Mission. Wenn es eine „Top Gun Einheit" für Missionare gäbe, dann bestünde der Lehrplan in **Gemeindegründungsbewegungen** und **T4T**. Doch das Beste lediglich zu lehren, um besser zu werden, verfehlt den Genius von T4T. Stattdessen kann es jedem Christen helfen, jedem Menschen Zeugnis zu geben, den er kennt. Versuche es selbst! Teile es mit deinen Freunden! Ich selbst werde es schnellstmöglich als Leitfaden gebrauchen!"

Dr. Bob Garrett, Direktor, MA in Global Leadership, Dallas Baptist University

„2. Petrus 3,9 sagt uns, dass es Gottes Verlangen ist, dass niemand verloren geht, sondern jeder umkehrt und gerettet wird. Er segnet uns, indem Er uns gestattet, als Sein Instrument zu dienen und andere zu Ihm zu führen. Steve und Ying haben für uns einen enorm praktischen und gleichzeitig absolut biblischen Leitfaden erarbeitet, die richtigen Dinge zu tun, damit wir von Gott gebraucht werden, Gemeindegründungsbewegungen zur Geburt zu bringen. Dieses Buch wird dich lehren, ermutigen und inspirieren, während du erkennst, dass du gehorsam und effektiv andere erreichen und trainieren kannst – um zu erleben, was unser mächtiger Gott beabsichtigt zu tun!"

Dr. Clyde Meador, Interimspresident und Executive Vice President, International Mission Board, SBC

„Die Inhalte dieses Buches sind klar, praktisch und bewährt. Wichtiger noch: Die Autoren sind treue, fruchtbare Diener Gottes, welche diese Methoden ausleben und an unzählige geistliche Generationen weitergegeben haben. Viele hören über die Prinzipien von Gemeindegründungsbewegungen, wissen jedoch nicht, wo sie beginnen sollen. T4T ist ein wertvolles Werkzeug, das viele der Prinzipien verkörpert, die in Gemeindegründungsbewegungen eine zentrale Rolle spielen, und vermittelt eine Schritt-für-Schritt-Anleitung, wie diese Prinzipien umgesetzt werden können. Ich kenne Ying und Steve seit den Anfängen ihrer eigenen Ausbildung und spreche ihnen meine Empfehlung als außergewöhnliche Leiter mit einem dienenden Herzen aus. Jemand sagte einmal: „Erfahrung ist ein guter Lehrer, doch Erfolg ist ein großartiger Mentor". Lass in diesem Sinne Ying und Steve deine Mentoren sein!"

Dr. Curtis Sergeant, Vice President, Global Strategies, e3 Partners Ministry

„Während unseres Dienstes in einigen der härtesten Teile der muslimischen Welt haben wir die praktischen Einsichten von T4T als Antwort auf unsere Gebete erlebt, um geistgeleitete Multiplikation von Gemeinden zu erfahren. Steve und Ying teilen mit uns das Geschenk der Multiplikation von Gemeinden, die sogar unter besonders resistenten Volksgruppen funktioniert. Doch dieses Buch nur zu lesen wäre nicht genug! Wenn du die Prinzipien anwendest, die du in T4T findest, dann wirst du das Geschenk entdecken. Verpasse nicht, was der Herr uns durch diese Brüder lehrt!"

John, Strategischer Leiter der Affinity Group für Nordafrika und den Nahen Osten, International Mission Board, SBC

„Ein herausragendes Buch von zwei Männern, die Gemeindegründungsbewegungen voll und ganz verstehen. Inspirierend und lehrreich für jeden, dessen Leidenschaft es ist, Menschen zu Jüngern zu machen."

Steve Addison, Autor von „Movements that Change the World"

„Die Prinzipien in diesem Buch sind solide, biblisch, reproduzierbar, leicht anwendbar und universell. Gott ist dabei, etwas in unserer Generation zu bewirken, das kommende Generationen studieren und worüber sie reden werden. Dieses Buch gibt dir einen Einblick in das, was Er vorhat zu tun. Doch ein Wort der Warnung: Es ist schwer, darüber zu lesen und danach nicht ein Teil dessen sein zu wollen, was Gott in der Welt heute tut. Lesen auf eigene Gefahr!"

Neil Cole, Gründer und Direktor von Church Multiplication Associates, Autor von „Organische Gemeinde"

„Steve Smith schreibt nicht nur mit biblischer Autorität sondern auch aus tiefer Lebenserfahrung heraus. Alle Gemeinden, mit denen ich weltweit arbeite, wurden durch Steve's Lehre und Leiterschaft sowie durch sein Leben transformiert. Mein Gebet ist, dass dieses Buch nicht nur dein Herz berührt, sondern dich bevollmächtigt, die Welt zu verändern. Danke, Steve, dass du bewährte, biblische Wahrheiten mit uns teilst, die Leben verändern werden."

Dr. Jimmy Seibert, Pastor der Antioch Community Church und Präsident von Antioch Ministries International

INHALTSVERZEICHNIS

DANKSAGUNGEN

Ich gebe Jesus ganz und gar die Ehre für alles, was in diesem Buch wertvoll ist und übernehme die volle Verantwortung für alles, was fehlerhaft ist! Der König hat dieses Buch seit Jahren auf mein Herz gelegt, und schließlich habe ich die Zeit gefunden, die Einsichten aufzuschreiben, die ich aus Seinem Wort und Seinen Werken gelernt habe.

Dieses Buch hätte nicht ohne die unerschütterliche Unterstützung meiner kostbaren Frau Laura geschrieben werden können. Abgesehen von Jesus ist sie meine größte Ratgeberin und mein größter Beistand. Vieles von dem, was du in diesem Buch lesen wirst, resultierte aus unseren unzähligen täglichen Gesprächen über ein gottgefälliges Leben und den Dienst. Ebenso möchte ich David Garrison danken, dass er an dieses Projekt geglaubt und daran mitgewirkt hat, es in Realität zu bringen. Ying Kai hat das Zustandekommen dieses Buches großzügig unterstützt und viele seiner Inhalte – entnommen aus Audioaufnahmen unserer gemeinsamen Trainingsseminare – beigetragen.

Mehrere weitere Personen haben jedes Wort gelesen und wertvolle Einsichten und Korrekturen aufgrund ihres umfassenden Wissens über Gemeindegründungsbewegungen und T4T beigetragen: Bill Smith, Stan Parks, Bill Fudge, Hal Cunnyngham, Allen James, Neill Mims und David Garrison. Stan Parks und seine zwei Söhne Kaleb und Seth haben viele Stunden mit der Erstellung von Skripten der Lehraufnahmen von Ying Kai verbracht und sich um die Logistik in Bezug auf dieses Buch verdient gemacht. Auch danke ich Mike Mirabella und Megan Chadwick für ihre exzellente Arbeit an Grafik und Design für dieses Buch. Meine Mutter Jean Smith, eine Englischprofessorin, untersuchte sorgfältig jedes Wort und korrigierte grammatikalische Ungenauigkeiten.

Viele andere haben Ideen, Fallstudien und Beispiele beigetragen, die in diesem Buch enthalten sind. Wo immer die Sicherheit es erlaubt habe ich sie namentlich zitiert. Mein tiefer Dank gilt besonders Dr. Thom Wolf und Carol Davis, deren Einsichten viele dieser Seiten füllen.

Besonders möchte ich meinen drei Söhnen Cris, Josh und David danken, sowie dem Team, den nationalen Partnern und den Leitern der Gemeindegründungsbewegung unter den „Ina", deren Teil wir waren. Gemeinsam haben wir die Apostelgeschichte von neuem erlebt.

Vorwort von David Garrison

Selten war ich so begeistert über ein neues Buch! In den letzten zwei Jahrzehnten bin ich in die Welt der Gemeindegründungsbewegungen eingetaucht – die schnelle Multiplikation von neuen Gemeinden, welche eine Volksgruppe oder Stadt durchdringt. Meine Untersuchungen haben mich buchstäblich in jede Region der Welt geführt. Keine der vielen Bewegungen, die ich untersucht habe, hat den Titel „Beste Anwendung einer Gemeindegründungsbewegung" mehr verdient als die bemerkenswerte T4T oder „Training für Trainer"-Bewegung, die in einem verschlossenen und überbevölkerten Land Asiens explosiv gewachsen ist.

Seit ihrer Entstehung im Jahre 2001 hat diese Bewegung mehr als 1,7 Millionen Taufen und mehr als 150.000 neu gegründete Gemeinden dokumentiert. Tatsächlich haben wir nie etwas vergleichbares wie diese Bewegung gesehen, die jetzt andere missionarische Bemühungen in der ganzen Welt beeinflusst.

Aufgrund des Engagements von Steve Smith erlangen wir nun zum ersten Mal tiefen Einblick, wie und warum sich diese Bewegung so schnell multipliziert. Steve hat einen Ruf als einer der besten Trainer für Gemeindegründungsbewegungen des IMB (International Mission Board der Southern Baptists) erlangt. In diesem aufschlussreichen Buch gibt uns Steve gemeinsam mit Ying Kai – dem Vater der T4T-Bewegung – einen tief geistlichen, biblisch fundierten und ungemein praktischen Einblick, wie genau Gott in dieser außergewöhnlichen Bewegung wirkt.

T4T: Eine Jüngerschafts-**Re**-Revolution verspricht, Licht auf die Wege zu werfen, mittels derer Gott neues Leben in Christus sowie Gemeinschaften des Glaubens multipliziert – doch es tut noch viel mehr. Dieses Buch vermittelt Lektionen für unser Leben und unseren Dienst, die überall angewandt werden können und bereits jetzt missionarische Dienste in der ganzen Welt transformieren.

Es ist eine Ehre für mich, mit der Herausgabe dieses Buches in Verbindung zu stehen, und ich bete, dass Gott es gebraucht, Sein Reich dort auszudehnen, wo du dienst.

David Garrison, Ph. D., Autor „Gemeindegründungs-Bewegungen"

WIDMUNG

Meiner wundervollen Frau Laura, die durch ihre
Einsichten all meine Lehre beeinflusst hat!

BEGRIFFSERKLÄRUNG

Anfängliche Jüngerschaft (englisch: short-term discipleship)

Mit anfänglicher Jüngerschaft sind die ersten sechs bis zehn Lektionen (Basislektionen) über Jüngerschaft gemeint. Der Begriff wird von den Autoren in Abgrenzung zu langfristiger Jüngerschaft (longterm discipleship) gebraucht.

Any[3]

Dieser Begriff steht als Eigenname und wurde nicht übersetzt. Es handelt sich um eine evangelistische Methode innerhalb der muslimischen Welt. Ihr englischer Ursprung lautet: Anyone, Anyhow, Anytime (Jedem, auf jede Weise, zu jeder Zeit).

Die fettgedruckten Teile (englisch: The bold parts)

Innerhalb der sieben kleineren Einheiten während jeder Trainingssitzung finden sich vier, die von besonderer Bedeutung für die Entstehung einer Bewegung sind. Dabei handelt es sich um: Liebevolle Rechenschaft, Visionsvermittlung, Praktizieren des Gelernten, Zielsetzung & Gebet. In T4T heißen sie eigentlich „The red parts" (die roten Teile); da jedoch das Buch in schwarz-weiß gedruckt ist, wurde die Bezeichnung vom Autor entsprechend in „The bold parts" (die fettgedruckten Teile) geändert.

Drei-Drittel-Prozess (englisch: The three thirds process)

Der Drei-Drittel-Prozess drückt aus, dass ein T4T-Treffen aus drei Teilen besteht. Innerhalb dieser drei Teile wiederum finden sich sieben verschiedene Abschnitte.

GGB (englisch: CPM, Church Planting Movement)

GGB steht als Abkürzung für Gemeindegründungsbewegung.

oikos

Dieses Wort entstammt dem Griechischen und wurde als Eigenbegriff nicht übersetzt. Seine Bedeutung ist: Der Haushalt, in dem jemand lebt, und der sich zusammensetzte aus Familie, im Haus lebenden Angehörigen sowie Knechten, Mägden etc. Im erweiterten Sinne wird es für das persönliche Umfeld gebraucht.

Induktives Bibelstudium

Bibelstudium „aus erster Hand" – ohne Hilfsmittel und Kommentare. Dies wird auf den Seiten 138, 245 und 246 des Buches näher erklärt. Die einzige Möglichkeit, die Reinheit einer Bewegung über viele Generationen zu bewahren und Irrlehre zu vermeiden, besteht darin, dass jeder einzelne Gläubige, jeder Leiter und jede neue Generation von Gläubigen Dinge allein am Wort prüft und Antworten auf alle Fragen direkt im Wort Gottes sucht. Dieser Effekt wird noch verstärkt, indem Gruppen gemeinsam die Bibel auf diese Weise (induktiv) studieren und sich die Mitglieder der Gruppe auf natürliche Weise korrigieren.

Oral Learners

Hierbei handelt es sich um einen missiologischen Begriff aus dem Englischen, der nur schwer mit einem prägnanten deutschen Begriff wiedergegeben werden kann. Deshalb haben wir ihn in den meisten Fällen als Eigenname belassen. Bei „Oral Learners" handelt es sich um Einzelpersonen, Stämme oder Volksgruppen, die entweder über keine schriftliche Sprache verfügen, oder aber sie verfügen über eine solche, nutzen sie jedoch nur in geringem Maße. Es beschreibt auch sogenannte „Analphabeten", die aufgrund mangelnder Bildung oder Fähigkeit nicht lesen bzw. schreiben können.

T4T-Treffen

Wöchentliches oder zweiwöchentliches Trainingstreffen von ca. zwei bis drei Stunden, innerhalb dessen der oben erwähnte Drei-Drittel-Prozess, bestehend wiederum aus sieben kleineren Abschnitten, stattfindet. Die Begriffe „T4T-Sitzung", „T4T-Meeting", „Treffen" oder „Trainingseinheit" stehen im Buch dafür synonym. Auch ist das Treffen in aller Regel identisch mit der jeweiligen Lektion: Lektion eins im ersten Treffen, Lektion vier im vierten Treffen und so fort, es sei denn, bestimmte Lektionen würden anfänglich oder zu einem späteren Zeitpunkt wiederholt.

Erster Teil

Die Grundlagen von T4T

KAPITEL 1

KÖNIGREICH KOMM!

**Ich habe meinen Plan für eine Gemeindegründungs-
bewegung erfüllt. Was soll ich als nächstes tun?**

Zu Beginn des 21. Jahrhunderts begann Gott damit, in einer dicht
besiedelten Region Asiens einen erstaunlichen Plan zur Ausbreitung
Seines Reiches zu entfalten. Ying und Grace Kai arbeiteten in einem
Stadtgebiet mit überfüllten Fabriken von 10.000 bis 100.000 Arbeitern; ein verrückter Mix aus hoch gebildeten College-Absolventen
einerseits und nahezu ungebildeten, dörflichen Menschen andererseits, die wegen der Fabriken eingewandert waren.

Innerhalb von Wochen nach seiner Ankunft begann Ying Resultate zu
sehen, die man sich kaum vorstellen kann. Gott war dabei, eine unglaublich explosive Bewegung in diesem Teil des Landes zu schenken.

Seit Jahren trainierte unser Missionswerk Missionare und Gemeindeleiter, wie sie mit Gott für die Entstehung von Gemeindegründungsbewegungen (GGBs) zusammenarbeiten können, damit es zu einer sich über Generationen fortpflanzenden, beschleunigten Multiplikation von Jüngern und Gemeinden in der Vollmacht des Geistes kommt. Am Ende der Ausbildung entwickelt jeder Teilnehmer seinen eigenen Gemeindegründungsplan. Ihre Pläne beginnen mit Gottes Vision für eine Bewegung, fokussieren sich dann aber auf die praktischen Schritte des Dienstes, die sie gehen müssen, um ihre große Vision zu erfüllen.

> In all meinen Jahren des Trainings anderer hatte ich noch nie erlebt, dass ein Missionar die Vision seines Plans für eine Gemeindegründungsbewegung erfüllte – bis ich Ying Kai begegnete!

Im Laufe der Jahre haben viele dieser Missionare und Gemeindeleiter
große Fortschritte und Durchbrüche in dem Dienst erfahren, zu dem
Gott sie berufen hat. Doch in all den Jahren des Trainings hatten wir

noch nie erlebt, dass ein Missionar oder Gemeindeleiter seine Vision voll erfüllen und die Ziele seines Gemeindegründungsplanes ganz erreichen konnte. Der Zweck der Vision besteht darin, so groß und gottgemäß zu sein, dass sie den Missionar und seine Partner für viele Jahre leiten kann. Diese finale Vision treibt sie an, Dinge im Glauben zu unternehmen, die sie andernfalls nie versucht hätten.

Nach nur drei Monaten der Umsetzung seines Gemeindegründungsplans rief Ying den Regionalleiter unserer Missionsgesellschaft an. Er sagte: „Bill, ich habe meinen GGB-Plan erfüllt. Was soll ich als nächstes tun?" Bill fiel vor Erstaunen die Kinnlade herunter. Nach einer Pause antwortete er: „Mach einfach weiter, Ying!" Immerhin war Yings Vision seiner GGB die Gründung von 200 Gemeinden. Ying erreichte dieses Ziel *in nur drei Monaten!* Das ließ uns alle aufmerken und machte uns neugierig.

Nach einigen weiteren Monaten waren aus den hunderten bereits tausende von Gemeinden geworden, [1] die sich zumeist in Wohnungen, Restaurants, Parks und Fabriken trafen. Zehntausende kamen zum Glauben und gaben diesen Glauben sofort an andere weiter, in einer Jüngerschafts-Explosion wie zur Zeit der Apostelgeschichte.

Die Bewegung wuchs täglich. Ying und seine Frau Grace führten genauestens Buch über die Entwicklung, da ihnen die neu eingesetzten Leiter aus den verschiedenen Netzwerken ihrer GGB monatliche Berichte lieferten. Die Zahlen wurden sorgfältig eingetragen und dann auf konservative Weise weitergegeben – abzüglich möglicher Ungenauigkeiten. Im Jahr 2005 besuchte ein unabhängiges Forschungsteam unterschiedliche Gruppen von Gläubigen und Leitern, um die Natur dieser sich so schnell multiplizierenden GGB besser zu verstehen. Sie bestä

> Die letzte Zählung ergab, dass mehr als 1,7 Millionen Gläubige getauft und mehr als 150.000 Gemeinden gegründet worden waren.

tigten nicht nur die Genauigkeit der Reporte über die Bewegung, sondern entdeckten auch, dass die Zahlen, die an Ying und Grace gemeldet wurden, nur die Leitungsspitze der Bewegung erfassten. Sie spiegelten nicht das gesamte Ausmaß des dortigen Wachstums von Gottes Reich wieder. In jeder Bewegung einer solchen Größenordnung ist es irgendwann unmöglich, Kontakt zu weit entfernten Generationen von Gläubigen und Gemeinden aufrecht zu erhalten.

In einer seiner Stichproben traf das Forschungsteam Gläubige aus 18 verschiedenen „Generationen", die innerhalb dieser vier bis fünf Jahre Christen geworden waren. Dies bedeutete, dass die erste Generation dafür verantwortlich war, die zweite Generation zum Glauben zu führen und zu Jüngern zu machen. Die Forschungsgruppe konnte 18 Generationen von Jüngerschaft und Gemeindegründung zurückverfolgen, bis hin zu Gläubigen der 18. Generation, die ihr Zeugnis gaben. Als sie dem Gläubigen aus der 18. Generation zuhörten waren sie erstaunt, wie sehr seine Weise der Verkündigung als auch der Jüngerschaft mit dem übereinstimmte, was in der ersten Generation gelehrt wurde.

Der Dienst von Ying und Grace hat sich inzwischen zur wahrscheinlich schnellstwachsenden Gemeindegründungsbewegung der jüngeren Geschichte entwickelt. Im Folgenden findet sich eine Zusammenfassung der monatliche Berichte ihrer Leiter. Die Zahlen erfassen auf konservative Weise nur die Spitze dieser Bewegung Gottes. Wenige Monate nach ihrem Start waren bereits über 12.000 Menschen getauft und 908 kleine Gemeinden entstanden.

Jahr	Taufen	Neue Gemeinden
Jahr 1:	53.430	3.535
Jahr 2:	104.542	9.320
Jahr 3:	90.648	9.307
Jahr 4:	121.859	12.548
Jahr 5:	153.625	15.193
Jahr 6:	204.055	18.194
Jahr 7:	210.951	19.921
Jahr 8:	313.598	28.602
Jahr 9:	279.231	24.005
Jahr 10:	206.204	24.490
Gesamt:	**1.738.143**	**158.993**

Heute lässt sich diese Bewegung wohl am besten als eine Art Super-Gemeindegründungsbewegung bezeichnen. Sie ist so groß geworden, dass es unmöglich ist, alles zu erfassen, was geschieht. Doch es ist klar, dass eine ganze Region in Asien mit dem Reich Gottes durchdrungen wurde und die Auswirkungen jetzt auch Volksgruppen in anderen Ländern und auf anderen Kontinenten berühren.

Während Gläubige Jesus treu als gehorsame Jünger nachfolgten und das Evangelium als auch Jüngerschaft an die weitergaben, die sie zum Glauben geführt hatten, entstand eine Jüngerschafts-Revolution. Ying nannte dies **Training für Trainer (T4T)**, weil er von jedem Jünger erwartet, dass er auch andere trainiert. Diese Jüngerschafts-Revolution kommt denen, die die Apostelgeschichte lesen, sehr vertraut vor und lässt sich zurückführen auf die Prophetie Jesu, dass Seine Jünger größere Werke tun würden als Er.

> „Wahrlich, wahrlich, ich sage euch: Wer an mich glaubt, der wird auch die Werke tun, die ich tue, **und wird größere als diese tun,** weil ich zum Vater gehe." (Joh. 14,12)

Aus Liebe für Jesus entfachten die ersten Apostel die ursprüngliche Jüngerschafts-Revolution in der Erwartung, dass neue Gläubige, erfüllt vom Heiligen Geist, Jesus mit ganzem Herzen nachfolgen und zu Menschenfischern werden würden. Sie setzten eine Jüngerschafts-Revolution in Gang, die den Alten Bund weit übertraf und die Herrschaft ihres Königs im ganzen römischen Reich und darüber hinaus ausbreitete. Dies war tatsächlich ein „größeres Werk" – eine größere Ausdehnung Seiner Herrschaft.

Die Gemeindegründungsbewegung, welche durch Yings Dienst entstand, fordert unsere normalen Erwartungen in Bezug auf Jüngerschaft und Gemeindegründung heraus. Sie bringt uns zurück zur ursprünglichen Jüngerschafts-Revolution. Als Rückkehr zu dieser ursprünglichen Revolution ist es eine **Re**-Revolution!

Parallel zu Ying Kais Super-GGB entfaltete sich ein weiteres Wirken Gottes, und zwar in unserem eigenen Dienst.

Dreieinhalb Jahre!

Unsere Missionsarbeit unter der entlegenen Volksgruppe, die wir „Ina" nennen, [2] fing endlich an zu wachsen. In diesem asiatischen

Land herrscht Verfolgung, und wir hatten fünf Jahre gebraucht, um an diesen Punkt zu gelangen. Die Ina waren die ärmste Volksgruppe des Landes. Viele unter ihnen waren ungebildete Analphabeten, die mehrere Tagesreisen von irgendeiner Stadt entfernt wohnten. Fünftausend ihrer Dörfer lagen verstreut in einer bergigen Region des Landes, soweit das Auge reichte.

Wir beteten und arbeiteten verzweifelt für den Ausbruch einer Bewegung des Reiches Gottes innerhalb dieser animistischen Volksgruppe, welche fest in ihrer Furcht vor dämonischen Mächten verhaftet war. Doch es war bereits schwierig, überhaupt Zugang zu ihnen zu bekommen.

Ich hatte versucht, mich in Dörfer der Ina einzuschleichen, um ihnen das Evangelium zu bringen. Mit hochgeschlagenem Kragen, den Hut tief ins Gesicht gezogen und aufgesetzter Sonnenbrille schlich ich mich im Schutz der Abenddämmerung in ein Dorf, um es beim ersten Morgenlicht wieder zu verlassen. Mein Team und ich teilten den Ina in ihren Häusern heimlich das Evangelium mit, während wir trüben Tee tranken und Bienenlarven aßen. Doch nach unserem Weggehen machte die Polizei häufig eine Razzia und zerstörte unser Werk. Wir fühlten uns so hilflos. „Vater", betete ich, „selbst wenn sie gläubig werden, wie sollen sie je die Chance haben, im Glauben zu wachsen, bevor alles wieder zerschlagen wird?!"

Durch wiederholtes Lesen von Matthäus 10, Lukas 10 und der Apostelgeschichte führte Gott uns zu einer anderen Strategie. Wenn Gläubige, die wie die Ina aussahen – also selbst Asiaten waren – unbemerkt in die Dörfer der Ina gelangen könnten, um ihnen das Evangelium mitzuteilen und sie zu Jüngern zu machen, dann würde die Regierung es vielleicht für einige Zeit nicht bemerken. Und wenn diese neuen Gläubigen unter den Ina dann sowohl dieses Zeugnis als auch Jüngerschaft und Gemeindegründung ihrerseits an andere Dörfer der Ina weitergeben würden – dann könnten sie vielleicht an Orte gelangen, wohin zu gehen uns und unseren asiatischen Mitarbeitern nicht möglich war.

Wenn die Erwartung des Reiches Gottes, dass jeder neue, gehorsame Jünger zu einem Zeugen Jesu, und jede Gemeinde zu einer Gemeinde würde, die ihrerseits Gemeinden gründet, Schule machte, dann bestünde Hoffnung, dass die Bewegung – wie ein Senfkorn – aufkeimt an jedem Ort, bis nichts mehr sie stoppen könnte.

So mobilisierten und trainierten wir asiatische Mitarbeiter, die in die abgelegene Bergwelt gingen, wo die Ina lebten. Viele dieser Mitarbeiter wurden ins Gefängnis geworfen und geschlagen, doch konnten sie gleichzeitig den Ina das Evangelium bringen, neue Gläubige zu Jüngern machen und Gemeinden unter ihnen gründen. Innerhalb von nur zwei Jahren gründeten sie die ersten Gemeinden unter den Ina, was sich zu einer Bewegung des Reiches Gottes entwickelte. Asiatische Mitarbeiter waren für einen Teil dieses Erfolges verantwortlich, doch am aufregendsten war, dass die Jüngerschafts-Revolution die Ina selbst ergriffen hatte. Die Mehrzahl der neuen Gemeinden war von neuen Gläubigen unter den Ina gegründet worden, die danach trachteten, ihre Liebe für Jesus, den König, in andere Dörfer zu tragen.

Ich war außer mir vor Freude. Dennoch gab es etwas, das mir auf der Seele brannte. „Herr, das ist nicht genug! Wir haben bisher nur 80 Dörfer erreicht. Doch es gibt immer noch 4.900 Dörfer, die vom Evangelium berührt werden müssen! Lass uns nicht mit dem Zweitbesten zufrieden sein und dabei verpassen, was nötig wäre, alle fünftausend Dörfer mit dem Evangelium zu erreichen."

Ich saß in einem kleinen Raum an einem geheimen Ort mit zwölf neuen Ina-Leitern und drei ausländischen Mitarbeitern. Diese Ina-Leiter waren mit Bussen auf lebensgefährlichen Bergstraßen angereist, um die 80 neuen Gemeinden bei unserem ersten Leitertraining zu repräsentieren. Während der Woche gaben wir ihnen grundlegende Leiterschaftsschulung, welche sie zurück in diejenigen Gemeinden bringen sollten, die sie repräsentierten. Wir tauschten uns über viele Themen aus – Ehe, Jüngerschaft, gute Leiterschaft, wie man liebt, wie man Verfolgung erträgt, ein richtiges Verständnis der Bibel und anderes mehr.

Doch vor allem sprachen wir über die Revolution des Reiches Gottes, die seit der Zeit der Apostelgeschichte dabei war, sich von Land zu Land und von Volksgruppe zu Volksgruppe auszubreiten. Es war Gottes Zeit, die Ina zu erreichen, wie auch dafür, dass sie ihren Platz in Gottes anhaltendem Plan einnahmen, Sein Reich in jeder Volksgruppe zu bauen. Obwohl diese Brüder und Schwestern sich so treu in der Gründung neuer Gemeinden erwiesen hatten, waren 80 Gemeinden nicht genug! Diese zwölf Leiter brauchten eine größere Vision; eine Vision, die sie antreiben würde, alle fünftausend Dörfer und darüber hinaus auch andere Volksgruppen und Nationen zu erreichen.

Ich hatte diese Vision.

Meine asiatischen Partner hatten diese Vision.

Doch hatten auch die Ina-Gemeinden diese revolutionäre Vision empfangen?

Ich verbrachte viele Stunden damit, die Gruppe über Gemeindegründungsbewegungen zu lehren, als auch darüber, wie Gott sie gebrauchen könnte, ihre ganze Volksgruppe und darüber hinaus sogar weitere Volksgruppen zu erreichen. Ich lehrte sie, wie jeder gehorsame Gläubige ein effektiver Zeuge Christi werden, andere zu Jüngern machen und immer aufs neue nach wenigen Wochen oder Monaten weitere Generationen von Jüngern und Gemeinden beginnen kann. Doch irgendwie drang es noch nicht zu ihnen durch.

Eines Morgens vermittelte ich ihnen erneut die Vision, wie eine Gemeindegründungsbewegung sich auf alle 5.000 Dörfer ausweiten kann. Als der Vormittag voran schritt und ihre Verwirrung anhielt, gab ich beinahe auf. Frustriert sagte ich:

> *„Es ist Mittagspause und ich muss zu einem Termin. Während der Pause möchte ich, dass ihr über einen Plan nachdenkt, wie 80 Gemeinden in fünf Jahren – oder weniger – alle 5.000 Dörfer erreichen können! Wenn ich zurück bin werde ich euch fragen, was ihr dazu denkt."*

Ich konnte die Nervosität in ihren Augen sehen, doch ich wusste nicht, was ich sonst tun sollte. So ließ ich sie mit sich selbst – und dem Heiligen Geist – allein.

Zwei Stunden später kam ich in den Trainingsraum zurück und war über die spürbar veränderte Atmosphäre erstaunt. Sie waren überglücklich! Die zwölf Ina-Leiter strahlten vor Begeisterung. Als ich im Raum umherschaute fiel mein Blick auf die Zahlen, die sie auf die Tafel geschrieben hatten:

80

160

320

640

1.280

2.560

5.120

Einer der Ina-Leiter kam auf mich zu und hüpfte begeistert auf und nieder. Er war der Sprecher der Mittagspausen-Gruppe.

„Bruder Steve, du wirst nicht glauben, was wir entdeckt haben!"

(Weiterhüpfend) „Wie du weißt, vertreten wir 80 Ina-Gemeinden. *(Hüpfend)* Wir können sehr leicht zurückgehen und jede unserer 80 Gemeinden trainieren, innerhalb von sechs Monaten – oder weniger – eine weitere Gemeinde zu gründen. In einem halben Jahr, noch vor der Erntezeit, werden wir 160 Gemeinden haben!" *(Er hüpft weiter, während ich den Ahnungslosen spiele.)*

„Doch das ist noch nicht alles. Wir können auch die neuen 80 Gemeinden trainieren, jeweils eine weitere Gemeinde zu gründen, und sechs Monate später, bevor die Aussaat beginnt, werden wir 320 Gemeinden haben. *(Er hüpft noch höher; ich simuliere einen Schock – obwohl tatsächlich ein Schock bei mir einzusetzen beginnt.)*

> Die Bewegung kam in Schwung. Einige Jahre später kommentierte mein Supervisor meinen Monatsbericht mit den Worten: „Steve, das klingt wie die Apostelgeschichte!"

„Das ist noch nicht alles. Alle sechs Monate können wir den neuen Gemeinden helfen, dasselbe Muster zu wiederholen, so dass wir unsere Zahl jedes halbe Jahr verdoppeln, von 320 auf 640 (er zeigt auf die Zahlen), dann auf 1.280, auf 2.560 und schließlich auf 5.120!"

Jetzt hüpften alle zwölf Ina im Raum auf und nieder, mit Lachen auf ihren Gesichtern. Ich fing an zu begreifen, dass der Heilige Geist ihnen schließlich ein Verständnis für Gemeindegründungsbewegungen und ihre Rolle darin eröffnet hatte. Plötzlich wallte in meinem Herzen die Hoffnung auf, dass die Ina tatsächlich zu meinen Lebzeiten mit dem Evangelium erreicht werden könnten. Sie hatten die Idee begriffen, dass jeder Gläubige trainiert werden könnte und man von ihm erwarten kann, einen Lebensstil des Zeugnisgebens und des Trainierens neuer Gläubiger zu entwickeln und auszuleben.

Ich dachte, der Ina-Leiter sei mit seinem Vortrag zu Ende, doch er hatte noch eine weitere Sache mitzuteilen. Mit großen Buchstaben schrieb er eine Zahl an die Tafel und rief dabei mit lauter Stimme:

3 1/2 Jahre

„Bruder Steve, in dreieinhalb Jahren werden wir es geschafft haben!"

Jetzt wusste ich, dass die Vision des Reiches Gottes sie gepackt hatte. Sie hatten es verstanden. Die DNA des Königreiches Gottes war zu ihrer DNA geworden. „Geist Gottes" betete ich, „befähige sie, die Vision umzusetzen!" Diese Ina-Leiter wurden nun zu Trainern, die andere Gläubige trainierten, welche wiederum andere neue Gläubige trainierten – und darin anhielten, dies von Generation zu Generation zu wiederholen.

Die Bewegung kam in Schwung. Obwohl die Ina hinter ihrem Ziel, alle 5.000 Dörfer in dreieinhalb Jahren zu erreichen, zurückblieben, fingen sie an, sich unablässig und fleißig auf die Erfüllung der Vision zuzubewegen. Während der nächsten drei Jahre verdoppelte sich die Zahl der Ina-Gemeinden auf 176. In den folgenden Jahren musste die Bewegung viele Hindernisse überwinden, doch die Ina halten darin an, neue Gemeinden zu gründen und sandten vor kurzem ihre ersten internationalen Missionare aus. Was mit der Vision eines einzelnen ausländischen Missionars begann wird heute von hunderten Gläubigen unter den Ina fortgesetzt, was meinen Supervisor zu der Aussage veranlasste: „Steve, das klingt wie die Apostelgeschichte!"

Und so ist es! Es ist wahrhaft „Sein Reich gekommen." – eine Rückkehr zur ursprünglichen Jüngerschafts-Revolution: eine *Re*-Revolution!

Tritt ein und entdecke!

Die geistlichen Prinzipien, welche Gott uns sowohl durch die T4T-Bewegung als auch durch unsere eigene Gemeindegründungserfahrung unter den Ina zeigte, beeinflussen und unterstützen inzwischen die Arbeit von vielen anderen GGB-Missionaren und Gemeindeleitern in der ganzen Welt. Der König selbst will uns durch diese Gemeindegründungsbewegungen – diese Jüngerschafts-**Re**-Revolutionen – viele tiefe Prinzipien und deren Anwendung lehren, welche dort, wo ein jeder von uns tätig ist, zum Einsatz gelangen können.

Ying und ich laden dich ein, in die Seiten dieses Buches einzutauchen und herauszufinden, worin diese Prinzipien und ihre Anwendung bestehen ...

Kapitel 2

Es geschieht wieder!

„Die nun sein Wort aufnahmen, ließen sich taufen; und es wurden an jenem Tag etwa dreitausend Seelen hinzugetan." (Apg. 2,41)

„Der Herr aber tat täglich hinzu, die gerettet werden sollten." (Apg. 2,47)

„Viele aber von denen, die das Wort gehört hatten, wurden gläubig; und die Zahl der Männer kam auf etwa fünftausend." (Apg. 4,4)

„Aber umso mehr wurden, die an den Herrn glaubten, hinzugetan, Scharen von Männern und auch Frauen." (Apg. 5,14)

„In diesen Tagen, als die Jünger sich mehrten ..." (Apg. 6,1)

„Und das Wort Gottes wuchs, und die Zahl der Jünger in Jerusalem mehrte sich sehr; und eine große Menge der Priester wurde dem Glauben gehorsam." (Apg. 6,7)

„So hatte denn die Gemeinde durch ganz Judäa und Galiläa und Samaria hin Frieden und wurde erbaut und wandelte in der Furcht des Herrn und mehrte sich durch den Trost des Heiligen Geistes." (Apg. 9,31)

„Und des Herrn Hand war mit ihnen, und eine große Zahl glaubte und bekehrte sich zum Herrn." (Apg. 11,21)

„Das Wort des Herrn aber wurde ausgebreitet durch die ganze Gegend." (Apg. 13,49)

„Und als sie jener Stadt das Evangelium verkündigt und viele zu Jüngern gemacht hatten, kehrten sie nach Lystra und Ikonium und Antiochia zurück." (Apg. 14,21)

„Die Gemeinden nun wurden im Glauben befestigt und nahmen täglich an Zahl zu." (Apg. 16,5)

„Er ging aber in die Synagoge und sprach freimütig drei Monate lang, indem er sich unterredete und sie von den Dingen des Reiches Gottes überzeugte. Als aber einige sich verhärteten und nicht glaubten und vor der Menge schlecht redeten von dem Weg, trennte er sich von ihnen und sonderte die Jünger ab und unterredete sich täglich in der Schule des Tyrannus. Dies aber geschah zwei Jahre lang, so dass alle, die in Asien wohnten, sowohl Juden als Griechen, das Wort des Herrn hörten." (Apg. 19,8-10)

„So wuchs das Wort des Herrn mit Macht und erwies sich kräftig." (Apg. 19,20)

„Ihr seht und hört, dass dieser Paulus nicht allein von Ephesus, sondern beinahe von ganz Asien eine große Volksmenge überredet und abgewandt hat, da er sagt, dass das keine Götter seien, die mit Händen gemacht werden." (Apg. 19,26)

„Er aber blieb zwei ganze Jahre in seiner eigenen Mietwohnung und nahm alle auf, die zu ihm kamen; er predigte das Reich Gottes und lehrte die Dinge, die den Herrn Jesus Christus betreffen, mit aller Freimütigkeit ungehindert." (Apg. 28,30-31)

Jüngerschafts-Revolution

In der Geschichte der *Taten des Heiligen Geistes* [3] durch die Apostel berichtet Lukas über die Kraft des Reiches Gottes, die in zuvor unerreichten Regionen freigesetzt wird. Die Apostelgeschichte ist das triumphale Schauspiel der Herrschaft des Königs, die jedes Hindernis, mit dem sie in den Provinzen und Städten des römischen Reiches in Berührung kommt, bezwingt. Lies die obigen Bibelverse und bedenke das unglaubliche Wachstum an Jüngern und Gemeinden *in nur 20 Jahren.* Das Ausrufungszeichen, mit welchem Lukas die Apostelgeschichte schließt, ist das letzte Wort des griechischen Texts: „Ungehindert!".

Lehrer der Apostelgeschichte stimmen darin überein: Diese Bewegung geschah in der Kraft des Heiligen Geistes durch das Leben normaler Menschen, die erst seit Monaten oder vielleicht sogar erst seit Wochen an Jesus glaubten, jedoch durch die Apostel oder andere Christen gelehrt und ausgerüstet worden waren. Eine Jüngerschafts-Revolution löste einen Feuersturm von Liebe angetriebenen, evangelistischen Eifers und glühenden Gehorsams aus, der das Reich Gottes in die entlegensten Orte der damals bekannten Welt brachte – und das innerhalb weniger Jahre und Jahrzehnte, nicht Jahrhunderte!

Plinius, Gouverneur der weit entfernten Provinz Bithynien, schrieb an Kaiser Trajan etwa 50 Jahre später:

> *„Ich habe daher die Befragung (der Christen) eingestellt und beeile mich, dich um Rat zu fragen. Die Sache scheint es mir zu rechtfertigen, dich zu konsultieren, besonders wegen der hohen Zahl der Betroffenen. Denn Personen jeden Alters und Ranges sowie beiderlei Geschlechts sind gefährdet oder werden gefährdet sein. Die Seuche dieses Aberglaubens hat sich nicht nur in den Städten ausgebreitet, sondern auch in den Dörfern und auf dem Land."* *(Plinius, Gouverneur von Bithynien, an den Kaiser Trajan, etwa 111 n. Chr.)*

Später stellte Plinius fest, viele der heidnischen Tempel seien nahezu verlassen. Eine Jüngerschafts-Revolution erschütterte die Grundfesten des Imperiums und sickerte in jede Spalte der Gesellschaft: zu Reich und Arm, Jung und Alt, auf dem Land und in der Stadt.

Im Jahre 197 schrieb Tertullian, der frühe Apologet der Kirche, an die damaligen Machthaber des Römischen Reiches über die Ausbreitung der Jünger:

> *„Wir sind zwar von gestern, doch haben wir alle Räume erfüllt, die euch gehören: Die Städte und Inseln, Burgen und Märkte, Zollstationen und selbst die Militärstützpunkte, die Stämme, die Stadträte, den Kaiserpalast, den Senat und die Geschäftswelt; wir haben euch nichts übrig gelassen als eure Tempel!"* *(Tertullians Bitte um Anerkennung A.2)*

Die Jüngerschafts-Revolution von Ephesus ist großartig beschrieben in Apostelgeschichte 19:

Paulus gewann einige: Er gewann eine Anzahl an Menschen für den Glauben und begann, sie zu Jüngern zu machen (Apg. 19,1-9). Etwa drei Monate verbrachte er in der Rolle eines Evangelisten.

Paulus bildete diese Menschen aus: Als sich Widerstand entwickelte, zog er sich an einen Ort zurück, wo er die Jünger tatsächlich ausbilden konnte, ohne allzu viel Verfolgung befürchten zu müssen. Er trainierte sie regelmäßig, einige vielleicht sogar täglich. (Apg. 19,9)

Eine Bewegung, hervorgebracht durch neue Gläubige. Diese Jünger, entzündet durch ihre Liebe für Jesus und erfüllt mit dem Heiligen Geist, brachten die frohe Botschaft in jede Metropole, jede Stadt und jedes Dorf der römischen Provinz Asien (Kleinasien, der westliche Teil der heutigen Türkei). Das geschah innerhalb eines Zeitraums von zwei Jahren, so dass jeder das Wort des Herrn hörte.

„Dies aber geschah zwei Jahre lang, so dass alle, die in Asien wohnten, sowohl Juden als auch Griechen, das Wort des Herrn hörten." (Apg. 19, 10)

Eine Trainingsbasis zur Ausbreitung von Gottes Königreich: Paulus nutzte Ephesus drei Jahre lang als Trainingsbasis (die ersten zwei Jahre und dann später ein weiteres Jahr). Während dieser Zeit sandte er die neuen Gläubigen aus. Sie waren die Frontlinie der Ausbreitung des Königreichs. Dies bedeutete: Paulus musste der Führung des Heiligen Geistes im Leben dieser jungen Gläubigen vertrauen. Seit seiner ersten Missionsreise erlaubte er jungen Gläubigen, bereits in frühen Stadien ihres Christenlebens sowohl zu dienen als auch zu leiten – in der Kraft des Geistes (Apg. 14,23).

Aus den Heiden: Die Ausbreitung des Reiches Gottes geschah nicht in erster Linie durch Juden, die zum Christentum übergetreten waren. Stattdessen war die übergroße Mehrheit der neuen Jünger zuvor so heidnisch wie man nur sein konnte: Anbeter der Artemis (Apg. 19,27) und solche, die Magie betrieben (Apg. 19,18-19). Gott bewirkte dieses Wunder an Jüngerschaft durch Menschen, in deren Leben es gewaltige

Barrieren gab: Falsche Lehren, ein hohes Maß an Analphabetentum sowie Bollwerke der Sünde in ihrem früheren Leben. Dies war wirklich kein „einfaches" Erntefeld!

Die übergroße Mehrheit derer, die zum Glauben kamen – Tausende und Abertausende – wurden für Christus gewonnen durch das Zeugnis sehr junger Christen, die begeistert waren von dem Glauben, den sie gerade erst gefunden hatten. Dieser Prozess – neue Gläubige zu gewinnen und sie zu Zeugen auszubilden, die andere gewinnen, die wiederum anderen Zeugnis geben – wiederholte sich wieder und wieder und erreichte die entferntesten Ecken des römischen Reichs.

Noch ganz frische, aber schnell reif werdende Gläubige gaben den Glauben nach dem Modell weiter: 1. Folge Jesus! 2. Sei ein Menschenfischer! Paulus setzte das gleiche Muster fort, das schon sein Meister Jesus gelehrt hatte: Er trainierte neue Gläubige, anderen Zeugnis zu geben und sie zu trainieren, wiederum anderen Zeugnis zu geben und sie zu trainieren ... Generation für Generation für Generation. In diesem Prozess sammelten sie zielgerichtet neue Gläubige in neue Gemeinden. In der Apostelgeschichte *empfingen* Nachfolger Jesu nicht einfach nur das, was man sie lehrte, *sondern gaben es auch an andere weiter.* Sie wurden zu Trainern für andere. Jede nachfolgende Welle von neuen Gläubigen trainierte weitere. Dies war gegründet auf ihre Leidenschaft für Jesus und ihr Verlangen, allem zu folgen, was Er geboten hatte – einschließlich des Missionsbefehls.

Was in der Apostelgeschichte durch die Hände der Apostel und einfacher Gläubiger, die sich vom Geist Jesu leiten ließen, geschah, war nicht weniger als eine *Jüngerschafts-Revolution.* Es fordert uns heraus, unsere bisherige Denkweise zu überprüfen in Bezug darauf, was Gott durch einfache Gläubige zu tun imstande ist. Durch die Geschichte hindurch wiederholte sich diese Revolution wieder und wieder. Heute nennen wir eine solche Jüngerschafts-Revolution *Gemeindegründungsbewegung.* Überall auf der Welt ist der Geist Gottes dabei, Jüngerschafts-Revolutionen zu entfachen. Da es sich jedoch einfach um eine Fortsetzung der ersten Revolution der Apostelgeschichte handelt, wäre es präziser, sie „*Re*-Revolutionen" zu nennen. Weil mehr und mehr Missionare, Pastoren und einfache Gläubige lernen, wie

sie sich selbst innerhalb der biblischen Prinzipien des Königreiches
Gottes positionieren können, wiederholt sich diese „**Re**-Revolution" in
nahezu jeder Art von Umfeld, das wir uns vorstellen können.

Jüngerschafts-Re-Revolution

Die T4T-Bewegung: 1,7 Millionen Gläubige

Um die T4T-Bewegung, welche im vorhergehenden Kapitel beschrieben wurde, zu entzünden, musste Gott Ying Kai davon überzeugen,
dass ein vollkommen anderes Modell von Jüngerschaft und Gemeindegründung nötig war als dasjenige, das er kannte und mit dem er
sich vertraut fühlte.

Ying Kai war der Sohn eines Gemeindegründers und Pastors aus
Taiwan. Im Jahre 2000 hatte sich Ying bereits als ein erprobter und
erfolgreicher Gemeindegründer erwiesen, der als Missionar in Hong
Kong arbeitete. Zusammen mit seiner Frau Grace hatte er jedes Jahr
eine neue Gemeinde gründen können; eine beachtliche Leistung an
einem Ort wie Hong Kong.

Dies war die ursprüngli-
che Jüngerschafts-Revo-
lution. Jünger Jesu lern-
ten, gemäß der zweifa-
chen Berufung zu leben:
Jesus nachzufolgen und
Menschenfischer zu sein
(Markus 1,17). Ihre Liebe
zu ihrem Meister und ihr
Wunsch, Seinen Namen
in aller Welt verherrlicht
zu sehen, inspirierte sie
zu einer bedingungslo-
sen Hingabe, die ihr täg-
liches Leben und ihre
zwischenmenschlichen
Beziehungen vollständig
veränderte.

Aber nun berief Gott Ying und seine
Frau in eine neue Aufgabe: Zwanzig Millionen verlorene Menschen
in einer überfüllten Gruppe von
Städten Asiens, in denen es an Wan-
derarbeitern, vertriebenen Bauern,
überfüllten Fabriken und reichen
Investoren wimmelte. In einem
Jahr, so überlegten Ying und Grace,
würden sie persönlich etwa sechzig bis achtzig Menschen zum Glauben führen können. Doch was wäre
das schon angesichts der Millionen
verlorener Seelen in dieser Region?
Ihre neue Aufgabe war von einem
solchen Ausmaß, dass sie mit den
üblichen Arbeitsmethoden niemals

gelöst werden konnte. Wie sollten sie die Millionen von Menschen erreichen können, die in dieser Gegend täglich in die Städte und Fabriken strömten?

Im Oktober 2000 – Ying saß gerade in einem Gemeindegründungstraining – richteten sich sein Blick und seine Gedanken auf ein Poster an der Wand, auf dem stand: „Wie viele der Menschen, die ich liebe, werden heute das Evangelium hören?" Ying wurde klar, dass ein Dienst, so wie er ihn bisher praktizierte, niemals ausreichen würde, die Millionen an Verlorenen innerhalb dieser neuen Aufgabe zu erreichen. Etwas musste sich ändern.

Als Ying betete und nachdachte, brachte ihm Gott die Worte des Missionsbefehls in Erinnerung:

> „Geht nun hin und macht alle Nationen zu Jüngern, und tauft sie auf den Namen des Vaters und des Sohnes und des Heiligen Geistes, *und lehrt sie alles zu bewahren, was ich euch geboten habe!* Und siehe, ich bin bei euch alle Tage bis zur Vollendung des Zeitalters." (Matth. 28,19+20)

Der Herr gab Ying folgende Einsichten:

Nicht „Kommt!", sondern „Geht!" Der Missionsbefehl sagt, wir selbst sollen gehen. Er sagt nicht, dass wir Menschen einladen sollen, *zu uns* zu kommen. Wir sollen dahin gehen, wo die Verlorenen sind, und neue Gläubige trainieren, dasselbe zu tun. Dies würde eine sich immer weiter ausbreitende Welle der Evangelisation hinein in die Fabriken, Häuser, Geschäfte und Nachbarschaften bedeuten.

Alle, nicht nur einige! Der Befehl lautet: „Macht alle zu Jüngern, nicht nur einige wenige!" Normalerweise entscheiden wir selbst, wem wir das Evangelium mitteilen. Wir urteilen im voraus, wer es wohl annehmen würde. Aber Gott sagt: „Teilt es allen mit!" *Wir können nicht vorhersagen, wer das Evangelium annehmen und wen Gott gebrauchen wird, eine Bewegung zur Geburt zu bringen.*

Bilde Trainer (Jünger) aus, nicht nur einfach Gemeindemitglieder! Wir sind oft schon zufrieden, wenn jemand zum Glauben kommt und unsere Gemeinde besucht. Doch der Befehl, den Jesus uns gab, bedeutet so viel mehr! Er will, dass diese neuen Gläubigen wahre Jünger werden. Und was tun Jünger? Jeder Jünger muss lernen, wie man den Befehlen Jesu gehorcht, einschließlich dem, anderen Zeugnis zu geben und diejenigen, die dadurch zum Glauben kommen, zu lehren, wie sie den Prozess wiederholen können. Jeder Jünger sollte auch ein Trainer sein.

Ying und Grace begannen zu erkennen, dass, obwohl ihr vorheriger Dienst gut gewesen war, er dennoch der Feind dessen sein konnte, was nun erforderlich sein würde, um diejenigen Menschen zu erreichen, für die sie Gott jetzt berufen hatte.

So begannen sie ihre neue Aufgabe mit dem Entschluss, Menschen nur noch in zwei Kategorien zu sehen: *Verloren oder gerettet.* War jemand verloren, so bezeugten Ying und Grace ihm das Evangelium. Waren sie schon gerettet, boten Ying und Grace ihnen an, sie zu trainieren. Trafen sie Menschen, die bereits Gläubige waren, so begannen sie, diese zu festen Zeiten ein- bis zweiwöchentlich zu trainieren. Ying erwartete von denen, die er trainierte, dass sie ihrerseits all das reproduzierten, was er sie lehrte, indem sie vielen anderen Zeugnis gaben und diejenigen trainierten, die durch sie zum Glauben kamen.

Ying nannte diesen Prozess des Jüngermachens *Training für Trainer* (T4T). T4T trainiert Gläubige, den Verlorenen Zeugnis zu geben und diese dann in einem reproduzierbaren Prozess zu Jüngern zu machen, der sich als Kettenreaktion fortsetzt und von Generation zu Generation ergießt. Trainer und Jünger werden gemeinsam der Verantwortung gerecht, den Verlorenen das Evangelium zu bezeugen und neue Gläubige darin zu trainieren, sich selbst reproduzierende Gemeinschaften an Jüngern zu bilden, die durch schnell reifende Leiter geleitet werden – Generation für Generation. T4T bedeutet: Training von Trainern, welche weitere Trainer trainieren, die wiederum Trainer trainieren ...

Nach einiger Zeit trainierten Ying und Grace Gruppen von Gläubigen morgens, mittags und abends. In einer normalen Woche investierten sie in 20 bis 30 verschiedene Gruppen. Als die Zahl der Gruppen weiter anwuchs, trafen sich Ying und Grace mit Gruppen nur noch alle zwei Wochen. Das machte es ihnen möglich, weitere 20 bis 30 Gruppen in ihren Trainingszyklus aufzunehmen.

Während Ying und seine Frau diese Gläubigen trainierten, um sie zu Trainern von Trainern zu machen, fanden sie heraus, dass viele zu Zeugen werden, einige von ihnen neue Gruppen starten und nur eine kleinere Anzahl von Trainern es schafft, die Mitglieder ihrer Gruppe so zu trainieren, dass sie den Prozess wiederholen. Durch Ausleben dieses geistlichen Prinzips, Menschen zu trainieren, Trainer für andere zu sein, die wiederum andere trainieren, kamen Hunderte und Tausende zum Glauben, gemäß dem biblischen Muster:

> „Und was du von mir in Gegenwart vieler Zeugen gehört hast, das vertraue treuen Menschen an, die tüchtig sein werden, auch andere zu lehren!" (2. Tim. 2,2)

Wie schon im ersten Kapitel erwähnt, wurden mehr als 1,7 Millionen Jünger getauft und zu über 150.000 Gemeinden vereint. Jeden Monat werden etwa 2.000 Hausgemeinden und Kleingruppen neu gegründet – in Dörfern, städtischen Hochhäusern und Fabriken, also unter *den* Menschen, denen Ying und Grace dienen.

T4T ist ein allumfassender, sich über 12 bis 18 Monate erstreckender Prozess, der Gläubige trainiert, den Verlorenen Zeugnis zu geben und wiederum neue Gläubige darin zu trainieren, sich selbst reproduzierende Gemeinden von Jüngern zu bilden – Generation für Generation. T4T ist tatsächlich eine Jüngerschafts-**Re**-Revolution – die Rückkehr zur ursprünglichen Jüngerschafts-Revolution des Neuen Testaments.

In weniger als einem Jahrzehnt haben der Dienst und die Einsichten, die sich aus dem T4T-Trainingsprogramm von Ying und Grace ableiten, den Dienst von tausenden Mitarbeitern überall auf der Welt beeinflusst. Viele der Werkzeuge und Modelle des Dienstes, die du in diesem Buch finden wirst, wurden in der Feuerprobe ihres Dienstes geboren.

Durchbruch bei den Ina

Als meine Familie und ich der Herausforderung gegenüberstanden, die entlegene und ungebildete Volksgruppe der Ina zu erreichen, begann ich, die Apostelgeschichte wieder und wieder zu lesen und über die Verse nachzudenken, die am Anfang dieses Kapitels stehen. Ich wusste: Der Gott, dem ich diente, war derselbe gestern, heute und für alle Zeit. Ich wusste, dass Er über die Möglichkeit verfügte, alle fünftausend Dörfer zu erreichen, doch dass es ein ganz anderer Weg sein müsste als der, den wir bei der Gründung einer Gemeinde in Los Angeles gegangen waren.

Schon früh hörte ich ein Beispiel, wie Gott in einem unerreichten Gebiet eine Gemeindegründungsbewegung zur Geburt gebracht hatte (noch vor Yings GGB). Es hörte sich so stark nach Apostelgeschichte an, dass ich in meinem Geist wusste, dies sollte der Standard all unserer Missionsarbeit sein. Das Wort Gottes sagte es – und nun hörte ich ein reales Beispiel, wie es erneut geschah. Diese Geschichte einer Jüngerschafts-Revolution aus Asien inspirierte mich. Davor hatte ich einen ziemlich erfolgreichen Dienst in Los Angeles gehabt. Die guten Werkzeuge des Dienstes, mit denen ich bisher zufrieden gewesen war, drohten nun, der Feind dessen zu werden, was nötig wäre, um die Aufgabe in meiner neuen Volksgruppe zu erfüllen. Etwas Neues war erforderlich. Ich war dabei zu lernen, dass die Form meines Dienstes von *der finalen Vision* dessen bestimmt sein musste, was ich zu erreichen suchte, und nicht davon, *was wir gern taten* oder was uns *persönliche Erfüllung* brachte.

Dreieinhalb Jahre lang arbeiteten mein Team und ich unter den Ina beinahe ohne jede Frucht. Wir sahen nur ein bis zwei neue Gläubige und gründeten keine einzige neue Gemeinde. Dennoch fuhren wir damit fort, biblische Gemeindegründungsprozesse zur Anwendung zu bringen. Wir mobilisierten nationale Partner und trainierten sie, die Ina für Jesus zu gewinnen. Auch lernten wir, wie man einfachen Gläubigen hilft, über wahre Jüngerschaft begeistert zu sein: Jesus zu folgen und ein Menschenfischer zu werden, Gott über alles zu lieben und andere zu lieben wie sich selbst. Wir begannen damit, sie zu trainieren, nicht nur in ihren eigenen Dörfern Gemeinden zu gründen, sondern Gemeindegründung wie einen Strom auch auf neue Dörfer und Täler auszudehnen, indem sie das reproduzierten, was sie lernten. Danach würden die neuen Gläubigen, die sie gewonnen hatten, den Prozess wiederholen.

Dann, nach dreieinhalb Jahren ohne Gemeindegründung, kam der Durchbruch: 25 neue Gemeinden in extrem abgelegenen Dörfern. Im folgenden Jahr stieg die Zahl auf fast 80 Gemeinden. Im Jahr darauf wuchs die Zahl auf 176, obwohl eine heftige Verfolgung die Gemeinden verwüstete. Ihre Liebe zu Jesus war stärker als ihre Menschenfurcht.

Wir wurden Augenzeugen einer Jüngerschafts-*Re*-Revolution, einer Wiederherstellung der Prinzipien des Königreiches Gottes, die wir in der ursprünglichen Revolution der Apostelgeschichte finden. Wir hatten keine Ahnung, wie wir diese geistlichen Prozesse nennen sollten, die wir gerade erst im Begriff waren zu lernen, aber da diese Bewegung zeitgleich mit Yings Bewegung aufkam, wurde sie als **TRT** bekannt: **Training Rural Trainers** (Training ländlicher Trainer). Jeder Gläubige in den Dörfern wurde trainiert 1. Jesus zu folgen und 2. ein Menschenfischer zu sein – und dann die nächste Generation von Gläubigen zu trainieren, auf dieselbe Weise zu leben, welche wiederum die nächste Generation von Gläubigen trainieren würden, auf die gleiche Weise zu leben – mehrere Generationen tief.

Neun städtische Gemeindegründungsbewegungen

In den letzten Jahren haben viele dem T4T-Prozess und der darin enthaltenen Jüngerschafts-*Re*-Revolution nachgeeifert. [4] Wenn sie den Prozess verstanden und ihn auf ihre eigene Situation übertrugen konnten sie in vielen Fällen ein beachtliches Wachstum innerhalb ihres Dienstes erleben. Wo Gläubige hingegen einfach nur die Methoden kopierten, ohne ein Verständnis für den Prozess als Ganzes und ohne ihn angemessen an ihre Situation anzupassen, waren die Ergebnisse gemischt oder sogar trostlos. *Es ist der Prozess des Trainings der Trainer, welcher richtig verstanden werden muss. Wenn er den jeweiligen kulturellen Gegebenheiten angepasst wird, befähigt er die Gläubigen, die in T4T enthaltenen Prinzipien des Königreiches Gottes zur Anwendung zu bringen.*

2009 beriefen wir ein Treffen mit Praktikern aus neun städtischen Gemeindegründungsbewegungen ein. Um teilnehmen zu können musste man nachweisen, dass mindestens einhundert neue Gemeinden innerhalb von wenigstens drei Generationen gegründet worden waren.

> T4T ist kein Wundermittel, das automatisch zu einer Gemeindegründungsbewegung führt; nur eine Bewegung des Heiligen Geistes kann dies bewirken. Aber wenn die Prinzipien und Methoden des T4T-Trainingsprozesses richtig verstanden und angewandt werden, kann es deinen Dienst dahingehend verändern, die Prinzipien des Reiches Gottes auszuleben, welche zu gebrauchen Gott gefällt.

Dabei bedeuteten drei Generationen, dass jemand von außerhalb (ein Missionar) mit der ersten Gemeinde begann (erste Generation) und diese trainierte, ihrerseits eine neue Gemeinde zu gründen (zweite Generation), welche wiederum eine neue Gemeinde gründete (dritte Generation).

Missionarische Gemeindegründer aus neun Städten Asiens kamen zu dem Treffen. Jeder einzelne hatte eine große Anzahl an Bekehrungen, Taufen und Gemeindegründungen erlebt. Jeder von ihnen verfügte über einen Prozess, neue Gläubige sofort zu Jüngern zu machen, sie zu Zeugen des Evangeliums auszubilden und in der Folge auch diejenigen zu Jüngern zu machen, die durch sie gewonnen wurden. Innerhalb dieses Prozesses formten sie die neuen Gläubigen, die sie trainierten, zu neuen Gemeinden.

Sie benannten einige gemeinsame Faktoren, die zu ihrem Erfolg beitrugen. Doch das vielleicht Entscheidendste war dies: Jeder von ihnen hatte T4T gelernt und verinnerlicht, es auf seinen eigenen Kontext angepasst, und trainierte Gläubige, die ebenfalls den T4T-Prozess nutzten.

T4T ist kein Wundermittel, das automatisch zu einer Gemeindegründungsbewegung führt; nur eine Bewegung des Heiligen Geistes kann dies bewirken. Aber wenn die Prinzipien und Methoden des T4T Trainingsprozesses richtig verstanden und angewandt werden, kann es deinen Dienst dahingehend verändern, die Prinzipien des Reiches Gottes auszuleben, welche zu gebrauchen Gott gefällt.

Für diese neun Praktiker war es eine Jüngerschafts-**Re**-Revolution, welche die großartigen, städtischen Bewegungen Gottes von Ephesus, Korinth und Philippi des ersten Jahrhunderts wiederholte.

Rund um die Welt

Naher Osten

Ende 2005 nahm eine mutige Missionarsfamilie, die in der muslimischen Welt arbeitet, an einem Training teil, das von mir und meinem Kollegen Bill Smith organisiert wurde. Sie dienten Gott in einem der finstersten und schwierigsten Länder im Herzen des Nahen Ostens. Innerhalb von sechs Jahren hatten sie durch ihre Arbeit im Untergrund sechs kleine Gruppen oder Hauskirchen mit ehemaligen Muslimen begonnen. Die meisten Mitglieder dieser Gemeinden gehörten aus Sicherheitsgründen ein und derselben Familie an. Es handelt sich dabei um ein Land, in dem sowohl Missionare als auch einheimische Gläubige schon als Märtyrer starben.

Während ihres Trainings rang das Ehepaar mit *den* Dingen in ihrem Dienst, die einer Veränderung bedurften. Nach Einschätzung aller hatten sie bereits einen sehr effektiven Dienst getan. Doch auch sie erkannten, dass ein guter Dienst der Feind des Besten sein kann, besonders dann, wenn das Ziel darin besteht, dass jeder Mensch die Chance haben soll, das Evangelium zu hören und darauf zu reagieren. Es gab daher einige Lektionen, die das Ehepaar neu auf ihre Arbeit unter den Muslimen anwandte.

Eine wichtige Lektion, die sie lernten, bestand darin, dass sie einen Trainingsprozess benötigten, der neue Gläubige befähigt, in Jüngerschaft zu wachsen, anderen liebevoll Zeugnis zu geben und dann die Neubekehrten zu trainieren, dasselbe zu tun und als Teil des Prozesses selbst neue Gemeinden zu gründen. Sie übernahmen den T4T-Prozess und ergänzten ihr eigenes Set an Lektionen für Evangelisation und Jüngerschaft, die zu ihrem Kontext passten.

Ausgerüstet mit praktischen, kulturell angepassten Werkzeugen, mit Reich-Gottes-Prinzipien, um Personen des Friedens zu suchen und strategisch zu beten, sowie mit einer erneuerten Vision kehrte diese Familie in ihren Dienst zurück. Kurz darauf explodierte die Jüngerschafts-*Re*-Revolution. Während der nächsten acht Monate sahen sie fünfzig neue Hausgemeinden, die unter neuen Gläubigen muslimischen Hintergrunds entstanden. In einem dieser Ströme von Jüngerschaft konnten sie fünf Generationen von Gläubigen zurückverfolgen!

Südasien

Als Missionare in Südasien von T4T hörten, fragten sie sich, ob dies auch unter Hindus und Muslimen funktionieren würde. Nachdem sie den Prozess richtig verstanden hatten, fingen auch sie an, die Inhalte auf ihren eigenen kulturellen Kontext anzupassen. Von der Küste, die vom Tsunami verwüstet war, bis hin zum Himalaja-Gebirge wurde der T4T-Prozess zu einem festen Fundament, auf dem hunderte von Gemeinden entstanden.

David Garrison, früherer Leiter des IMB (International Mission Board der Südlichen Baptisten) in dieser Region, machte T4T zu einem Teil der Grundausbildung und empfahl es allen Missionaren, die das Ziel hatten, eine Gemeindegründungsbewegung zu starten, welche sich an der Apostelgeschichte orientiert.

Andere Regionen

Innerhalb der vergangenen zehn Jahre wurde T4T auf jedem Kontinent gelehrt. Ein Missionar aus Japan sagte, er habe noch nie erlebt, dass ein japanischer Christ einen anderen Japaner für den Glauben gewinnt. Doch bereits am nächsten Tag erzählte einer seiner Kollegen, dass er T4T in seiner Nachbarschaft angewandt habe und erlebte, wie mehrere Generationen von Japanern ihre Freunde und Familienmitglieder für Christus gewonnen hätten! Und es funktioniert selbst in den USA! Der Rückgang vieler amerikanischer Denominationen und Gemeinden ist alarmierend. Kirchen berichten von immer weniger Taufen und Gemeindeneugründungen. Doch im ganzen Land gibt es Anzeichen für das Entstehen einer *Re*-Revolution.

In Waco (Texas) gebraucht Gott eine dynamische Gemeinde, um eine weltweite Bewegung hervorzubringen. Die **Antioch Community Church** hat in den USA schon viele Gemeinden gegründet und unterstützt darüber hinaus mehr als 200 Missionare und Gemeindegründer weltweit durch ihre Organisation **Antioch Ministries International** (AMI). Ohne jeden Zweifel ist AMI ein „Erfolg" sowohl im Blick auf authentisches Gebet, Anbetung, gehorsamsbasierte Jüngerschaft, feurige Evangelisation und Gemeindegründung als auch für Mission unter schwierigen Umständen. Dennoch wurde ihnen bewusst, dass sie bei all den vielen guten Dingen leicht das verpassen könnten, was das Wichtigste ist, um die Aufgabe der Weltevangelisation zu Ende zu führen. In den vergangenen drei Jahren hat AMI seine weltweiten Teams darauf ausgerichtet, die T4T-Prinzipien dieses Buches in ihren Dienst zu integrieren. Im ersten Jahr der Anwendung von T4T erlebten sie allein in Waco mehr als 300 Bekehrungen. Noch ermutigender sind jedoch die Gläubigen, Gemeinden und Trainer der zweiten und dritten Generation, die sich nach Einführung von T4T entwickelten. Mehr dazu in Kapitel neun.

In den 12 Monaten vor der Veröffentlichung dieses Buches entstand eine weitere Bewegung in Nord Carolina, welche die Methode von T4T anwendet. Der Schlüssel-Initiator dieser Gemeindegründungsbewegung wendet das, was er in Asien mit T4T lernte, jetzt im Bibelgürtel der USA an (eine evangelikal geprägte Region im Süden der USA, Anm. d. Ü.). Während er buchstäblich mit nichts anfing, erlebt die Bewegung heute ihre dritte Generation, bestehend aus etwa 40 T4T-Gruppen, welche innerhalb der letzten zwölf Monate entstanden sind. Die meisten dieser Gläubigen waren vorher Nichtchristen oder besuchten keinerlei Gemeinde. Mehr darüber in Kapitel 20.

Mach dich mit uns auf die Reise!

Jesus lehrte Seine Jünger nicht nur zu taufen, sondern „allem zu gehorchen, was Ich euch befohlen habe." (Matth. 28,20). Um dem Missionsbefehl gehorsam zu sein, *müssen wir über Wege verfügen*, Zeugnis zu geben, andere zu Jüngern zu machen, neue Gruppen oder Gemeinden zu gründen, Leiter zu entwickeln und andere Gläubige zu mobilisieren, dasselbe zu tun. Andernfalls besteht unser Dienst aus reinen Theorien, die nur von Zeit zu Zeit umgesetzt werden. T4T ist keine magische Lösung, doch bietet es *einen klaren Prozess*, in welchem viele Prinzipien des Reiches Gottes zur Anwendung kommen, die sonst allzu oft vernachlässigt werden.

T4T beinhaltet Reich-Gottes-Prinzipien, die folgendes bewirken:

Mobilisierung von Christen, Gottes Ruf für ihr Leben auszuleben

Lehren der Gläubigen, ihr Zeugnis als Lebensstil weiterzugeben

Gläubige zu Jüngern zu machen, so dass sie in einer wahren Liebesbeziehung des Gehorsams Christi wachsen

Gründung neuer Kleingruppen oder Gemeinden (normalerweise beides)

Schnelle Entwicklung von reifenden Leitern

Freisetzung mehrerer, aufeinander folgender Generationen von Jüngern und Gemeinden bzw. Gruppen

Befähigung von Missionaren oder Gemeindegründern, die Leitung der Bewegung frühzeitig an neue Leiter zu übergeben, sobald der Jüngerschafts- und Trainingsprozess Wurzeln gefasst hat, damit eine einheimische Bewegung entsteht, die allein vom Geist Gottes getragen wird.

Im vorliegenden Buch wird jede Anwendung dieses grundlegenden Prozesses als T4T, *Training für Trainer*, bezeichnet. Ying Kai und viele andere T4T-Anwender benutzen ganz bewusst das Wort „Trainer" anstatt „Jünger", weil mit dem Wort Jünger so viele Vorurteile und Missverständnisse verknüpft sind, die unser Verständnis des biblischen Begriffes behindern. Das griechische Wort für Jünger im Neuen Testament ist *„mathetés"*, welches einfach „Lernender" oder „Schüler eines Meisters" bedeutet. Doch Jesus erweiterte den Begriff, um diejenigen zu beschreiben, die gemäß Seinen Lehren leben und Seinem Beispiel folgen:

> „Ein Jünger ist nicht über seinem Lehrer, und ein Sklave nicht über seinem Herrn. Es ist genug, wenn der Jünger wird wie sein Lehrer und der Sklave wie sein Herr. Wenn sie den Hausherrn Beelzebul genannt haben, wie viel mehr seine Hausgenossen!" (Matth. 10,24-15)

Wir sollten Worte wählen, welche die wahre Bedeutung des griechischen oder hebräischen Urtexts der Bibel beschreiben. Daher benutzen wir das Wort „Trainer" anstelle von „Jünger", um deutlich zu machen, dass ein Nachfolger Jesu wie sein Meister sein und ihm in allen Dingen nacheifern sollte.

Zu oft verbinden wir mit dem Wort „Jünger" oder der Redewendung „zum Jünger gemacht werden" die Vorstellung des Empfangens und nicht des Gebens. Jesus jedoch lehrte Seine Nachfolger, das weiterzugeben, was sie empfangen hatten:

> „Umsonst habt ihr empfangen, umsonst gebt." (Matth. 10,8)

Wir hoffen, das Wort „Trainer" vermittelt mehr von der ursprünglichen Bedeutung, als das Wort „Jünger" es zuweilen tut. Darum verwenden wir in diesem Buch absichtlich das Wort „Trainer", um jemanden zu beschreiben, der sowohl in seinem liebenden Gehorsam zu Jesus wächst, als auch das Gelernte an andere durch Zeugnis und Training weitergibt.

Ying beschreibt damit den Unterschied zwischen „Lehre" und „Training". Bei Lehre geht es um den Transfer von Wissen, während es sich beim Training um eine Änderung des Verhaltens handelt:

> „Seid aber Täter des Wortes und nicht allein Hörer, die sich selbst betrügen." (Jakobus 1,22)

Es sind die Täter des Wortes, die eine Jüngerschafts-**Re**-Revolution auslösen.

Ein allumfassender Prozess

Im Dienst nutzen viele von uns eine bestimmte Methode für Evangelisation, eine andere für Jüngerschaft, eine weitere für die Gründung von Gemeinden oder den Beginn neuer Kleingruppen, und wieder eine andere für das Training von Leitern. Daran ist nichts Falsches.

Bei T4T haben wir jedoch festgestellt, dass alle diese Dinge ebenfalls mit Hilfe eines integrierten Prozesses erreicht werden können. T4T hilft, all diese Bereiche in einem ausgewogenen Prozess zu vereinen, welcher langfristige, gesunde Gemeindegründungsbewegungen ermöglicht. T4T hilft Gläubigen darüber hinaus, in jeder Phase zu wissen, was sie als Nächstes tun sollen, wenn Menschen „Ja" sagen – Ja zum Hören des Evangeliums, Ja, Jesus zu folgen, Ja zur Taufe, Ja zu Gemeindegründung, Ja, anderen Zeugnis zu geben, etc.

T4T stellt keine Serie von Lektionen dar, auch wenn es natürlich Lektionen enthält. Es ist kein sechswöchiger Evangelisationseinsatz, obwohl es natürlich Evangelisation beinhaltet. Stattdessen ist T4T ein umfassender Prozess, Gläubige über einen Zeitraum von 12 bis 18 Monaten zu trainieren, so dass sie den Verlorenen Zeugnis geben und neue Gläubige darin trainieren können, sich selbst reproduzierende Gemeinschaften der Jüngerschaft zu formen – Generation für Generation. T4T ist tatsächlich eine Jüngerschafts-**Re**-Revolution – eine Rückkehr zur ursprünglichen Jüngerschafts-Revolution des Neuen Testaments.

Vielleicht ist eine kleine Anpassung alles, was du brauchst, um die nächste Phase der Ausbreitung des Königreiches Gottes zu erreichen, und vielleicht wird T4T dir diese fehlenden 10 oder 20 Prozent an

Inspiration geben, die Gott gebrauchen kann, um eine Bewegung zu entfachen. Vielleicht brauchst du aber auch eine „Generalüberholung". Ganz gleich, wo genau du dich zwischen einer zusätzlichen Inspiration oder einer Generalüberholung befindest: T4T kann dich dabei unterstützen. Es ist erstaunlich, wie sehr sich die DNA des Reiches Gottes über die Jahre, Jahrzehnte und Jahrhunderte verwässert, und unsere Erwartung einer wahren Bewegung Gottes abgenommen hat! *Wir alle brauchen eine Jüngerschafts-Re-Revolution – eine Rückkehr zur ursprünglichen Revolution!*

Komm, mach dich mit uns auf den Weg, während wir lernen, wie wir dies gemeinsam erleben können! Um Ying Kais eigene Geschichte zu hören, lies das nächste Kapitel.

Sei ein Täter, nicht nur ein Hörer!

T4T fordert dich heraus, mehr als nur ein Hörer des Wortes zu sein. Nimm dir eine Minute Zeit um aufzuschreiben, wie Gott zu dir gesprochen hat und was Er von dir erwartet, in Folge davon im Gehorsam zu tun:

Gott hat mir meine Fehler gezeigt und ich werde wieder hingehen. Mittwoch Evangelisieren Rosi fragen ob mit will.

Kapitel 3

Die Entstehungsgeschichte von T4T (Ying Kai)

(Anmerkung von Steve: Dieses Kapitel stammt von Ying Kai. Da Chinesisch seine Muttersprache ist, habe ich sein Englisch so belassen, wie er es sprach, und nur wenige Worte geändert.)

Meine Lebensgeschichte

Ich heiße Ying Kai. Meine Familie stammt aus China, doch ich wuchs in Taiwan auf. Mein Vater war dort 28 Jahre lang Pastor und gründete in dieser Zeit 28 neue Gemeinden. Ich habe viel von ihm gelernt und meinte, seine Arbeit sei ein gutes Vorbild.

Wie mein Vater wurde auch ich ein Diener Gottes und besuchte ein christliches Seminar in Taiwan. 1978 zog ich in die USA. Da es zu dieser Zeit noch keine chinesische Gemeinde in meiner Stadt in Texas gab, startete ich eine neue chinesische Gemeinde und wurde ihr Pastor. Im ersten Jahr wuchs unsere Gemeinde schnell von Null auf einhundert Leute. Im zweiten Jahr waren es bereits über zweihundert, und ich war sehr glücklich.

Im dritten Jahr sagte ich zu meiner Gemeinde: „Jedes Jahr hat 365 Tage, also habt ihr ebenso viele Gelegenheiten. In diesem Jahr möchte ich, dass jeder von euch einen Menschen dazu bringt, sich unserer Gemeinde anzuschließen. Am Ende des Jahres wird sich unsere Gemeinde dann verdoppelt haben." Es ist leicht, von Null auf zweihundert zu wachsen, doch von 200 aufwärts ist es schwer. In jenem Jahr kamen nur 25 bis 30 neue Leute dazu. Dafür verloren wir 20 andere. Manche zogen weg, manche bekamen einen neuen Job, und andere mochten einfach den Pastor nicht! So war ich sehr traurig, dass unsere Gemeinde nicht wuchs.

Dienst in Übersee

Ende 1994 wurde ich Missionar in Hong Kong. Das erste Jahr verbrachte ich damit, Kantonesisch zu lernen. Da ich in Taiwan geboren wurde ist meine Muttersprache Mandarin, doch Kantonesisch ist völlig anders. Obwohl ich Kantonesisch studierte und es in meinem Dienst gebrauchte, beherrschte ich es nicht sehr gut.

Damals in Hongkong trug unsere Missionsgesellschaft allen Missionaren auf, dass wir mindestens alle fünf Jahre eine neue Gemeinde gründen sollten. Also gründete ich 1996 meine erste Gemeinde. Im zweiten Jahr gründete ich eine weitere und 1998 eine dritte Gemeinde. Jedes Jahr gründete ich eine neue Gemeinde. Während dieser Jahre führte ich genauestens Buch und fand heraus, dass meine Frau Grace und ich jedes Jahr 40 bis 60 Menschen zum Herrn führen und eine neue Gemeinde gründen konnten. Damit war ich sehr zufrieden. Die Missionsgesellschaft sagte: „Gründet alle fünf Jahre eine neue Gemeinde", wir aber gründeten eine neue Gemeinde *jedes Jahr*.

1999 machten wir ein Jahr Heimaturlaub. Als wir zurückkehrten hatte sich in unserer Missionsgesellschaft alles verändert. Wir hatten einen neuen Regionalleiter. Er kam nach Hong Kong und sagte: „Hong Kong verfügt über 147 Baptistengemeinden, und viele von ihnen senden bereits Missionare in andere Länder aus. Hong Kong braucht euch nicht länger. An anderen Orten in Asien gibt es viel größere Not."

Er erwähnte eine Nation [5], die missionarischer Arbeit sehr feindlich gegenüberstand. Doch aus verschiedenen Gründen wollte ich damals nicht dort arbeiten.

Eine neue Last

Also blieb ich in Hong Kong. Doch im Jahr 2000, als wir aus den USA zurückkehrten und den ersten Sonntag wieder in unserer Gemeinde waren, bat mich ein Mitglied der Gemeinde, darüber nachzudenken, ob ich nicht genau in dieses Land gehen könnte, um dort das Evangelium zu verkünden. Es handelte sich um einen Geschäftsmann, der dort eine Fabrik besaß.

Ich sagte: „Nein, das will ich nicht!"

Er fragte: „Warum nicht?"

Ich sagte: „Ich fürchte Verfolgung durch die Regierung dort."

Er erwiderte: „Heute sind die Dinge anders. Wenn du willst, lade ich dich und Grace auf einen Besuch dahin ein. Du kannst es prüfen. Wenn Du offen bist, vielleicht wird Gott zu dir sprechen."

Nachdem wir unsere Visa erhalten hatten, nahm uns der Geschäftsmann mit zu der Stadt, wo sich seine Fabrik befand. Während der Zugfahrt kamen wir an vielen Fabriken vorbei. Der Mann erzählte uns etwas zu jeder Fabrik, an der wir vorbeifuhren. Er sagte: „In dieser Fabrik sind 3.000 Arbeiter. Ich kenne den Besitzer. Er hofft, dass jemand kommt, um das Evangelium zu verkünden, doch wir finden niemanden, der kommen will." Als wir an einer anderen Fabrik vorbeifuhren, sagte er: „Diese Fabrik hat 10.000 Arbeiter." Die größte Fabrik, an der wir vorbeifuhren, beschäftigte 70.000 Arbeiter.

Als wir all die verlorenen Menschen dieser Fabriken sahen, öffnete Gott unsere Augen und Herzen. Ich erkannte: „Diese Menschen brauchen das Evangelium!" So kehrten wir nach Hong Kong zurück und beteten. Nach zwei Wochen sprachen wir mit unserem Regionalleiter und sagten: „Wir haben darüber nachgedacht, in dieses Land zu ziehen, um dort zu arbeiten." Er sagte: „Wundervoll. Darauf haben wir schon lange gewartet."

Wie viele werden hören?

Damals wusste ich nichts über dieses Land. Man sagte mir: „In einer bestimmten Region dort gibt es sehr viele Fabriken. Die Arbeiter kommen von unterschiedlichen Orten des ganzen Landes. In dieser Region gibt es mehrere schnell wachsende Städte, die dicht beieinander liegen." So baten wir darum, die strategischen Koordinatoren (SK) für diese drei Städte werden zu können. Ein strategischer Koordinator ist eine Person, die für eine Gemeindegründungsbewegungs-

Strategie verantwortlich ist, um eine Volksgruppe oder eine Stadt zu erreichen. Zu der Zeit wohnten in diesen drei Städten 5,8 Millionen Menschen, plus 15 Millionen zugewanderter Fabrikarbeiter aus anderen Teilen des Landes – zusammen also mehr als 20 Millionen.

Zu Beginn unseres Dienstes nahmen wir an einem vierwöchigen GGB Training teil. An der Wand des Trainingsraumes befand sich eine Aufschrift mit der Frage: „Wie viele derer, die Ich liebe, werden heute das Evangelium hören?" In unserem bisherigen Dienst konnten Grace und ich jedes Jahr 40 bis 60 Menschen zu Christus zu führen. Jetzt aber waren da zwanzig Millionen Menschen. Wie sollten wir ihnen allen das Evangelium mitteilen? Ich hatte keine Ahnung, wie ich meinen GGB-Plan erstellen sollte.

Es war eine schwierige Zeit für uns. Da wir nur wenig Englisch konnten, war ich sehr verunsichert. Wir wussten nicht, was wir tun sollen, also beteten und beteten und beteten wir jede Nacht. Nachts, wenn alle in ihr Hotel zurückkehrten, blieben wir vor Ort, um zu arbeiten, zu beten und nachzudenken. Gewöhnlich gingen wir erst um Mitternacht. Wir schauten auf die Aufschrift: „Wie viele derer, die Ich liebe, werden heute das Evangelium hören?" und beteten sehr viel, während wir Gott um Antwort ersuchten, wie wir den Menschen in unserer Region helfen könnten, das Evangelium zu hören.

Der Missionsbefehl Jesu

„Geht nun hin und macht alle Nationen zu Jüngern, indem ihr sie tauft auf den Namen des Vaters und des Sohnes und des Heiligen Geistes, *und lehrt sie allem zu gehorchen*, was ich euch geboten habe! Und siehe, ich bin bei euch alle Tage bis zur Vollendung des Zeitalters." (Matth. 28,19-20)

Geht hin! Nicht: Kommt!

Dann lasen wir *den Missionsbefehl Jesu* und erkannten, dass Jesus uns bereits einen Schlachtplan gegeben hatte! Wir brauchten keine weitere Strategie. Jesus hatte die Strategie bereits gegeben! Und worin besteht sie? Er sagte: „Geht!" Etwas regte sich in meinem Herzen. Bisher hatte ich als Pastor den Menschen gesagt: „Willkommen.

Unsere Tür ist offen!" Wir beteten, dass Leute **kommen** würden. Aber Jesus sagte: „**Geht!**" Es ist sehr schwierig, Menschen zum Kommen zu bewegen. Sie kennen weder deine Gemeinde noch dich. Sie wissen gar nichts. Doch Jesus sagte: „Geht!". Also lag **ich** falsch! Anstatt Menschen zum Kommen einzuladen, musste ich hinausgehen und sie finden, um sie zu berühren und mit ihnen zu reden. Ich denke, das erste Schlüsselwort ist: „**Geht!**" Nicht: „**Kommt!**".

Jedem, nicht nur einigen

Was sagt Jesus als nächstes? „Geht zu allen Völkern!" Das bedeutet: Zu allen Menschen. Bis dahin hatten wir immer Menschen ausgewählt. Wir dachten: „Diese Person ist sehr hässlich. Ihr geben wir nichts. Aber diese Person da ist sehr nett." Wir neigen dazu, vorher zu entscheiden, wer wohl für das Evangelium offen sein wird.

Jesus sagte: „Wählt nicht nur einige aus. Geht zu allen!" Jesus gab uns dieses Beispiel: Ein Landwirt geht hinaus, um Samen auszusäen. Er ist Bauer und weiß, welcher Boden gut und welcher schlecht ist. Doch dieser Bauer verhält sich sehr merkwürdig. Er streut den Samen überall aus. Ein Teil des Bodens hat nur wenig Erde, ein Teil des Bodens ist sehr hart, und ein Teil des Bodens ist sogar von Dornen überwuchert.

Doch ein Teil des Bodens ist gut und Gott vermehrt die Frucht dort 30-, 60- und 100-fach. Den Samen zu säen ist unsere Verantwortung. Nur der Heilige Geist kann die Saat wachsen lassen. Darum lass keine Gelegenheit aus! Lass keinen Menschen aus! Vielleicht ist der Boden gerade nicht so gut. Doch eines Tages kann Gott den Boden verändern. Man weiß nie. Wir dürfen keine Chance verpassen. Das zweite Schlüsselwort ist: **Jedem, nicht nur einigen**.

Mache andere zu Trainern, nicht nur zu Gemeindemitgliedern!

Drittens: Was lud Jesus Seine Nachfolger zu werden ein? Jünger! Nicht nur Gemeindemitglieder. Ein Jünger muss alles lernen, was sein Lehrer ihn lehrt. Dann muss er ihm darin folgen, auch andere Menschen zu lehren.

Bis dahin war meine Vorgehensweise völlig anders gewesen. Als Pastor hatte ich gehofft, dass meine Gemeinde sich verdoppeln wird.

Doch das ist nicht, was Jesus befohlen hat. Wenn du viele Mitglieder in deiner Gemeinde hast, dann weißt du, dass du einige von ihnen nur einmal pro Jahr zu Gesicht bekommst. Viele Mitglieder der Gemeinde suchen dich auf, wenn sie Probleme haben, aber den Rest des Jahres haben sie mit dir nur wenig Kontakt.

Das ist nicht, was Jesus im Sinn hatte. Er will, dass jeder Mensch Sein Jünger wird. Deshalb gehe hin, teile das Evangelium mit jedem, und leite sie darin an, Jünger zu werden. Im Grunde sagte Jesus: „Was ich dich lehre, sollst du andere lehren, und sie dann dazu bringen, gehorsam zu sein." Jesus lehrt uns zu gehorchen und dann die Jünger zu lehren, ebenfalls gehorsam zu sein.

Sie müssen **allem** gehorchen, was Er geboten hat, einschließlich des Missionsbefehls. Dann sagte Jesus: „Ich werde mit euch sein bis ans Ende dieses Zeitalters." Das ist eine Verheißung. Wenn wir Gottes Verheißung erleben wollen, müssen wir zuerst Jesu Missionsbefehl gehorsam sein. Ein Jünger sollte ein Trainer anderer werden. Deshalb ist das dritte Schlüsselwort: *Trainer, nicht nur Gemeindemitglieder.*

Diese Einsichten bewegten mein Herz, so dass ich in meinen GGB-Plan schrieb: „Ich hoffe, dass ich jeden Christen oder neuen Gläubigen trainieren kann, ein Trainer zu werden." Obwohl meine Frau und ich persönlich pro Jahr nur 40 bis 60 Menschen zum Glauben führen konnten waren wir in der Lage, diese Gläubigen zu trainieren, ebenfalls 40 bis 60 Menschen pro Jahr zum Glauben zu führen. Selbst wenn nur die Hälfte von ihnen erfolgreich wäre, würden es immer noch eine Menge an Bekehrungen sein. So schrieb ich in meinen Drei-Jahres-GGB-Plan als mein Hauptziel: „Wir wollen 200 Gemeinden gründen und 18.000 Menschen zum Glauben führen."

Die erste T4T-Gruppe

Am 1. November 2000 ging ich zurück in die mir zugewiesene Region, kannte aber dort niemanden. Doch ein Christ aus einem Nachbarland stellte mich einem Pastor vor, der eine bei der Regierung registrierte Gemeinde leitete. Er war auf der Suche nach jemandem, der ihm helfen würde, seine Gemeinde zu trainieren. So besuchte ich die Gemeinde und der Pastor fragte: „Was willst du uns lehren?"

Damals konnte ich nicht einfach antworten: „über Gemeindegründungsbewegungen", weil dieses Wort politisch negativ belastet war. So sagte ich: „Ich werde euch einen schnellen Weg lehren, das Evangelium weiterzugeben."

Er sagt: „Das ist gut."

Als ich jedoch an meinen GGB-Plan dachte, fragte ich: „Wie viele Einwohner hat diese Stadt?" Er sagte mir, dass die Einwohnerzahl 618.000 beträgt.

Dann fragte ich: „Wie viele Distrikte gibt es?"

Er sagte: „22 Distrikte, und jeder umfasst 100 bis 200 Dörfer. In den kleinen Dörfern leben 30 bis 40 Familien. In den großen Dörfern leben mehr als 100 Familien." Dann fragte ich. „Wo könnt ihr anderen das Evangelium mitteilen?"

„Wir gehorchen dem Missionsbefehl. Wir können das Evangelium überall mitteilen."

Ich sagte: „Gut. Wie teilt ihr das Evangelium mit?"

Er erwiderte: „Die Gemeinde hat viele Treffpunkte, und jedes Mitglied kann eine Familien-Bibelstudiengruppe in seiner Wohnung haben."

Ich sagte: „Wirklich?"

Er rief aus: „Sicher! Warum nicht? Wir können zu Hause die Bibel studieren."

Als ich das hörte war ich sehr glücklich. Ich sagte: „Wir müssen uns ein Ziel setzen, eine Endvision. Meine Hoffnung ist, dass wir in drei Jahren in jedem Dorf eine Familien-Bibelstudiengruppe haben – also insgesamt über dreitausend."

Der Pastor und seine Mitarbeiter sahen mich an als wollten sie sagen: „Das ist unmöglich!" Nach vielem Reden und Diskutieren sagte ich: „Wenn ihr es versuchen wollt, zeige ich euch einen schnellen Weg, das Evangelium mitzuteilen."

Aber an diesem Tag war es nicht möglich, sich zu einigen. Schließlich sagte der Pastor: „Gut, du solltest jetzt nach Hause gehen. Ich lasse meine Leute sich für euer Training anmelden. Wenn genug Leute von dir lernen wollen, rufe ich dich an, und du kannst kommen."

Ich ging ohne große Erwartung nach Hause. Doch nach zwei Tagen rief er mich an und sagte: „Wir haben schon fast 30 Leute, die an deinem Training teilnehmen wollen. Kannst du dieses Wochenende kommen?" Ich sagte: „Ja gerne, wir werden kommen." Am Freitagabend gingen Grace und ich zu ihnen. Es war Mitte November. Als wir ankamen wartete ein Mann vor der Kirche auf uns. Er sagte: „Es ist nicht in diesem Gebäude. Wir müssen zu einer anderen Gemeinde auf dem Land fahren. In einer Stunde werden wir da sein." So fuhren Grace und ich auf einem Motorrad mit ihm. Drei Leute für eine Stunde auf einem Motorrad. Das war ziemlich eng!

Die Gemeinde war sehr klein; nur halb so groß wie die andere. Sie hatte also nur 60 Mitglieder. Als wir gegen 18 Uhr dort ankamen, wartete nur eine Person vor dem Gebäude und sagte: „Es sind noch nicht alle von den Feldern zurück. Wir müssen auf sie warten. Manche kommen mit dem Fahrrad, andere mit Motorrädern, und einige kommen zu Fuß. Wir müssen vielleicht noch eineinhalb Stunden auf sie warten."

Warum Christen anderen das Evangelium nicht mitteilen

Grace und ich warteten also und beteten bis 20 Uhr. Schließlich kamen dreißig Leute, die sehr begeistert waren. Sie alle waren Bauern. Viele hatten noch nichts zu Abend gegessen, aber wir ja auch nicht. Dreißig Leute waren gekommen, und so fing ich an, sie zu lehren. Ich sagte zu ihnen: „Heutzutage sind nicht alle Christen in der Lage, anderen Menschen das Evangelium mitzuteilen. Warum nicht? Es gibt drei Gründe dafür. Der erste Grund hat mit Motivation zu tun." Ich fing an zu erklären, *warum* sie als Christen das Evangelium anderen mitteilen sollten und malte ihnen eine Vision vor Augen, indem ich über den Missionsbefehl Jesu sprach. Ich sagte: „Jesus befahl uns, das Evangelium anderen mitzuteilen." Alle stimmten mir zu. Gott überführte ihre Herzen, dass Er sie berufen hatte, Zeugen zu sein.

„Der zweite Grund ist, dass wir nicht wissen, **wem** wir das Evangelium mitteilen sollen. Es gibt viele Menschen in unseren Häusern und um uns herum, aber wir wissen nicht, bei wem wir anfangen sollen, das Evangelium zu verkünden." Dann gab ich jedem ein Blatt Papier und sagte: „Schließt eure Augen und denkt an die Menschen in eurer Umgebung – eure Familie, eure Nachbarn, eure Verwandten und Freunde – jede Person, von der ihr wisst, dass sie noch kein Christ ist! Schreibt ihre Namen auf!" Ich gab ihnen etwa 15 Minuten Zeit, die Namen aufzuschreiben. Die meisten hatten 20, 30 oder 40 Namen auf ihrer Liste. Einer schrieb über 80 Namen auf. So erstellte jeder eine Namensliste, bestehend aus Familie, Freundeskreis, Nachbarn und Kollegen, die Jesus noch nicht kannten oder nicht mit Gott lebten.

Dann sagte ich ihnen: „Seht euch eure Namensliste an und betet! Gott will, dass ihr jedem das Evangelium mitteilt, doch ihr müsst wissen, mit wem ihr anfangen sollt. Nachdem ihr gebetet habt, wählt fünf Personen aus, denen ihr sofort das Evangelium mitteilen wollt. Diese fünf schreibt in die erste Gruppe. Dann wählt fünf weitere Personen für die zweite Gruppe aus, und danach fünf weitere für die dritte Gruppe. Jetzt verfügt ihr über eine Zielgruppe. Ihr könnt für sie beten und den Heiligen Geist bitten, sie vorzubereiten und ihnen ein hungriges Herz zu geben, damit, wenn ihr das Evangelium mit ihnen teilt, sie euch zuhören und Jesus Christus annehmen."

Das dritte Problem besteht darin, dass wir nicht wissen, **wie** wir das Evangelium mitteilen sollen. Ich sagte ihnen: „Ihr wisst vielleicht nicht genau, was ihr sagen sollt, doch es ist sehr leicht. Es fängt mit eurer eigenen Geschichte an." Ich gab jedem ein weiteres Stück Papier und teilte ihnen mein eigenes Beispiel mit. Ich sagte: „Deine Geschichte ist sehr einfach. Sie hat nur drei Teile. Der erste Teil besteht darin, wie dein Leben **vor** Christus war. Wie sah dein Leben aus, bevor du Christ wurdest? Hattest du Probleme? Warst du voller Ärger? Schreibe auf, wie dein Leben **vor** Christus war. Der zweite Teil ist, wie du Christ geworden bist. Und der dritte Teil besteht darin, was in deinem Leben geschehen ist, **seitdem** du Christ wurdest. Ist dein Leben jetzt voller Freude und Frieden? Schreibe nur eine Seite; mach es nicht zu lang! Wenn es zu lang ist, fehlt den Leuten die Geduld zuzuhören. Und achte darauf, deine Geschichte auf interessante Weise zu erzählen."

Ich gab ihnen 15 Minuten Zeit, ihre Geschichte aufzuschreiben. Als sie fertig waren, sagte ich: „Steht jetzt alle auf und seht euch eure Zeugnisse an. Hört nicht auf andere, sondern lest jetzt euer Zeugnis fünfmal laut vor." Die meisten können zwar schreiben, aber nicht jeder kann flüssig reden, wenn er zu einer anderen Person spricht. So sagte ich ihnen: „Sprecht es laut! Das ist sehr wichtig. Wenn ihr eure Geschichte fünfmal laut vorgelesen habt, könnt ihr sie auswendig, so dass ihr eure Notizen nicht mehr braucht. Ihr wollt es flüssig vortragen können, nicht nur auf dem Papier haben. Wenn ihr es nur ablest, kann es die Herzen der Menschen nicht berühren."

Darauf standen die 30 Leute auf und lasen ihr Zeugnis fünfmal laut vor. Danach sagte ich: „Jetzt teilt euch in Gruppen zu zweit auf und erzählt euch gegenseitig euer Zeugnis. Derjenige, der zuhört, hat die Verantwortung, seinem Partner zu sagen, welche Teile er nicht versteht. Wenn es Stellen gibt, die man interessanter gestalten kann, dann helft einander, sie zu verbessern. Und nun fangt an."

Als wir dies abgeschlossen hatten, waren sie sehr begeistert. Es war mittlerweile schon 22 Uhr. Ich sagte ihnen: „Euer Zeugnis kann die Herzen von Menschen berühren. Wenn sie euer Zeugnis hören, werden einige sagen: „Oh, das ist gut. Ich will ebenfalls haben, was du hast!" Sie verstehen vielleicht noch nicht die ganze Wahrheit, oder was Errettung bedeutet. Deshalb müsst ihr sie umgehend lehren, worin das Evangelium besteht. Nur das wird ihnen wirkliche Gewissheit der Errettung geben." Dann sagte ich ihnen: „Ich habe sechs ganz einfache Lektionen. Nachdem ihr ihnen euer Zeugnis mitgeteilt habt, solltet ihr sie sofort die erste Lektion lehren. Lektion eins ist das Evangelium." Da es schon 22 Uhr war, fragte ich sie: „Wollt ihr weitermachen oder besser morgen früh wiederkommen?"

Sie sagten: „Nein, wir wollen weitermachen! Wir sind sehr begeistert. Hier draußen kommt nie jemand vorbei, um uns zu lehren." Also machten wir weiter.

Ich teilte jedem die erste Lektion aus. Sie umfasste nur zwei Seiten. Der erste Teil besteht darin, einem verlorenen Menschen genau zu erklären, wie er durch Jesus ewiges Leben erlangen kann. Das ist sehr wichtig. Wenn du ausschließlich dein Zeugnis gibst, ist es nur eine Geschichte. Doch Menschen müssen das Evangelium hören, damit sie eine Entscheidung treffen können.

So lehrte ich sie den ersten Teil der Lektion sehr langsam und sagte: „Schreibt jeden Satz auf, den ich euch lehre. Selbst wenn ich euch Beispiele gebe, schreibt jeden Satz mit, denn ich will, dass ihr es noch diese Woche andere lehrt." Ich versuchte, sie zu lehren, indem ich diese sehr einfache Methode benutzte.

Danach forderte ich sie auf, diese Lektion einander beizubringen. Nachdem sie es geübt hatten, stellte ich sicher, dass jeder die Lektion einer anderen Person beibringen konnte. Dann gab ich jedem fünf Kopien der ersten Lektion und sagte: „In dieser Woche setze dir das Ziel, die fünf ersten Personen auf deiner Liste zu finden. Du kannst sie zu Hause ansprechen, auf dem Acker, unter einem Baum oder in einem Restaurant, wo immer sich die Gelegenheit bietet. Erzähle ihnen einfach dein Zeugnis! Nachdem du ihnen dein Zeugnis mitgeteilt hast gib ihnen umgehend eine Kopie von Lektion eins (dem Evangelium) und lehre sie diese Lektion!

Dann sagte ich ihnen: „Eines ist dabei sehr wichtig. Wenn du dein Lebenszeugnis erzählen willst, bitte die Leute nicht erst um Erlaubnis. Fang einfach an, deine Geschichte zu erzählen!"

Ein Ei oder zwei?

Während meiner Zeit in den USA und in Hong Kong arbeitete ich für über 20 Jahre als Pastor in einem Krankenhaus. Immer wieder besuchte ich dort die Patienten an ihren Krankenbetten. Wenn ich zu einem Patienten kam, fragte ich: „Wie geht es Ihnen heute? Fühlen Sie sich schon besser?" Ich sagte: „Ich bin der Pastor dieses Krankenhauses und würde Ihnen gern das Evangelium vorstellen." Oder ich fragte: „Kennen Sie Jesus?" Ich war sehr höflich.

Die meisten Menschen, die ich besuchte, waren sehr nett. Doch wenn ich das Evangelium oder Jesus erwähnte, sagten sie: „Nein, ich bin sehr müde!" oder „Nein, ich will jetzt nichts darüber hören!" Dann konnte ich nicht weitermachen. Als ich draußen war, schrieb ich das Ergebnis in mein Buch. Von 15 Besuchern wollten im Durchschnitt nur ein oder zwei mein Zeugnis hören. Die anderen hatten keine Lust. Ich erhielt keine Chance. Doch wenn sie nicht zuhörten, wie sollten sie die Möglichkeit erhalten, das Evangelium anzunehmen?

Eines Tages war ich wieder einmal in Taiwan. Normalerweise kaufte ich dort eine Schale Sojamilch mit einem chinesischen Pfannkuchen zum Frühstück. Jedes Mal fragten sie mich dann: „Möchten Sie ein Ei dazu?" Doch das Ei kostete zehn Taiwan-Dollar, also wollte ich es nicht! Ich war sehr sparsam.

Einmal ging ich in ein anderes Restaurant. Als ich meine Bestellung aufgab, fragte mich der Besitzer, der sehr beschäftigt war: „Ein Ei oder zwei?"

Ich sagte: „Nur eins."

Als ich mit meiner Schale Sojamilch an den Tisch kam, fragte Grace: „Wieso hast du heute ein Ei genommen?"

Ich sagte: „Oh! Heute fragte er mich nicht, ob oder ob nicht, sondern nur: „Eins oder zwei"? Also habe ich „Eins" gesagt!

Ich beobachtete den Mann, und er fragte tatsächlich alle Leute „Ein Ei oder zwei?" Es gab niemanden, der mit „Nein" antwortete. Er war sehr clever!

Plötzlich öffnete Gott mein Verständnis und ich dachte: „Ja! Ich gebe das Evangelium weiter, und es ist eine gute Sache. Warum muss ich Leute um Erlaubnis bitten? Ich sollte es ihnen einfach geben!"

Jesus erzählte von einem Hirten, der 100 Schafe hatte und eines verlor. So ließ Er die 99 zurück, um nach dem einen zu suchen. Das Verlorene gehörte Ihm, richtig? Als er nun das verlorene Schaf wiederfand, was sagte er da? „Kleines Schäfchen, willst du gern nach Hause kommen? Darf ich mich vorstellen? Ich bin der Hirte." Nein! Er dachte: „Das ist mein Schaf. Ich bringe es nach Hause zurück!" Danach war Er sehr glücklich und veranstaltete ein Fest.

Doch wenn **wir** das Evangelium weitergeben wollen, dann stehen wir vor der Tür und fragen: „Möchten Sie vielleicht zuhören?" oder „Darf ich Ihnen das Evangelium mitteilen?" Wenn dieser Mensch dann nicht positiv reagiert, ist die Tür verschlossen. Nein! Bring sie einfach hinein! Gott schuf sie, doch sie sind verloren. Wenn du mit jemandem sprichst, erzähl ihm einfach deine Geschichte. Sage: „Sie kennen mich zwar nicht, aber ich war einmal ein wirklich schlechter Mensch." Jeder liebt eine gute Geschichte über eine schlechte Person!

Von da an änderte ich meine Strategie. Als ich in das Krankenhaus zurückkehrte sagte ich zu den Patienten: „Sie haben ja keine Ahnung, wie ich früher war. Ich habe jeden Tag mit meiner Frau gestritten." Nur wenige sagten: „Ach nein, ich will das nicht hören!" Stattdessen hörten sie es sehr gern! Sie liebten es, ein wenig Klatsch und üble Storys zu hören.

Dann erzählte ich ihnen davon, wie Jesus mein Leben veränderte und wie mein Leben heute ist. Ich gab ihnen umgehend die erste Lektion, wie man Gewissheit der Errettung durch den Glauben an Jesus erlangen kann. Weit weniger Leute wiesen mich ab. Aufgrund meiner Notizen stellte ich fest, dass nun acht oder neun von 15 Patienten mein ganzes Zeugnis sowie Lektion eins anhörten. Auf diese Weise kamen mehr von ihnen zum Glauben!

Ich sagte den dreißig Farmern: „Bittet die Leute nicht erst um Erlaubnis. Erzählt einfach eure Geschichte und vermittelt ihnen danach die erste Lektion. Dies gibt ihnen die Chance, etwas über die Liebe Jesu zu hören. Das ist sehr wichtig." Zum Schluss sagte ich ihnen: „Nächste Woche werde ich wiederkommen, und jeder von euch wird mir und den anderen berichten, was geschehen ist."

Das zweite Treffen

Nach einer Woche, Ende November, kehrten Grace und ich zu jener Gemeinde zurück. Gott sei Dank; alle dreißig kamen wieder.

Zu Beginn des Treffens sangen wir und beteten gemeinsam. Dann ließ ich sie Zeugnis geben (Berichte der Rechenschaft). Ich fragte sie: „Wie viele von euch haben in der vergangenen Woche anderen das Evangelium mitgeteilt?" Nur elf von ihnen bejahten das. Vom Prozentsatz her war das nicht schlecht. Doch ehrlich gesagt war ich ein wenig traurig, da dies für mich eine neue Art des Lehrens und eine neue Erfahrung war. Ich hatte gedacht, jeder würde dem Missionsbefehl Jesu gehorchen. Sie alle empfingen mit Freude meine Lehre und waren begeistert – doch nur elf von ihnen teilten das Evangelium mit den Menschen ihrer Umgebung. Die anderen neunzehn taten es nicht! Das war meine erste GGB Lektion: *Nicht jeder wird das Training weitergeben.*

Als nächstes fragte ich, wie vielen Menschen sie das Evangelium mitgeteilt hätten und wie viele von diesen an Jesus gläubig geworden wären. Einer sagte, er hätte mit dreien gesprochen und einer sei Christ geworden. Ein anderer hatte mit fünf gesprochen, aber keiner von ihnen kam zum Glauben.

Ein alter Farmer hatte das Evangelium mit vielen Menschen geteilt. Ich erinnere mich nicht mehr genau, mit wie vielen, aber elf von ihnen wurden durch sein Zeugnis in jener Woche Christ! Er gab sein Zeugnis, indem er sagte: „Ich wurde vor über zwanzig Jahren gläubig, aber niemand hat mich je gelehrt, wie ich das Evangelium weitergeben kann. Doch nach dem Training in der letzten Woche war ich sehr begeistert. So ging ich durch mein Dorf und klopfte an jede Tür. Ich redete mit allen Leuten und elf wurden Christen." Das war für alle sehr ermutigend.

Durch ihn entdeckte ich eine wichtige Wahrheit: Der *Heilige Geist* erwählt Menschen, nicht wir! Wenn ich die Wahl gehabt hätte, so hätte ich ihn nicht ausgewählt, vielleicht noch nicht einmal trainiert. Er war alt und sah nicht besonders gut aus. Seine Sprache war schwer zu verstehen. Aber Gott hatte ihn erwählt. Das war die zweite wichtige GGB-Lektion für mich: Wir müssen *jeden* trainieren!

Später, als die Bewegung schon gewachsen war, gab derselbe Mann ein weiteres Zeugnis. Jeden Morgen stand er um fünf Uhr auf und las die Bibel. Er hatte zwei Stunden des Gebets und Bibelstudiums. Von sieben Uhr früh bis fünf Uhr nachmittags arbeitete er auf seinem Feld. Um fünf ging er nach Hause, duschte sich, kochte und kümmerte sich um seine alte Mutter. Von sieben Uhr abends bis Mitternacht leitete er vier verschiedene Gruppen an mehreren Abenden pro Woche in seiner Stadt. Später, im Jahr 2001, begann er in nur einem Jahr 110 Kleingruppen und wurde der hauptamtliche Pastor dieser Gemeinde. Ich war sehr glücklich. Schließlich wurde er einer meiner „Großen Trainer". Es ist also Gott, der die Person auswählt! Wir wissen es nie vorher. Darum triff keine Vorauswahl! Trainiere jeden! Und dann lass Gott auswählen!

Im ersten Drittel dieser zweiten Trainingssitzung berichtete also jeder und gab Rechenschaft über die Zeit nach dem letzten Treffen. Dann sprach ich nochmals zu ihnen über die Vision. Ich tat dies anhand des Beispiels vom „Herzen des himmlischen Vaters", indem ich sagte: „Wenn ihr das Herz des himmlischen Vaters kennt, werdet ihr mehr Zuversicht und Selbstvertrauen haben, das Evangelium weiterzugeben."

Dann, im zweiten Drittel des Treffens, lehrte ich sie Lektion zwei über Gebet. Nachdem ich sie Lektion zwei gelehrt hatte, bat ich sie, es im letzten Drittel des Treffens bereits zu praktizieren und einander zu lehren. Dann gab ich ihnen Hausaufgaben. Ich sagte: „Falls du letzte Woche drei Menschen zu Jesus geführt hast, gehe zu ihnen zurück und lehre sie Lektion zwei. Außerdem gebe ich jedem von euch fünf Kopien von Lektion eins für neue Gläubige. Gebt ihnen diese Kopien als Hilfe, selbst andere für Jesus zu gewinnen. Bittet sie, ihr Zeugnis sowie ihre Namensliste aufzuschreiben und sich sofort fünf Leute auszusuchen, um das Evangelium mit ihnen zu teilen."

Am Anfang machte ich es so. Später jedoch änderte ich mein Vorgehen und ließ die Leute ihre eigenen Kopien machen – so viele sie brauchten, damit keine Verzögerung beim Training der neuen Gläubigen in Lektion eins entstand. Als ich mehr lernte, sagte ich meinen Trainern einfach: „Wenn du das Evangelium mit anderen teilst, indem du sie Lektion eins lehrst, dann gib den neuen Gläubigen sofort mehrere Kopien von Lektion eins, damit sie auch andere lehren können. Verliere keine Zeit! Am selben Tag, an dem sie gläubig werden, ist es für sie sehr leicht, das Evangelium anderen mitzuteilen. Habe stets viele Kopien von Lektion eins bei dir, damit du bereit bist, Zeugnis zu geben und auch andere zu trainieren, ihrerseits Zeugnis zu geben. Lass dich nicht einschränken durch Mangel an Material!"

Nachdem sie Lektion zwei geübt hatten, setzten die 30 Farmer sich Ziele, welchen Menschen sie Zeugnis geben und wen sie trainieren würden. Dann betete ich für sie und sandte sie aus.

Auswirkung: Ein neuer Lebensstil entsteht

Wir begannen mit dieser ersten Gruppe von 30 Leuten im November 2000. Drei Monate später leiteten sie bereits 27 Kleingruppen und mehr als 200 Menschen waren zum Glauben an Jesus gekommen. Das bewegte mein Herz.

Das Herz des himmlischen Vaters:
Eine Visionsvermittlung (von Ying Kai)

Als Ying Kai noch ein junger Student in Taiwan war, arbeitete er hart für ein wichtiges Examen, das ihm die Aufnahme in eine gute Mittelschule ermöglichen sollte. Er wünschte sich ein Fahrrad, um in dreißig Minuten zur Schule fahren zu können, bezweifelte jedoch, dass er es bekommen würde, da seine Familie sehr arm war. Eines Tages, als er am Schlafzimmer seiner Eltern vorbeilief, hörte er, wie sein Vater zu seiner Mutter sagte, er wolle Ying ein neues Rad kaufen. Ying freute sich sehr. Am gleichen Abend, bevor er zu Bett ging, bat er seinen Vater um ein Fahrrad, doch sein Vater sagte „Nein".

Ying war enttäuscht, gab jedoch nicht auf, da er das Herz seines Vaters kannte! Als er beharrlich blieb, sagte sein Vater schließlich „Ja"! Bereits am nächsten Tag hatte er ein neues Rad.

Ying sagt: „Weil ich das Herz meines Vaters kannte, gab ich nicht auf. Hätte ich sein Herz nicht gekannt, dann hätte ich wohl aufgegeben. Deshalb, wenn wir das Herz unseres himmlischen Vaters kennen, werden wir mehr Vertrauen haben, das zu tun, was Er von uns will.

In der ganzen Bibel sehen wir immer wieder, dass Gott eine Person erwählt, damit sie selbst und ihre gesamte Familie errettet wird: Noah, Lot, Rahab, der dämonisch besessene Gerasener, Kornelius, Lydia oder der Gefängniswärter in Philippi. (Wenn Zeit dafür vorhanden ist, erklärt Ying jede dieser biblischen Geschichten im Detail.)

Gott erwählt dich, damit sowohl du selbst als auch alle, die zu dir gehören, gerettet werden. Das ist das Herz deines himmlischen Vaters. Wenn du Sein Herz kennst, wirst du nicht aufhören, Ihn um das zu bitten, was bereits auf Seinem Herzen ist!

Es ist deine Verantwortung, deiner Familie das Evangelium zu bezeugen. Gib nicht auf! Letztendlich wird Gott viele deiner Familienmitglieder retten."

Ich dachte bei mir selbst: „Bisher führten Grace und ich jedes Jahr 40 bis 60 Menschen zu Jesus. Aber jetzt, nach drei Monaten, haben wir mit Hilfe dieser 30 Leute bereits 200 Menschen zum Glauben geführt. 200 neue Gläubige!" Ich dankte Gott.

Insgesamt wurde allein im Jahr 2001 durch diese Gruppe von 30 Personen direkt und indirekt der Beginn von 906 Kleingruppen initiiert. Sie brachten das Evangelium in 17 verschiedene Städte und mehr als zehntausend Menschen kamen zum Glauben. Und dies stellte nur *eine* der ersten T4T-Gruppen dar! Mein Herz war bewegt. Ich dachte: „Wenn der Heilige Geist mit dir ist, kannst du tatsächlich Wunder erleben!" Diese Gruppe diente uns als ein Modell, wie man den Trainer-für-Trainer-Prozess beginnt. Jeden Tag kehrten Grace und ich in unsere Region zurück, um nach zwei Arten von Menschen zu suchen: Verlorene und Gerettete. Wenn sie Verlorene waren, gaben Grace und ich ihnen Zeugnis. Waren sie bereits gerettet, boten wir ihnen an, sie zu trainieren – einschließlich derer, die wir gerade zum Glauben geführt hatten.

Anfangs traf ich mich mit den ersten T4T-Gruppen jede Woche. Für Bauern war das in Ordnung, aber ich fand heraus, dass es für Leute, die das ganze Jahr über hart arbeiten müssen, zu viel war. Bauern sind zweimal im Jahr sehr beschäftigt. Aber drei oder vier Monate im Jahr haben sie nicht so viel zu tun. Dann ist es leicht für sie, hinauszugehen und das Evangelium mit anderen zu teilen. In den Städten und Fabriken jedoch hatten die Leute nicht genug Zeit, ihren Zeugnisauftrag innerhalb von nur einer Woche abzuschließen. Sie waren zu beschäftigt. So entwickelte ich einen Zwei-Wochen-Rythmus.

Das gab mir auch die Zeit, um mehr Gruppen zu trainieren. Im Laufe der Zeit unterrichtete ich immer mehr von ihnen. Jeden Tag trainierten Grace und ich drei oder vier Gruppen, und an einem Wochentag sogar sieben. Selbst wenn ich an sieben Tagen pro Woche arbeitete, konnte ich nicht mehr als 20 bis 30 Gruppen gleichzeitig ausbilden. Doch wenn ich sie nur alle zwei Wochen trainierte, konnte ich die Zahl der Trainingsgruppen verdoppeln. Später entdeckte ich, dass Gott bereits viele „Personen des Friedens" in den Städten und Dörfern vorbereitet hatte. Mit der Zeit hörten wir eine Menge erstaunliche Zeugnisse. In diesem Jahr kam eine 67-jährige Dame zum Glauben und führte 46 Familien zu Christus – Familien, nicht nur einzelne Menschen!

In einer anderen Stadt lebte ein 26 Jahre alter Mann, der in zwei Monaten über 20 Familien zu Christus führte.

In einem anderen Bezirk arbeitete eine Frau in einer Fabrik. Jemand teilte ihr das Evangelium mit und sie nahm Jesus an. Am nächsten Tag wollten wir sie besuchen, konnten sie aber nicht finden. Drei Wochen später war sie wieder da. Grace fragte sie: „Wo bist du gewesen?" Sie erzählte: „In der Nacht, als ich das Evangelium annahm, musste ich die ganze Nacht hindurch weinen, weil ich Jesus angenommen hatte. Ich dachte: Wer wird meiner Familie das Evangelium mitteilen?" Am nächsten Tag lieh sie sich Geld, kaufte ein Flugticket und flog in eine Stadt in einem anderen Teil des Landes, die als wenig offen für das Evangelium galt. In drei Wochen führte sie 26 Menschen zu Jesus.

Es gab auch eine junge Ärztin, die Christin wurde. Ihr Mann stellte sich jedoch gegen sie. Eines Tages legte sie den Jesus-Film auf den Tisch. Am selben Tag sah ihr Mann sich den Film an und dieser berührte sein Herz. Sie führte ihren Mann zu Christus. Innerhalb von drei Monaten nahm ihre ganze Familie, bestehend aus über 20 Personen, Jesus an.

In einer anderen Stadt gab es eine Fabrik mit über 2.000 Arbeitern. Ein Mann, der in dieser Fabrik arbeitete und bereits gläubig war, wurde durch uns trainiert. Innerhalb einer Woche gründete er 19 Gruppen. Ich hatte nicht erwartet, dass er so eine gute Arbeit leisten würde. Doch Gott ist so viel größer als wir. Es zählt nicht, was **wir** tun können, sondern was der Heilige Geist bewirken kann. Dafür danke ich Gott.

Es gibt eine Menge solcher Zeugnisse. Ich entdeckte, dass Gott bereits überall viele „Menschen des Friedens" vorbereitet hatte. Wenn wir das Evangelium jedoch nicht mit **jedem** geteilt hätten, würden wir sie verloren haben, denn wir selbst hätten diese Personen nie ausgewählt. Du weißt wirklich nie, wer Gottes auserwählte Person ist!

Jeden Tag nehme ich mir nach dem Aufwachen auf meinen Knien ausführlich Zeit zum Gebet. Dann gehe ich nach draußen, um den Verlorenen das Evangelium zu bezeugen und die Erretteten zu trainieren. Dafür gebrauche ich die T4T-Methode. Noch immer bin ich ein Lernender, doch ich will mit dir teilen, was ich selbst bereits gelernt habe. Ich bin so begeistert!

Worte, Werke und Weinschläuche (von Steve)

Die nächsten Kapitel vermitteln ein klares Modell, was wir unsererseits tun können, um eine Gemeindegründungsbewegung mit Hilfe des T4T-Prozesses zu starten. Die folgenden Lektionen resultieren sowohl aus Ying Kais Erfahrungen als auch den Erfahrungen vieler anderer in der ganzen Welt. Sie basieren vor allem auf Prinzipien aus Gottes Wort, welche zeitlos und verbindlich sind.

> „Die Werke Seiner Hände sind Wahrheit und Recht. Zuverlässig sind alle seine Gebote, fest gegründet auf immer und ewig, ausgeführt in Wahrheit und Geradheit. Er hat Erlösung gesandt zu Seinem Volk, Seinen Bund verordnet auf ewig. Heilig und furchtbar ist sein Name. Die Furcht des Herrn ist der Weisheit Anfang: Eine gute Einsicht für alle, die sie ausüben. Sein Ruhm besteht ewig." (Psalm 111,7-10)

Zweitens basieren die Lektionen auf dem, was wir aus dem unterschiedlichen Wirken Gottes innerhalb von Gemeindegründungsbewegungen weltweit lernen. Wenn wir auf die Beispiele zahlloser GGB-Fallstudien schauen, erkennen wir, wie Männer und Frauen Gottes Sein Wort auf ihr eigenes Umfeld und ihre Kultur anwenden, und wie Er Seine Verheißungen bezüglich der Ernte erfüllt.

> „Groß sind die Werke des Herrn, zu erforschen von allen, die Lust an ihnen haben. Majestät und Pracht ist Sein Tun, Seine Gerechtigkeit besteht ewig. Er hat ein Gedächtnis gestiftet Seiner Wunder, gnädig und barmherzig ist der Herr." (Psalm 111,2-4)

Gott hat Seine Werke geschaffen, damit sie studiert werden, und alle, die ihre Freude an Ihm haben, sich an sie erinnern. In den Fallstudien finden sich tiefe Prinzipien und Methoden, die überall angewandt werden können, und zeigen, auf welche Weise Gott Gemeindegründungsbewegungen auf der ganzen Welt ins Leben ruft.

Schließlich schlagen wir verschiedene Anwendungen vor, die auf dem Prinzip der flexiblen Weinschläuche (Methoden und Strukturen) beruhen und zeigen, wie andere innerhalb ihres Kontexts T4T effektiv zur Anwendung bringen (Matth. 9,17). Diese Dinge müssen auf deinen eigenen Dienst angepasst werden, damit die Menschen in deiner Region dem Wort auf authentische Weise gehorchen können.

Folge uns nun durch die Kapitel dieses Buches um herauszufinden, wie du dich für eine Bewegung Gottes in deiner Region und deiner Umgebung positionieren kannst!

Sei ein Täter, nicht nur ein Hörer!

Schreibe auf, wie Gott zu dir gesprochen hat und was Er von dir erwartet, in Folge davon im Gehorsam zu tun:

Beim Evangelisieren keine Leute auswählen allen das Evangelium bringen.

KAPITEL 4

WARUM ES FUNKTIONIERT

Eine biblisch-theologische Grundlage für Gemeindegründungsbewegungen und den T4T-Prozess

Gemeindegründungsbewegungen entwickeln sich in wachsender Zahl auf der ganzen Welt. T4T, als einer der bestfunktionierenden Prozesse für die Initiierung von Gemeindegründungsbewegungen, wurde bereits in einer Vielzahl an Umgebungen und Kulturen effektiv zur Anwendung gebracht – von Asien bis Afrika, von Gebildeten bis Analphabeten, von Animisten bis hin zu westlichen Kulturen. Was ist die Ursache für das schnelle Wachstum dieser durch den Heiligen Geist bevollmächtigten Bewegungen?

Die Grundlage für diese Gemeindegründungsbewegungen ist eine Rückkehr zu einigen biblischen Prinzipien, die uns zeigen, wie Gott wirkt – und wie wir mit Ihm zusammenarbeiten sollen. Bevor wir in die Methoden von T4T eintauchen ist es sehr wichtig, dass du die Struktur des Königreiches Gottes verstehst, innerhalb derer T4T operiert. Diese Prinzipien, die uns manchmal geheimnisvoll oder neuartig erscheinen, spiegeln die Atmosphäre wieder, in der die Gemeinde des ersten Jahrhunderts lebte. Es war ihre geistliche DNA, die sie zu ihren Taten antrieb und ihre Erwartungen prägte, was geschehen würde, wenn Gottes Königreich kommt. Lass uns deshalb einen ganz neuen Blick auf die Worte des Königs und Seiner Jünger werfen!

Streiflichter des Königreichs

Jesu gesamter Dienst war darauf ausgerichtet, Gottes Reich zu den Menschen zu bringen. Er gebrauchte das Wort „Königreich Gottes" mehr als 100 Mal, während Er nur zweimal von „Gemeinde" sprach. Bereits Seine ersten Worte im Markusevangelium handelten vom Reich Gottes:

„Die Zeit ist erfüllt, und das Reich Gottes ist nahe gekommen. Tut Buße und glaubt an das Evangelium." (Markus 1,15)

Das griechische Wort für „Buße" bedeutet eine vollständige Veränderung der Art, wie du denkst.

Jesus brachte ein Reich, das von so radikaler Natur ist, dass wir unser gesamtes Konzept in Bezug auf das, was Gott in und durch uns tun will, neu ausrichten müssen, insbesondere im Hinblick darauf, *wie* Er Dinge tut.

Sein zentrales Gebet hatte mit dem Königreich Gottes zu tun:

„Betet ihr nun so: Unser Vater, der du bist in den Himmeln, geheiligt werde dein Name; dein Reich komme; dein Wille geschehe, wie im Himmel so auch auf Erden." (Matth. 6,9-10)

Er lehrte uns zu beten, dass unsere Stadt, Region, Nation oder Volksgruppe Seine Herrlichkeit und Herrschaft so widerspiegeln sollen, so dass es wäre, als sei der Himmel auf die Erde gekommen. *Fordert Jesus uns auf, um etwas zu bitten, das Er nicht erfüllen will?* Gott ist nicht zufrieden mit einer Handvoll an Gläubigen, Hausgruppen und Gemeinden in einer Volksgruppe! Seine Vision ist eine riesige Menschenmenge aus jeder Volksgruppe, die Ihn anbetet.

Auch Jesu zentrale *Mission* hatte mit Gottes Königreich zu tun:

„Dieses Evangelium des Reiches wird gepredigt werden auf dem ganzen Erdkreis, allen Nationen zu einem Zeugnis, und dann wird das Ende kommen." (Matth. 24,14)

Die gesamte Weltgeschichte bewegt sich auf diese finale Bestimmung zu. So handelte auch Jesu letzte Botschaft in der Apostelgeschichte vom Königreich Gottes:

„Diesen zeigte er sich auch nach seinem Leiden in vielen sicheren Kennzeichen, indem er sich vierzig Tage hindurch von ihnen sehen ließ und über die Dinge redete, die das Reich Gottes betreffen." (Apg. 1,3)

Jesu erste wie auch Seine letzten Worte handelten von der Herrschaft des Königs. Sie fassten die Mission Seines Lebens zusammen.

Auch die Mission der Jünger in der Apostelgeschichte drehte sich um das Königreich Gottes:

> „Als sie aber dem Philippus glaubten, der das Evangelium vom Reich Gottes und dem Namen Jesu Christi verkündigte, wurden sie getauft, sowohl Männer als Frauen." (Apg. 8,12)

> „Und als sie jener Stadt das Evangelium verkündigt und viele zu Jüngern gemacht hatten, kehrten sie nach Lystra und Ikonion und Antiochia zurück. Sie befestigten die Seelen der Jünger und ermahnten sie, im Glauben zu verharren, und sagten, dass wir durch viele Trübsale in das Reich Gottes eingehen müssen." (Apg. 14,21-22)

> „Er ging aber in die Synagoge und sprach freimütig drei Monate lang, indem er sich unterredete und sie von den Dingen des Reiches Gottes überzeugte." (Apg. 19,8)

Die letzten Worte der Apostelgeschichte handeln vom Königreich Gottes:

> „Er aber blieb zwei ganze Jahre in seiner eigenen Mietwohnung und nahm alle auf, die zu ihm kamen; er predigte das Reich Gottes und lehrte die Dinge, die den Herrn Jesus Christus betreffen, mit aller Freimütigkeit ungehindert." (Apg. 28,30-31)

Von Anfang bis Ende war der Fokus des Dienstes Jesu auf die Herrschaft des Königs gerichtet, sowohl in dem, was Er selbst tat, als auch in dem, was Seine Jünger taten.

Jesus wusste: Wenn wir das Königreich Gottes und die Herrschaft des Königs in ihrer vollen Bedeutung erfassen, dann würde in der Folge auch die Gemeinde so sein, wie sie soll. Im Vaterunser lehrte Er uns, den Vater eindringlich zu bitten, Sein Königreich in solcher Kraft und Fülle in unseren Städten, Nachbarschaften und Volksgruppen kommen zu lassen, dass es dem Himmel gleicht (Matth. 6,9-10).

Doch die Wege des Königs entsprechen weder unseren Vorstellungen noch unseren natürlichen Standards! Weil es sich um *geistliche* und nicht um natürliche Prinzipien handelt, können sie von uns auch nicht auf normale, natürliche Weise verstanden oder erfasst werden. Wir müssen uns ihrer erst bewusst werden, um wirklich die **Herrschaft des Königs** und nicht nur die Herrschaft der Kirche oder des Pastors zu sehen.

Dies war die überraschende Entdeckung, zu der Ying Kai kommen musste, damit Gott durch ihn eine Bewegung auslösen konnte. Er gelangte zu der Erkenntnis, dass sein bisheriger, „erfolgreicher" Dienst sich als nicht ausreichend erwies, um die Mengen der Verlorenen in seinem neuen Missionsgebiet zu erreichen. Er gab sich ganz hin, um einen neuen Weg kennenzulernen, der ihn befähigte, mit dem Geist Gottes zu kooperieren. So konnte er erleben, wie die Apostelgeschichte sich in seinem Umfeld wiederholt. Während der gesamten Zeit war er immer wieder überrascht, wie die Dinge sich entfalteten und herausgefordert, sich ständig aufs neue Gottes Leitung anzupassen.

> Jesus wusste: Wenn wir das Königreich Gottes und die Herrschaft des Königs in ihrer vollen Bedeutung erfassen, dann würde in der Folge auch die Gemeinde so sein, wie sie soll. Wir müssen uns ihrer erst bewusst werden, um wirklich die Herrschaft des Königs und nicht nur die Herrschaft der Kirche oder des Pastors zu sehen.

Genauso erging es mir mit den Ina. In dieser rasanten Bewegung des Reiches Gottes fragte ich mich oft, ob wir uns auf der richtigen, biblischen Spur befänden. Nur durch regelmäßiges Lesen des Neuen Testaments, besonders der Gleichnisse vom Reich Gottes und der Apostelgeschichte, war ich imstande, die Führung des Heiligen Geistes zu verstehen und mit Ihm zu kooperieren, anstatt Sein Wirken zu behindern.

Wenn wir die Wege des Reiches Gottes nicht verstehen, werden wir Sein Wirken weder begrüßen, wenn es beginnt, noch das Feuer anfachen – sondern ihm vielleicht sogar entgegenstehen!

Da Jesus wusste, dass die Wege des Königs unserem Denken widersprechen, beschrieb er das Reich Gottes mit vielen Bildern in Form von Gleichnissen, die meist den gleichen Anfang haben: „Das Reich Gottes ist wie ..." Jedes einzelne enthält einen wichtigen Aspekt der Wahrheit über das allumfassende Geheimnis des Königs. Die gute Nachricht ist, dass Gott Freude daran hat, Seinen Nachfolgern die Wahrheit Seines Reiches zu offenbaren, wenn wir mit offenem Herzen und Sinn – wie kleine Kinder – zu Ihm kommen:

„Er aber antwortete und sprach zu ihnen: Weil euch gegeben ist, *die Geheimnisse des Reiches der Himmel zu wissen,* jenen aber ist es nicht gegeben ... Glückselig aber eure Augen, dass sie sehen, und eure Ohren, dass sie hören." (Matth. 13,11+16)

Für Außenstehende stellen Gleichnisse ein Geheimnis dar, doch denen, die wie kleine Kinder zu Ihm kommen, wird Gott die geheimnisvolle Natur Seines Reiches enthüllen. Liefere Ihm deine vorgefassten Meinungen aus und bitte Ihn, dass Er ganz neu zu dir spricht.

Wie der König regiert

Beim Betrachten der folgenden Gleichnisse über das Reich Gottes sinne über die unserer menschlichen Denkart widersprechende Natur von Bewegungen des Königreiches Gottes nach!

Der Sämann und der vierfältige Acker

„Und er redete vieles in Gleichnissen zu ihnen und sprach: Siehe, der Sämann ging aus zu säen; und indem er säte, fiel einiges an den Weg, und die Vögel kamen und fraßen es auf. Anderes aber fiel auf das Steinige, wo es nicht viel Erde hatte; und sogleich ging es auf, weil es nicht tiefe Erde hatte. Als aber die Sonne aufging, wurde es verbrannt, und weil es keine Wurzel hatte, verdorrte es. Anderes aber fiel unter die Dornen; und die Dornen schossen auf und erstickten es. Anderes aber fiel auf die gute Erde und gab Frucht: das eine hundert-, das andere sechzig-, das andere dreißigfach. Wer Ohren hat, der höre!"

„Hört ihr nun das Gleichnis vom Sämann: So oft jemand das Wort vom Reich hört und nicht versteht, kommt der Böse und reißt weg, was in sein Herz gesät war; dieser ist es, bei dem an den Weg gesät ist. Wo aber auf das Steinige gesät ist, dieser ist es, der das Wort hört und es sogleich mit Freuden aufnimmt; er hat aber keine Wurzel in sich, sondern ist nur ein Mensch des Augenblicks; und wenn Drangsal entsteht oder Verfolgung um des Wortes willen, nimmt er sogleich Anstoß. Wo aber unter die Dornen gesät ist, dieser ist es, der das Wort hört, und die Sorge der Zeit und der Betrug des Reichtums ersticken das Wort, und er bringt keine Frucht. Wo aber auf die gute Erde gesät ist, dieser ist es, der das Wort hört und versteht, der wirklich Frucht bringt; und der eine trägt hundert-, der andere sechzig-, der andere dreißigfach." (Matth. 13,3-9; 18-23)

Ganz gleich, wie gut du den Samen des Evangeliums ausstreust, es wird immer vier unterschiedliche Reaktionen geben. Obwohl zu Anfang auch die anderen hoffnungsvoll aussehen mögen, ist nur *eine* Art Boden gut und bringt Frucht. Wenn wir bessere Ergebnisse erwarten als Jesus es tut, täuschen wir uns selbst. Wir müssen auf beides vorbereitet sein: fruchtbare und unfruchtbare Ergebnisse. Das ist normal.

Es ist unmöglich vorherzusagen, wo guter Boden sein wird; das weiß ausschließlich Gott. Wir können den guten Boden nur entdecken, indem wir die Botschaft des Evangeliums an viele Menschen aussäen! Dazu im Gegensatz steht unsere menschlich-natürliche Vorgehensweise, dass wir vorhersagen wollen, wer wohl empfänglich sein wird, und dann all unsere Energien auf diese Menschen konzentrieren. Das Ergebnis ist, dass wir am Ende oft enttäuscht sind. Wenn wir jedoch Menschen finden, die guter Boden sind, dann erleben wir dreißig-, sechzig- und hundertfache Ernte durch ihr Leben.

Welche Bedeutung hat das für GGBs?

Gemeindegründungsbewegungen kommen durch Menschen zur Geburt, die guter Boden sind. Daher brauchen wir Methoden, die es uns ermöglichen, das Evangelium sehr vielen Menschen auszusäen, ohne dass wir bereits vorher beurteilen wollen, wer darauf reagieren wird. Nur so werden wir die Fruchtbaren entdecken. Wir lassen uns dann auch nicht von denen aus dem Konzept bringen, die zwar zuerst positiv reagieren, sich dann aber später als unfruchtbar erweisen.

> Wenn wir die Wege des Reiches Gottes nicht verstehen, werden wir Sein Wirken weder begrüßen, wenn es beginnt, noch das Feuer anfachen – sondern ihm vielleicht sogar entgegenstehen!

Stattdessen müssen wir innerhalb einer Gemeindegründungsbewegung unsere meiste Zeit damit verbringen, die fruchtbaren, gehorsamen Jünger zu trainieren. Nur indem wir in den kleinen Prozentsatz der Jünger guten Bodens investieren, kann sich eine multiplikative Bewegung entwickeln. Leider folgen wir oftmals dem menschlich-natürlichen Weg, im Voraus zu beurteilen, wer wohl positiv reagieren wird, so dass wir zu wenig säen und unsere meiste Zeit mit denen verbringen, die ungehorsam und unfruchtbar sind. Solche menschlichen Wege halten uns in Wahrheit sogar davon ab, mit dem König zu kooperieren und Sein Werk im Leben der Menschen um uns herum zu unterstützen.

Der verborgene Schatz im Acker und die kostbare Perle

> „Das Reich der Himmel gleicht einem im Acker verborgenen Schatz, den ein Mensch fand und verbarg; und vor Freude darüber geht er hin und verkauft alles, was er hat, und kauft jenen Acker. Wiederum gleicht das Reich der Himmel einem Kaufmann, der schöne Perlen sucht; als er aber eine sehr kostbare Perle gefunden hatte, ging er hin und verkaufte alles, was er hatte, und kaufte sie." (Matth. 13,44-46)

Wenn wir Verlorenen helfen, den Wert des Königs zu entdecken, und nicht nur versuchen, sie zu einer Entscheidung für Ihn zu bewegen, dann ermöglichen wir ihnen, glühende Nachfolger Jesu zu werden. Viele Menschen werden freudig alles aufgeben, wenn sie die Größe des Königs erkennen. Reich-Gottes-Bewegungen entstehen auf den Schultern von Männern und Frauen, die sich radikal von ihren alten Wegen abwenden und Jesus auf glühende Weise nachfolgen, weil sie eine Vision davon haben, wer Er wirklich ist. Darum können Gemeindegründungsbewegungen quantitativ und qualitativ riesig sein, wenn wir Menschen den Wert des Königs vor Augen führen und den Gläubigen helfen, eine freudige, radikale Hingabe an Ihn zu vollziehen. Solche Gläubige werden jede Verfolgung erdulden, weil ihnen der König mehr wert ist als selbst ihr irdisches Leben.

In GGBs müssen wir sowohl den wahren Wert des Königs als auch Seine Forderungen deutlich machen und Menschen dann in eine vollständige Hingabe an Ihn und Sein Königreich rufen. Nur indem wir den König erheben kann eine Bewegung beginnen. Wir müssen auf *Jüngerschaft* drängen, nicht einfach nur auf *Entscheidungen*. Das ist es, was T4T versucht.

Das Unkraut unter dem Weizen

„Ein anderes Gleichnis legte er ihnen vor und sprach: Mit dem Reich der Himmel ist es wie mit einem Menschen, der guten Samen auf seinen Acker säte. Während aber die Menschen schliefen, kam sein Feind und säte Unkraut mitten unter den Weizen und ging weg. Als aber die Saat aufsprosste und Frucht brachte, da erschien auch das Unkraut. Es kamen aber die Knechte des Hausherrn hinzu und sprachen zu ihm: Herr, hast du nicht guten Samen auf deinen Acker gesät? Woher hat er denn Unkraut? Er aber sprach zu ihnen: Ein feindseliger Mensch hat dies getan. Die Knechte aber sprachen zu ihm: Willst du denn, dass wir hingehen und es zusammenlesen? Er aber sprach: Nein, damit ihr nicht etwa beim Zusammenlesen des Unkrauts zugleich mit ihm den Weizen ausrauft. Lasst beides zusammen wachsen bis zur Ernte, und zur Zeit der Ernte werde ich den Schnittern sagen: Lest zuerst das Unkraut zusammen, und bindet es in Bündel, um es zu verbrennen; den Weizen aber sammelt in meine Scheune!" (Matth. 13,24-30)

„Dann entließ er die Volksmengen und kam in das Haus; und seine Jünger traten zu ihm und sprachen: Deute uns das Gleichnis vom Unkraut des Ackers. Er antwortete: Der den guten Samen sät, ist der Sohn des Menschen, der Acker aber ist die Welt; der gute Same aber sind die Söhne des Reiches, das Unkraut aber sind die Söhne des Bösen; der Feind aber, der es gesät hat, ist der Teufel; die Ernte aber ist die Vollendung des Zeitalters, die Schnitter aber sind Engel. Wie das Unkraut zusammengelesen und im Feuer verbrannt wird, so wird es in der Vollendung des Zeitalters sein. Der Sohn des Menschen wird seine Engel aussenden, und sie werden aus seinem Reich alle Ärgernisse zusammenlesen und die, die Gesetzloses tun; und sie werden sie in den Feuerofen werfen: da wird das Weinen und das Zähneknirschen sein. Dann werden die Gerechten leuchten wie die Sonne in dem Reich ihres Vaters. Wer Ohren hat, der höre!" (Matth. 13,36-43)

Ganz gleich wie gut wir säen: Der Feind wird gegen uns arbeiten. In jeder Bewegung wird es falsche Nachfolger geben. Das ist normal, wie wir am Beispiel von Judas sehen. Es sollte uns nicht überraschen, wenn einige wieder abfallen. Es wird Probleme geben. Doch die Tatsache, dass es Probleme geben wird, sollte uns nicht davon abhalten, zu pflanzen und die Ernte des guten Bodens einzubringen.

> „Wo keine Rinder sind, ist die Krippe sauber, doch kommt reichlicher Ertrag durch die Kraft des Stieres." (Sprüche 14,4)

T4T hilft uns, gerüstet zu sein für die Probleme, die sich entwickeln können, wenn das Königreich Gottes sich explosionsartig entfaltet. Es hilft uns, weder überrascht zu werden, wenn Probleme auftauchen, noch uns selbst deshalb in Frage zu stellen.

Die still wachsende Saat, das Senfkorn und der Sauerteig

> „Und er sprach: Mit dem Reich Gottes ist es so, wie wenn ein Mensch den Samen auf das Land wirft und schläft und aufsteht, Nacht und Tag, und der Same sprießt hervor und wächst, er weiß selbst nicht, wie. Die Erde bringt von selbst Frucht hervor, zuerst Gras, dann eine Ähre, dann vollen Weizen in der Ähre. Wenn aber die Frucht es zulässt, so schickt er sogleich die Sichel, denn die Ernte ist da." (Markus 4,26-29)

> „Ein anderes Gleichnis legte er ihnen vor und sprach: Das Reich der Himmel gleicht einem Senfkorn, das ein Mensch nahm und auf seinen Acker säte; es ist zwar kleiner als alle (Arten von) Samen, wenn es aber gewachsen ist, so ist es größer als die Kräuter und wird ein Baum, so dass die Vögel des Himmels kommen und in seinen Zweigen nisten." (Matth. 13,32-33)

> „Ein anderes Gleichnis redete er zu ihnen: Das Reich der Himmel gleicht einem Sauerteig, den eine Frau nahm und unter drei Maß Mehl mengte, bis es ganz durchsäuert war." (Matth. 13,33)

Große Bewegungen entstehen aus kleinen Anfängen. Wenn wir die richtige DNA des Reiches Gottes pflanzen, ist Wachstum unvermeidlich. Darum ist entscheidend, dass wir richtig beginnen! Das ist der Grund, warum sich T4T so stark auf die anfänglichen Erwartungen an neue Jünger konzentriert.

So ist es zum Beispiel unsere allgemeine Praxis, dass wir bereits in den ersten Augenblicken, nachdem ein Mensch zum Glauben kommt, ihm zu verstehen helfen, was es bedeutet, ein Nachfolger Jesu und ein Menschenfischer zu sein. Innerhalb von Minuten wird er ermutigt, an seine verlorenen Familienmitglieder und Freunde zu denken und einen Weg kennenzulernen, wie er ihnen das Evangelium weitergeben (und sie schließlich schulen) kann. Bereits im Moment seiner Errettung erhält er die Vision, das Senfkorn in einer großen Bewegung zu sein.

Wenn man mit dem T4T-Prozess beginnt, sieht das Ganze vielleicht anfangs sehr klein aus. Doch die exponentielle Natur dieses Prozesses bedeutet, dass er schon bald weit über unsere menschlichen Bemühungen hinauswachsen wird.

Die zwei Söhne

„Was meint ihr hierzu? Ein Mensch hatte zwei Söhne, und er trat hin zu dem ersten und sprach: Mein Sohn, geh heute hin, arbeite im Weinberg! Der aber antwortete und sprach: Ich will nicht. Danach aber gereute es ihn, und er ging hin. Und er trat hin zu dem zweiten und sprach ebenso. Der aber antwortete und sprach: Ich gehe, Herr; und er ging nicht. Wer von den beiden hat den Willen des Vaters getan? Sie sagen: Der erste. Jesus spricht zu ihnen: Wahrlich, ich sage euch, dass die Zöllner und die Huren euch vorangehen in das Reich Gottes. Denn Johannes kam zu euch im Weg der Gerechtigkeit, und ihr glaubtet ihm nicht; die Zöllner aber und die Huren glaubten ihm; euch aber, als ihr es saht, gereute es auch danach nicht, um ihm zu glauben." (Matth. 21,28-32)

Gehorsam ist das Merkmal wahrer Jüngerschaft. Gehorsame Jünger geben nicht einfach nur ihre verbale Zustimmung, sondern tun tatsächlich das, was der Vater befiehlt. Im Idealfall wollen wir Menschen, die sowohl Ja *sagen* als auch Ja *tun*. Doch im Endeffekt suchen wir Menschen, die es tatsächlich tun.

T4T basiert auf einem gehorsamsorientierten Jüngerschaftsmodell. Jünger bewegen sich vorwärts, indem sie einer biblischen Lektion nach der anderen gehorchen. Indem sie in jeder Phase „Ja" tun, bewegen sie sich von einer Phase zur nächsten – von der Errettung zur

Taufe, zu erster Jüngerschaft, zur Formung einer Gemeinde, zur Entwicklung als Leiter und schließlich dazu, andere zu trainieren. Dabei ist liebevolle, gegenseitige Rechenschaft eine grundlegende Erwartung im Prozess von T4T.

Der Schriftgelehrte im Königreich Gottes

> „Er sprach zu ihnen: Darum ist jeder Schriftgelehrte, der ein Jünger des Reiches der Himmel geworden ist, einem Hausherrn gleich, der aus seinem Schatz Neues und Altes hervorbringt." (Matth. 13,52)

Viele der Multiplikatoren des Reiches Gottes in den Evangelien und der Apostelgeschichte waren „religiöse" Menschen, die bereits mit den heiligen Schriften vertraut waren, doch entweder Jesus noch nicht kannten oder die radikale Natur des Reiches Gottes bis dahin nicht verstanden. Oftmals waren die Pharisäer und Schriftgelehrten Jesu stärkste Widersacher. Einige jedoch verstanden das Reich Gottes und wurden starke Verbündete darin, es auszubreiten.

> „Das Wort Gottes wuchs, und die Zahl der Jünger in Jerusalem mehrte sich sehr; und eine große Menge der Priester wurde dem Glauben gehorsam." (Apg. 6,7)

Wenn Menschen wie diese die wahre Natur des Königs und Seines Reiches verstehen, so verfügen sie bereits über einen großen Vorrat an biblischem Wissen, den sie nun mit neuen Augen sehen. Aus diesem Vorrat heraus sind sie in der Lage, schnell zu reifen und zu einer großen Hilfe zu werden.

T4T hilft uns nicht nur, bei der Gewinnung von neuen Gläubigen ganz von vorn zu beginnen, sondern bietet auch einen praktischen Prozess, vorhandene Gläubige, die bereits über viel biblisches Wissen verfügen, zu mobilisieren, die Wege des Königreiches Gottes auszuleben, die unserem menschlichen Empfinden entgegengesetzt sind. Indem sie dies tun, können sie zu großartigen Multiplikatoren werden. Bereits vorhandene Christen zu mobilisieren und zu trainieren hat in Gemeindegründungsbewegungen überall auf der Welt eine hohe Priorität. [6]

Einige der fruchtbarsten Personen, die Ying und Grace in der Geschichte von T4T trainierten, waren Christen mit viel Bibelwissen, aber einem bis dahin geringen Grad an Gehorsam in Bezug auf Gottes Königreich. Indem Ying liebevoll damit begann, ihre biblische Weltsicht herauszufordern, fingen diese Gläubigen an, in Fruchtbarkeit zu wachsen. Ein gutes Beispiel dafür ist der alte Bauer aus Ying's erster Gruppe, der bereits 20 Jahre Christ war, jedoch in seinem 21. Jahr als Christ zum Katalysator einer Gemeindegründungsbewegung wurde und viele Menschen zum Glauben führte. Durch seinen persönlichen Einsatz und durch die neuen Gläubigen, die er trainierte, entstanden 110 neue Gruppen (er startete nicht alle von ihnen selbst)!

Diese kleine Sammlung von Gleichnissen des Reiches Gottes hilft uns, neu zu überdenken, warum und wie wir Menschen als Nachfolger Jesu trainieren. In Gemeindegründungsbewegungen ist es entscheidend, dass wir die Art von neutestamentlicher DNA hineinweben, welche uns in echte Organismen des Reiches Gottes transformiert.

Der Heilige Geist als Angreifer und Lehrer

Ein wichtiger Grund, warum GGB-Methoden wie T4T funktionieren, besteht darin, dass sie mit dem Wirken des Heiligen Geistes als *Angreifer* und *Lehrer* kooperieren. Jede Art von Dienstprozess ist nur dann langlebig und effektiv, wenn er Gläubigen hilft, im Geist Jesu zu bleiben und mit ihm zu kooperieren.

> „Bleibt in mir und ich in euch. Wie die Rebe nicht von sich selbst Frucht bringen kann, sie bleibe denn am Weinstock, so auch ihr nicht, ihr bleibt denn in mir ... Ihr habt nicht mich erwählt, sondern ich habe euch erwählt und euch gesetzt, dass ihr hingeht und Frucht bringt und eure Frucht bleibe, damit, was ihr den Vater bitten werdet in meinem Namen, er euch gebe." (Joh. 15,4+16)

Blies im Zeitalter der Segelschiffe kein Wind, so bewegten sich die Schiffe nicht. Solche Zeiten der Windstille nutzten die Seeleute, um die Segel an allen verfügbaren Rahen zu setzen. *Sie konnten keinen Wind erzeugen, doch sie konnten sich vorbereiten auf die Zeit, wo der Wind wieder wehen würde.* Die Segel nicht zu setzen hätte bedeutet, dass sie nirgendwo hätten hinfahren können, selbst wenn der Wind wieder zu wehen begann.

In Johannes 3 wird der Geist Gottes als Wind beschrieben. Wir können ihn nicht zum Wehen bringen; er selbst weht, wo er will. In derselben Weise können wir selbst keine Bewegungen schaffen. Das kann nur der Heilige Geist. Doch wir können uns auf ihn ausrichten und die Segel eines an Gottes Königreich orientierten Dienstes setzen, damit wir bereit sind, uns vorwärts zu bewegen, sobald der Geist Gottes zu wehen beginnt. T4T ist ein Prozess, der die Segel des Dienstes so setzt, dass sie sich in Übereinstimmung mit dem Wehen des Geistes befinden.

Der Geist Gottes weht auf der ganzen Welt! Er wartet darauf, dass wir uns darauf ausrichten, uns mit ihm zu bewegen. Ein Schlüssel, um die Entstehung von Gemeindegründungsbewegungen zu erleben, besteht darin, die zwei Rollen des Heiligen Geistes als Angreifer und Lehrer zu verstehen und mit ihnen zu kooperieren.

Der Angreifer – Johannes 16,8

„Wenn er (der Heilige Geist) gekommen ist, wird er die Welt überführen von Sünde und von Gerechtigkeit und von Gericht." (Joh. 16,8)

Jesus macht deutlich, dass eine der Rollen des Heiligen Geistes darin besteht zu überführen. Das Wort „überführen" bedeutet wörtlich: anklagen, verhören, belästigen oder sogar angreifen. Es wird gebraucht, um einen Anwalt zu beschreiben, der eine Person im Zeugenstand so lange angreift, bis sie ihre Schuld bekennt.

Während du diese Worte liest, ist der Heilige Geist gerade dabei, verlorene Menschen in deiner Nachbarschaft, deiner Stadt oder Volksgruppe anzugreifen. Er tut drei Dinge:

Er zeigt ihnen ihre **Sünde.**

Er schafft ein Verlangen nach einer neuen Art von **Gerechtigkeit.**

Er schafft ein Verlangen, der Todesfurcht zu entgehen – dem ewigen **Gericht.**

Gottes Geist ist der Angreifer, nicht wir. Er reißt die Einwände in ihren Köpfen und Herzen nieder. Viele von uns denken in Bezug auf Evangelisation, dass wir die ersten sind, die Zeugnis geben. Das sind wir nicht. Der Geist war schon vor uns da. Viele von uns meinen, wir müssten erst Steine entfernen, bevor wir Zeugnis geben können. Doch auch hier liegen wir falsch. Uns wurde nie befohlen, Steine zu beseitigen. Das ist die Aufgabe des Heiligen Geistes – er entfernt die Hindernisse aus den Herzen der Menschen. Viele von uns meinen, es sei unsere Aufgabe, Menschen zu überführen. Doch auch das ist nicht der Fall. Es gibt nur einen Überführer. Gott selbst sagt dazu:

> „Ich werde ihnen ein neues Herz geben und werde einen neuen Geist in ihr Inneres geben, und ich werde das steinerne Herz aus ihrem Fleisch entfernen und ihnen ein fleischernes Herz geben." (Hesekiel 11,19)

Unsere Aufgabe besteht also nicht darin anzugreifen, Steine zu entfernen oder andere zu überführen. Zu viele Methoden der Evangelisation unternehmen den Versuch, das zu tun, was allein Gott tun kann! Wenn unsere Evangelisation sich darauf konzentriert, enden wir in Frustration. Unsere Aufgabe ist es vielmehr, Menschen zu finden, die der Heilige Geist bereits angreift, was die Sache entschieden einfacher macht! [7]

> Der Geist Gottes weht auf der ganzen Welt! Er wartet darauf, dass wir uns darauf ausrichten, uns mit ihm zu bewegen. Ein Schlüssel, um die Entstehung von Gemeindegründungsbewegungen zu erleben, besteht darin, die zwei Rollen des Heiligen Geistes als Angreifer und Lehrer zu verstehen und mit ihnen zu kooperieren.

Verspürtest du auch schon einmal Lust auf einen Kaffee und bist dem Geruch solange gefolgt, bist du das Café gefunden hattest? In derselben Weise ist es nicht unsere Aufgabe, die Hindernisse in den Herzen von Menschen niederzureißen, sondern vielmehr diejenigen herauszuspüren, die der Geist bereits angreift. Wir finden sie, indem wir ihnen Zeugnis geben. Und wenn wir diese vorbereiteten Menschen finden („Personen des Friedens", Lukas 10,6), dann werden sie schließlich glauben – gewöhnlich eher früher als später.

In jeder Gesellschaft bereitet der Geist Gottes „Personen des Friedens" vor. Eine Person des Friedens ist buchstäblich ein „Sohn des Friedens", wie Jakobus und Johannes „Söhne des Donners" und Barnabas ein „Sohn der Ermutigung" war. „Sohn des ..." kennzeichnet hierbei die besondere Eigenschaft einer Person.

Weil der Geist ihr Herz bereits vorbereitet, ist eine Person des Friedens auch friedevoll gegenüber Gottes Reich und gegenüber dir. Nach dem Zeugnis von Matthäus 10, Lukas 10 und der Apostelgeschichte ist eine Person des Friedens eine verlorene Person, welche dich und deine Botschaft des Evangeliums annimmt. Sie wird zu einem Kanal der Evangelisation innerhalb ihres Netzwerks an Beziehungen (Familie, Freunde, Nachbarn und Kollegen). Vielleicht wird sie deine Botschaft nicht sofort annehmen, aber sie lehnt sie auch nicht ab und ist offen, mehr und mehr zu lernen. Innerhalb einer angemessenen Zeit kommt sie zum Glauben. [8]

T4T hilft uns, diese vorbereiteten Menschen herauszuspüren. Indem wir Gläubige trainieren, vielen Menschen ihr Zeugnis zu geben – Familie, Freunden, Nachbarn und sogar Fremden – finden wir diejenigen, die Gott gerade vorbereitet. Wir bauen nicht Beziehungen mit nur wenigen Verlorenen, um ihnen dann Monate oder Jahre später zu enthüllen, dass wir Christen sind, und das Evangelium mit ihnen zu teilen. Würden wir das tun könnten wir feststellen, dass die wenigen Menschen, in die wir so viel Zeit investiert haben, nicht wirklich offen für das Evangelium sind.

Stattdessen nutzen wir unser Evangeliumszeugnis, um unsere Beziehungen zu filtern, und halten nach denen Ausschau, die der Heilige Geist bereits angreift. Dann bauen wir Beziehungen mit diesen Menschen und führen sie in Gottes Königreich hinein. Wir folgen also dem Weg des geringsten Widerstandes, dem Weg, den der Heilige Geist innerhalb der Gesellschaft, in der wir arbeiten, bereits vorbereitet hat.

Der Lehrer – Johannes 14,26

„Der Beistand aber, der Heilige Geist, den der Vater senden wird in meinem Namen, der wird euch alles lehren und euch an alles erinnern, was ich euch gesagt habe." (Joh. 14,26)

„Die Salbung, die ihr von ihm empfangen habt, bleibt in euch, und ihr habt nicht nötig, dass euch jemand belehre, sondern

Die Vorbereitung durch den Heiligen Geist (von Ying Kai)

Nach einem dreitägigen Training im Dezember bat ich die Teilnehmer, im Januar wiederzukommen und zu berichten, was sie erlebt hatten. Als sie zurückkehrten, sagt eine junge Frau: „Als ich Christin wurde, war ich sehr begeistert, so dass ich gleich meine Eltern anrief und ihnen sagte: „Ich bin Christin geworden und freue mich sehr darüber. Im neuen Jahr, wenn ich nach Hause komme, bringe ich eine Bibel und den Jesus-Film mit und werde euch alles erzählen.""

Ihr Vater aber wurde sehr wütend und sagte: „Wenn du Christin geworden bist, dann komm nicht nach Hause. So eine Tochter will ich nicht!"

Sie war darüber sehr traurig. Doch während unseres Dezembertrainings hatte sie unsere Botschaft gehört und dachte bei sich: „Das Herz meines himmlischen Vaters ist anders. Er will meine Familie retten." Darum betete sie für ihre Eltern: „Himmlischer Vater, lass deinen Heiligen Geist meine Eltern vorbereiten. Ich will ihnen im neuen Jahr das Evangelium mitteilen."

Als sie auf den Zug wartete, der sie nach Hause bringen würde, spürte sie plötzlich etwas in ihrem Herzen. Sie konnte nicht länger warten. So holte sie ihr Handy aus der Tasche und rief ihre Eltern an. Wieder war ihr Vater am Apparat. Sie sagte: „Papa, ich will immer noch mit dir reden." Ihr Vater fragte: „Worüber willst du mit mir reden? Über Gott?" Sie antwortete: „Ja!"

„Gut, ich werde zuhören." Der Heilige Geist hatte das Herz ihres Vaters bereits vorbereitet. Noch am selben Tag konnte sie ihn zu Christus führen. Als sie ausstieg, wartete ihr Vater bereits auf sie. Er wollte, dass sie es der ganzen Familie erzählt. Das ist das Herz unseres himmlischen Vaters! Er bereitet Menschen überall in deiner Umgebung vor!

wie seine Salbung euch über alles belehrt, so ist es auch wahr und keine Lüge; und wie sie euch belehrt hat, so bleibt in ihm." (1. Joh. 2,27)

Eine zweite Rolle des Heiligen Geistes ist die des Helfers oder Lehrers. Leider hängen viele der Methoden für Jüngerschaft, welche Gläubige nutzen, sehr davon ab, dass sie selbst der Lehrer, Trainer oder Jüngermacher sind. Sie leiten dieses Vorgehen aus dem Leben Jesu ab, der so viel Zeit mit Seinen zwölf Aposteln verbrachte. Dieses Modell der Jüngerschaft wird dann über das Modell der Jüngerschaft von Paulus gestellt. *Leider bedeutet das jedoch, dass viele ein vorpfingstliches Modell benutzen anstatt ein nachpfingstliches Modell.*

Jesu Modell der Jüngerschaft hing von Seiner leiblichen Anwesenheit bei den Jüngern ab, da sie den Geist noch nicht empfangen hatten! Viele unserer gegenwärtigen Modelle von Jüngerschaft bauen ebenfalls auf unserer häufigen und kontinuierlichen körperlichen Anwesenheit bei unseren neuen Jüngern auf. Wenn wir nicht da sind oder schließlich die Gruppe verlassen, geraten sie in Probleme oder hören in manchen Fällen ganz auf, sich zu treffen.

Doch dies vernachlässigt eine wichtige Lehre über den Heiligen Geist. Nachdem der Heilige Geist kam, ist unsere physische Anwesenheit bei weitem nicht mehr so erforderlich. Natürlich ist persönlicher Einsatz nicht unwichtig. Doch wir brauchen einen Jüngerschaftsprozess, welcher mehr der nachpfingstlichen Realität entspricht und weniger von menschlichem Eingreifen abhängig ist. Es ist eine Methode, die das hohe Risiko eingeht, von der Gegenwart des Heiligen Geistes im Leben der neuen Gläubigen abhängig zu sein. Das aber ist die entscheidende Natur des Priestertums aller Gläubigen!

Der Apostel Paulus gibt uns ein gutes Beispiel für ein nachpfingstliches Jüngerschaftsmodell. Jesus bildete nur zwölf Jünger intensiv aus, vermutlich darum, weil der Heilige Geist noch nicht gegeben war. Nach Pfingsten jedoch konnten, weil jeder neue Gläubige den Heiligen Geist in sich wohnen hatte, Jünger Jesu bedeutend schneller reif werden und diese Jüngerschaft auch viel schneller an andere weitergeben. Paulus gibt uns ein klares Beispiel dafür, wie es ist, von Ort zu Ort zu ziehen und oftmals nur einige Tage oder Wochen zu bleiben. Dennoch ließ er geistlich reifende, das Evangelium verbreitende und sich selbst multiplizierende Gruppen von Gläubigen zurück. Wie war das möglich? Er vertraute nicht auf Paulus (oder Kephas oder Apollos – 1. Kor. 1,12 sowie 3,4-7), sondern auf den Heiligen Geist, dass Er ihr Lehrer sein würde.

Das heißt nicht, dass Paulus nicht lehrte. Doch lehrte er alle, die neu zum Glauben gekommen waren, *wie sie auf den Geist Gottes hören*, die Heiligen Schriften anwenden und im Glauben wachsen konnten – auch ohne seine ständige Anwesenheit. Von Zeit zu Zeit besuchte er sie, schrieb Briefe und sandte Mitarbeiter, um ihnen zu helfen. Dennoch wuchsen und reiften sie auch während seiner Abwesenheit schnell heran, denn sie hatten gelernt, der Gegenwart des Heiligen Geistes zu vertrauen und sich auf ihn zu verlassen.

Jedes Jüngerschaftsgrogramm, das mehr auf der Anwesenheit irdischer Lehrer beruht als auf *dem stets gegenwärtigen Lehrer, dem Heiligen Geist*, führt zu einem mühsamen, von Menschen abhängigen Wachstum. Im Gegensatz dazu ist ein Hauptziel von GGBs, alle Gläubigen zu befähigen, vom Heiligen Geist abhängig zu leben, um Gottes Absichten zu erfahren und Seine Berufung für ihr Leben zu erfüllen.

T4T ist ein Prozess, um Jüngern Jesu zu helfen, vom Heiligen Geist als ihrem Lehrer abhängig zu bleiben. Wenn du das praktizierst wirst du bald feststellen, dass sie schneller reif werden als du denkst, und früher dienen, als du es erwartet hast. Tatsächlich ist es so, dass die meisten „Guter-Boden-Jünger" nach nur wenigen Stunden oder Tagen anfangen, Zeugnis zu geben und zu dienen, anstatt erst nach Monaten oder Jahren.

Während du die Geschichte von T4T im vorherigen Kapitel gelesen hast, wurde offensichtlich, dass die tägliche Praxis von Ying and Grace, Verlorenen Zeugnis zu geben und die Geretteten zu trainieren, sie in Übereinstimmung mit den Realitäten des Reiches Gottes brachte. Indem sie die Welt in einer klaren geistlichen Zweiteilung sahen – Gerettete und Verlorene – kooperierten die Kai's mit den zwei Rollen des Heiligen Geistes: 1. Herausfinden derer, die der Geist bereits angreift, indem sie vielen Zeugnis geben und 2. Trainieren der Geretteten darin, vom Heiligen Geist als Lehrer abhängig zu sein, um allem zu gehorchen, was sie gelehrt werden, und es dann an andere weiterzugeben.

Den Reifungsprozess von Jüngern auf den Kopf stellen

„Und er gab die einen als Apostel und andere als Propheten und andere als Evangelisten und andere als Hirten und Lehrer, zur Ausrüstung der Heiligen für das Werk des Dienstes, für die Erbauung des Leibes Christi, bis wir alle hingelangen zur Einheit des Glaubens und der Erkenntnis des Sohnes Gottes, zur vollen Mannesreife, zum Vollmaß des Wuchses der Fülle Christi. Denn wir sollen nicht mehr Unmündige sein, hin- und her geworfen und umhergetrieben von jedem Wind der Lehre durch die Betrügerei der Menschen, durch (ihre) Verschlagenheit zu listig ersonnenem Irrtum. Lasst uns aber die Wahrheit bekennen in Liebe und in allem hinwachsen zu ihm, der das Haupt ist, Christus. Aus ihm wird der ganze Leib zusammengefügt und verbunden durch jedes Gelenk des Dienstes, entsprechend der Wirksamkeit nach dem Maß jedes einzelnen Teils; und so wirkt er das Wachstum des Leibes zu seiner Selbstauferbauung in Liebe." (Epheser 4,11-16)

Gehorsamsorientierte anstatt wissensorientierte Reife

Epheser 4,11-16 stellt unser Verständnis davon, wie Jünger reifen, auf den Kopf und erklärt, warum Gemeindegründungsbewegungen funktionieren. In einigen christlichen Diensten messen wir die Reife eines Gläubigen daran, *wie viel er weiß*. Das Neue Testament jedoch misst die Reife eines Gläubigen daran, *wie viel er gehorcht*. (siehe Joh. 14,15; Jakobus 1,22-25)

Denke an jede Predigt, jede Lehre und jede Passage der Bibel, die du gehört oder gelesen hast (Wissen), und schätze dann ab, wie viel Prozent davon du *beständig gehorchst*. Es könnte ziemlich beschämend sein. Vielleicht sagst du: „Ich gehorche beständig etwa 30 Prozent von allem, was ich weiß." Können wir uns in einer wissensbasierten Bewertung geistlicher Reife damit zufrieden geben, dass wir 70 Prozent von dem, was wir wissen, ungehorsam sind? Ist dies wirklich biblische Reife?

Wenn jemand schon lange gläubig ist, mag er vielleicht über eine Menge an biblischem Wissen verfügen, dennoch aber einen niedrigen Gehorsamsfaktor haben. Trotz seiner wissensorientierten „Reife" ist sein Ungehorsamsfaktor hoch!

Im Gegensatz dazu mag ein jüngerer Christ in einer GGB vielleicht nicht so viel über die Bibel wissen wie der wissensorientierte Jünger, doch sein Wert besteht darin, dass er allem gehorcht, was er weiß. Er gehorcht beständig 90 Prozent von allem, was er aus Gottes Wort hört. Sein Ungehorsamsfaktor liegt daher nur bei 10 Prozent.

Wer von beiden ist in Wirklichkeit reifer? Gemeindegründungsbewegungen legen Wert auf einen Prozess, welcher Gläubigen hilft, allem zu gehorchen, was sie wissen. Darin besteht wirkliche Reife.

Die Entwicklung des Reifens: Glauben – Dienen – Reifen

In wissensorientierter Jüngerschaft entscheiden wir darüber, wie schnell ein neuer Gläubiger dienen oder leiten kann, gemäß dem, wie viel er *weiß,* und zögern die Übernahme von Leitungsverantwortung dadurch oft hinaus. Wissensorientierte Reife folgt einem Prozess von „Glauben – Reifen – Dienen". In diesem wissensbasierten Modell werden neue Gläubige durch Jüngerschaftsklassen geführt, während ihnen oft wenig Verantwortung übertragen wird. Ihr grundlegender Reifungsprozess erstreckt sich in der Regel über mehrere Jahre. Viele Dienste und Gemeinden lassen sie keine Verantwortung übernehmen, bis sie zu einem bestimmten Punkt „gereift" sind.

Epheser 4,11-16 lehrt eine radikal andere Reihenfolge. In Vers 11 wurden der Gemeinde Leiter gegeben. In Vers 12 trainieren sie Gottes Volk, Christus zu kennen und Ihm zu dienen. In Vers 12 dient bereits Gottes Volk und tut das Werk des Dienstes. In den Versen 12-13 sehen wir als Ergebnis, dass sie und der ganze Leib durch diesen Prozess reifen. Die biblische Reihenfolge für Reifung ist daher:

NICHT: Glauben – Reifen – Dienen

SONDERN: Glauben – Dienen – Reifen

Im Neuen Testament reiften Gläubige *durch Dienen.* T4T folgt demselben Muster. Anstatt neue Gläubige davon zurückzuhalten zu dienen und zu leiten, bis sie reif werden, helfen wir ihnen zu reifen, indem wir sie auf angemessene Weise dienen und schließlich – wenn sie sich als treu erweisen – auch leiten lassen! Das ist gehorsamsorientierte Jüngerschaft. In Gemeindegründungsbewegungen verläuft daher der grundlegende Reifungsprozess sehr viel schneller als in einem wissensorientierten Modell. Wie du auf den nächsten Seiten sehen wirst, haben Ying und Grace einen rasanten Reifungsprozess bei neuen Gläubigen erlebt, weil sie sie trainieren, andere zu lieben und Gott sofort zu dienen. Diejenigen von uns, die diese Bewegung aus nächster Nähe kennen, waren erstaunt, wie schnell sich in solch einer jungen Bewegung solide Leiter entwickeln. Dies geschieht, weil sie dem biblischen Ablauf folgen: „Glauben – Dienen – Reifen".

> In einigen christlichen Diensten messen wir die Reife eines Gläubigen daran, *wie viel er weiß.* Das Neue Testament jedoch misst die Reife eines Gläubigen daran, *wie viel er gehorcht.*

Kann T4T auch dort funktionieren, wo ich bin?

Vielleicht fragst du dich immer noch: „Kann dies auch da geschehen, wo ich bin? Meine Situation ist doch ganz anders."

Wenn T4T nur Frucht in wenigen, einander ähnlichen Kontexten bringen würde, wären wir vielleicht versucht, darauf mit „Nein" zu antworten. Doch überall auf der Welt entstehen Gemeindegründungsbewegungen, und in vielen davon spielt T4T eine bedeutende Rolle. Wir können die Einzigartigkeit unserer eigenen Situation daher nicht länger als Entschuldigung dafür anführen, dass T4T – der jeweiligen Kultur angepasst – dort, wo wir sind, nicht funktionieren würde.

Dafür gibt es eine theologische Begründung: Die Ernte ist reif!

In Johannes 4 tadelt Jesus Seine Jünger, weil sie eine Person übersehen haben, die zur Ernte reif ist (die Frau am Brunnen). Auch sie fanden eine Entschuldigung:

> „Sagt ihr nicht: Es sind noch vier Monate, und die Ernte kommt? Siehe, ich sage euch: Hebt eure Augen auf und schaut die Felder an, denn sie sind schon weiß zur Ernte." (Joh. 4,35)

> Nicht alle Felder brin-
> gen dieselbe Ernte, *doch
> alle sind erntereif.* Das
> solltest du glauben, nicht
> aufgrund der Natur dei-
> ner Umstände, sondern
> aufgrund der *Natur dei-
> nes Gottes!* Auch in ver-
> härteten Völkern gibt es
> Menschen, die reif zur
> Ernte sind!

Vielleicht waren die Weizenfelder, auf die Jesus zeigte, noch grün. Jeder der Jünger wusste, dass die Felder noch vier Monate des Reifens benötigen würden, bis sie bereit zur Ernte waren. Doch Jesus nutzte diesen landwirtschaftlichen Vergleich, um eine Herzenshaltung der Jünger zu beschreiben. Als Jesus am Brunnen saß, müde vom Wandern, wem waren die Jünger da wohl auf dem Weg in die Stadt begegnet? Sehr wahrscheinlich waren sie an der Frau vorbeigekommen, die zum Brunnen ging. Sie übersahen sie, während Jesus sie fand. Ihre Umstände waren identisch mit unseren. Zwölf sahen ein noch unreifes Feld; Jesus jedoch fand eines, das reif zur Ernte war.

Auch heute nähern sich viele Christen ihrem Feld des Dienstes in der Annahme, dass es eine bestimmte Anzahl an Monaten oder Jahren erfordert, bevor Menschen bereit sein werden, Jesus anzunehmen. Andere hingegen glauben, dass ihre Felder bereits jetzt reif zur Ernte sind. Ihre Augen wurden dafür geöffnet, *dass der Geist in diesen Feldern bereits einige Menschen für die Ernte vorbereitet hat.*

Bedeutet dies, dass alle Felder die gleiche Ernte hervorbringen werden? Absolut nicht! Es kann keinen Zweifel daran geben, dass die Bedingungen der Felder, in denen Ying Kai über 1,7 Millionen Menschen zum Glauben kommen sah, unglaublich reif sind. Jemand anderes jedoch – ohne Ernte-Augen – hätte vielleicht selbst dieses fruchtbare Feld übersehen.

Nicht alle Felder bringen dieselbe Ernte, doch alle sind *erntereif.* Das solltest du glauben, nicht aufgrund der Natur *deiner Umstände*, sondern aufgrund der Natur *deines Gottes*! Dein Feld bringt vielleicht keine 1,7 Millionen Gläubige hervor, doch es wird Frucht tragen, wenn du in einer Weise daran arbeitest, die den Prinzipien des Reiches Gottes entspricht, und es wird Frucht sein, die sich vermehrt. Bedeutet dies, dass es keine harten, widerstrebenden Volksgruppen oder Umstände gibt? Absolut nicht! Wir sehen viele Gruppen, die großen Widerstand leisten, seien es Hindus, Muslime, Buddhisten, Atheisten, Postmoderne, Post-Christen und andere mehr.

Verharmlosen wir die Probleme solcher Felder, wenn wir sagen, dass die Ernte reif ist? Als Jesus das Evangelium verkündigte, machte er eine radikale Aussage:

> „Jesus zog umher durch alle Städte und Dörfer und lehrte in ihren Synagogen und **predigte das Evangelium des Reiches** und heilte jede Krankheit und jedes Gebrechen. Als er aber die Volksmenge sah, wurde er innerlich bewegt über sie, weil sie erschöpft und verschmachtet waren wie Schafe, die keinen Hirten haben. Dann spricht er zu seinen Jüngern: **Die Ernte zwar ist groß,** der Arbeiter aber sind wenige. Bittet nun den Herrn der Ernte, das er Arbeiter aussende in seine Ernte!" (Matth. 9,35-38)

Die Ernte ist nicht nur reif, sie ist auch riesig! Angesichts dieser Situation sandte Jesus die zwölf Apostel aus zu ihrer ersten Mission. Welche Volksgruppe beschrieb Jesus, als er diese Aussage machte? Die Juden.

Was aber sagte Paulus über seine geliebten Juden?

> „Denn ich will nicht, Brüder, dass euch dieses Geheimnis unbekannt sei, damit ihr nicht euch selbst für klug haltet: Verhärtung ist Israel zum Teil widerfahren, bis die Vollzahl der Nationen eingegangen sein wird." (Römer 11,25)

Dieselbe Volksgruppe wird auf zweierlei Weise beschrieben: Reif zur Ernte und verhärtet! Arbeitest du in einer schwierigen Nachbarschaft, Volksgruppe, Stadt oder Nation? Das widerspricht nicht der Tatsache, dass dort *gerade jetzt* eine reiche Ernte auf dich wartet, nicht erst in einer späteren Generation.

Auch in verhärteten Völkern gibt es Menschen, die reif zur Ernte sind! Es existieren verhärtete Volksgruppen, doch in jeder von ihnen finden sich Menschen, die geerntet werden können. Du musst vielleicht härter arbeiten, um die Ernte zu finden, doch sie ist da! In manchen Gruppen ist bereits einer von zehn oder zwanzig Verlorenen eine vorbereitete Person des Friedens (Lukas 10,6), während es in anderen vielleicht nur einer von hundert oder tausend ist. In solchen Fällen musst du einfach härter arbeiten, um die erste Person des Friedens zu finden.

Doch nachdem du die vom Geist Gottes vorbereitete Person des Friedens gefunden hast, kann die Bewegung sich genauso explosiv entwickeln. Vergiss nicht die Bewegung im Nahen Osten, welche wir im zweiten Kapitel beschrieben haben – eine Volksgruppe, so verhärtet, wie sie nur sein konnte, und dennoch erlebt sie jetzt eine Ernte.

T4T hilft dir, mit der Reich-Gottes-Erwartung zu operieren, dass die Ernte *jetzt* reif ist. T4T hilft dir, die Ernte zu finden.

Nur ein Werkzeug

Dies sind nur einige der geistlichen Prinzipien, die zeigen, warum sich Gemeindegründungsbewegungen entwickeln und warum T4T als Modell funktioniert. Viele weitere Prinzipien werden in den folgenden Kapiteln beschrieben.

T4T ist ein geistlicher **Prozess**, Jünger zu trainieren, damit diese andere trainieren, die wiederum andere trainieren. Dennoch ist es nur die praktische Anwendung eines geistlichen Prozesses und darum nicht heilig, während **die geistlichen Prinzipien**, denen dieser Prozess zu folgen versucht, es sind.

Dieses Buch will dir helfen, die Prinzipien des Reiches Gottes zu verstehen, und dir gleichzeitig praktische Wege aufzeigen, wie du sie anwenden kannst. Wir ermutigen dich, **das Werkzeug anzupassen**, dabei jedoch nicht die dahinter liegenden Reich-Gottes-Prinzipien zu verletzen. Wir beten, dass die Umsetzung eines kulturell passenden Modells des **Trainings von Trainern** dich freisetzen wird und in einer Bewegung des Reiches Gottes in deiner Umgebung resultiert!

Die folgenden Kapitel geben dir eine detaillierte Vorstellung davon, wie du die Reise mit T4T beginnen und wie du es auf deinen eigenen Kontext anwenden kannst. Komm und entdecke die geheimnisvollen Wege des Königs! Werde ein jüngermachender **Re**-Revolutionär!

Sei ein Täter, nicht nur ein Hörer!

Schreibe auf, wie Gott zu dir gesprochen hat und was Er von dir erwartet, in Folge davon im Gehorsam zu tun:

Zweiter Teil

Der Prozess von T4T

KAPITEL 5

DER RICHTIGE ANFANG – TREFFEN 1

Wie T4T funktioniert und was beim ersten Treffen zu tun ist

T4T ist ein Prozess

Sprich es mir dreimal laut nach: „T4T ist ein Prozess, keine Sammlung von Lektionen!"

Während **Training für Trainer** sich weltweit verbreitet hat, sahen wir, dass dies der am häufigsten missverstandene Aspekt von T4T ist. Viele meinen, T4T sei ein auf sechs Lektionen basierendes Jüngerschaftsprogramm, das irgendwie zu einer GGB führen wird – zumindest wird es ihnen von anderen auf diese Weise präsentiert. Sie sagen: „Ich habe T4T abgeschlossen (und meinen damit die sechs Lektionen). Was jetzt?"

T4T ist ein anhaltender Prozess, um Jünger zu machen, den wir nicht einfach in ein paar Wochen „abschließen" können. Er bringt Generation um Generation hervor, wobei die Herausforderungen, denen wir in jeder Phase begegnen, ebenfalls Teil des T4T-Prozesses sind. T4T enthält gute biblische Inhalte, wird jedoch erst durch einen dynamischen, von einem zum anderen weitergegebenen, liebevollen Prozess, in welchem Menschen Jesus nachfolgen und zu Menschenfischern werden, zum Abschluss gebracht.

Ein Teil der Missverständnisse in Bezug auf T4T entwickelte sich vermutlich im Laufe der Zeit, als diejenigen unter uns, die Ying's Bewegung nahestehen, erfuhren, was er tat. Als wir Ying Fragen über das phänomenale Wachstum in seiner Region stellten, waren mehrere Punkte auffällig.

Eines der ersten Dinge, die sich entwickelten, war, dass Ying sechs Lektionen verwendete. Deshalb versuchten zu Anfang einige, T4T dadurch zur Anwendung zu bringen, dass sie diese sechs Lektionen lehrten, sahen jedoch nur geringe Frucht.

> Durch die Geschichte hindurch lag das Problem nie bei Gott – Er ist willig und leidenschaftlich bemüht, Menschen zu erreichen. Das Problem ist auch nicht die Ernte – der Heilige Geist tut seinen Teil, eine Ernte vorzubereiten, selbst unter harten Völkern. Das Problem liegt bei uns!

Nachdem mehr Zeit vergangen war erfuhren wir, dass Ying jeden neuen Gläubigen dazu ermutigt, fünfmal pro Woche Zeugnis zu geben. Jetzt bestand T4T für uns daraus, „fünf Menschen pro Woche Zeugnis abzulegen und ihnen die sechs Lektionen weiterzugeben". Dies führte bei frühen Anwendern von T4T zu unterschiedlichen Ergebnissen.

Wieder einige Zeit später sahen wir, dass Ying auch häufige Trainingsseminare für Leiter abhielt. Einige Leute versuchten, diese Leitertrainingsseminare einzubauen – wiederum mit unterschiedlichem Erfolg.

Dann wurde klar, dass ein langfristiger Aspekt seines Jüngertrainings im Studium des Markusevangeliums bestand, nachdem die Basis-Lektionen durchlaufen waren. So begannen viele T4T-Anwender mit Studien des Markusevangeliums. In Wahrheit jedoch ist T4T ein alles umfassender Prozess, den Gott gebraucht, um eine Person von einem Verlorenen zu einem reifenden Jünger zu machen, der selbst neue Gruppen gründen und andere trainieren kann, wodurch sich der Prozess wiederholt.

Gottes Herz schlägt dafür, die Ernte einzubringen, und Er sucht dafür nach willigen Arbeitern.

> „Dann spricht er zu seinen Jüngern: Die Ernte zwar ist groß, der Arbeiter aber sind wenige. Bittet nun den Herrn der Ernte, dass er Arbeiter aussende in seine Ernte!" (Matth. 9,37+38)

Durch die Geschichte hindurch lag das Problem nie bei Gott – Er ist willig und leidenschaftlich bemüht, Menschen zu erreichen. Das Problem ist auch nicht die Ernte – der Heilige Geist tut seinen Teil, eine Ernte vorzubereiten, selbst unter harten Völkern. Das Problem liegt bei uns! Wir müssen die Jüngerschafts-Revolution des ersten Jahrhunderts zurück gewinnen, welche die Welt auf den Kopf stellte. Wir brauchen eine Jüngerschafts-**Re**-Revolution!

Gott will Gemeindegründungsbewegungen auf der ganzen Welt entfachen. GGBs sind Sein Werk. Doch Er wartet auf Diener, die mit Ihm kooperieren. Wir müssen Gott nicht überzeugen, dass wir eine Ernte wollen. Er muss *uns* überzeugen. Der T4T-Prozess ist ein sehr effektiver Weg, Dienern Gottes zu helfen, mit der Weise zu kooperieren, *wie Sein Heiliger Geist wirkt.*

Der allumfassende Gemeindegründungsprozess von T4T

„Was meint ihr aber hierzu? Ein Mensch hatte zwei Söhne, und er trat hin zu dem ersten und sprach: Mein Sohn, geh heute hin, arbeite im Weinberg! Der aber antwortete und sprach: Ich will nicht. Danach aber gereute es ihn, und er ging hin. Und er trat hin zu dem zweiten und sprach ebenso. Der aber antwortete und sprach: Ich gehe, Herr; und er ging nicht. Wer von den beiden hat den Willen des Vaters getan? Sie sagen: Der erste. Jesus spricht zu ihnen: Wahrlich, ich sage euch, dass die Zöllner und die Huren euch vorangehen in das Reich Gottes." (Matth. 21,28-31)

Bis zum Jahr 2003 versuchten viele Leiter von Gemeindegründungsbewegungen, die Grundelemente eines GGB-Planes durch eine Auswahl von Methoden umzusetzen. Wir alle hatten eine Methode der Evangelisation, eine weitere Methode für Jüngerschaft, eine andere für Gemeindegründung, eine weitere für die Ausbildung neuer Leiter, und so fort. Wir versuchten oft, sie alle miteinander zu verknüpfen, aber neue Gläubige wussten nicht, wie sie auf natürliche Weise von einer Phase zur nächsten gelangen sollten. Es brauchte sehr viel Coaching, um eine GGB von einer Phase zur nächsten zu bewegen.

Als 2004 und 2005 die ersten Berichte über T4T auftauchten, dachten wir zuerst, es handele sich lediglich um ein Instrument für bessere Evangelisation, konnten jedoch nicht verstehen, woher solch ein enormes Wachstum an neuen Gläubigen und Gemeinden kam. Dann erkannten wir, dass T4T auch ein *Jüngerschaftswerkzeug* war. Als wir es weiter untersuchten erkannten wir, dass es ebenfalls ein *Werk-*

zeug für Gemeindegründung und die *Entwicklung von Leitern* war. Tatsächlich führte T4T alle grundlegenden Elemente eines GGB-Plans auf effektive Weise aus, indem neue Gläubige sich von einer Phase zur nächsten entwickelten, während sie als Jünger trainiert und in Gemeinden gesammelt wurden, die sich selbst reproduzierten.

Nach und nach verstanden wir, dass T4T mehr als nur ein Mehrzweck-Werkzeug wie ein Schweizer Taschenmesser war. Stattdessen ist es ein *Prozess*, der Jünger von dem Punkt, an dem sie „Ja" sagen, zum bewussten Tun führt. Der T4T Prozess verleiht diesen Jüngern das Selbstvertrauen und die Kompetenz, sich von einer Phase zur nächsten zu bewegen.

T4T hat vielen, die in Gemeindegründungsbewegungen aktiv sind, geholfen, alle grundlegenden Elemente eines GGB-Plans effektiv miteinander zu verbinden, *und Gläubige bereits während des Trainings zu befähigen, sich auf natürliche Weise von einer Phase zur nächsten zu bewegen: Evangelisation, Jüngerschaft, Gemeindegründung, Leiterentwicklung – und den Prozess dann von Generation zu Generation zu wiederholen.* Wenn im Ergebnis beständig vier oder mehr Generationen von Jüngern und neuen Gemeinden entstehen – an verschiedenen Orten und in kurzer Zeit – dann ist eine dauerhafte Gemeindegründungsbewegung (GGB) entstanden. [9]

Wie du im ersten Kapitel bereits gelesen hast, entdeckten wir in einer Auswertung von Yings Bewegung 18 Generationen von Gläubigen – und das in nur *einer* Linie von Gemeindeleitern! Das Training und die Muster der 18. Generation waren immer noch stark und klar.

T4T ist ein *Prozess*, der Gläubige zu Jüngern macht und sie trainiert, in jeder Phase wirklich „Ja" zu sagen. Der *Inhalt* der Lektionen, die du in deinem Kontext anwenden kannst, wird variieren und hängt von vielen Faktoren ab. Inhalte sind derjenige Teil von T4T, der sich am meisten anpassen lässt.

Wenn Leute mich bitten, „ihnen T4T zu schicken", zucke ich zusammen. Wonach sie suchen sind *Inhalte*, während sie in der Gefahr stehen, den *Prozess* des Trainings von Trainern vollständig zu verpassen. Der Prozess muss Menschen von Verlorenheit hin zu vier und mehr Generationen von Gläubigen und Gemeinden führen. Es ist nicht einfach eine Jüngerschulung, sondern eine Jüngerschafts-*Re*-Revolution, die zu Gemeindegründungsbewegungen führt!

Das Ziel von T4T: Sich multiplizierende Generationen von Trainern entwickeln

Wahre Jünger sind Nachfolger Jesu *und* Menschenfischer (Markus 1,17). Jesus will Jünger, die Gott lieben mit all ihrem Sein und ihre Nächsten wie sich selbst, während sie leidenschaftlich dafür brennen, den Missionsbefehl zu erfüllen. Wie wir gesehen haben ist die beste Beschreibung für diese Art Jünger das Wort „Trainer", weil es die Vorstellung beinhaltet, das weiterzugeben, was man selbst empfangen hat (Matth. 10,8).

Während du T4T anwendest, werden sich innerhalb der von Woche zu Woche auftauchenden Verrücktheiten einer aufstrebenden Bewegung viele Fragen ergeben. Nichts wird genau nach Plan ablaufen, denn wir haben es mit echten, gefallenen Menschen zu tun. Wir haben einen Feind, der gegen uns kämpft (erinnere dich an das Gleichnis vom Unkraut im Weizen) und unterliegen Gottes Souveränität.

Die meisten der Fragen, welche auftauchen, können beantwortet werden, indem du dich an das Ziel erinnerst: *Die Entwicklung von sich selbst multiplizierenden Generationen von Trainern.*

Frage: „Wie lange soll ich eine Gruppe trainieren?"

> Antwort: „Wie lange musst du bleiben, um multiple Generationen an Trainern zu initiieren?"

Frage: „Was soll ich tun, wenn jemand, den ich trainiere, einen neuen Gläubigen in meine Gruppe bringt, anstatt seine eigene Gruppe zu starten?"

> Antwort: „Was ist erforderlich, um ihm zu helfen, sein Selbstvertrauen so weit zu entwickeln, dass er seine eigene Gruppe beginnt und zu einem Trainer für Trainer wird?"

Frage: „Sollte ich eine Lektion darüber wiederholen, wie man anderen das Evangelium mitteilt?"

> Antwort: „Was ist erforderlich, damit die von dir Trainierten zu effektiven Zeugen des Evangeliums und schließlich Trainer von Trainern werden?"

Frage: „Wieviel Zeit muss ich der Gruppe jede Woche lassen, um die Lektion zu trainieren und zu praktizieren?"

Antwort: „Wieviel Zeit ist **nötig**, damit deine Trainierten zu zuversichtlichen, **sicheren** und **kompetenten** Trainern für andere werden?"

Halte dir immer das Ziel vor Augen! Es wird dir helfen, die meisten Fragen zu beantworten, **während du eine Bewegung von sicheren und kompetenten Trainern baust, welche fähig sind, die DNA von Generation zu Generation weiterzugeben.**

Der Prozess von 2. Timotheus 2,2

„Was du von mir in Gegenwart vieler Zeugen gehört hast, das vertraue treuen Menschen an, die tüchtig sein werden, auch andere zu lehren." (2. Tim. 2,2)

2. Tim. 2,2 ermutigt uns zu Mehrgenerationen-Wachstum von Trainern. Der Missionsbefehl selbst gebietet uns, andere zu lehren, allem zu gehorchen, was Jesus uns befohlen hat (einschließlich des Missionsbefehls). Jede Generation muss deshalb eine **trainierende Generation** sein. Der T4T-Prozess beinhaltet die Erwartung, dass jede Person, die trainiert wird, anderen Zeugnis gibt und sie in all dem trainiert, was sie selbst gelernt hat, damit diese wiederum anderen Zeugnis gibt und sie in allem trainiert, worin sie trainiert wurde, und so fort.

Um diesen Prozess zu beginnen müssen die Trainees lernen, anderen regelmäßig Zeugnis zu geben, vor allem in ihrem „**oikos**" (dem griechischen Wort für „Haushalt", was den eigenen Einflussbereich meint). Dein **oikos** setzt sich zusammen aus Familie, Freunden, Nachbarn und Kollegen. Wenn die ersten Personen zum Glauben gekommen sind beginnen die Trainierten damit, neue Trainingsgruppen von zwei bis 20 Personen zu bilden, in denen sie den neuen Trainees das weitergeben, was sie selbst gelernt haben. Sie trainieren die nächste Generation, Trainer zu werden, indem diese dann regelmäßig in **ihrem oikos** ihr Zeugnis geben und neue Trainingsgruppen bilden, in denen sie weitergeben, was sie gelernt haben, um wiederum der nächsten Generation zu helfen, zu Trainern zu werden.

Was ich in diesem Kapitel beschreibe ist „klassisches" T4T. Es handelt sich um dasjenige T4T, das ursprünglich von Ying Kai entwickelt und am häufigsten umgesetzt wurde. In späteren Kapiteln werde ich erklären, wie andere den T4T-Prozess übernommen und seine Inhalte auf ihren eigenen Kontext angepasst haben.

> Die meisten unserer Fragen können beantwortet werden, indem wir uns an das Ziel erinnern: Die Entwicklung von sich selbst multiplizierenden Generationen von Trainern.

Der Ablauf des ersten Trainingstreffens

Auf welche Weise startet man den T4T-Prozess? In T4T geht es immer darum, *Gläubige* zu trainieren, damit sie Zeugnis geben, andere zu Jüngern machen und Gemeinden gründen können. Gläubige zu finden, die man trainiert, geschieht auf zweierlei Weise:

1. Manchmal beginnt es damit, dass du einen einzelnen Menschen oder eine Gruppe zum Glauben führst. An diesem Punkt sind für sie drei Dinge wichtig: Warum? Wem? Wie? Dies erklärst du innerhalb der ersten Sitzung bzw. Lektion. Für neue Gläubige geschieht dies meistens direkt nachdem sie gläubig wurden.

2. Manchmal beginnt T4T aber auch dadurch, dass du eine bereits bestehende Gruppe von Gläubigen findest und ihnen die Vision vermittelst. Sie sind einverstanden, trainiert zu werden. Auch sie müssen in der ersten Lektion diese drei Dinge lernen: Warum, Wem und Wie?

Du kannst mit neuen Gläubigen oder auch mit bereits vorhandenen Christen beginnen, doch die Art, wie du den T4T-Prozess startest, ist im Wesentlichen dieselbe. Egal ob du neue oder bereits bestehende Gläubige trainierst: In der ersten Lektion von T4T musst du dich mit den drei Gründen befassen, warum Christen anderen kein Zeugnis geben, genau so wie Ying es mit seiner ersten Gruppe von Bauern tat.

> Dein oikos setzt sich zusammen aus Familie, Freunden, Nachbarn und Kollegen.

Lektion I: WARUM–WEM–WIE

Für alle Gläubigen gibt es drei verbreitete Gründe, warum sie kein Zeugnis geben.

WARUM? Vermittle eine Vision!

Besonders bei bereits vorhandenen Christen kann es ein Motivationsproblem geben: „Warum sollte ich beginnen, Zeugnis zu geben und mutiger darin zu werden?" Um dies zu überwinden solltest du ihnen eine Vision des Lebens vermitteln, zu dem Gott sie geschaffen hat: Nachfolger Jesu und Menschenfischer zu sein. Als ein Beispiel dafür erinnere dich an die Geschichte „Der Missionsbefehl", über die Ying Kai im dritten Kapitel schrieb.

> **Rückblick:** Der Missionsbefehl lehrt alle Gläubigen drei Dinge:
>
> 1. „Geht!", Nicht: „Kommt!"
>
> 2. Teile das Evangelium mit jedem, nicht nur mit einigen!
>
> 3. Mache Menschen zu Trainern, nicht einfach nur zu Gemeindemitgliedern!

Du fängst an, ihnen eine Vision für ihren Einflussbereich und darüber hinaus zu geben: „Wofür hat Gott dich gerettet? Ist dir bewusst, dass Gott nicht nur *dich* erreichen will, sondern auch deine ganze Familie *durch dich*?" In Lektion eins musst du ihnen die Vision vermitteln, warum Jünger Jesu auf diesem revolutionären Weg gehen sollten.

Als ich versuchte, die abgelegene Volksgruppe der Ina zu erreichen, reiste ich anfangs von Ort zu Ort und versuchte, einheimische Gläubige zu mobilisieren, um in weit entlegenen Tälern der Ina die ersten „Saat"-Gemeinden zu gründen. Eines Tages entdeckte ich, dass ein kleiner Stamm des Ina-Volkes schon vor sechzig Jahren von Missionaren erreicht worden war. Mit großer Erwartung nahm ich – da ich aufgrund meiner begrenzten Sprachkenntnisse Hilfe brauchte – einen asiatischen Bruder mit mir, der die Geschäftssprache flüssig sprach, und schon zogen wir los, um diese wenigen kleinen Gemeinden zu finden.

Verborgen in einem Bergtal, umgeben von üppigen Bambuswäldern und Wasserfällen, fanden wir eine Gemeinde. Die 80 Christen dieses

Ortes waren tatsächlich eine Untergruppe des Ina-Volkes. Ich war so begeistert, sie entdeckt zu haben!

Mit Hilfe meiner begrenzten Sprachkenntnisse schüttete ich mein Herz über den Missionsbefehl aus, indem ich sie aus Matth. 28,18-20 lehrte. Ich half ihnen, zu der Erkenntnis zu gelangen, dass die Gemeinden in ihrem Tal die einzig bekannten Ina-Gemeinden waren und es ihre Verantwortung war, das Evangelium in die anderen Täler der Ina zu bringen – um andere zu gewinnen und zu trainieren. Sie waren schockiert. Innerhalb ihrer isolierten Welt hatten sie angenommen, dass auch alle anderen Ina-Dörfer christlich wären. Danach gab mein asiatischer Bruder eine sehr viel längere Botschaft über Apostelgeschichte 1,8 und den Befehl, an jeden Ort zu gehen.

Als wir geendet hatten war die Gruppe sichtlich erschüttert. Die Überführung des Heiligen Geistes war auf sie gekommen. Der Leiter der Gruppe stand vor der ganzen Gemeinde auf und sagte unter Tränen: „Seit 60 Jahren waren wir diesem Ruf ungehorsam. Heute hat Gott uns gerufen zu gehorchen!"

Mein Freund und ich waren begeistert. Bevor wir abreisten verbrachten wir mit der Gruppe Zeit im Gebet. Wir hatten eine Vision vermittelt, und sie hatten Gottes Reden gehört.

Ein oder zwei Monate später kehrte ich zurück, um mit ihnen konkrete Pläne darüber zu machen, wann wir mit dem Training beginnen und wie sie das Evangelium in weitere Dörfer bringen würden. Was ich jedoch nicht wusste, war, dass sie nach unserer Abreise angefangen hatten, die Kosten zu überschlagen. Ihnen wurde klar, dass, wenn sie losgehen würden, dies zu Verfolgung führen könnte. Beim zweiten Besuch sagte dieselbe Gruppe, die zuvor von Gott überführt worden war, nun plötzlich „Nein". Es brach mir das Herz. Hier erkannte ich, dass *Überführung noch kein Gehorsam ist*. Ich sah ein lebendiges Beispiel des Gleichnisses von den zwei Söhnen – in welchem der erste Sohn zwar „Ja" sagte, später aber nicht hinging, um auf dem Feld zu arbeiten.

Nicht *jede* Gruppe, der du eine Vision vermittelst, wird Ja sagen und es dann auch tun. Doch *überhaupt keine* Gruppe wird sich verpflichten, wenn du die Vision *nicht* vermittelst. *Erfolgreiche Initiatoren von Gemeindegründungsbewegungen vermitteln die Vision an*

Der Missionsbefehl Jesu:
Ein Visions-Werkzeug (von Ying Kai)

Der folgende Abschnitt „Der Missionsbefehl Jesu" wurde von Gott nicht nur gebraucht, um Yings Dienst zu verändern. Es ist darüber hinaus auch das allererste Werkzeug, welches Ying Kai nutzt, um einer neuen Gruppe in ihrer ersten Trainingssitzung eine Vision zu vermitteln. Auch du kannst es verwenden, um in anderen Vision zu wecken. Hier ist ein kurzer Überblick:

Der Missionsbefehl Jesu gebietet uns, drei Dinge zu tun:

1. Geht! Nicht: Kommt! Wir müssen dorthin gehen, wo die Verlorenen sind.

2. Jedem; nicht nur einigen! Teile das Evangelium mit jedem, denn du weißt nie, wen Gott auswählen wird.

3. Mache neue Gläubige zu Trainern, nicht nur zu Gemeindemitgliedern! Trainiere jeden Gläubigen, dem zu gehorchen, was er lernt, und es an andere weiterzugeben (Trainer zu sein).

Wenn wir unsere Methode ändern, um dem Missionsbefehl Jesu zu folgen, dann wird uns Sein Geist bevollmächtigen, Resultate zu erleben, die all unsere bisherigen Erfahrungen weit übertreffen (mehr dazu in Kapitel drei „Die Geschichte von T4T").

viele Gruppen, um die wenigen zu finden, die sowohl „Ja sagen" als auch „Ja tun". Später gab es auch unter den Ina Gruppen von Gläubigen, denen ich die Vision vermittelte, die schließlich „Ja" sagten und ihr „Ja" auch umsetzten. Sie wurden von Gott gebraucht, um die Gemeindegründungsbewegung unter den Ina zu beginnen.

Dies bringt uns auf natürliche Weise zur zweiten Frage, mit der wir uns befassen müssen.

WEM? Die Namensliste

Wenn Gott einzelne Personen oder ganze Gruppen überführt, und diese bereit sind vorwärts zu gehen, dann musst du ihnen etwas geben, wozu sie sich verpflichten können. Viele Christen geben kein Zeugnis, weil sie nicht wissen, wem.

Während des ersten T4T-Treffens lüfte das Geheimnis, wem sie Zeugnis geben sollen, indem du deine neuen Trainer eine **Namensliste** erstellen lässt. Erkläre ihnen die Idee des „*oikos*" – ihr Einflussbereich an Beziehungen, einschließlich ihrer Familie, ihrer Freunde, Nachbarn und Kollegen.

Lass die Teilnehmer ein leeres Blatt Papier nehmen und beten: „Herr, zeige mir die Menschen in meinem *oikos*, die Jesus noch nicht folgen." Dann lass sie all die Namen von Menschen aus ihrem *oikos* aufschreiben. Nimm dir danach die Zeit, ihre Namensliste anzuschauen. Finde Wege, sie zu ermutigen und ihnen in Bezug auf ihre Liste zu helfen. Manchmal musst du ihnen vielleicht gezielte Fragen stellen, damit sie sich an jene Menschen erinnern, mit denen sie sich regelmäßig treffen – bei der Arbeit, in der Klasse, auf dem Markt, in der Nachbarschaft, in einem Club, einer Organisation, der Familie usw. Manchmal kennen sie vielleicht den Namen nicht, können jedoch eine Beschreibung notieren, z.B. „die Frau, die mir Brot verkauft."

Wenn alle mit ihrer Liste fertig sind, lass sie erneut beten. Lass sie zu Gott rufen und Ihn fragen, wem sie zuerst Zeugnis geben sollen. Nach diesem Gebet ermutige sie, fünf Namen von Menschen zu unterstreichen, die Gott auf ihr Herz gelegt hat. Es kann hilfreich sein, sie zu ermutigen, mit denen zu beginnen, die sie als am empfänglichsten einschätzen, aber sie sollten sich nicht auf diese beschränken. Manchmal wählen sie ein Familienmitglied, das in einem anderen Teil des Landes lebt. Vielleicht senden sie eine Email, rufen dort an oder machen einen Besuch. Während dieser Zeit zeigt Gott den Trainees, wem sie zuerst das Evangelium mitteilen sollen, in ihrem Bestreben, allen Menschen die Gute Nachricht zu bringen.

Danach betet dafür, dass Gott die Herzen dieser Menschen öffnet, bevor die Trainees in den kommenden Tagen zu ihnen gehen, um ihnen Zeugnis zu geben. Ihr Zeugnis wird sehr viel leichter sein, wenn der Heilige Geist als der „Angreifer" bereits den Weg geebnet hat (siehe Kapitel vier)! Wenn die Gruppe größer ist, können die Teilnehmer in kleinen Gruppen für die Menschen auf ihrer Liste beten, sowie für Kühnheit, ihren Mund zu öffnen und zu sprechen.

WIE? Eine einfache Brücke plus eine Evangeliums-Präsentation

Ein dritter Grund, warum Christen kein Zeugnis geben, ist, weil sie nicht wissen, wie sie beginnen und wie sie das vollständige Evangelium mitteilen sollen. Nachdem die Gruppe die Vision angenommen und eine Namensliste erstellt hat, lehre sie, wie sie das Evangelium tatsächlich mitteilen können. Die Trainingsgruppe muss hierfür zwei Dinge lernen: 1. Eine Brücke für das Evangelium zu bauen und 2. eine Evangeliums-Präsentation.

Eine **Brücke** ist einfach ein Weg des Übergangs zu einem Gespräch über geistliche Dinge, insbesondere das Evangelium. Eine Menge Christen beginnen keine Evangeliums-Präsentation, weil sie über keinen einfachen Weg verfügen zu beginnen. Viele von uns haben hingegen entdeckt, dass, wenn wir erst einmal den Anfang gefunden haben, es nicht mehr besonders schwer ist, das Evangelium zu verkünden.

Ein kurzes, ein- bis dreiminütiges Zeugnis ist eine ausgezeichnete Brücke (andere Arten von Brücken erwähne ich später). Es enthält noch nicht das Evangelium. Dieses teilen die Trainees erst später mit. Ihr Zeugnis soll nur eine kurze Brücke zum Evangelium sein.

Um die Trainer zu lehren, ihr Zeugnis mitzuteilen, folge diesen einfachen Schritten 1. Mein Leben vor Christus, 2. Wie ich zu Jesus fand, 3. Mein Leben seit Christus. Für ein Zeugnis, das nicht von deiner Errettung handelt, gebrauche folgendes Schema: 1. Dein Problem, 2. Wie Gott das Problem löste, und 3. Dein Sieg seither (Freiheit von Alkoholismus, Überwindung eines negativen Charakterzugs, wie du einem anderen vergeben hast, etc.)

Gib allen ein Blatt Papier, damit sie ihr Zeugnis aufschreiben können. Lass danach jeden in der Gruppe sein Zeugnis mehrmals laut vorlesen. Dies hilft ihnen, ihr Zeugnis auf natürliche Weise zu geben und es gleichzeitig auswendig zu lernen.

Danach teile die Anwesenden in Zweiergruppen auf und lass sie üben, einander ihr Zeugnis zu erzählen. Ermutige sie, einander zu helfen, sowohl jene Worte zu entfernen, die zu kirchlich klingen, als auch Inhalte, die für Nichtchristen keinen Sinn ergeben. Ermutige sie zu beurteilen, wie bewegend ihr Zeugnis ist und Hinweise darüber auszutauschen, wie sie es verbessern können.

Rettung einer Familie um Mitternacht (Ying Kai)

Würdest du deine ganze Familie um Mitternacht aufwecken, um ihr das Evangelium mitzuteilen? In Apostelgeschichte 16 konnte der Gefängniswärter von Philippi nicht warten. Vielleicht dachte seine Familie: „Es ist Mitternacht, warum weckst du uns auf?" Und vermutlich antwortete er: „Wären diese beiden Männer nicht gewesen, dann wäre ich jetzt wohl schon tot. Diese beiden haben uns gerettet." Er konnte nicht warten. Stattdessen bat er Paulus und Silas, in sein Haus zu kommen. Um Mitternacht fanden er und seine ganze Familie zu Christus. Gott liebt dich, erwählt dich und wirkt durch dich, um deine ganze Familie zu retten.

Ich habe einen chinesisch-amerikanischen Freund in den USA, der Arzt ist. Als er noch sehr jung war zog seine Familie von Hong Kong in die USA. Damals beschloss er, Arzt zu werden, viel Geld zu verdienen und sich einen guten Ruf zu erarbeiten. Er wurde Arzt, doch es befriedigte ihn nicht. Er sagte sich: „Ich will Chefarzt meiner Station werden." So studierte er weiter und machte einen Doktortitel. Danach erhielt er einen Job in einem sehr bekannten Krankenhaus in Los Angeles und wurde Abteilungsleiter seiner Station. Zu dieser Zeit war er erst vierzig Jahre alt. Viele bekannte Ärzte arbeiteten nun unter ihm. In diesem Krankenhaus wurde er sehr wohlhabend. Er besaß buchstäblich alles. Er hatte drei Töchter, war sehr glücklich und mit seinem Leben zufrieden.

Doch eines Tages erhielt er den Bericht seiner jährlichen Routine-Untersuchung. Darin stand: „Sie haben einen Lebertumor von der Größe eines Golfballs und werden bald sterben. Selbst eine Operation hat wenig Aussicht auf Erfolg. Sie haben höchstens noch sechs Monate zu leben, vielleicht weniger." In dieser Nacht konnte er nicht schlafen. Er sagte sich: „Was kann ich nach meinem Tode noch für meine Familie tun? Meine älteste Tochter ist erst 16 Jahre alt und hat die Schule noch nicht beendet. Ich kann nicht einmal zu ihrer Abschlussfeier kommen." Er beschloss, seine guten Wünsche zum Geburtstag und zum Schulabschluss für seine Tochter aufzunehmen, dachte dann aber, dass nach seinem Tode das wohl keiner mehr hören wollte. Während er so über seinen Tod nachdachte konnte er nicht schlafen.

Dann erinnerte er sich: „Als ich Teenager und noch in Hong Kong war, ging ich zu einer Gemeinde." Nach seiner Ankunft in Amerika hatte er niemals wieder eine Gemeinde besucht. Jetzt dachte er wieder an Jesus, wusste jedoch nicht, wie man betet.

Schließlich fand er die Telefonnummer seines Pastors in Hong Kong und rief ihn an. Er kam durch und erzählte dem Pastor seine ganze Geschichte. Dieser ließ ihn Psalm 103,1-5 lesen und sagte: „Nur wenn du Buße tust und zu Gott umkehrst, wird Er dir helfen und dich vielleicht sogar heilen." So bat er mitten in der Nacht Jesus, ihm zu helfen. Er kniete nieder und betete mit dem Pastor am Telefon. Nach dem Telefonat fühlte er großen Frieden, denn er hatte ewiges Leben gefunden. Jetzt konnte er sich seinen Problemen stellen! Er hatte Rettung empfangen und dachte: „Ich kann nicht warten." So weckte er um Mitternacht seine Frau aus dem Schlaf. Sie fragte: „Warum weckst du mich auf?" Er antwortete: „Ich habe euch alles gegeben, aber nicht ewiges Leben. Heute Nacht habe ich ewiges Leben empfangen. Lass es mich mit dir teilen." Gleich im Schlafzimmer führte er seine Frau zu Jesus.

Jetzt dachten beide: „Wir können nicht warten." So weckten sie um Mitternacht ihre drei Töchter auf. Die Mutter sagte: „Papa hat euch alles gegeben. Ihr geht auf eine sehr gute Privatschule. Doch etwas sehr Wichtiges konnte er euch nicht geben: Ewiges Leben." Der Vater sagte: „Ich werde bald mein Leben verlieren. Doch ich habe ewiges Leben empfangen, und darum kann ich mich meinen Problemen stellen. Ich weiß, wohin ich gehe wenn ich sterbe. Dieses Geschenk des ewigen Lebens will ich jetzt an euch weitergeben." In dieser Nacht kam die gesamte Familie zum Glauben. Sie hielten sich an den Händen, knieten im Wohnzimmer nieder und beteten zusammen. Sie waren sehr glücklich.

Nachdem sie aufgestanden waren, fragte seine zweite Tochter, die erst zwölf war: „Papa, Jesus liebt uns, nicht wahr?" Er antwortete: „Ja." Sie fuhr fort: „Ich glaube, Jesus liebt auch dich. Vereinbare doch einen Termin für eine Operation. Wir werden für dich beten und Jesus bitten, dass er dich heilt." Erneut knieten sie nieder und beteten für ihren Vater.

Am nächsten Tag vereinbarte er einen Termin für die Operation. Fünf Tage später wurde er von mehreren Ärzten operiert, doch sie konnten keinen Tumor entdecken. Alles, was sie fanden, war ein Hohlraum von der Größe eines Golfballs. So beendeten sie den Eingriff und sagten zu ihm: „Du bist gesund. Jesus hat den Tumor bereits entfernt." Halleluja! Er kündigte seine Stelle als Chefarzt und ging nach Vancouver, um an der Regent Universität zu studieren. Heute arbeitet er immer noch dort als Abteilungsleiter für Chinesische Studien. Inzwischen hat er viele Missionare zurück nach Asien gesandt. Ebenso kann Gott durch dich deine ganze Familie erretten. Die Sache ist sehr dringlich!

Erst wenn die Trainer sich mit ihrem Zeugnis sicher fühlen, solltest du zur Präsentation des Evangeliums übergehen. Wenn die Zeit nicht ausreicht, dann brich hier ab und ermutige sie, in der nächsten Woche anderen einfach ihr Zeugnis mitzuteilen.

Doch eine Sache ist sehr wichtig: Ein Zeugnis ist dazu da, das Herz eines Menschen in einer Weise zu bewegen, dass er das Evangelium hören will. Es ist nicht das Evangelium! *Ziel des Zeugnisses ist einfach, eine Brücke zum Evangelium zu schlagen!*

Aus diesem Grund sollte deine erste Trainingseinheit *eine Präsentation des Evangeliums* enthalten, die einfach zu lernen und weiterzugeben ist. Ying tut dies in seiner ersten Lektion „Wie bekomme ich Heilsgewissheit." (Dies ist einer derjenigen Teile von T4T, die am häufigsten angepasst bzw. verändert werden, da es viele Wege gibt, das Evangelium – passend für den jeweiligen Kontext – zu präsentieren. Eine Reihe von Evangeliums-Präsentationen sind unter den „Ergänzenden Materialien" auf unserer Website zu finden.) An diesem Punkt deines ersten T4T-Treffens solltest du eine sehr einfache Evangeliums-Präsentation vorstellen, die sich in deinem Umfeld als effektiv erweist und leicht von Trainer zu Trainer weitergegeben werden kann.

Nachdem du ihnen diese Präsentation des Evangeliums vermittelt hast, teile die Gruppe erneut in Zweiergruppen auf, damit die Trainees einander die Präsentation vortragen können. Dies ist jedoch keine Pausenzeit für dich als Trainer. Stattdessen gehe umher und höre den Gruppen zu, beantworte ihre Fragen, ermutige, lobe und – wo erforderlich – korrigiere sie. Gib ihnen viel Zeit zum Üben, damit sie die Sicherheit und Kompetenz entwickeln, das Evangelium richtig zu präsentieren.

Sobald die Trainees diese Sicherheit erworben haben, vergewissere dich, dass sie bereit sind, in der kommenden Woche das Evangelium weiterzugeben. Wenn du zusätzlich ein Traktat oder einen Handzettel verwendest, gib jedem ausreichend Kopien davon für diejenigen Menschen, denen sie Zeugnis geben wollen. Ebenso wichtig ist es, sie zu ermutigen, für die Nöte derjenigen Menschen zu beten, denen sie Zeugnis geben, da Gott – während diese das Zeugnis hören – oftmals Wunder tut, um den Verlorenen Seine Liebe zu demonstrieren.

> „Heilt die Kranken darin und sprecht zu ihnen: Das Reich Gottes ist nahe zu euch gekommen." (Lukas 10,9)

Ermahne die Trainer, ihre neuen Gläubigen zu trainieren

Bevor du die erste Lektion beendest, ermutige die Trainees, nicht nur ihr Zeugnis zu geben, sondern die gesamte erste Lektion mit denen zu wiederholen, die sie zum Glauben führen. Falls du dafür Traktate oder Handzettel nutzen willst, sorge dafür, dass sie genügend Kopien zur Verfügung haben, um sie den neuen Gläubigen zu geben, damit auch diese sie in ihrem eigenen *oikos* nutzen können. Erinnere sie daran, dass, wenn jemand „Ja" zum Evangelium sagt, sie sich umgehend die Zeit nehmen müssen, die neuen Gläubigen in drei Dingen zu trainieren: 1. Warum 2. Wem und 3. Wie – Die Brücke und das Evangelium. Dies sollte innerhalb von Minuten oder Stunden geschehen, nachdem jemand gläubig geworden ist.

Innerhalb des T4T-Prozesses ermutige deine Trainees, sich eine separate Zeit zu nehmen, um sich mit den neuen Gläubigen zu treffen, und sie nicht zur ursprünglichen Trainingsgruppe mitzubringen. Erinnere dich: Das Ziel besteht darin, viele Generationen von Trainern zu multiplizieren. Selbst wenn eine neue Gruppe zu Anfang nur aus zwei Personen besteht (der neue Trainer und der neue Gläubige), ist es dennoch in der Regel für sie am besten, sich separat zu treffen, anstatt sie in einer großen Gruppe zu sammeln oder in die „Elterngruppe" zu integrieren. Das wird die neuen Trainer schneller entwickeln.

Beauftrage und erinnere deine Trainees: Bitte nicht um Erlaubnis! Erzähle einfach!

Erinnerst du dich an Ying's Geschichte „Ein Ei oder zwei?" aus Kapitel drei? Es ist eine großartige Geschichte, die man gut vor dem Ende der ersten Trainingseinheit erzählen kann.

Dann fordere die Trainees auf, dem zu gehorchen, was Gott ihnen aufs Herz gelegt hat. Sie müssen nicht um Erlaubnis bitten oder sich erst das Recht verdienen, anderen das Evangelium mitzuteilen. *Am Kreuz verdiente Jesus für sie das Recht, das Evangelium zu verkünden.* Das ist alles, was sie brauchen. Bitte nicht um Erlaubnis! Erzähle einfach!

Bevor du alle verabschiedest *lass die Trainees sich Ziele setzen,* das Evangelium mit denen zu teilen, deren Namen sie auf ihrer Namensliste unterstrichen haben. Dann lass sie füreinander beten, um in göttlicher Salbung hinauszugehen. Das ist eine gute Gelegenheit, jedem einzelnen die Hände aufzulegen und für sie zu beten. Jede Woche bestärkt ihr einander aufs neue darin, als Nachfolger Jesu zu leben und Menschenfischer zu sein. Alle sollten sich dazu verpflichten – einschließlich des Leiters – denn du solltest ein Beispiel für das sein, was du lehrst.

Lektion zwei: Wenn sie wiederkommen

Liebevolle Rechenschaft und pastorale Fürsorge

In der folgenden Woche (oder zwei Wochen später), wenn die Trainees sich erneut mit dir treffen, ist der Augenblick der Wahrheit gekommen. Am Anfang des Treffens nimm dir Zeit, sie zu fragen, wie es ihnen ergangen ist, und ihren Nöten zu dienen. Nehmt euch auch die Zeit, Gott zu preisen und Ihn anzubeten. Dann leite über zu liebevoller, gegenseitiger Rechenschaft. Haben sie – einschließlich dir selbst – tatsächlich getan, was Gott ihnen aufgetragen hat? *Der schnellste Weg, die Gruppe davon abzuhalten, eine Bewegung zu werden, besteht darin, nicht in Bezug auf die Aufgaben nachzufragen, die Gott ihnen gegeben hat!*

In Rechenschaft zu leben ist für jeden von uns nicht einfach, doch die Bibel ist voller Ermahnungen, einander Rechenschaft zu geben:

> „Lasst uns *aufeinander* achthaben, um uns zur Liebe und zu guten Werken anzureizen, indem wir unser Zusammenkommen nicht versäumen, wie es bei einigen Sitte ist, sondern *einander* ermutigen, und das um so mehr ihr den Tag nahen seht." (Hebräer 10,24+25)

Jede der Stellen, in denen die Formulierung „einander" gebraucht wird, ermahnt uns, in Rechenschaft miteinander zu leben. Wir dürfen das nicht ignorieren, da der Tag Christi immer näher rückt. Die Zeit läuft ab! Wir müssen einander helfen, sowohl Jesus als auch andere noch mehr zu lieben – was einschließt, Menschen das Evangelium zu bringen. Auch wenn es sich zu Anfang nicht natürlich anfühlen mag, müssen wir *liebevolle Rechenschaft* in unseren Trainingsgruppen entwickeln. Dies ist der schnellste Weg, Gewohnheiten und

Lebensstile zu verändern. Deshalb führe mit Lektion zwei liebevolle Rechenschaft ein ...

Wie erging es dir damit, denjenigen, deren Namen du unterstrichen hast, dein Zeugnis mitzuteilen?

Wie reagierten sie?

Was passierte, als du die neuen Gläubigen in Lektion eins trainiertest? (Warum, Wem, Wie)

Während die Gruppe der Reihe nach berichtet, nimm dir Zeit, jedes erfolgreiche Zeugnis und jede neue Errettung zu feiern. Mach eine kleine Party daraus!

Nimm dir ebenfalls die Zeit, diejenigen zu ermutigen, die furchtsam sind oder deren Zeugnis abgelehnt wurde. Nimm dir Zeit, für die Menschen zu beten, denen sie Zeugnis gegeben haben, die aber noch nicht zum Glauben gekommen sind. Hilf, Fehler zu finden, und ermutige die, die noch nicht den Mut zum Zeugnis fanden. Lass es eine *liebevolle* und keine *gesetzliche* Zeit der Rechenschaft sein.

Führe sie zum nächsten Schritt!

Nach einer Zeit der pastoralen Fürsorge, Anbetung und liebevollen Rechenschaft vermittle deiner Gruppe erneut die Vision, wie Gott sie gebrauchen will. Manche sind vielleicht entmutigt und brauchen dieses Wort der Ermutigung. Dies ist eine gute Gelegenheit, von dem Bild des „Herzens des himmlischen Vaters" zu erzählen (siehe Kapitel drei). Ying gebraucht es, um seine Trainees während ihrer zweiten Trainingseinheit zu ermutigen. Viele haben gerade erst damit begonnen, anderen Zeugnis zu geben, und Ablehnung von ihnen erfahren. Er will, dass sie wissen, dass ihr himmlischer Vater ihnen viele aus ihrem *oikos* geben wird, die zum Glauben kommen werden, selbst wenn es etwas Zeit benötigt.

Nachdem du die Vision vermittelt hast lehre die Gruppe die zweite Lektion deines Jüngerschaftsprogramms. In Lektion zwei geht es um geistliches Leben und Gebet. Danach lass sie in Zweiergruppen üben, anderen Lektion zwei zu vermitteln, während du ihnen zusiehst und sie ermutigst, kompetenter und sicherer zu werden. Der Grund, warum sie es üben müssen, ist, weil sie ihre neuen Gläubigen in den nächsten Tagen in Lektion zwei trainieren sollen.

Vor Ende des Trainings lass alle darüber nachdenken, welche Ziele sie sich für die kommende Woche setzen sollten:

> Da sie jede Woche fünf Menschen Zeugnis geben, lass sie erneut ihre Namensliste anschauen und die Namen derjenigen unterstreichen, denen sie Jesus bezeugen werden. Einige werden neue, andere dieselben Namen sein.
>
> Da einige der Trainees bereits andere zu Jesus geführt haben werden, hilf ihnen, Treffen mit den neuen Gläubigen zu planen, um sie zu trainieren. Ermutige sie, den Prozess mit ihrer neuen Gruppe zu wiederholen: Pastorale Fürsorge, Lobpreis, liebevolle Rechenschaft (einschließlich der Erstellung einer Namensliste), Vermittlung von Vision, Lehre darüber, wie man Zeugnis gibt (Zeugnis und Evangelium), Zeit zum Üben und schließlich das Setzen von Zielen sowie gemeinsames Gebet mit ihnen für die dritte Generation, die sie gewinnen werden.
>
> Hilf ihnen, sich Ziele zu setzen, die sie einen Schritt näher zur Multiplikation neuer Generationen von Trainern bringen!

Wenn alle sich Ziele gesetzt haben, betet erneut füreinander und sendet einander aus. Stelle sicher, dass wirklich alle für den nächsten Schritt vorbereitet sind!

Wenn du diese einfachen Dinge beherrscht, hast du den T4T-Prozess bereits begonnen. Du hast gelernt, wie man Gläubigen hilft, zur ursprünglichen Jüngerschafts-Revolution zurückzukehren.

Zusammenfassung von Lektion eins (Warum-Wem-Wie)

In der ersten Trainingseinheit hilfst du Gläubigen (egal ob es sich um neue Gläubige oder bereits vorhandene Christen handelt), die drei Fragen **WARUM-WEM-WIE** durchzuarbeiten und so zu Trainern zu werden. Erinnere dich: Dein Ziel besteht darin, *viele Generationen von Trainern zu multiplizieren*.

Warum? Vermittle ihnen die Vision.

Wem? Lass sie eine Namensliste ihres *oikos* (Beziehungsumfelds) erstellen und durch Gebet Prioritäten in Bezug darauf setzen, welche Personen sie zuerst ansprechen werden.

Wie? Lehre sie eine Brücke zum Evangelium (ihr Zeugnis) und eine Evangeliums-Präsentation. Gib ihnen genügend Zeit, diese zu üben und sich im Gebet Ziele zu setzen, um ihre von Gott gegebene Aufgabe zu erfüllen.

Beim zweiten Treffen (Lektion zwei) beginnst du bereits damit, ein Muster für die wöchentlichen, dreiteiligen T4T-Treffen zu setzen.

Diese drei Teile (oder drei Drittel) sind sehr wichtige Elemente, um ihnen zu helfen, Trainer und nicht nur Gemeindemitglieder oder Zeugen für Jesus zu werden:

Erstes Drittel:

> Ein neuer Gläubiger muss *innerhalb von Minuten oder Stunden nach seiner Errettung* durch die WARUM-WEM-WIE-Lektion gehen, selbst wenn es eine verkürzte Version ist. Dies pflanzt ihm die DNA des Königreiches Gottes ein und versetzt ihn in die Lage, sofort von Gott gebraucht zu werden.

1. Pastorale Fürsorge

2. Lobpreis & Anbetung

3. Liebevolle Rechenschaft

4. Visionsvermittlung

Zweites Drittel:

5. Neue Lektion / Bibelstudium

Letztes Drittel:

6. Praktizieren der Lektion

7. Zielsetzung und Gebet füreinander

Minuten oder Stunden

Einer der bedeutendsten Aspekte des T4T-Prozesses, welcher in Lektion eins eingeführt werden muss, ist die sofortige Einpflanzung der DNA des Reiches Gottes in die Identität des neuen Gläubigen, gleich nachdem er zum Glauben gekommen ist. *Ein neuer Gläubiger muss innerhalb von Minuten oder Stunden nach seiner Errettung durch die WARUM-WEM-WIE-Lektion gehen, selbst wenn es eine verkürzte Version ist.* Dies ermöglicht es ihm, sofort von Gott gebraucht zu werden.

Nehmen wir an, du hast gerade jemanden zum Glauben geführt. Was gehört zu den ersten Worten aus deinem Mund? Einige dieser Worte sollten lauten: Lektion eins. Du hilfst der Person, sofort diese drei Dinge zu lernen: Warum, Wem und Wie. [10] Dasselbe geschah in der Apostelgeschichte, wenn einer Person (manchmal sogar noch vor ihrer eigenen Errettung), eine Vision für die Errettung ihrer Familie gegeben wurde (siehe Apg. 2,39; 11,16 und 16,31). *Innerhalb weniger Minuten* lehrst du den neuen Gläubigen, wie er seinen *oikos* erreichen kann. Würdest du damit ein oder zwei Wochen warten verpasst du vielleicht die Gelegenheit, ihm die Reich-Gottes-DNA einzupflanzen.

> **WARUM** (Vision) – „Wofür hat Gott dich gerettet? Erkennst du, dass Er nicht nur dich selbst erreichen will, sondern deinen ganzen Haushalt *durch* dich?" (Wenn du Zeit hast, teile ihm die obenstehende Illustration des Missionsbefehls mit.)
>
> **WEM** – „Erstelle eine Namensliste aller Personen, die du kennst und die noch nicht mit Gott leben." Dann hilf ihm zu erkennen, mit wem er in dieser Woche zuerst sprechen soll (normalerweise fünf Personen pro Woche). Lass ihn fünf Namen auf der Liste ankreuzen und die Liste jede Woche aktualisieren. Dabei kannst du folgende Fragen verwenden:
>
> *„Lass uns deine Liste durchbeten. Mit wem, denkst du, will Gott, dass du zuerst sprichst?"*
>
> *„Wer würde sich über die Veränderung freuen, die Gott in deinem Leben bewirkte?" (In Regionen mit Verfolgung, hilf der Person – wenn möglich – „sichere" Menschen zu finden.)*

„Wer braucht das Evangelium gerade jetzt am dringendsten?"

WIE – „Erzähle, was Gott in deinem Leben getan hat!" (Zeugnis). Dies ist für einen neuen Gläubigen sehr einfach, aufgrund des Wunders, das gerade erst geschah (Titus 3,3-7). Alles, was er tun muss, ist, die Geschichte dessen weiterzuerzählen, was gerade in seinem Leben passierte. Du kannst ihm dabei behilflich sein, seine Geschichte so zu erzählen, dass es die Menschen in seinem *oikos* gut verstehen. Jesus sagte genau dies zu dem dämonisch besessenen Gerasener: „Erzähle ihnen, welche große Wohltat Gott an dir getan hat!" (Markus 5,19). Er verfügte nicht über viel Training, doch er konnte seine Geschichte weitergeben. Falls es die Zeit erlaubt, hilf dem neuen Gläubigen, eine Präsentation des Evangeliums zu erlernen, mit der er losgehen kann – am besten diejenige Präsentation, mit der du ihn zum Glauben geführt hast. Lass sie ihn gemeinsam mit dir üben, bevor er nach Hause zu seiner Familie geht.

Du solltest Lektion eins (WARUM-WEM-WIE) mit einem neuen Gläubigen in den ersten Minuten oder Stunden durchgehen. Falls es nicht möglich ist, dies sofort nach seiner Errettung zu tun, verabrede dich mit ihm innerhalb der nächsten Stunden dafür. Indem du das tust, pflanzt du in ihn die DNA ein, die ihn zu einem Nachfolger Jesu und Menschenfischer werden lässt. Je länger du wartest, desto schwieriger wird es, einem Gläubigen die DNA eines Jüngermachers des Reiches Gottes einzupflanzen.

Sei ein Täter, nicht nur ein Hörer!

Schreibe auf, wie Gott zu dir gesprochen hat und was Er von dir erwartet, in Folge davon im Gehorsam zu tun:

KAPITEL 6

AUFBAU EINER BEWEGUNG DURCH DIE 20 PROZENT

Die Geschichte, wie Ying die erste Gruppe trainierte, enthält eine wichtige Wahrheit über Reich-Gottes-Bewegungen:

> *Nicht jeder, den wir trainieren, wird fruchtbar und zu einem Trainer von Trainern werden. Wir müssen uns auf diejenigen konzentrieren, die 30-, 60- oder 100-fache geistliche Frucht bringen, und mehr Aufmerksamkeit in sie investieren, damit eine GGB entstehen kann.*

Als Yings Trainees zu ihrem zweiten Treffen zusammenkamen und er sie fragte, ob sie dem gehorcht hätten, was Gott ihnen gesagt hatte, reagierten sie sehr unterschiedlich. Einige hatten überhaupt niemandem Zeugnis gegeben. Einige hatten Zeugnis gegeben, ohne jedoch Entscheidungen zu sehen. Andere hatten Zeugnis gegeben und Menschen zum Glauben geführt.

Während Ying sich mit dieser – und im Verlauf der kommenden Wochen mit vielen anderen Gruppen – traf ermutigte er sie, weiter ihr Zeugnis zu geben, sich mit neuen Gläubigen zu treffen und diese in Jüngerschaft zu trainieren, um so wieder andere zu erreichen. Mit der Zeit kristallisierte sich heraus, dass es in Hinblick auf das Training von Trainern vier Arten von Trainees gibt:

Teilnehmer: Einige nahmen nur an den Treffen teil, gaben jedoch kein Zeugnis.

Zeugen: Einige gaben Zeugnis und führten Menschen zum Glauben, gründeten aber keine neuen Gruppen.

Starter: Einige Trainees führten Menschen zum Glauben und begannen neue Gruppen, trainierten jedoch ihre neuen Gruppenmitglieder nicht, den Prozess zu wiederholen.

Trainer: Einige führten andere zum Glauben, gründeten neue Gruppen *und* trainierten die neuen Gläubigen, Zeugnis zu geben und wieder andere zu trainieren. Sie wurden echte Trainer, nicht nur Trainees, doch ihre Zahl ging selten über 15 bis 20 Prozent hinaus.

Dieser Prozentsatz traf nicht nur für Ying Kai zu, sondern auch für T4T-Gruppen auf der ganzen Welt.

Im T4T-Prozess werden alle ermutigt und trainiert, *ihr Zeugnis zu geben.* Jeder wird ermutigt und trainiert, *Trainer zu trainieren,* doch nicht jeder setzt es um.

Dasselbe wirst du feststellen, wenn deine Trainees zu deinen T4T-Gruppen zurückkommen. Dies ist eine der grundlegenden Dynamiken einer Reich-Gottes-Bewegung.

Jesus erzählte das Gleichnis vom vierfachen Acker, um die Wahrheit zu illustrieren, dass es verschiedene Reaktionen auf das Evangelium gibt. Nur *eine Art von Boden* ist diejenige, auf die wir hoffen: Fruchtbare Menschen. Der Schwerpunkt des Gleichnisses liegt auf *denen,* die das Evangelium hören und von ganzem Herzen auf das Leben des Königreiches reagieren. Jesus will, dass wir nicht überrascht werden von den drei anderen, unfruchtbaren Bodenarten. Er will, dass wir realistisch sind.

Einige werden das Evangelium einfach ablehnen. Viele andere jedoch werden sich zum Glauben bekennen, ohne jemals viel Frucht zu bringen. Nur ein gewisser Prozentsatz wird 30-, 60- oder 100-fache Frucht hervorbringen. Das sind normale Reich-Gottes-Dynamiken. Frucht zu bringen kann sowohl die geistliche Frucht eines verwandelten Lebens bedeuten, als auch Frucht in Form derer, die wir neu zu Jüngern machen.

Es ist sehr wichtig, dass wir die Bedeutung der vier Bodenarten im Reich Gottes in Bezug auf das Zeugnisgeben und das Training anderer richtig verstehen. Das Gleichnis vom vierfältigen Acker ist keine exakte Parallele zu den oben erwähnten vier Arten von Reaktionen in einer Trainingsgruppe: Teilnehmer, Zeugen, Starter und Trainer. Doch das Prinzip, dass nur einige Frucht tragen werden, die sich dann multipliziert, ist entscheidend, wenn es um das Verständnis von Gemeindegründungsbewegungen geht.

Innerhalb einer solchen Bewegung wird nur ein kleiner Prozentsatz von Gläubigen ihr Leben 30-, 60- oder 100-fach vervielfältigen. Das nennen wir GGB-Reproduktion. Während vielleicht alle Teilnehmer deiner Gruppe den Bibelstellen gehorchen, die sie studieren (wie: „Ihr Männer, liebt eure Frauen", „Ihr Kinder, gehorcht euren Eltern", etc.), werden nicht alle fruchtbar darin sein, sich durch das Training von Trainern zu vermehren. *Solange du dieses Prinzip nicht anerkennst und bereit bist, mehr deiner Zeit in die wirklich fruchtbaren Personen zu investieren, wird dein aufstrebender Dienst nicht zu einer Bewegung werden.*

Lektion zwei und darüber hinaus: Wie man fruchtbaren Boden findet

Nachdem die Teilnehmer bei ihrem ersten Treffen Gottes Reden vernommen und sich zu Zeugnis und Training verpflichtet haben, wirst du ab der zweiten Lektion feststellen, dass sich durch den Trainings- und Rechenschaftsprozess vier verschiedene Arten von Trainees entwickeln. Da es dein Ziel ist, Generationen von Trainern zu multiplizieren, ist es unerlässlich, dass du die fruchtbaren Personen erkennst, welche die DNA des Reiches Gottes an die nächste Generation weitergeben werden.

Lass uns nun diese vier Arten von Reaktionen der Trainees in Hinblick auf Zeugnis und das Training anderer genauer betrachten.

Teilnehmer: Sie nehmen an der Gruppe teil, geben jedoch kein Zeugnis. Einige werden niemals auf beständige Weise Zeugnis geben. Am Anfang kann dieser Prozentsatz hoch sein. Im Laufe der Zeit jedoch – mit Hilfe von gutem Training und liebevoller Rechenschaft – können einige davon in die Gruppe der Zeugen wechseln. Zu Anfang haben viele von ihnen noch Furcht, neue Verhaltensmuster als Zeugen zu entwickeln. Manche werden niemals damit beginnen, Zeugnis zu geben, doch viele tun es schließlich doch.

Zeugen: Sie geben ihr Zeugnis weiter, gründen jedoch keine Gruppen. In deinen T4T-Gruppen wird es andere geben, die zu Zeugen werden, und viele von diesen werden Verlorene zum Glauben an Jesus führen. Einige von ihnen werden sogar *„Super-Verbreiter"*.

Während der SARS-Epidemie verbreiteten einige wenige, hoch ansteckende Personen die Krankheit unter ungewöhnlich vielen Menschen. Medizinische Fachleute nannten diese Leute *„Super-Verbreiter"*. In vielen GGBs unserer Tage wird ein kleiner Prozentsatz von neuen Gläubigen zu solchen Super-Verbreitern, die in der Lage sind, eine hohe Anzahl an Menschen mit dem Evangelium zu erreichen.

Ob deine T4T-Mitglieder nun ganz normale Zeugen oder aber Super-Verbreiter sind – es gibt ein Fest im Himmel für jeden Verlorenen, der umkehrt zu Gott.

Dennoch gibt es aus der Perspektive von T4T einen begrenzenden Faktor im Blick auf „Zeugen": Diese wertvollen Menschen gründen vielleicht keine neuen Gruppen und werden auch keine Trainer. In manchen Fällen fühlen sie sich lediglich dazu berufen und qualifiziert, Menschen zum Glauben zu führen, jedoch keine eigene Gruppe zu starten. Das ist in Ordnung. Ermutige sie weiter! Einige ihrer Bekehrten schließen sich anderen neuen Gruppen an; gelegentlich stoßen sie auch zur Ursprungsgruppe dazu. Das passiert ständig. Damit jedoch eine Bewegung wachsen kann, müssen wir neue Gläubige in neue Gruppen sammeln und sie dort trainieren, selbst Trainer zu werden. Die gute Nachricht ist, dass – ebenso wie die vorhin erwähnten Teilnehmer – auch Zeugen bei richtigem Training später noch zu Gründern neuer Gruppen und zu Trainern werden können.

> **Starter:** Sie geben Zeugnis und gründen neue Gruppen, trainieren jedoch ihre Gruppenmitglieder nicht, den T4T-Prozess zu wiederholen.

Einige in der Gruppe werden nicht nur zu effektiven Zeugen, sondern sie werden auch eigene Gruppen gründen. Ist das gut oder schlecht? Es ist gut!

Dennoch gibt es ein Problem bei den „Startern". Erinnere dich: *Das Ziel besteht in sich multiplizierenden Generationen von Trainern.* Starter haben keine Vision (oder möglicherweise nicht das Selbstvertrauen), welche(s) über den Beginn der nächsten Generation von

Gruppen hinausgeht. Sie sind effektive Zeugen und gründen neue Gruppen. Viele dieser Gruppen werden zu Gemeinden. Genau genommen sind Starter Gemeindegründer, *während sie es versäumen zu sehen, dass es ihre Rolle wäre, die Menschen in ihrer Gruppe zu trainieren, anderen ebenfalls Zeugnis zu geben und die nächste Generation zu trainieren.*

Ying bezeichnet sie als „Arbeiter" anstelle von „Trainern". Sie arbeiten hart daran, neue Gruppen zu gründen, folgen dabei aber immer noch einem traditionellen Modell von Gruppen- oder Gemeindegründung. Wenn sie über diesen Punkt nicht hinauswachsen werden sie nicht zu denen gehören, durch die eine Bewegung mit vielen Generationen entsteht.

Starter sind wundervoll! Wir brauchen sie. Doch das Gründen neuer Gemeinden reicht nicht, weil unsere Vision mehr erfordert. Wir müssen *Trainer von Trainern* entwickeln.

> **Trainer:** Sie geben Zeugnis, gründen neue Gruppen und trainieren ihre Mitglieder, den Prozess zu wiederholen.

Wenn wir Gläubige effektiv trainieren und dabei die Methode verwenden, die wir im nächsten Kapitel vorstellen, ist die Wahrscheinlichkeit groß, dass wirkliche Trainer sich entwickeln. Trainer sind der „gute Boden" von GGBs, welcher zur Multiplikation vieler Generationen führt. Genau wie der fruchtbare Boden in Jesu Gleichnis nur eine von vier Reaktionen ausmachte, stellen wir fest, dass der Prozentsatz an Trainierten, die zu fruchtbaren Trainern werden, nur etwa 20 Prozent beträgt. Diesen Prozentsatz maßgeblich zu erhöhen hat sich als nahezu unmöglich erwiesen.

Darum lautet ein wichtiges Prinzip von GGBs: Arbeite mit dem fruchtbaren Boden!

Ob es sich um die wenigen „Personen des Friedens" unter den vielen handelt, denen wir Zeugnis gegeben haben, oder um die wenigen Trainer von Trainern, die sich aus der großen Gruppe derer herauskristallisieren, die wir trainierten – wir müssen den fruchtbaren Menschen unsere besondere Aufmerksamkeit schenken. Bedauerlicherweise ist es leicht, unsere Zeit von den unfruchtbaren Personen absorbieren zu lassen, so dass nie eine Bewegung entsteht.

Zeugnis noch im Tod (von Ying Kai)

Gott kann durch dich deine ganze Familie retten! Als ich noch Pastor in einem Krankenhaus war, klingelte eines Nachmittags mein Pager, während ich mich bereits auf dem Weg nach Hause befand. Es war die Intensivstation für Kinder. Eine Schwester fragte: „Sind Sie ein Pastor? Wir haben hier ein Mädchen, das erst fünf Jahre alt ist und im Sterben liegt. Ihr Vater bat mich, einen Pastor zu finden, der für die beiden beten kann." Ich antwortete: „Ich komme sofort."

Als ich ankam fand ich den Vater des Mädchens. Er fragte: „Sind sie der Pastor?" Ich antwortete: „Ja". Dann sagte er: „Bitte beten Sie für uns, denn meine Tochter ist gerade gestorben." Es war ein wunderschönes Kind. Ich sagte: „Ja, ich werde für Sie beten. Bitte sagen Sie mir, zu welcher Gemeinde Sie gehören." Er schaute mich an und antwortete: „Ich bin kein Christ." Darauf fragte ich ihn: „Wenn Sie kein Christ sind, warum wollten Sie, dass ein Pastor für Sie betet?"

Er deutete auf seine Tochter und sagte: „Sie liebte Jesus und bat mich, einen Pastor zu holen, der für unsere ganze Familie betet, wenn sie stirbt." Obwohl sie starb, gab sie im Tod immer noch Zeugnis! Das berührte mich tief. Also kniete ich nieder, nahm ihre Hand und fing an zu beten: „Gott, weil du barmherzig bist, liebst du uns. Heute haben wir eine Tochter verloren. Wir sind darüber sehr traurig, doch wir haben Glauben, weil wir wissen, dass sie zu dir gehört. Wenn wir zu deiner Familie gehören, wissen wir, dass wir uns einst im Himmel wiedersehen." Ich betete für etwa 15 Minuten.

Der Vater kniete neben mir nieder und hielt meine Hand. Als ich aufgehört hatte zu beten, sagte er: „Pastor, lehren Sie mich! Ich möchte ein Christ sein und meine Tochter im Himmel wiedersehen." So bat ich ihn, sich neben mich zu setzen, und teilte ihm das Evangelium mit. Er glaubte sofort an Jesus. Noch am gleichen Nachmittag führte er seine Frau und seine beiden Söhne zu Jesus. So brachte dieses fünfjährige Mädchen durch ihren Glauben ihre ganze Familie noch im Tod dazu, Christen zu werden.

Trainer sind 1. effektive **Zeugen**, 2. **gründen** eine oder viele Gruppen, und 3. **trainieren** die neuen Gläubigen innerhalb ihrer Gruppen, selbst Trainer von anderen zu werden. Während es das Ziel des Starters ist, eine Gemeinde zu gründen, ist es das Ziel des Trainers, eine Bewegung zu beginnen. Er ist sich bewusst, dass die neue Gruppe, die er gründet, ebenfalls aus denselben vier Arten von Personen besteht: Teilnehmer, Zeugen, Starter und Trainer. Er weiß, dass, wenn er sie effektiv trainiert, Gott sie überführen wird und sie dem gehorchen, was sie aus Seinem Wort gelernt haben. Einige werden eine neue Generation von Gruppen beginnen, die über dasselbe Potenzial verfügen, diese Jüngerschafts-Revolution von Generation zu Generation zu multiplizieren.

Durch persönliche Erfahrung lernte ich, wie wichtig es ist, den Gläubigen dabei zu helfen, sich von Startern zu Trainern zu entwickeln. Als ich früher Christen trainierte, ermutigte ich sie, sowohl „Personen des Friedens" als auch ihrer eigenen Familie Zeugnis zu geben und dann Gemeinden mit ihnen zu gründen. Ich hoffte, dass diese neuen Gemeinden sich über mehrere Generationen multiplizieren würden. Doch das passierte nicht. Bald fand ich heraus, dass das Problem nicht meine Trainingsgruppe war, sondern ich! Ich hatte sie trainiert, gute Gemeindegründer zu werden, nicht jedoch **Trainer von Trainern** oder **Katalysatoren von GGBs**.

In der nächsten Trainingsphase forderte ich die Gruppe heraus, keine neuen Gemeinden mehr zu gründen, sondern ihren bereits gegründeten Gruppen zu helfen, anderen Zeugnis zu geben und ihrerseits neue Gruppen zu beginnen. Zu meinem Erstaunen taten einige genau das und wurden auf diese Weise von Gründern zu Trainern. Als ich meine Erwartungen korrigierte und darüber hinaus für liebevolle Rechenschaft sorgte, brachte Gott durch diese wunderbaren Mitarbeiter neue Generationen zur Geburt.

Anwendung des Prinzips der 20 Prozent

Auf der ganzen Welt stellen wir fest, dass selbst unter den günstigsten Umständen **nur etwa 20 Prozent derer, die wir trainieren, zu Trainern von Trainern werden.** Das sind normale Reich-Gottes-Dynamiken. Dieser Anteil wird nur selten höher sein. Manchmal passiert es

> Ein wichtiges Prinzip von GGBs lautet: Arbeite mit dem fruchtbaren Boden!

sogar, dass wir aus einer bestimmten Trainingsgruppe überhaupt keine Trainer entwickeln können. Oft ist es so, dass, je länger Christen einer Gruppe bereits angehören, der Prozentsatz derer, die zu Trainern für Trainer werden, umso geringer ist. Der Grund dafür findet sich in dem Umstand, dass sie nur noch über wenige nichtchristliche Kontakte verfügen oder bereits zu beschäftigt mit anderen Diensten sind.

Wie viele wirkliche Trainer von Trainern wird es in deinem Kontext erfordern, um eine Bewegung zu starten?

Wenn lediglich 20 Prozent zu Trainern von Trainern werden, und du nur drei oder vier Personen trainierst: Wie groß ist die Wahrscheinlichkeit, dass eine Bewegung beginnt?

Triff keine Vorauswahl – trainiere einfach!

Trainer sind die Personen mit 30-, 60- oder 100-facher Frucht aus dem Gleichnis vom vierfachen Boden. Sorgfältige Analysen von GGB-Fallstudien aus der ganzen Welt sowie persönliche Interviews mit GGB-Praktikern offenbaren in fast allen Bewegungen dasselbe, interessante Phänomen: Die ersten „Durchbruchs"-Personen des Friedens führten für gewöhnlich innerhalb ihres *oikos* 100 Menschen zum Glauben, gelegentlich auch nur 60 oder 30. Vielleicht ist dies der Grund, warum Lukas in seinem Evangelium nicht die 30- und 60-fache, sondern nur die 100-fache Frucht erwähnt.

> „Und anderes fiel in die gute Erde und ging auf und brachte hundertfache Frucht. Als er dies sagte, rief er aus: Wer Ohren hat zu hören, der höre!" (Lukas 8,8)

Vielleicht war 100-fach für fruchtbare Menschen die biblische Norm. Dies erweist sich in vielen GGBs als wahr. Das wahre Potenzial eines Trainers ist jedoch nicht die Anzahl der Personen, die er persönlich zum Glauben führt, selbst wenn es sich um einen **Super-Verbreiter** handelt. Vielmehr ist es der Prozess des Jüngermachens, der mit Hilfe trainierter Trainer, die sie zum Glauben führten, durch sie eine

Bewegung freisetzt. Sie erleben die Kraft der Vervielfältigung und arbeiten in der Vollmacht des Heiligen Geistes hart daran, diesen Prozess fortzusetzen.

Erinnere dich an Yings Geschichte von dem alten Bauern, der in nur einem Jahr mehr als 110 Kleingruppen gründete! Er ist ein Beispiel eines Trainers von Trainern. Obwohl er sicher auch ein **Super-Verbreiter** war, erwies sich als ausschlaggebend, dass er als Trainer seine neuen Gläubigen trainierte, den Prozess über viele Generationen zu wiederholen. Solche „alten Bauern" gibt es in jeder Volksgruppe und in jeder Stadt!

Es lässt sich unmöglich vorhersagen, wer diese Durchbruchs-Trainer sein werden. Viele GGB-Anwender geben zu, dass diejenigen Personen, die sie für die fruchtbarsten hielten, es gewöhnlich nicht waren, während die, von denen sie dachten, sie würden nie Erfolg haben, sich oft als die fruchtbarsten erwiesen. Offensichtlich erfreut es Gott, Seine Souveränität auf diese Weise auszuüben.

Du kannst nicht vorhersagen, welche der Verlorenen sich als Personen des Friedens erweisen werden. Darum säst du das Evangelium einfach reichlich, um sie zu finden.

Ebenso kannst du nicht vorhersagen, wer ein Trainer werden wird. Du musst einfach nur viele Menschen trainieren, um sie zu finden. Und meistens werden diese Trainer Personen sein, die du auf natürlichem Wege nie ausgewählt hättest!

Wer von uns hätte den besessenen Gerasener erwählt? Doch gerade er verkündete das Evangelium in zehn Städten (Markus 5,20)!

Wer hätte Fischer als Apostel gewählt? Und doch erschütterten sie das römische Reich und veränderten die Geschichte!

Wer hätte einen hartgesottenen Gefängniswärter oder eine vielleicht unverheiratete, vielleicht auch als Witwe lebende Frau wie Lydia gewählt? Doch die Bewegung, welche durch sie begann, erreichte die Stadt Philippi (Apg. 16).

Wenn du versuchst vorherzusagen, wer die Durchbruchs-Personen einer Gemeindegründungsbewegung sein werden, und ausschließlich in diese investierst, wirst du in der Regel versagen. **Wähle deshalb nicht selbst! Trainiere jeden!**

Als ich gemeinsam mit 33 einheimischen Partnern versuchte, eine GGB unter den Ina zu starten, wurden die beiden unter ihnen, in denen ich das größte Potenzial zu sehen glaubte, sehr niedergeschlagen, während sie in den entlegenen Dörfern arbeiteten. Ich sage „arbeiteten", doch in Wirklichkeit waren sie schon so von Furcht übermannt, dass sie ihr kleines Zimmer nicht mehr verließen, außer, um Reis und Gemüse einzukaufen. Etwas musste sich ändern.

Beim nächsten Trainingstreffen der 33 tauchte ein Neuer auf, der gern mit dabei sein wollte. Sein Name war Klein Moe und er war erst 14 Jahre alt. Klein Moe hörte allem sehr aufmerksam zu, was wir im Training vermittelten. Er war begierig, hinauszugehen und alles, was er über TRT (Training Rural Trainers – unsere **orale** Version von T4T) gelernt hatte, unter den Ina zu erproben. Er wollte eine Bewegung entstehen sehen und glaubte, dass Gott ihn gebrauchen könne. Obwohl er ein lernbereiter 14-Jähriger war, hätte ich ihn nie als jemanden erkannt, den Gott gebraucht, um eine Bewegung zu beginnen.

Aus irgendeinem Grund sandten wir ihn zusammen mit den beiden Brüdern aus, die von Furcht gebunden waren. Die drei kehrten also zurück in ihre kleine Einraumwohnung, die einige Stunden entfernt von einer Bergstraße lag. Klein Moe war schockiert als er sah, wie sehr die beiden Männer von Furcht gelähmt waren. Er beschämte sie, indem er sagte: „Wie könnt ihr es wagen, in diesem Zimmer zu bleiben, wenn Gott uns hierher gesandt hat, den Ina das Evangelium zu bringen?!" Er schnappte sich die beiden und nahm sie mit in ein nahe gelegenes Dorf. Als die Dorfbewohner sie fragten, warum sie gekommen wären, sagte Klein Moe: „Wir repräsentieren den höchsten Gott. Er will, dass ihr alle Seine Botschaft hört!"

Einige scharten sich um die drei, doch Klein Moe sagte, dass sie erst beginnen würden, wenn das ganze Dorf versammelt wäre. Kurz darauf waren etwa einhundert Menschen zusammengekommen, um die Neuigkeiten zu hören. Klein Moe erzählte die Geschichte von der Schöpfung bis Christus, **und das ganze Dorf glaubte**! Es war das allererste Mal, dass so etwas unter den Ina geschah.

Doch das war erst der Anfang! Einige Tage später ermutigte Klein Moe die beiden, gemeinsam mit ihm in ein anderes Dorf zu gehen. Dasselbe wie-

> Furcht ist ansteckend, doch Glaube ist es auch!

derholte sich – und das gesamte Dorf kam zum Glauben! Dies wurde möglich durch den mutigen Gehorsam eines 14-Jährigen, **den ich nie ausgewählt hätte.** Als Klein Moe und die beiden anderen Brüder begannen, die neuen Gläubigen zu trainieren, brachte das den nötigen Durchbruch für die Entstehung einer Bewegung in diesem Land.

Furcht ist ansteckend, doch Glaube ist es auch! Klein Moe's Glaube veränderte die Situation von Furcht hin zu einer Bewegung Gottes. Das ist die Kraft von Trainern! Gott gebraucht sie, um geringe Anfänge in eine Bewegung zu transformieren.

Aufbau einer Bewegung

Trainer sind die Werkzeuge, welche Gott gebraucht, um eine GGB zu bauen. Durch ihr Leben verbreitet sich das Reich Gottes zu vielen Menschen und Gruppen, wodurch Ströme sich multiplizierender Gemeinden entstehen.

Dies bedeutet nicht, dass wir die „Zeugen" und „Starter" nicht wertschätzen. Obwohl es Trainer sind, die eine Bewegung trainieren, bringen auch Zeugen und Starter Frucht. Gott gebraucht sie, um neue Gemeinden zu gründen und viele neue Gläubige in Gottes Reich zu bringen. Du solltest begeistert darüber sein, sie in deinen T4T-Gruppen zu haben. Doch erinnere dich: Wenn du deine Trainees lediglich ermutigst, Zeugen oder Starter von Gruppen zu werden, wird daraus normalerweise keine Bewegung entstehen.

> Wie kannst du durch T4T eine Bewegung bauen? Du musst viele Menschen trainieren, um diejenigen zu finden, die der Heilige Geist zu Durchbruchs-Personen für Gemeindegründungsbewegungen und damit zu Trainern von Trainern erweckt. **Tue, was immer nötig ist, um deinen Terminplan mit Trainingsgruppen zu füllen!**

Wenn du jedoch deine Gruppen regelmäßig mit Hilfe des T4T-Prozesses trainierst und daraus Trainer hervorgehen, beginnt eine Bewegung mit vielen Generationen. Die Kraft der 20 Prozent, welche sich von Generation zu Generation multiplizieren, ist wahrhaft exponentiell.

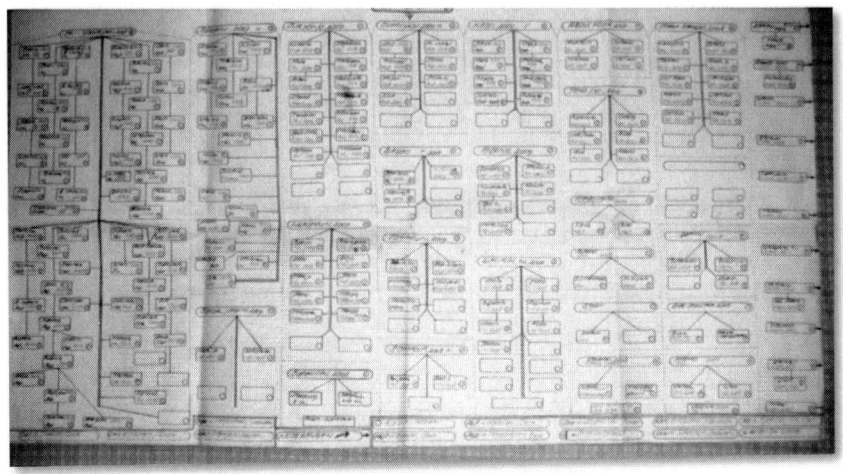

Neun Generationen von Gemeinden unter früheren Muslimen

Etwa ein Jahr bevor dieses Buch geschrieben wurde traf ich mich gemeinsam mit einigen Kollegen zur Beratung mit einem unserer Teamleiter in Südostasien. Er leitete eine entstehende GGB, die eine Menge an Gemeindegründungen der ersten und zweiten Generation erlebte, gelegentlich auch Gründungen der dritten Generation. Noch war es keine GGB, doch sie war nahe daran. Während wir zuhörten wurde klar, dass einige Elemente des T4T-Prozesses fehlten. Wir rieten ihm, die Lektionen des folgenden Kapitels in sein Training einzubauen und zu prüfen, ob dies die Multiplikation beschleunigen würde. Als dieser Leiter zu seinem Dienst zurückkehrte fing er an, seine Gläubigen, die aus einem muslimischen Hintergrund kamen, in diesen Prinzipien zu trainieren. Ein Jahr später zeigte er mir eine Tabelle (siehe Abbildung), die von einem der Haupttrainer seines GGB-Netzwerks erstellt worden war. Es handelte sich um eine Übersicht aller Gruppen und Gemeinden, die durch das Training *eines einzigen Trainers* entstanden waren. In der Übersicht fanden sich zwei Gruppen der achten Generation, und kürzlich entstand sogar eine Gruppe der neunten Generation! Dieses Wachstum von der dritten zur neunten Generation geschah in nur 18 Monaten, als die Gläubigen den T4T-Prozess besser verstanden und in der Folge auch effektiver mit Gott kooperieren konnten.

Fülle deinen Terminkalender mit Training!

Wenn nur 20 Prozent zu Trainern werden, dann musst du viele Personen trainieren, um die von Gott vorbereiteten Trainer zu finden.

Wie kannst du durch T4T eine Bewegung bauen? Du musst viele Menschen trainieren, um diejenigen zu finden, die der Heilige Geist zu Durchbruchs-Personen für Gemeindegründungsbewegungen und damit zu Trainern von Trainern erweckt. *Tue, was immer nötig ist, um deinen Terminplan mit Trainingsgruppen zu füllen!* Dies ist die wertvollste Aktivität einer GGB. Wenn es in deiner Region bereits viele Christen gibt, dann musst du ihnen nur die Vision vermitteln (siehe Kapitel 11 über Visionsvermittlung) und damit beginnen, dich zu verschiedenen Zeiten mit Gruppen zu treffen.

Falls es in deiner Umgebung nur wenige Christen gibt, dann musst du mehrere Dinge tun, um deine ersten T4T-Gruppen zu bekommen:

> 1. Du musst mit deinem Team das Evangelium breit streuen, um die ersten Gläubigen zu gewinnen, die du trainieren kannst.

> 2. Mobilisiere zahlreiche Kurzzeit-Teams (nationale oder von außen kommende Partner), die gemeinsam mit dir deine ersten Personen des Friedens gewinnen und trainieren!

Es existieren viele Wege, deine ersten Trainingsgruppen zu starten, doch der Hauptpunkt ist: Du musst viele Menschen trainieren, damit eine GGB entstehen und zum Durchbruch gelangen kann. Dies können dutzende oder sogar hunderte von Personen sein.

Als Ying und Grace ihre Arbeit begannen taten sie neben dem Gebet nur zwei Dinge: Verlorenen Zeugnis geben und die Erretteten trainieren. Innerhalb einiger Wochen füllten sie ihren Kalender mit vielen Trainingsterminen.

Durchschnittlich dauerten diese Trainingseinheiten zwei Stunden. Die Kinder von Ying und Grace waren bereits aus dem Haus, so dass sie über reichlich Zeit verfügten. Sie rechneten aus, dass sie eine Gruppe am Vormittag trainieren konnten (z.B. Hausfrauen), eine andere Gruppe am Nachmittag (z.B. Studenten) und ein bis zwei Gruppen am

Abend (Fabrikarbeiter, Bauern oder andere Berufstätige). Sie arbeiteten sechs Tage pro Woche, manchmal auch sieben, obwohl Grace
ihren Mann schließlich überredete, den Sonntag freizuhalten.

Diese Gruppen waren unterschiedlich groß, von zwei Personen,
wenn Ying sich mit nur einem neuen Gläubigen traf, bis hin zu ganzen Gemeinden mit mehreren hundert Menschen. Meistens jedoch
waren die Gruppen eher klein – nicht mehr als 20 Personen. Rechne es
aus! Indem Ying und Grace neue Menschen für den Herrn gewannen
oder existierende Christen rekrutierten trainierten sie persönlich 20
bis 30 Gruppen pro Woche. Wenn die durchschnittliche Gruppe 10
Personen umfasste, dann trainierten sie 200 bis 300 Gläubige pro
Woche. Wie viel sind 20 Prozent davon? 40 bis 60 Trainer fingen an,
sich aus den wöchentlichen Trainingsgruppen zu entwickeln.

Doch Ying und Grace hörten nicht auf, Zeugnis zu geben und neuen
Gruppen von Gläubigen die Vision zu vermitteln. Schließlich hatten
sie zu viele Gruppen, um sich mit jeder von ihnen einmal pro Woche
treffen zu können. So teilten sie ihren ursprünglichen Gruppen mit,
dass die Treffen nur noch alle zwei Wochen stattfinden würden. In
der Woche dazwischen ermutigten sie ihre Trainer, neue Gruppen zu
gründen. Während dieser freien Wochen hatten Ying und Grace nun
wieder Platz im Kalender, um neue Gruppen hinzuzufügen. Auf diese
Weise konnten sie die Zahl ihrer Trainingsgruppen verdoppeln.

Mit der Zeit fügten sie noch weitere hinzu, sodass Ying einige Gruppen
und Grace gleichzeitig andere Gruppen trainieren konnte. Durch dieses Training hunderter Personen innerhalb eines Prozesses, der sich
vervielfältigen lässt, fanden sie die Durchbruchs-Personen für Gemeindegründungsbewegungen, die der Geist Gottes vorbereitet hatte.

Das Prinzip lautet: ***Du musst deinen Kalender mit so vielen wöchentlichen (oder zweiwöchentlichen) Trainingsgruppen wie möglich
füllen.*** Tue, was immer du tun musst, um andere Verpflichtungen aus
deinem Kalender zu entfernen und dadurch freie Zeit zu gewinnen,
um Trainer zu trainieren.

Ein junges Missionarsehepaar rief regelmäßig die gleiche Taxifahrerin, um von ihr zum Flughafen gebracht zu werden, der etwa eine
Stunde entfernt lag, immer wenn sie Gäste abholten. Nachdem sie
ihr bereits sehr oft Zeugnis gegeben hatten und ein Wunder in ihrem

Leben geschah, nahm sie Christus an. Als Taxifahrerin war sie sehr beschäftigt und arbeitete für gewöhnlich 12 Stunden. Dem jungen Paar gelang es nie, eine Zeit zu finden, die Frau zu treffen, um sie in T4T zu trainieren. Schließlich kamen sie auf eine geniale Lösung des Problems: Sie entschieden sich, sie während der Fahrt zum Flughafen zu trainieren, während sie auf die Gäste warteten, sowie auf dem Rückweg nach Hause. Da sie ihre Dienste häufig nutzten, wurde dies zur regelmäßigen T4T-Trainingszeit mit ihr.

Wenn es dir geht wie den meisten Menschen, dann hast du viel zu tun. Schau dir dennoch einmal kritisch deinen Wochenplan an! Wie viele Blöcke von zwei oder drei Stunden könntest du freisetzen, wenn du es wolltest? Die meistens von uns können einige solcher Zeitblöcke pro Woche finden. Nehmen wir an, du könntest drei mal zwei Stunden gewinnen. Jetzt hast du ein klares Ziel. Gewinne die Verlorenen! Vermittle den Geretteten die Vision! Tue, was immer nötig ist, fülle diese Zeitblöcke mit drei T4T-Gruppen und beginne den T4T-Prozess! Wenn du deine Gruppen nur jede zweite Woche triffst, hast du sogar das Potenzial, sechs Gruppen zu trainieren.

Gibt es eine bessere Art, deine Zeit zu nutzen, als die, eine Bewegung in deiner Umgebung ins Leben zu rufen? Wie durch ein Senfkorn kann Gott selbst durch sechs kleine Gruppen eine Bewegung zur Geburt bringen.

Die Kraft der zwei Gruppen

Wenn ein neuer Gläubiger anderen Zeugnis gibt, ist es anfangs hilfreich, wenn er mit nur einer neuen T4T-Gruppe beginnt. Doch nach einiger Zeit ermutigen wir ihn, mindestens *eine weitere Gruppe* zu beginnen. Indem er dies tut, wird die multiplikative Wirkung der Bewegung weit größer sein. Das ist nicht unrealistisch, da die neuen Trainer im Laufe der Monate dutzenden und sogar hunderten von Menschen Zeugnis geben werden.

Der Unterschied, ob *nur eine* oder *zwei* Gruppen gestartet werden, ist so gewaltig, dass schon viele gute Dienste versagt haben, zur Bewegung zu werden, weil sie versäumten, dies zu tun. Wir veranschaulichen das oft, indem wir ein einfaches T4T-Verlaufsschema benutzen.

Wenn jeder neue Trainer einer Generation **nur eine** Gruppe gründet, bleiben die Zahlen auf dem Verlaufsschema klein (schrittweises, additives Wachstum). Wenn jedoch jeder Trainer jeder neuen Generation **zwei** Gruppen gründet – selbst wenn nur drei oder vier Personen zu jeder Gruppe gehören – steigen die Zahlen der neuen Gläubigen und Gruppen sprunghaft an.

Das ist die Kraft der Zwei: Trainer zu ermutigen, mindestens zwei Gruppen zu starten. Einer der effektivsten Trainer, den ich kenne, kam zu einem GGB-Training, das Ying und ich leiteten. Er setzte T4T bereits um, erlebte jedoch nicht viel mehr als additives Wachstum. Nachdem wir ihm das Verlaufsschema erklärt hatten, wurden seine Augen geöffnet. Er rief: „Das ist es, was ich falsch gemacht habe! Ich habe meine Trainer nur ermutigt, **eine** Gruppe zu starten, und darum erleben wir noch keine GGB. Wir müssen **diese eine Sache** ändern!"

Kleine Verbesserungen wie diese können den großen Unterschied zwischen guter Gemeindegründung und einer Gemeindegründungs**bewegung** ausmachen! Arbeite nicht nur hart, arbeite smart! Setze die richtigen Segel, damit du dich mit dem Wind des Heiligen Geistes bewegst! Setze neue Generationen frei, sich durch den Geist Gottes lehren zu lassen, damit eine Jüngerschafts-Revolution beginnen kann!

Die Prinzipien dieses Kapitels verdeutlichen die übernatürlichen Wege des Reiches Gottes: Die 20-Prozent-Regel, die Investition in fruchtbaren Boden, das Trainieren von Vielen, um die richtigen Trainer zu finden, die Kraft der zwei Gruppen und andere mehr.

Es wird harte Arbeit bedeuten – und das muss es auch. Manchmal wirst du erschöpft sein. Doch es muss sich um **Reich-Gottes-gemäße Arbeit** handeln. Verlass dich nicht auf deinen natürlichen Verstand: Tue die Dinge nicht gemäß der Erwartung, wie sie natürlicherweise verlaufen sollten, sondern trachte nach den Wegen, wie Gottes Königreich funktioniert!

Der Zwei-Wochen-Zyklus

Noch einmal: Wir alle haben viel zu tun. Vielleicht willst du **vier** Gruppen leiten, entdeckst aber, dass du nur Zeit für **zwei** pro Woche hast. Doch sei ermutigt! Du kannst die Zahl der Gruppen leicht verdoppeln, indem du dich mit ihnen *nur jede zweite Woche* triffst, so wie auch Ying es tat. Dies gibt deinen neuen Trainees auch die Zeit, ihre eigenen Gruppen zu leiten. Nehmen wir an, ein neuer Trainee hat nur *einen* freien Zeitblock pro Woche zur Verfügung (besonders in den frühen Tagen seiner Jüngerschaft). Wenn er sich bereits verpflichtet hat, von dir jede Woche während dieser Zeit trainiert zu werden, könnte er das Gefühl haben, nicht über die Zeit zu verfügen, *seine eigene Gruppe* zu leiten. Dies entspricht vermutlich nicht der Realität, kann ihm aber so vorkommen. Wenn du ihn während der zweiten Woche seines Trainingszyklusses freisetzt, gibt ihm dies die Zeit, Zeugnis zu geben und eine neue Gruppe zu starten, bevor er wieder in deine Gruppe kommt und Rechenschaft gibt. Zeitmangel ist dann keine Ausrede mehr.

Obwohl wir jeden Trainer ermutigen, schließlich *zwei neue Gruppen* zu starten, kann ihnen gerade das Training im Zwei-Wochen-Zyklus helfen, mit ihrer *ersten* Gruppe zu beginnen. Dies ist eine gute Langzeit-Strategie, die deine Kapazität erhöhen kann, neue Gruppen zu starten und zu trainieren.

Zu Anfang sind wöchentliche Treffen allerdings das Beste, damit du die DNA einer GGB gut vermitteln kannst. Gebrauche dein eigenes Urteilsvermögen, um die verfügbare Zeit deiner Trainees richtig einzuschätzen. Unter Umständen wirst du dich mit ganz neuen Gläubigen in den ersten ein oder zwei Wochen sogar mehr als einmal treffen müssen, um ihnen zu helfen, fest im Glauben zu werden und mit dem Herrn zu leben.

Doch erinnere dich an dein Ziel: *Sich multiplizierende Generationen von Trainern.* Tue, was immer erforderlich ist, um ihnen zu helfen, als Nachfolger Jesu zu wachsen und zu Menschenfischern zu werden.

Die wirkliche Frage lautet: *Was müssen wir in unseren wöchentlichen (oder zweiwöchentlichen) Treffen tun, damit unsere Trainees tatsächlich zu Trainern werden?*

Darum geht es im nächsten Kapitel.

Sei ein Täter, nicht nur ein Hörer!

Schreibe auf, wie Gott zu dir gesprochen hat und was Er von dir erwartet, in Folge davon im Gehorsam zu tun:

KAPITEL 7

DER DREI-DRITTEL-PROZESS

Wie können wir geistgeleitete Trainer entwickeln, die immer wieder neue Generationen von Trainern hervorbringen? Was taten Ying und Grace bei jedem Treffen, um Gläubigen zu helfen, mit Gott zu kooperieren und zu effektiven Trainern von Trainern zu werden? Was half der im vorigen Kapitel beschriebenen Bewegung unter Muslimen, sich in nur 18 Monaten von der dritten zur neunten Generation zu entwickeln?

Das Herzstück des T4T-Prozesses, welcher Gläubigen hilft, Vertrauen und Kompetenz zu gewinnen, von Gott gebraucht zu werden, ist die Dreiteilung der Treffen. Es ist die Struktur, in der wir innerhalb jeder Trainingszeit miteinander interagieren. Zugleich ist dies einer der am wenigsten verstandenen Aspekte von T4T. Wenn du diesen Prozess auslässt gibst du den von dir Trainierten lediglich ein gutes Evangelisations- und Jüngerschaftstraining. Am Ende wirst du vielleicht einige Gruppen oder Gemeinden haben. Das ist nicht schlecht. Es ist sogar gut. Doch es ist nicht das Beste!

Gemeindegründungsbewegungen erfordern die immer wieder neue Multiplikation von Gemeinden innerhalb jeder Generation!

Die drei Phasen des Trainingsprozesses

Erinnere dich: T4T ist ein Prozess, in dem es darum geht, wie wir mit unseren Trainern interagieren. Es ist ein Prozess, um Trainer aufzubauen, die Liebhaber Gottes und ihrer Mitmenschen sind, indem sie den Missionsbefehl erfüllen. Es ist ein Prozess, um Trainer zu entwickeln, die Jesus folgen und Menschenfischer sind.

Der Drei-Drittel-Prozess ermöglicht es uns, Trainees zu Trainern zu machen.

Ein T4T-Treffen hat drei grundlegende Abschnitte. Diese Abschnitte reflektieren die Trainernatur des Treffens. Wir helfen den Teilnehmern, die Mentalität eines Jüngerschaftstreffens oder einer Bibelstudiengruppe zu überwinden, in denen sie nur passiv sind und lediglich empfangen. Diese Dreiteilung ermöglicht ihnen, über ihr eigenes Leben hinauszuschauen und einen Prozess zu beginnen, innerhalb dessen sie in andere Menschen investieren. Ein T4T-Treffen dauert in der Regel zwei bis drei Stunden. Dies scheint genug Zeit zu sein, die drei Drittel effektiv zu gestalten. Jedes Drittel sollte etwa gleich lang sein. Wenn du z.B. ein Treffen von 120 Minuten hast, solltest du für jedes Drittel ca. 40 Minuten einplanen. [11]

Jede Kultur und jeder Kontext ist anders. In extremen Fällen verfügst du vielleicht nur über eine Stunde in der Mittagspause für ein T4T-Treffen mit Arbeitskollegen. In diesem Fall würde jedes Drittel sich über 20 Minuten erstrecken. Es ist ziemlich schwierig, alles in einer Stunde unterzubringen, doch ist es besser, alle drei Teile zu berücksichtigen, anstatt einen Hauptteil des Trainings auszulassen.

Drei Drittel, bestehend aus sieben Teilen

Die drei Drittel des Treffens beinhalten sieben Teile. Mit anderen Worten: Innerhalb der drei Drittel des Treffens versuchst du, sieben Dinge zu erreichen: Vier im ersten, eines im zweiten und zwei im letzten Drittel. Es sind also drei Abschnitte mit sieben kleineren Teilen. In diesen drei Abschnitten schauen wir 1. zurück, 2. nach oben und 3. nach vorn.

Erstes Drittel: Der Blick zurück. Hier geht es darum festzustellen, wie es den Trainern seit dem letzten Mal ergangen ist, mit ihnen zu feiern und sie zu ermutigen, dass Gott durch sie eine Bewegung bauen kann.

Zweites Drittel: Der Blick nach oben. Im zweiten Drittel geht es darum, nach oben auf Gott zu schauen, um neue Wegweisung durch das Studium der Bibel oder eine neue Lektion zu erhalten.

Letztes Drittel: Der Blick nach vorn. Ziel dieser Zeit ist es, die Trainer darauf vorzubereiten, diejenigen Dinge umzusetzen, die Gott sie gelehrt hat: Evangelisation, Jüngerschaft, Training anderer, der Start neuer Gruppen, etc.

DER BLICK ZURÜCK	DER BLICK NACH OBEN	DER BLICK NACH VORN
Erstes Drittel	*Zweites Drittel*	*Letztes Drittel*
1. *Pastorale Fürsorge*	5. *Neue Lektion*	6. *Praktizieren der Lektion*
Wie geht es dir?	» Reproduzierbare Basislektionen der Jüngerschaft	7. *Zielsetzung & Gebet füreinander*
2. *Lobpreis*		
3. *Rechenschaft*	» Danach: Lektionen langfristiger Jüngerschaft, induktives Bibelstudium	
» *Nachfolge* **Wie gehorchst du dem Wort?**		
» *Menschenfischer sein* **Zeugnis, Training, Training anderer**		
4. *Visionsvermittlung*		
Was sie in Christus sein können und wozu Gott sie gebrauchen will.		

Erstes Drittel: Der Blick zurück

Im ersten Drittel versuchst du auszuwerten, wie es den Trainern seit dem letzten Mal ergangen ist. Das bietet auch die Gelegenheit, miteinander zu feiern und sie zu ermutigen, dass Gott eine Bewegung durch sie bauen kann. Dabei gibt es vier Teile oder Aktivitäten, dies zu erreichen. Die Reihenfolge ist nicht heilig, doch in der Regel passen diese vier Dinge am besten in das erste Drittel des Treffens.

Teil 1: Pastorale Fürsorge

(Jeder dieser Teile kann schließlich von den Trainees geleitet werden, da sie im letzten Drittel üben, wie man diese Teile praktiziert.)

Nimm dir Zeit, aufrichtig zu fragen: „Wie geht es dir?" Dies ist eine Zeit der pastoralen oder persönlichen Fürsorge, in welcher den Nöten der Trainees begegnet wird. Ihre Nöte erstrecken sich über das gesamte Spektrum von Problemen: Von ihrem Gebetsleben bis hin zu Sorgen in ihrer Ehe; von Frustration beim Zeugnisgeben bis zur Begeisterung darüber, dass sie eine störende Gewohnheit überwunden haben; es reicht von Sorgen darüber, wie sie ihre erste Gruppe beginnen sollen bis hin zu der Frage, wie sie mit einem in Sünde gefallenen oder irrenden Leiter einer Gruppe der dritten Generation umgehen sollen.

Nimm dir Zeit zu fragen und höre gut zu! Dies ist eine gute Gelegenheit, um die gesamte Gruppe zu ermutigen, das Prinzip von 1. Korinther 14,26 anzuwenden und geistliche Gaben zu entwickeln:

> „Wenn ihr zusammenkommt, so habe jeder von euch etwas: einen Psalm, eine Lehre, eine Offenbarung, eine Zungenrede, eine Auslegung; alles geschehe zur Erbauung!" (1. Kor. 14,26)

Manchmal hat jemand eine Erkenntnis aus der Bibel gewonnen, die sich auf die aktuelle Frage eines anderen bezieht. Ein anderes Mal ermutigt die Gruppe jemanden, der von einer Not berichtet hat, und betet für sein Problem. Manchmal kannst auch du selbst eine Antwort geben, weil du bereits über Erfahrungen mit Problemen derselben Art verfügst.

Es ist eine Zeit, den Nöten der Gruppe zu dienen und Probleme zu bewältigen. Dabei kann es leicht passieren, dass eine solche Zeit das gesamte Treffen vereinnahmt. Es gibt jedoch eine Reihe von Möglichkeiten, um den Austausch effektiver zu gestalten, so dass nicht das ganze Treffen dafür verwendet werden muss:

Arbeit in Kleingruppen. In einer großen Gruppe kann es viel Zeit in Anspruch nehmen, um selbst nur die wichtigsten Probleme anzuhören. Indem man sich in Zweier- oder Dreiergruppen aufteilt, entsteht mehr Raum für Mitteilung und Dienst. Tauchen innerhalb der Kleingruppen wichtige Fragestellungen auf, werden sie vor die ganze Gruppe gebracht.

Stoppe nach der festgesetzten Zeit! Nicht jeder muss ein Anliegen mitteilen. Wenn du zehn Minuten für diesen Teil eingeplant hast, werden in der Regel die wichtigsten Dinge genannt und du kannst diesen Nöten dienen. Danach gehe weiter! Denke daran, dass ein Großteil des persönlichen Dienstes vor, nach und außerhalb der Treffen geschieht. Deshalb muss nicht alles innerhalb des Meetings behandelt werden.

Verschiebe Seelsorge für größere Nöte auf einen späteren Zeitpunkt! Manchmal werden Probleme auftauchen, die so groß sind, dass sie die gesamten zwei oder drei Stunden beherrschen könnten. Anstatt dies zuzulassen, höre dir das Problem an, bete für die Situation und finde eine Zeit nach dem Treffen oder zu einem anderen Zeitpunkt, um auf das Problem tiefer einzugehen.

Verlege die pastorale Fürsorge in das letzte Drittel! Einer der Trainer fand heraus, dass er durch die Verlegung der pastoralen Fürsorge an den Schluss des Treffens so lange bleiben konnte wie es erforderte, um diese Nöte zu behandeln. Doch das ist nicht der Idealfall.

Teil 2: Lobpreis

Das folgende ist offensichtlich: Zeit, um Gott in einer Weise anzubeten, die der Kultur der Menschen entspricht und auf viele Gruppen übertragbar ist. Dies kann durch Gesang ohne Begleitung, in Begleitung einer Gitarre oder eines MP3-Players, aber auch auf andere Weise geschehen. Einige Gruppen lesen laut Psalmen zusammen. Es ist erstaunlich, wie authentische, von Herzen kommende Anbetung in Geist und Wahrheit Menschen Heilung bringen kann, indem sie dem Vater durch den Geist begegnen (Johannes 4,23-24). Wir wurden zum Lobpreis der Herrlichkeit Gottes geschaffen (Epheser 1,12). Gott verlangt danach, über Sein Volk zu kommen, während dieses sein Herz neu auf Ihn ausrichtet.

Einige Gruppen mischen die zwei ersten Teile miteinander. Sie nehmen sich Zeit für die Anbetung und dienen einander gleichzeitig in Kleingruppen zu zweit oder zu dritt (pastorale Fürsorge). Eines deiner Ziele besteht darin, dies in einer Weise zu tun, dass neue Gläubige schließlich selbst die Leitung übernehmen können.

Teil 3: Gegenseitige Rechenschaft [12]

Einer der wichtigsten Teile, den wir oft vernachlässigen, ist liebevolle Rechenschaft. Wenn der Befehl Jesu lautet 1. Ihm zu folgen (Ihn zu lieben) und 2. Menschen zu fischen (andere zu lieben), dann sollten wir einander Rechenschaft darüber geben, ob wir dies auch wirklich tun! Wie bereits in einem früheren Kapitel erwähnt ist gegenseitige Rechenschaft das „Miteinander und Füreinander" der Bibel, welches uns hilft, Christus ähnlicher zu werden. Im dritten Teil leben wir Hebräer 10,24-25 aus, „einander zu guten Werken anzureizen, da der Tag Christi näher kommt". Zu zwei bestimmten Gelegenheiten legten Seine Jünger vor Ihm Rechenschaft ab, als sie von einer Mission für Ihn zurückkehrten (Markus 6,30; Lukas 10,17).

> „Die Apostel versammelten sich zu Jesus und berichteten ihm alles, was sie getan und gelehrt hatten." (Markus 6,30)

Wofür erwarten wir von Menschen Rechenschaft? Mit Sicherheit *nicht* dafür, *uns* zu gehorchen! Dieser Ansatz würde uns zu sektenähnlichen Praktiken führen. Stattdessen erwarten wir voneinander Rechenschaft über unseren Gehorsam *gegenüber Gott entsprechend Seinem Wort*. Während dieses Teils im ersten Drittel stellen wir den Trainern *angemessene* Fragen, um ihnen zu helfen, die Vision auszuleben 1. Jesus zu folgen und 2. Menschenfischer zu sein. In obenstehendem Vers aus Markus 6,30 berichteten die Apostel, was sie getan (Jesu Befehl zu folgen) und gelehrt hatten (Menschen zu fischen).

In T4T-Gruppen helfen wir den Trainees, die Vision „Dein Reich komme" Schritt für Schritt zu erfüllen. Dafür stellen wir ihnen eine Reihe von Rechenschaftsfragen, die ihnen weiterhelfen anstatt sie zu entmutigen.

Was würde geschehen, wenn du deine T4T-Gruppe zum Beispiel beim zweiten Treffen fragst: „Wie viele von euch haben Zeugnis abgelegt, Menschen zum Glauben geführt, eine neue Gruppe gestartet und dieser Gruppe geholfen, ihrerseits eine neue Gruppe zu beginnen?" Was wäre das Resultat? Abgesehen von völliger Verwirrung wäre die Gruppe frustriert und würde vielleicht sogar aufgeben. Sie ist noch nicht bereit für eine solche Art von Fragen, da diese nicht angemessen für diese Phase ihres Wachstums sind.

Rechenschaftsfragen in T4T unterteilen sich in zwei Bereiche:

1. Fragen zur Nachfolge Jesu. Du willst keine Bewegung von Trainern bauen, die sklavisch das Evangelium verkünden. Stattdessen willst du Menschen, die in ihrem Charakter Gott immer wohlgefälliger werden und in ihrer Liebe zu Jesus wachsen. Daher kannst du folgende Fragen stellen:

„Wie hast du der Lektion von letzter Woche gehorcht?"

„Was tut Gott gerade in deinem Leben bezüglich dessen, was wir über Gebet, Ehe, usw. in der Bibel studiert haben?"

„Männer, wie erging es euch darin, eure Frauen zu lieben, da dies letzte Woche unser Thema war?"

Obwohl du deinen Trainern von Anfang an die Vision vermittelst, andere Trainer auszubilden, musst du ihnen auch Fragen stellen, die sie bei jedem Treffen einen Schritt weiter in Richtung einer Bewegung führen.

2. Fragen zum Menschenfischen. Da dies für viele den schwierigsten Bereich darstellt, ist es in der Regel hilfreich, hier mehr Fragen zu stellen, um den Trainern zu helfen, sich Schritt für Schritt dem Training von Trainern anzunähern. Du stellst Woche für Woche Fragen, welche den Fortschritt vom Zeugen zum Starter und vom Starter zum Trainer fördern.

ZEUGE: Wem gibst du Zeugnis? Wer kam zum Glauben?

STARTER: Wann trainierst du sie in demselben Prozess?

TRAINER: Wie machen sich die neuen Gläubigen darin, anderen Zeugnis zu geben und sie zu gewinnen?

TRAINER VON TRAINERN: Wann trainieren sie ihre Gruppen?

TRAINER VON TRAINERN, DIE TRAINER AUSBILDEN: *Welche Fortschritte machen Trainer, die du trainierst, im Training ihrer neuen Gruppen?*

Kannst du erkennen, wie diese Fragen ganz natürlich von einer Phase zur nächsten führen? Kannst du sehen, dass letztere die alles entscheidende Frage für die Entstehung einer Gemeindegründungsbewegung ist?

Du – die Gruppe der ersten Generation

Trainer – die Gruppe der zweiten Generation

Neue Gruppen – die Gruppe der dritten Generation

Wenn du dich als Trainer dazu rechnest, dann sind drei Generationen von Gläubigen beteiligt. Dies ist die Umsetzung von 1. Tim. 2,2.

Beachte, dass dies offene und keine geschlossenen Fragen sind. Letztere sind in der Regel nicht besonders hilfreich. *„Hast du diese Woche Zeugnis abgelegt?"* wird oft nur mit einem Kopfnicken und „Ja", doch ohne echte Rechenschaft beantwortet. „Großartig!" Du gehst zur nächsten Frage über, ohne zu wissen, ob sie tatsächlich Zeugnis gegeben haben. Du bist danach also ebenso klug wie zuvor.

> Auch wenn du von Anfang an deinen Trainern die Vision vermittelst, andere Trainer auszubilden, musst du ihnen Fragen stellen, die sie bei jedem Treffen Schritt für Schritt weiter in Richtung Bewegung bringen.

Eine offene Version derselben Frage könnte lauten: „Wem hast du Zeugnis gegeben? Wer ist zum Glauben gekommen? Erzähle uns davon!" Solche Fragen ermutigen Menschen, sich zu öffnen, während sie es ihnen gleichzeitig erschweren, einfach nur mit „Ja" zu antworten und mit etwas anderem weiterzumachen.

Die Zeit der Rechenschaft ist keine harte oder verurteilende Zeit. *Vielmehr handelt es sich um eine liebevolle, ermutigende Zeit.* Im Wesentlichen sagst du folgendes:

> *„Brüder und Schwestern, Gott will, dass wir Ihn mehr lieben und die Nationen erreichen. Wie kommen wir damit voran, Ihn mehr zu lieben? Wie kommen wir damit voran, Menschen zu sein, durch die Gott eine Bewegung entfachen kann?*
>
> *In der vergangenen Woche hatten wir einige Probleme. Das ist okay! Gott kann uns trotzdem in dieser Woche gebrauchen. Lasst uns einander helfen! Lasst uns füreinander beten! Lasst uns diese Woche gemeinsam hingehen, um zum ersten Mal Zeugnis zu geben. Gottes Geist wird uns helfen!*
>
> *Wir sind ein Bund von Brüdern und Schwestern auf dieser Reise. Wir können diesen Weg gemeinsam gehen."*

In Liebe gesprochen, oftmals unter Tränen, manchmal mit Freude, wird diese Zeit der Rechenschaft eine Quelle der Ermutigung anstatt zu einem Anlass der Furcht, weil sie auf gegenseitigem Vertrauen gegründet ist. Sie wird zu einer Zeit wahrer Problembewältigung, die Trainees hilft, zu Trainern zu werden.

Wenn gehorsamsorientierte Jüngerschaft dein Ziel ist, vermeide eine der Hauptfallen: *Stelle niemals eine Aufgabe oder vereinbare ein Ziel, ohne beim nächsten Treffen nachzuhaken!* Das Versäumnis, danach zu fragen, ist der schnellste Weg, gehorsamsorientierte Jüngerschaft zu zerstören! Die Trainees merken sehr schnell, dass niemand sie nach ihrem persönlichen Wandel oder Zeugnis fragt und machen darum in beiden Bereichen nur geringe Fortschritte. Erinnere dich: *Überzeugung ist nicht gleich Gehorsam.* Wir müssen einander helfen, mit Hilfe gegenseitiger Rechenschaft Gott gehorsam zu sein.

> Wenn gehorsamsorientierte Jüngerschaft dein Ziel ist, vermeide eine der Hauptfallen: *Stelle niemals eine Aufgabe oder vereinbare ein Ziel, ohne beim nächsten Treffen nachzuhaken!* Das Versäumnis, danach zu fragen, ist der schnellste Weg, gehorsamsorientierte Jüngerschaft zu zerstören.

Wir wollen nicht unser Gesicht im Spiegel betrachten, dann jedoch weggehen und vergessen, was wir ändern wollten!

> „Wenn jemand ein Hörer des Wortes ist und nicht ein Täter, der ist einem Mann gleich, der sein natürliches Angesicht in einem Spiegel betrachtet. Er hat sich selbst betrachtet und ist weggegangen, und hat sofort vergessen, wie er beschaffen war." (Jakobus 1,23-24)

Wir alle benötigen Rechenschaft, denn es ist leicht, in ein Fahrwasser von Gottesdiensten und sogar stiller Zeit zu geraten, ohne jedoch tiefgehende Herzensveränderungen zu erfahren. Lasst uns nicht ruhen, bis wir Jesu Worten folgen „alles zu halten, was Ich euch befohlen habe". Dieser liebevollen Rechenschaft folgt im selben Vers die von Liebe geprägte Verheißung Jesu:

> „Siehe, Ich bin bei euch alle Tage, bis zur Vollendung des Zeitalters." (Matth. 28,20)

Teil 4: Vermittlung der Vision

Eines der am häufigsten vergessenen, jedoch entscheidenden Elemente von T4T besteht darin, den Trainees eine Vision davon zu vermitteln, wer sie in Christus werden können und was der Heilige Geist durch sie bewirken kann. Dies erfordert nicht viel Zeit, ist jedoch unerlässlich für eine Bewegung.

Die Vermittlung von Vision ist ein Lebensstil: Brüdern und Schwestern beständig zu helfen, ihr Potenzial zu sehen, damit sie erkennen, wer sie in Christus sind und was Gott in ihnen und durch sie bewirken will. Da wir in einer gefallenen Welt leben, ist es für uns alle leicht, unsere geistliche Realität und die Bestimmung zu vergessen, die Gott für uns vorbereitet hat, und stattdessen nur im Schauen zu wandeln. Um das zu ändern müssen wir einander anspornen, im Glauben und nicht im Schauen zu wandeln.

Für die Umstellung auf diesen Lebensstil nehmen wir uns jede Woche einige Minuten Zeit für ein kurzes Wort der Ermutigung an die Trainees, auf ihrem Weg zu bleiben, Christus ähnlicher zu werden und dem Missionsbefehl zu gehorchen.

In eine Gruppe kann sich sehr schnell Entmutigung einschleichen, besonders wenn sie eine so herausfordernde Vision wie eine T4T-Gruppe hat. Deine Aufgabe als Trainer ist es, sie einmal mehr an die himmlische Realität zu erinnern. Nimm dir Zeit für eine „heilige Motivationsrede"! Der einfachste Weg, dies zu tun, besteht darin, regelmäßig kurze Illustrationen zur Visionsvermittlung zu gebrauchen. Diese Beispiele nehmen nur wenige Minuten in Anspruch, dienen jedoch als lebendige Erinnerung daran, wer die Trainees in Christus sind, und welche Bestimmung Gott für sie hat. Trotz ihrer Kürze haben diese Worte die Fähigkeit, den Entmutigten Ermutigung zu geben (1. Thess. 5,14).

Viele der Visions-Illustrationen, welche Ying oder andere gebrauchen, handeln davon, Verlorene zu erreichen:

In Lektion eins gebraucht Ying die Illustration: „Der Missionsbefehl" (siehe Kapitel drei und fünf).

In Lektion zwei benutzt Ying die Illustration: „Das Herz des himmlischen Vaters" (siehe Kapitel drei).

In Lektion drei ist es die Illustration „Die Kraft des Heiligen Geistes", um die Vision zu vermitteln, wer Jünger in Christus werden können.

In den ergänzenden Materialien auf der Webseite www.T4Tonline.org findest du viele Illustrationen zur Visionsvermittlung, die du in deinem wöchentlichen Training verwenden kannst. Die meisten dieser Illustrationen leiten sich aus den vielen Bibelversen ab, die uns zum Gehorsam gegenüber Christus und Seinem Missionsbefehl aufrufen. Oder sie können durch Zeugnisse darüber inspiriert sein, was Gott in deinem Dienst, in befreundeten Diensten oder weltweit tut.

Zweites Drittel: Der Blick nach oben

Das zweite Drittel ist sehr zielgerichtet. Es ist etwas, womit wir in der Regel gut vertraut sind, und besteht aus nur einem einzigen Teil.

Teil 5: Neue Lektion (oder Bibelstudium)

Das ist die Zeit, in der wir bewusst zu Gott aufschauen und uns um Sein Wort sammeln, um zu hören, was Er uns für diese Woche zu sagen hat. In diesem Teil des Treffens bekräftigen wir die Autorität des Wortes und erklären unsere Hingabe, allem zu gehorchen, was es uns sagt.

Dies unterscheidet sich vollständig von normalem Bibelstudium. Einige Christen legen großen Wert auf letzteres, doch nur geringen Wert auf **Gehorsam gegenüber dem Wort**. Wenn dies geschieht, liegt die unausgesprochene Betonung auf der **Wahrheit**, nicht aber der **Autorität** des Wortes, nach der wir unser alltägliches Lebens ausrichten sollen.

Gehorsame Christen sind eine radikale Brut. Sie versuchen nicht, innovativ, sondern – in einer kulturell passenden Weise – einfach biblisch gehorsam zu sein (obwohl dies manchmal innovativ erscheint).

Das Ziel des mittleren Drittels besteht darin, den Trainees *genug biblischen Inhalt zu vermitteln, dem sie gehorchen und den sie an andere weitergeben können.* Du darfst ihnen nicht so viel geben, dass sie überfordert damit wären, es umsetzen und ihm zu gehorchen. Auch willst du ihnen nicht so viel geben, dass sie nicht mehr in der Lage sind, es an andere weiterzugeben. Die Inhalte dürfen weder zu kompliziert noch zu schwierig sein im Blick darauf, sie zu reproduzieren.

In den ersten sechs bis zehn Treffen nutzen die meisten für ihre anfängliche Jüngerschaftsschulung T4T-Lehrpläne, die einfache, re-produzierbare Lektionen enthalten. Danach beginnen sie mit induk-tivem Bibelstudium, in welchem sie einfache Fragen für ihre lang-fristige Jüngerschaftsschulung stellen. Die bekanntesten induktiven Fragen in T4T sind:

Sagen: Was sagt uns dieser Bibeltext?

Gehorchen: Welchen Inhalten dieser Stelle sollen wir gehorchen?

Mitteilen: Wem können wir diese Botschaft mitteilen?

Da das Ziel des mittleren Drittels darin besteht, den Trainees repro-duzierbare biblische Inhalte zu vermitteln, denen sie gehorchen und die sie weitergeben können, *ist dies der flexibelste und veränder-barste Teil von T4T.* In einer schriftlosen Kultur oder einem Umfeld von Analphabeten solltest du zum Beispiel sehr einfache biblische Geschichten, Gedächtnishilfen und Anwendungen gebrauchen, da sie dem Inhalt sonst weder gehorchen noch ihn an andere weitergeben können. Fotokopien von Lektionen funktionieren in einem solchen Kontext nicht.

In einem gebildeten Kontext hingegen ist es nicht erforderlich, münd-liche Geschichten der Bibel, welche die Trainees auswendig lernen müssen, zu vermitteln. Alles, was sie benötigen, ist ein Blatt Papier und eine Bibel. Jeder kann die Notizen fotokopieren oder seine Bibel aufschlagen und die Lektion einem neuen Gläubigen vermitteln.

Ein erfolgreicher Missionar im Nahen Osten erarbeitete völlig neue biblische Lektionen, um den islamischen Kontext anzusprechen. Ein anderer schrieb Lektionen für einen Hindu-Kontext. Ein anderer wiede-rum Lektionen für einen postmoder-nen Kontext in den USA.

> Das Ziel besteht darin, Trainer zu entwickeln, nicht einfach nur Inhalte durchzugehen.

Die Hauptsache ist dies:

Deine Jüngerschaftslektionen müssen **biblisch** sein.

Die ersten Lektionen müssen sich mit **den Grundwahrheiten des geistlichen Lebens** in kulturell geeigneter Weise befassen.

Sie sollten **einfach genug** sein, damit ein junger Gläubiger auch andere darin trainieren kann.

Die meisten finden es am einfachsten, mit T4T-Lektionen zu beginnen, die für einen ähnlichen Kontext wie den ihren geschrieben wurden, sie so zu gebrauchen, wie sie sind, und sie nur dann anzupassen, wenn es Probleme gibt. In den ergänzenden Materialien auf der T4T-Website findet sich eine Reihe verschiedener Lehrpläne in unterschiedlichen Sprachen.

Einer der größten Fehler von Trainern besteht darin, zu viele Inhalte zu vermitteln, da wir oft sehr inhaltsorientierte Menschen sind. Dies soll die Bedeutung von Inhalten nicht schmälern. Inhalte sind wichtig, doch überschätzen wir oft die erforderliche Menge. Erinnere dich an das Ziel: Die Multiplikation von Generationen von Trainern. Gib ihnen genug, dem sie gehorchen und das sie anderen vermitteln können, jedoch nicht so viel, dass sie davon überfordert sind. Menschen, die überfordert sind, werden nicht genug Selbstvertrauen entwickeln, hinzugehen und andere zu lehren, was sie selbst gelernt haben.

Ein anderer häufiger Fehler besteht darin, so viel Zeit mit der Lektion selbst zu verbringen, dass am Ende keine Zeit mehr zum Praktizieren bleibt. Wenn du dies tust, hast du das grundlegende Ziel aus den Augen verloren. Du würdest Inhalte vermitteln anstatt Trainer zu entwickeln! **Das Ziel besteht darin, Trainer zu entwickeln, nicht einfach nur Inhalte durchzugehen.**

Letztes Drittel: Der Blick nach vorn

Im letzten Drittel des Treffens geht es um die Vorbereitung der Trainer, das zu leben, was Gott ihnen sagt: Christus ähnlicher und ein Trainer für andere zu werden. Wenn dein Ziel darin besteht, sich multiplizierende Generationen von Trainern zu entwickeln, *musst du ihnen genug Zeit geben, um sich auf die kommende Woche vorzubereiten.* Jeder gute Trainer führt sein Team durch vielfältige praktische Übungen, bevor er mit ihnen in das Spiel der Woche geht. Warum aber meinen wir, dass unsere Trainer eine Lektion nur *einmal* hören müssen und dann bereits fähig wären, es an andere weiterzugeben, ohne es zuvor mehrfach geübt zu haben?

Dein Ziel ist es, mit den Trainees nach vorn zu blicken und ihnen *Vertrauen* und *Kompetenz* zu vermitteln, Gottes Pläne zu erfüllen.

> „Solches *Vertrauen* haben wir durch Christus zu Gott: nicht dass wir von uns aus tüchtig wären, etwas zu erdenken aus uns selbst, sondern unsere Tüchtigkeit ist von Gott, *der uns tüchtig gemacht hat* zu Dienern des neuen Bundes, nicht des Buchstabens, sondern des Geistes. Denn der Buchstabe tötet, der Geist aber macht lebendig." (2. Kor. 3,4-6)

Teil 6: Praktizieren und Üben

Was erwarten wir von unseren Trainern – über ihren persönlichen Gehorsam hinaus? Wir wollen, dass sie in der folgenden Woche Zeugnis geben, neue Gruppen gründen und damit beginnen, ihre Gruppen im Drei-Drittel-Prozess zu trainieren. Wir wollen, dass sie allem nacheifern, was sie selbst empfangen haben – den gesamten drei Dritteln. Daher müssen wir viel Zeit darauf verwenden, sie üben zu lassen, während wir umhergehen und sie anleiten, korrigieren, loben und ermutigen – genau so wie ein guter Trainer seinem Team hilft, sich auf ein Spiel vorzubereiten.

Das Offensichtlichste, was Trainees praktizieren müssen, ist die Lektion. Wenn du gerade Lektion vier gelehrt hast, dann üben sie Lektion vier. In einer idealen Welt würden deine Trainees mit der Gruppe, die sie leiten, nur eine Woche hinter deiner Gruppe liegen. Das jedoch setzt voraus, dass sie bereits in der ersten Woche Menschen zum Glauben geführt und sofort damit begonnen haben, sie zu trainieren. Was aber ist, wenn es eine zeitliche Verschiebung von mehreren Wochen gibt? *Deine* Gruppe ist bei Lektion vier und *ihre* Gruppen sind erst bei Lektion zwei?

Wie kannst du sie am besten darauf vorbereiten, ihre Gruppen zu leiten? Denke an dein Ziel, Trainer zu entwickeln. Auch wenn du zuerst Lektion vier üben lässt, wirst du dir vermutlich Zeit nehmen wollen, Lektion zwei noch einmal zu wiederholen und sie üben zu lassen.

Das Ziel praktischer Übungen besteht darin, ihnen *die Kompetenz und das Selbstvertrauen* zu vermitteln, andere im Drei-Drittel-Prozess zu trainieren.

Kompetenz: Du willst, dass sie den Inhalt der biblischen Lektion und den Prozess von T4T exakt weitergeben. Hilfestellung sowie freundliche Korrektur von Fehlern während der Übungszeit helfen dir, genau dies zu erreichen. Wie ich bereits zuvor erwähnte wurden bei einer Auswertung von Yings Bewegung 18 Generationen von Gläubigen identifiziert. Was in der 18. Generation gelehrt wurde war genau dasselbe wie in der ersten Generation. Es gibt eine Reihe von Wegen, dies Realität werden zu lassen. Praktische Übung in Verbindung mit persönlicher Hilfestellung ist eine großartige Möglichkeit dafür.

Selbstvertrauen: Nur sehr wenige werden ihre eigene Gruppe leiten und sie neue Lektionen lehren wenn sie dies nicht zuvor im Schutz ihrer ursprünglichen Gruppe geübt und dadurch Selbstvertrauen entwickelt haben. Wenn du ihnen Zeit zum Üben gibst, gewinnen sie mehr Vertrautheit mit der Lektion sowie den drei Dritteln und können es in der Folge zuversichtlich weitergeben. Im letzten Drittel hilfst du ihnen durchzuspielen, wie sie dies in ihrer eigenen Gruppe tun.

Ein wichtiger Aspekt der Übungen besteht darin, das anzusprechen, was passiert, wenn sie Zeugnis geben, oder was in der Gruppe, die sie leiten, vorfallen kann. Dies kann auch durch Rollenspiel geschehen. Was wird als erstes passieren? Wenn sie dies sagen, was machst du dann? Was tust du, wenn sie jenes sagen? Was machst du im ersten Drittel mit deiner Gruppe? Welche Lieder wirst du singen, welche Fragen stellen, und wie wirst du die Vision vermitteln? Wie wirst du die Lektion im zweiten Drittel lehren? Wie wirst du deine Gruppe während des letzten Drittels auf die kommende Woche vorbereiten? Das ist im wesentlichen was Jesus tat, als Er den 72 Jüngern in Lukas 10 Anweisungen gab.

Stelle sicher, dass du sie mehr üben lässt als nur die Lektion. Hilf ihnen, alle drei Drittel zu praktizieren, einschließlich der Illustrationen zur Visionsvermittlung und der Rechenschaftsfragen. Erinnere sie an ein oder zwei Lieder, die sie mit ihrer Gruppe singen können. Du musst nicht die komplette Übungszeit bis zum Schluss aufheben. Bei Schülern, die hauptsächlich mündlich lernen (Oral Learners), solltest du sogar alle 10 bis 15 Minuten eine Zeit des Übens einbauen: Vermittlung der Vision, ein Lied, einen Bibelvers zum Auswendiglernen, die Nacherzählung einer Geschichte etc.

Eine wichtige Faustregel, die du beachten solltest, lautet: *Je geringer der Grad der Bildung (oder die Fähigkeit zu lesen und zu schreiben) in einer Gruppe ist, desto mehr Zeit benötigen sie, um zu üben. Selbst wenn du die Lektion im zweiten Drittel kürzen musst, lass immer noch genügend Zeit zum Praktizieren!* Ermutige die Trainer bei jedem Treffen, die Lektion, welche sie gelernt haben, anderen mitzuteilen, (selbst wenn es sich dabei um Ungläubige handelt), weil so der Lern- und Trainingsprozess verstärkt wird. Nur durch Übung wirst du Trainer entwickeln.

Teil 7: Zielsetzung, Gebet und Sendung

Lass deine Treffen niemals enden, ohne Ziele für die kommende Woche (oder zwei Wochen) zu setzen und für Gottes Führung und um die Kraft zu beten, der Lektion zu gehorchen, anderen Zeugnis zu geben und Trainer auszubilden.

Nach der Übungszeit ermutige die Teilnehmer, den Heiligen Geist um Klarheit anzurufen, welche Ziele sie sich setzen sollen. Einige Ziele werden Überhänge der vorherigen Woche sein, Ziele wie „Gib fünf Menschen Zeugnis!", weil dies eine grundlegende Erwartung an die Gruppe ist. Zusätzlich gibt der Herr ihnen vielleicht neue Namen von Menschen, denen sie in dieser Woche Zeugnis geben sollen.

Möglicherweise beziehen sich ihre Ziele auch darauf, neue Gläubige in einer Trainingsgruppe zu sammeln, oder einer Gruppe zu helfen, in die nächste Phase zu gelangen (ihrem *oikos* Zeugnis zu geben bzw. ihre eigenen Gruppen zu starten). Ihre Ziele können auch die Lösung eines aufkommenden Problems in einer ihrer Gruppen betreffen oder aber darin bestehen, jemanden, der in Sünde lebt, zur Rede zu stellen.

Was immer ihre Ziele sind, lass sie diese aufschreiben. Auch kannst du dir eine Kopie ihrer Ziele geben lassen, um während der Woche dafür zu beten, und sie um eine Kopie ihrer Namensliste bitten, damit du mit ihnen gemeinsam für ihren *oikos* beten kannst. Nachdem sie sich im Gebet Zeit genommen haben, einige ihrer Ziele aufzuschreiben, lass sie diese mit der Gruppe teilen. Ist die Gruppe dafür zu groß, so lass sie dies in kleineren Gruppen tun.

Das T4T-Treffen endet mit einer Zeit des Gebets für jeden einzelnen Teilnehmer, z.B. indem man sich um jede Person versammelt und ihr die Hände auflegt. Es ist eine Zeit, um für Gottes Salbung in der kommende Woche zu beten, als auch dafür, dass Gott die Herzen derjenigen öffnet, mit denen der Trainee in Berührung kommen wird. Auf diese Weise ist jedes Treffen auch ein Sendungsgottesdienst!

Die einbeinige Ente (von Ying Kai)

Es war einmal ein Ehemann, der war sehr begeistert von der Kochkunst seiner Frau. Seine Lieblingsspeise war geröstete Ente. Daher bereitete seine Frau diese öfters für ihn zu. Am liebsten mochte er die Beine. Nachdem sie mehrmals geröstete Ente zubereitet hatte, fiel dem Mann auf, dass die Enten alle nur ein Bein hatten. Der Mann fragte: „Warum gibt es nur ein Entenbein? Wo ist das andere geblieben?" Die Frau antwortete: „Oh, die Enten im Garten hinter unserem Haus haben alle nur ein Bein." „Das ist unmöglich! Zeige es mir!"

„Okay", sagte die Frau, und sie gingen in den Garten. Es war 19:30 Uhr abends und alle Enten schliefen bereits. Enten schlafen auf einem Bein, richtig? Der Mann sagte: „Hey, das ist einfach!" und klatschte in die Hände. Alle Enten wachten auf und stellten sich auf beide Beine. Er sagte: „Siehst du! Betrüge mich nicht! Sie haben zwei Beine!" Seine Frau aber antwortete: „An unserem Esstisch klatscht niemand in die Hände, und daher gibt es dort auch nur ein Bein!"

Bestätigung und Wertschätzung sind wichtige Qualitäten eines Trainers. Wenn du dich mit deinen Schülern im Training befindest bewege dich unter ihnen umher, höre ihnen zu, berichtige sie, doch ganz besonders lobe ihren guten Einsatz! Dadurch werden sie das Selbstvertrauen gewinnen, auch andere zu unterrichten.

Zusammenfassung: Der Drei-Drittel-Prozess

DER BLICK ZURÜCK	DER BLICK NACH OBEN	DER BLICK NACH VORN
Erstes Drittel	*Zweites Drittel*	*Letztes Drittel*
1. *Pastorale Fürsorge*	5. *Neue Lektion*	6. *Praktizieren der Lektion*
Wie geht es dir?	» Reproduzierbare Basislektionen der Jüngerschaft	7. *Zielsetzung & Gebet füreinander*
2. *Lobpreis*		
3. *Rechenschaft*	» Danach: Lektionen langfristiger Jüngerschaft, induktives Bibelstudium	
» *Nachfolge* Wie gehorchst du dem Wort?		
» *Menschenfischer sein* Zeugnis, Training, Training anderer		
4. *Visionsvermittlung*		
Was sie in Christus sein können und wozu Gott sie gebrauchen will.		

Der Drei-Drittel-Prozess ist ein wichtiges Schlüsselprinzip, welches Gott gebraucht, um durch den Prozess von T4T eine Gemeindegründungsbewegung zu bauen. Um Trainees zu helfen, Trainer zu werden, wird das Treffen in drei Drittel – bestehend aus sieben kleineren Abschnitten – unterteilt.

Drei Drittel, sieben Teile. Jeder Teil ist von Bedeutung. Doch sind einige wichtiger als andere, wenn es darum geht, einer Person zu helfen, sich vom Trainee zum Trainer zu entwickeln. Würdest du diese auslassen, wird kaum jemals eine Bewegung entstehen. Weißt du, welches diese bedeutenden Teile sind? Darum geht es im nächsten Kapitel.

Sei ein Täter, nicht nur ein Hörer!

Schreibe auf, wie Gott zu dir gesprochen hat und was Er von dir erwartet, in Folge davon im Gehorsam zu tun:

KAPITEL 8

DIE FETT GEDRUCKTEN TEILE

Einmal leitete ich ein T4T-Einführungseminar für Missionare und Gemeindeleiter. Ich war gerade damit fertig geworden, die drei Drittel des T4T-Prozesses mit ihren sieben Teilen vorzustellen. Auf ein weißes Poster hatte ich folgendes geschrieben:

DER BLICK ZURÜCK	DER BLICK NACH OBEN	DER BLICK NACH VORN
Erstes Drittel	*Zweites Drittel*	*Letztes Drittel*
1. Pastorale Fürsorge	*5. Neue Lektion*	*6. Praktizieren der Lektion*
Wie geht es dir?	» Reproduzierbare Basislektionen der Jüngerschaft	*7. Zielsetzung & Gebet füreinander*
2. Lobpreis		
3. Rechenschaft	» Danach: Lektionen langfristiger Jüngerschaft, induktives Bibelstudium	
» *Nachfolge* Wie gehorchst du dem Wort?		
» *Menschenfischer sein* Zeugnis, Training, Training anderer		
4. Visionsvermittlung		
Was sie in Christus sein können und wozu Gott sie gebrauchen will.		

Da trat mein Co-Trainer Allan James [13] zu dem Poster und fragte die Gruppe: „Welche Teile führen dich zu Vervielfältigung?" Verwirrung machte sich in der Gruppe breit. Man konnte es auf den Gesichtern lesen: „Wie meinst du das? Alle davon sind wichtig."

Allen bestand auf seiner Frage: „Ich möchte, dass jede Kleingruppe zwei von den sieben Teilen auswählt, die eurer Meinung nach Trainees am meisten helfen, eine neue Generation zu starten, zur Multiplikation zu gelangen und Trainer zu trainieren. Alle sieben Teile sind wichtig. Deshalb sind sie Bestandteil des Trainings. Doch welche sind für die Entwicklung von Trainern für Trainer am wichtigsten?"

Die Kleingruppen innerhalb unserer Klasse von 30 Personen begannen, über diese Aufgabe nachzudenken.

Aufgabe: Denke auch du jetzt darüber nach! **Schreibe alle sieben Teile auf!**

1. Pastorale Fürsorge

2. Anbetung

3. Rechenschaft

4. Vermittlung der Vision

5. Neue Lektion / Bibelstudium

6. Übung

7. Zielsetzung und Gebet

Jetzt setze einen Haken hinter die zwei der sieben Teile, die am wichtigsten sind, um zu Multiplikation zu gelangen – einem Trainee zu helfen, seinerseits zum Trainer zu werden. Welche zwei Teile sind am wichtigsten, um einem Teilnehmer zu helfen, hinauszugehen, Menschen zum Glauben zu führen, eine neue Gruppe zu starten und sie so zu trainieren, dass sie den Prozess wiederholen kann?

Als die Gruppe wieder zusammenkam, setzten alle ihre Haken neben diejenigen Teile, die in ihren Kleingruppen angekreuzt worden waren. In diesem Fall hatten die Teilnehmer richtig abgestimmt. Die Mehrheit war tatsächlich auf die wichtigsten Elemente für Multiplikation gekommen. Mein Freund war ein wenig überrascht, denn es war das erste Mal, dass eine Gruppe alle Elemente richtig erraten hatte. Es gibt tatsächlich *vier* Teile, nicht nur zwei, die für Multiplikation unerlässlich sind.

Allen umkreise die vier mit einem roten Marker. Während er auf das Poster mit den rot umkreisten Teilen blickte verkündete er: „Lasst niemals die rot markierten Teile aus! Sie sind die entscheidenden Elemente des T4T-Prozesses!" Seitdem nennen wir diejenigen Teile, die zur Multiplikation führen, „die roten Abschnitte". Da dieses Buch in Schwarz-Weiß gedruckt wird, bezeichnen wir sie hier als *„die fett gedruckten"* Teile.

Die fett gedruckten Teile

Jeder der sieben Teile ist wichtig. Erinnere dich: Es gibt vier Teile im ersten Drittel jedes Treffens, einen Teil im zweiten Drittel und zwei Teile im letzten Drittel. Jeder einzelne ist wichtig für den Jüngerschaftsprozess; andernfalls gäbe es sie nicht.

Die Frage ist jedoch, welche Teile *für Multiplikation* am wichtigsten sind. Einige sind wichtig für biblische Überzeugung, das Eingehen auf Nöte und Bedürfnisse der Teilnehmer oder die Begegnung mit Gott. Daher sind alle von Bedeutung. Das Ziel aber ist der Aufbau sich multiplizierender Generationen von Trainern. Welche Teile helfen am meisten, um genau dies zu erreichen? Welche Teile helfen Trainees am besten, zu Trainern zu werden? Welche dieser Teile lösen den Start einer Jüngerschafts-*Re*-Revolution aus?

Diese vier Teile sind: **Rechenschaft, Vermittlung der Vision, Übung, sowie Zielsetzung und Gebet.** Das sind die *fett gedruckten* Teile.

Erstes Drittel	Zweites Drittel	Letztes Drittel
1. Pastorale Fürsorge	*5. Neue Lektion*	**6. Praktizieren der Lektion**
2. Lobpreis		
3. Rechenschaft		**7. Zielsetzung & Gebet**
4. Visionsver- mittlung		

RECHENSCHAFT ist – auf gute Weise vorgenommen – ein Schlüsselelement für Multiplikation. Wie bereits im vorigen Kapitel erwähnt kann liebevoll praktizierte Rechenschaft dir helfen, die Gruppe im Prozess des Trainings für Trainer Schritt für Schritt vorwärts zu führen. Deine Rechenschaftsfragen müssen im Laufe der Zeit zunehmend GGB-orientiert werden, von Fragen zu ihrem Zeugnis hin zu Fragen, welche die Entstehung einer ganzen Bewegung betreffen:

> **ZEUGEN:** Wem willst du Zeugnis geben? Wer ist zum Glauben gekommen?

> **STARTER:** Wann trainierst du deine neuen Gläubigen in demselben Prozess?

> **TRAINER:** Welche Fortschritte machen die neuen Gläubigen darin, anderen Zeugnis zu geben und sie für den Glauben zu gewinnen?

> **TRAINER VON TRAINERN:** Wann trainierst du deine Gruppen?

> **TRAINER VON TRAINERN, DIE TRAINER TRAINIEREN:** *Welche Fortschritte machen die Trainer, die du trainierst, beim Training ihrer neuen Gruppen?*

DIE VERMITTLUNG DER VISION, wer die Trainees in Christus sein können und was Gott durch sie tun kann, ist wesentlich für Multiplikation. Viele von uns denken nie daran, eine Vision zu vermitteln. Aber diejenigen, die Bewegungen ins Leben rufen, verstehen, warum es so wichtig ist, Menschen Gottes Vision vor Augen zu malen.

In T4T geht es bei der Vermittlung von Vision nicht darum, Menschen für ein Programm zu gewinnen. Es ist kein Multi-Level-Marketing! Bei der Vermittlung von Vision geht es einfach darum, den Trainees Gottes Herz vor Augen zu führen und so ihren Glauben zu stärken. Richte es darum immer an der Bibel aus.

ÜBUNG. Die Bedeutung von praktischen Übungen wurde bereits im vorigen Kapitel betont. Es ist sehr selten, dass aus einem Trainee jemals ein guter Trainer wird, wenn er in den Treffen nicht genug Zeit und Gelegenheit hatte, das Gelernte praktisch einzuüben. Übung verleiht ihm das Selbstvertrauen und die Kompetenz, die er braucht, um andere zu trainieren. Die Zeit des Übens gibt dir als Trainer darüber hinaus die Möglichkeit, sicherzustellen, dass Trainees die Inhalte und Erwartungen auch wirklich exakt an die nächste Generation weitergeben.

ZIELSETZUNG UND GEBET ist der vierte Teil, welcher Multiplikation am stärksten fördert. Sich Zeit zu nehmen, damit die Teilnehmer hören können, was Gott (nicht der Trainer) ihnen sagt, ist für ihren Erfolg in der kommenden Woche sehr wichtig. Das Empfangene aufzuschreiben und danach von den anderen dafür beten zu lassen ist ein Akt der Hingabe und kommt dem Ablegen eines Versprechens gleich. Es vermittelt ein Gefühl heiliger Ehrfurcht und Erwartung in Bezug auf das, was Gott beabsichtigt zu tun. Obwohl sich die Trainees bereits im zweiten Drittel verpflichten, der biblischen Lektion zu gehorchen, beziehen sich die Ziele im letzten Drittel in der Regel auf zwei Aspekte des Menschenfischens: 1. Wem willst du Zeugnis geben? sowie 2. Wen willst du trainieren, und auf welche Weise?

Einst wurde ich gebeten, in einem sehr verschlossenen Land ein zweitägiges Intensivtraining für eine Gruppe von einheimischen Gläubigen zu halten. Am ersten Tag sandte ich sie mit der Aufgabe aus, am Abend eine Evangeliums-Präsentation, die sie gerade gelernt hatten, mit anderen zu teilen und dann am kommenden Morgen davon zu berichten. Am nächsten Tag kam ein junger Mann (nennen wir ihn „D") mit einer jungen Dame zum Treffen. Sie lächelte mich verlegen an, während er stolz in gebrochenem Englisch verkündete:

„Steve, das ist „L". Sie wurde 1993 geboren.

Gestern Abend kam sie zum Glauben an den höchsten Gott.

Heute ist sie hier für das Training."

Überlege einmal, was er mir da mitteilte: 1. ihren natürlichen Geburtstag 2. ihren geistlichen Geburtstag 3. ihre Bestimmung „Sie ist für das Training hier"! Während des gesamten zweiten Tages bezog ich mich auf „D" als erste Generation und auf „L" als zweite Generation. Als wir in Bezug auf „L" über Pläne sprachen, wie sie in ihrem *oikos* Zeugnis geben könnte, nannten wir dies die dritte Generation. [14]

Kannst du sehen, was durch gute Rechenschaft und gesundes Setzen von Zielen unter Gebet geschehen kann? Innerhalb von nur 24 Stunden wurde ein Plan für drei Generationen in Bewegung gesetzt!

Unter Zeitdruck

Wie wärest du vor dem Lesen dieses Buches – und deinem damaligen Verständnis der *fett gedruckten Teile* – mit folgender Situation umgegangen: Deine T4T-Gruppe sollte sich von 19:00 bis 21:00 Uhr treffen. Leider sind einige zu spät gekommen und du kannst nicht vor 19:45 Uhr beginnen. Du würdest für das Treffen gern zwei Stunden haben, doch einige müssen um 21:00 Uhr schon gehen. Also hast du nur eine Stunde und 15 Minuten statt zwei Stunden zur Verfügung. Welche der sieben Teile hättest du wohl aufgrund der knappen Zeit weggelassen?

Wie würdest du diese Fragen *vor* dem Lesen dieses Buches beantwortet haben?

1. Pastorale Fürsorge

2. Anbetung

3. Rechenschaft

4. Vermittlung der Vision

5. Neue Lektion / Bibelstudium

6. Praktizieren

7. Zielsetzung und Gebet

Vermutlich würden viele von uns *Visionsvermittlung* als erstes ausgelassen haben, einfach deshalb, weil wir am wenigsten vertraut damit sind.

Der zweite Teil, den wir unter Zeitdruck vermutlich auslassen würden, ist *Rechenschaft*. Die meisten von uns fühlen sich mit Rechenschaft nicht allzu wohl, und so ist es leicht, sie auszulassen oder nur „oberflächliche" Rechenschaft zu praktizieren. Bei oberflächlicher

Die vier Berufungen:
Eine visionsvermittelnde Kurzgeschichte (Ying Kai)

Jeder Gläubige sollte vier Berufungen oder Stimmen vernehmen, die ihn aufrufen, ein Zeuge zu sein.

Der Ruf von Oben: In Jesaja Kapitel 6 sitzt der König auf Seinem Thron und ruft nach jemandem, der an Seiner Stelle zu den Verlorenen geht. Jesaja konnte nicht schweigen sondern sprang auf und meldete sich freiwillig. Jesus sagte: *„Geht hin in alle Welt und prediget das Evangelium der ganzen Schöpfung!" (Markus 16,15).*Der König befiehlt jedem von uns, anderen Menschen zu sagen, wie sie zu Ihm zurückfinden können. Hörst du die himmlische Stimme?

Der Ruf von Unten: In Lukas 16 lesen wir, wie ein reicher Mann starb und in die Hölle kam. Er war in großer Qual und flehte den Himmel an, dass jemand zu seinen noch lebenden Angehörigen geschickt würde, um sie zu warnen, damit nicht auch sie in die Hölle kämen. Verlorene Menschen, die gestorben sind und sich nun in der Hölle befinden, rufen noch immer nach jemandem, der ihre Familien warnt und zur Umkehr bringt. Was würden die verstorbenen Angehörigen der Menschen in *deiner* Umgebung zu dir sagen, wenn sie hier stehen könnten? Hörst du, wie die Verlorenen in der Hölle unten heulen und dir zurufen, ihren Familien das Evangelium zu bringen?

Der Ruf von Außen: In Apostelgeschichte 16 sieht Paulus in einer Vision einen Mann aus Mazedonien, der ihm zuruft: „Komm herüber und hilf uns!" Paulus begriff, dass Gott ihn aufforderte, dorthin zu gehen und diesen Menschen von Jesus zu berichten. Überall um uns her rufen verlorene Menschen nach unserer Hilfe. Wenn du im Alltag Menschen begegnest, solltest du nicht so sehr auf die Worte aus ihrem Mund achten, (z.B. „Könntest du mich unterstützen?"), sondern viel mehr auf den Schrei ihres Herzens („Ich bin verloren und brauche Errettung!").

Kannst du den Ruf der Verlorenen um dich herum hören, wie sie dich bitten, ihnen die Gute Nachricht zu bringen?

Der Ruf von Innen: In 1. Korinther Kapitel 9 sagt Paulus: *„Wehe mir, wenn ich das Evangelium nicht verkündige; denn eine Notwendigkeit liegt auf mir."* Sein eigener Geist sprach von innen zu ihm und bezeugte ihm, dass es das sei, wofür er geschaffen worden war.

Er konnte es nicht lassen zu predigen, denn dies war seine Identität. Es gibt etwas in jedem Gläubigen, was uns daran erinnert,
dass wir Zeugen sein sollen. Wir wurden berufen, Menschenfischer zu sein. Das ist unsere wahre Identität!

Hörst du die Stimme aus dem Inneren deines Herzens, die dir
sagt, dass du anderen Jesus bezeugen sollst?!

Rechenschaft sagst du Dinge wie: „Habt ihr alle getan, was wir in der
letzten Lektion gelernt haben?" Köpfe nicken zur Antwort. „Großartig, dann lasst uns zur nächsten Lektion übergehen."

Der dritte Teil, der gewöhnlich ausgelassen wird, ist *der Übungs-
teil*. Das Szenario sieht dann so aus: Du verbringst 40 Minuten mit
dem ersten Drittel, obwohl du versucht hast, es kurz zu halten. Doch
die Zeit des Austauschs während der pastoralen Fürsorge und die
Anbetung waren einfach „zu gesalbt", um gekürzt zu werden. Ihr eilt
zum Bibelstudium, welches den größten Teil der verbleibenden 35
Minuten in Anspruch nimmt. Du schaust auf deine Uhr und es ist fast
21:00 Uhr. Wow! Du stellst fest: „Leider haben wir keine Zeit mehr!
Lasst uns nächste Woche üben und jetzt mit Gebet schließen." Ihr
habt gerade das Üben weggelassen! Und du hast ebenfalls den vierten Teil vergessen: *Zielsetzung unter Gebet*. Natürlich habt ihr am
Ende gebetet, doch es war keine wirkliche Aussendung.

Welche Teile lassen wir unter Zeitdruck aus? *Die fett gedruckten
Teile!* Vielleicht deshalb, weil wir uns mit diesen Teilen nicht so wohl
fühlen, meistens jedoch, weil wir unbewusst ein anderes Ziel verfolgen. Unser Ziel ist in diesem Fall immer noch, *Inhalte* zu vermitteln,
großartige Gemeinschaft miteinander zu haben oder eine tolle Anbetung zu erleben, jedoch *nicht*, sich multiplizierende Generationen
von Trainern zu entwickeln!

Was bleibt am Ende übrig?

Wenn du die fett gedruckten Teile weglässt, *was bleibt übrig?*

1. Pastorale Fürsorge

2. Anbetung

5. Neue Lektion / Bibelstudium

Eine traditionelle Bibelstunde, Zellgruppe oder Sonntagsschulklasse! *Auf diese Weise gelangst du kaum jemals zur Reproduktion von Trainern.* Wir neigen zu dem, was wir am besten kennen, doch was wir am besten kennen entzündet für gewöhnlich keine Gemeindegründungsbewegung, da diese *entgegen* unserer Art zu Denken, auf übernatürlichem Wege zur Geburt gelangt!

Lass die fett gedruckten Teile nicht aus!

Wie vermeidet man es, die fettgedruckten Teile wegzulassen?

Die einfache Erinnerung daran, dass du *in jedem Training* alle *sieben Teile* des Drei-Drittel-Prozesses benötigst, wird bereits eine Menge Probleme lösen. Wenn du unter Zeitdruck bist, *kürze jeden Teil* und behalte die Drei-Drittel-Einteilung des Treffens bei, anstatt Teile auszulassen. Wenn du zum Beispiel feststellst, dass du nur eine Stunde und 15 Minuten zur Verfügung hast, teile sie auf die drei Drittel auf – etwa 25 Minuten für jedes Drittel. Das bedeutet, dass du die Lektion kürzen oder sogar halbieren musst, um das Ziel des Trainings von Trainern zu bewahren. (Besser ist es jedoch, sich mindestens zwei Stunden zu treffen und lieber die Zeit etwas zu überziehen!)

Kürzlich haben wir mit 60-Minuten-Trainings während der Mittagspause experimentiert. Wir waren sehr zufrieden, dass wir immer noch alle drei Drittel tatsächlich effektiv durchführen konnten, indem wir einfach unsere Erwartungen zurücksteckten in Bezug darauf, wieviel Inhalt wir vermitteln. Dennoch sollte dies nicht die Regel, sondern die Ausnahme sein, außer, du verfügst nicht über die Möglichkeit, dich für mehr als eine Stunde zu treffen.

Welche Teile lassen wir für gewöhnlich unter Zeitdruck aus? Die fett gedruckten Teile, die zu Reproduktion führen! Wenn du das tust, was behältst du übrig? Eine traditionelle Bibelstunde oder Hauszellgruppe! Auf diese Weise gelangst du kaum jemals zur Reproduktion von Trainern!

Vergiss nicht, dass die drei Drittel nur etwa gleich lange Zeitabschnitte in deinem Treffen sind. In manchen Wochen kann das eine oder andere Drittel mehr Zeit beanspruchen. *Im Zweifelsfall lass mehr Zeit zum Üben,* da es für gewöhnlich länger dauert als du denkst, Menschen zu helfen, Selbstvertrauen und Kompetenz zu entwickeln.

Eine gute Regel besteht darin, *zuerst die Menge der Lehrinhalte zu verringern*, bevor du irgend etwas anderes kürzst. Gib ihnen einfach genug, dem sie gehorchen und das sie an andere weitergeben können.

Plane mehr Zeit für das Treffen ein, als du tatsächlich brauchst. Wenn du zwei Stunden benötigst, dann plane ein zweieinhalbstündiges Treffen, zum Beispiel von 19:00 bis 21:30 Uhr.

Ein Beispiel aus den USA

In Kapitel zwei berichtete ich über eine dynamische Gemeinde in Waco, Texas, die von Gott gebraucht wurde, eine weltweite Bewegung zur Geburt zu bringen. Die **Antioch Church Community** hat viele Gemeinden in den USA gegründet und unterstützt darüber hinaus mehr als 200 Missionare und Gemeindegründer auf der ganzen Welt durch **Antioch Ministries International** (AMI).

AMI erkannte jedoch, dass die vielen guten Dinge sie leicht ablenken können, so dass sie das Entscheidendste verpassen: Unsere Aufgabe, die Evangelisation der Welt zu vollenden. In den letzten drei Jahren hat AMI deshalb ihre Teams in Übersee und den USA neu dafür ausgestattet, mehr GGB-orientiert zu arbeiten, indem wir gemeinsam ein Trainingsprogramm für ihre Mitarbeiter im In- und Ausland erarbeiteten. Sie arbeiteten hart daran, ein T4T-Modell für die USA und das Ausland zu entwickeln, welches alle drei Drittel effektiv umsetzt. Nachdem dies für die GGB-Trainings abgeschlossen war, erarbeiteten sie ein Basismodell für ihre eigene Gemeinde, um auch dort die Verlorenen auf diese neue Weise zu erreichen. Im ersten Jahr nach dieser Umstellung erlebten sie mehr als 300 Bekehrungen allein in Waco. Sie gingen gezielt in bestimmte Stadtteile und säten dort das

Evangelium großflächig aus. In einem Viertel erlebten sie mehr als 70 Bekehrungen in nur zwei Wochen. Teams wurden trainiert, die Nacharbeit mit Hilfe von T4T zu tun. Durch diesen evangelistischen Einsatz gründeten sie einige vielversprechende Gruppen und gewannen Gläubige bis zur dritten Generation.

T4T in neuen Regionen mit Neubekehrten durchzuführen war ihnen jedoch nicht genug. Die **Antioch Community Church** legt großen Wert darauf, dass die Gemeinde sich auch in den Häusern in sogenannten „Lebensgruppen" trifft. Nach dem GGB-Training begannen sie damit, den Prozess von T4T in ihre Kleingruppenstruktur zu integrieren.

Als sie feststellten, dass die Gruppen einige der fett gedruckten Teile ausließen, führten sie diese Teile wieder neu als Erwartung an ein Lebensgruppen-Treffen ein. Zusätzlich haben einige Gruppen damit begonnen, sich nur noch jede zweite Woche zu treffen, um ihren Mitgliedern Zeit zu geben, ihre eigenen Gruppen zu beginnen. Sie nahmen eine grundsätzliche Veränderung ihrer Ausrichtung vor: Weg von einfacher Teilung der Gruppen, die zu groß werden, hin zur gezielten Gründung neuer Gruppen im *oikos* ihrer Gruppenmitglieder unter Betonung der *fett gedruckten* Teile.

Die Anzahl der Bekehrungen, Taufen und Gründungen neuer Gruppen ist stark angestiegen. Es kann eine unglaubliche Wirkung haben, einige wenige, jedoch entscheidende Anpassungen vorzunehmen. Die **Antioch Community Church** lernt mehr und mehr, wie sie mit dem Heiligen Geist beim Bau des Reiches Gottes kooperieren kann. Ihre Mitglieder kehren zurück zur ursprünglichen Jüngerschafts-Revolution der Apostelgeschichte!

AMI ist nur ein Beispiel für die radikale Veränderung, die auf der ganzen Welt stattfindet. Überall wächst die Vision, viele neue Gruppen und Gemeinden zu gründen.

Um diese Veränderung besser zu verstehen, lies das nächste Kapitel!

Sei ein Täter, nicht nur ein Hörer!

Schreibe auf, wie Gott zu dir gesprochen hat und was Er von dir erwartet, in Folge davon im Gehorsam zu tun:

KAPITEL 9

STARTEN NEUER GENERATIONEN, NICHT NUR GRUPPEN MULTIPLIZIEREN

Mittlerweile ist sicher klar geworden, dass T4T etwas anderes als traditionelle Multiplikation von Kleingruppen ist. Bei der typischen Teilung einer Kleingruppe bringen wir neue Personen in unsere bestehende Gruppe, egal, ob dies Neubekehrte oder langjährige Christen sind. Sobald diese eine bestimmte Größe erreicht hat, teilt sie sich in zwei oder drei Gruppen mit neuen Leitern. Die Idee ist: *Zuerst wachsen, dann multiplizieren!*

T4T ist grundlegend anders. Es ist *nicht*: Zuerst *wachsen,* dann *multiplizieren.* Das Ziel besteht nicht darin, neue Gläubige in existierende Gruppen zu bringen. Stattdessen bedeutet T4T: *Starten und wiederholen.* Während Trainees Menschen zum Glauben führen, befähige sie, neue Gruppen zu beginnen und den Prozess dann mit ihren neuen Trainees zu wiederholen. Multipliziere Trainer! Bei T4T wartest du nicht, bis eine Gruppe gewachsen ist, bevor du aus ihr heraus mit neuen Gruppen beginnst. Neue Gruppen werden zu eigenständigen Hausgemeinden oder aber zu neuen Kleingruppen innerhalb einer existierenden Gemeinde. Das Ziel ist es, unter der Herrschaft Christi eine Bewegung von neuen Gruppen zu starten.

Neue Generationen von Gruppen oder Gemeinden

Bei T4T ist jeder neue Gläubige *potentiell* eine neue Gruppe. Nicht jeder Gläubige wird seine eigene Gruppe gründen, doch ermutigt und bevollmächtigt T4T Trainees, neue Gruppen zu beginnen, und neue Gläubige oder christlichen Freunde *nicht* in die existierenden Gruppen zu bringen. Jeder Gläubige wird bevollmächtigt, eine neue Gruppe oder Gemeinde zu gründen, so wie der Geist Gottes ihn führt. Dabei wird er unterstützt durch das Mentoring eines Trainers und einer existierenden Gruppe. Das ist explosiv!

Wenn der Trainee Menschen zum Glauben führt bringt er sie **nicht** in die ursprüngliche Gruppe, in welcher er selbst trainiert wird. Zu Anfang mag seine neue Gruppe klein sein, so dass er auf natürliche Weise Freunde und Familie für Jesus gewinnen wollen wird, damit seine Gruppe wächst.

Auch wenn es ähnlich klingt wie „Wachse, dann multipliziere", ist dies nicht der Fall. Jede T4T-Gruppe wächst schon deshalb, weil es für einen Ehemann unnatürlich wäre, seine Frau für den Glauben zu gewinnen und sie danach nicht in seine eigene Gruppe zu bringen! Existierende T4T-Gruppen wachsen auch deshalb, weil nicht alle Teilnehmer neue Gruppen gründen (erinnere dich an die vier Arten von Mitgliedern: Teilnehmer, Zeugen, Starter und Trainer). Doch der Geist von „Gründe und wiederhole" wirkt weiter in der Gruppe. Der Trainee kann seine Familie und seine Freunde zum Glauben führen und diese in seine neue Gruppe integrieren.

Gleichzeitig trainiert er sie darin, in ihrem **oikos** Zeugnis abzulegen und mit den dort Gewonnenen neue Gruppen zu gründen. So kann zum Beispiel ein Trainee zwar seine Frau in seiner eigenen Gruppe haben, sie jedoch ermutigen, eine zweite Gruppe mit Frauen aus ihrer Nachbarschaft zu gründen. Zu diesem Zeitpunkt ist seine Frau dann Teil von zwei Gruppen: Sowohl der ihres Mannes als auch ihrer eigenen Gruppe von Frauen.

Wenn wir nur die Methode „Wachsen, dann multiplizieren" praktizieren verlieren wir eine Menge Wachstumspotenzial. Mitglieder von „Wachse-dann-Multipliziere"-Gruppen haben wenig Anreiz, neue Personen zu gewinnen oder sie in die Gruppe zu bringen. Stattdessen genießen sie die Größe und Intimität der existierenden Gruppe. T4T hingegen vermittelt beständig die Vision, dass Gott durch jedes Mitglied eine Bewegung ins Leben rufen kann. Wenn einige dennoch ihre Neubekehrten in ihre ursprüngliche Trainingsgruppe mitbringen werden sie sanft angeleitet, mit diesen Gläubigen in den folgenden Wochen neue Gruppen zu gründen.

Wir strukturieren T4T-Treffen in drei gleich große Teile, weil wir wollen, dass unsere Trainer **neue Generationen** von Gruppen gründen, nicht einfach nur wachsen oder sich innerhalb eines strikt kontrollierten Prozesses vermehren.

Warum bringen Trainees Neubekehrte in ihre ursprüngliche Gruppe?

Szenario: Du hattest soeben das erste T4T-Treffen mit deinen neuen Trainees. Sie gehen hinaus und geben Zeugnis. Beim zweiten Treffen bringt Frank Joe und Harald zum Training mit. Joe und Harald sind neue Gläubige, die Frank zum Glauben führte. Dein Ziel ist es, Frank zu einem Trainer für andere zu machen, doch er hat sie zu dir zurückgebracht. Warum hat er das getan?

> Vielleicht ist es die Art, wie es schon immer getan wurde, und er versteht das neue Prinzip einfach noch nicht.

> Vielleicht verfügt er noch nicht über die Vision, seine eigene Trainingsgruppe zu gründen.

> Vielleicht hat er nicht die Zeit, sie an einem anderen Abend der Woche zu trainieren.

> Vielleicht denkt er, du seist der Trainer, und will sie zu einem Experten bringen.

> Vielleicht fehlt ihm das Selbstvertrauen, seine eigene Gruppe zu beginnen.

All diese Gründe können zutreffend sein. Meistens jedoch liegt es an einem Mangel an Selbstvertrauen oder an klarer Vision, eine neue Gruppe zu gründen.

Was kannst du tun? Denke an dein Ziel: Generationen von Trainern zu multiplizieren. Wie gehst du vor, um Frank zu helfen, ein Trainer zu werden, der mit Joe und Harald eine neue Dreiergruppe bildet?

Zuerst einmal zu dem, was du auf keinen Fall tun solltest: Tadele ihn nicht dafür, dass er Leute mitgebracht hat! Er war treu! Setze ihn nicht herab, beschimpfe oder beschäme ihn nicht! Er war ein treuer Zeuge. Stattdessen lobst du ihn während der Rechenschaftszeit: „Frank, das ist wunderbar! Du warst treu und hast Joe und Harald zum Glauben geführt. Lasst uns als Gruppe Gott dafür preisen."

Wenn du es jedoch nicht korrigierst, wird dies zum Muster für andere werden, die Menschen zum Glauben führen. Am Ende wirst du nur Zeugen, aber keine Trainer haben. Deshalb sage etwa folgendes: „Frank, es ist wunderbar, dass du Joe und Harald zum Glauben geführt hast. Doch wie du weißt, ist unsere Gruppe bereits bei Lektion zwei, und sie müssen noch Lektion eins lernen (WARUM-WEM-WIE). Joe und Harald, wenn ihr erlaubt, werden wir als Gruppe in Lektion zwei fortfahren, doch danach können wir zusammen mit Frank noch dableiben und Lektion eins durchgehen."

Du hältst nicht die gesamte Gruppe auf, indem du noch einmal bei Lektion eins beginnst. Würdest du dies tun, so würde die Gruppe niemals vorankommen. Du hältst an dem Plan fest. Doch nachdem die drei Drittel abgeschlossen sind (oder im Verlauf des letzten Drittels) nimmst du Frank, Joe und Harald beiseite und sagst zu ihnen: „Frank, erinnerst du dich an Lektion eins von letzter Woche? Warum gehst du sie nicht jetzt mit Joe und Harald durch, während ich hier sitze und dir – falls nötig – helfe?" (Erinnere dich: Lektion eins beantwortet die drei Fragen, warum Christen kein Zeugnis geben: WARUM-WEM-WIE.)"

Dadurch bestätigst du, dass Frank *ein Trainer* ist und *nicht nur ein Trainee.* Du hilfst ihm, die zwei neuen Gläubigen durch die Lektion zu führen. Bevor ihr alle nach Hause geht, nimmst du Frank nochmals beiseite und sagst: „Frank, es ist nicht nötig, dass du die beiden mit zu diesem Treffen bringst. Wir sind als Gruppe schon recht groß und ihnen außerdem eine Lektion voraus. Wann wäre für dich eine passende Zeit, um dich mit ihnen als Dreiergruppe zu treffen? Jede Woche während unserer Trainingszeit werde ich dich vorbereiten, damit du weißt, wie du sie trainieren kannst". Diese eine kleine Handlung, die mit deinem Ziel übereinstimmt, kann den entscheidenden Unterschied ausmachen, um von „Wachsen-dann-Multiplizieren" zu „Gründen-und-Wiederholen" zu gelangen, damit eine Bewegung von neuen, sich multiplizierenden Trainern entsteht.

Generationen von Gruppen

Deine Hoffnung ist es, auf Dauer zu vier und mehr Generationen von Gläubigen und Gruppen zu gelangen, damit eine Gemeindegründungsbewegung entsteht. Nicht jeder Teilnehmer wird eine neue

Gruppe starten. Es wird nicht einmal jeder Zeugnis geben (reine Teilnehmer). Einige werden zu Zeugen und bringen andere in die ursprüngliche Gruppe mit (Zeugen). Einige (Starter) werden neue Gruppen gründen, übernehmen jedoch nicht die Vision, sie zu trainieren, den Prozess zu wiederholen. Sie starten zwar eine Gruppe, aber keine Bewegung. Einige jedoch (Trainer) werden das Konzept, Trainer zu trainieren, verinnerlichen. Sie werden neue Gruppen gründen – oftmals mehr als nur eine Gruppe im Laufe der Zeit – und die neuen Gläubigen trainieren, Zeugnis zu geben, Menschen zu Jüngern zu machen und diese wiederum zu trainieren, neue Gruppen von Trainern zu beginnen.

Chaos: Gruppen oder Gemeinden?

„Wo keine Rinder sind, ist die Krippe sauber; aber viel Ertrag kommt durch die Kraft des Stieres." (Sprüche 14,4)

Salomo sagte es sehr klar: Wenn du einen sauberen Stall willst dann schaffe dir erst gar keinen Ochsen an! Wenn du jedoch pflanzen und ernten willst, dann benötigst du mehrere Ochsen und solltest dich auf eine Menge Säuberungsarbeit einstellen!

Was willst du lieber: Ein sauberes, ordentliches System mit geringen Ergebnissen *oder* hunderte von Menschen, die zum Glauben kommen und Gruppen gründen, aber mit vielen Problemen? Du kannst kein Wachstum haben, ohne dass Unordnung entsteht. Dies ist eine Gesetzmäßigkeit des Reiches Gottes (erinnere dich an das Gleichnis vom Unkraut im Weizenfeld).

Viele der Paulusbriefe wurden geschrieben, um Probleme anzusprechen. Das ist die Natur des Dienstes. Wir freuen uns nicht über Probleme, doch in vielen Fällen sind sie ein Zeichen von Wachstum.

Lange Zeit hatte ich Sprüche 14,4 auf die Innenseite meines Schreibtischs im Büro geheftet, wo nur ich es sehen konnte. Als wir mit den Ina arbeiteten, kamen häufig Mitarbeiter des Teams in mein Büro, um Strategien zu diskutieren. Unvermeidlich mussten wir auch Feuer löschen und Probleme lösen: Verfolgung, Entwicklung von Leitern, Spaltung, Irrlehre, mangelnder Zugang etc. Jedes Mal wenn ein neues

Problem auftauchte – so schwierig es auch war – blickte ich heimlich auf diesen Vers und lächelte innerlich. Ich betete: „Danke Vater. Wir hätten dieses Problem nicht, wenn Menschen nicht zum Glauben kämen, Jünger trainiert und neue Gemeinden gegründet würden!"

T4T folgt nie einer eleganten, gradlinigen Entwicklung. GGBs sind viel chaotischer als elegante, übersichtliche Planungsdiagramme, doch sie sind auch viel aufregender! Daher gründe und wiederhole den Prozess – immer wieder neu!

Blühe auf im Chaos einer Bewegung!

Halte dir stets die Vision sich multiplizierender Generationen von Trainern vor Augen und treibe die Bewegung durch die Kraft des Heiligen Geistes in diese Richtung voran. Du wirst viele Ausnahmen, Überraschungen und Veränderungen auf dem Weg erleben, doch die Richtung der Bewegung wird weiter auf neue Generationen von Gruppen ausgerichtet sein. Hier sind einige Beispiele, wie sich nicht immer alles nach Plan entwickelt:

> Frank startet mit Joe und Harald eine neue Gruppe. Seine Frau führt die Ehefrauen von Joe und Harald zum Herrn. Anstatt mit ihnen eine neue Gruppe zu gründen, bringt sie die Frauen in Franks Gruppe. Nicht zwei Gruppen, sondern eine. Joe führt eine Gruppe von Arbeitskollegen sowie einige seiner Sportkameraden zum Herrn. Er gründet eine Gruppe der dritten Generation an seinem Arbeitsplatz, bringt jedoch seine Sportkameraden in Franks Gruppe.

> Später gründet Franks Frau eine neue Gruppe mit Nachbarinnen, die sie zum Glauben geführt hat. Nun besucht sie drei Gruppen: Deine Trainingsgruppe, die Gruppe ihres Mannes Frank, und sie selbst leitet ihre eigene Gruppe mit ihren Nachbarinnen. Einige Monate später beginnt Frank zwei neue Gruppen. Nun besucht er deine Gruppe, um selbst trainiert zu werden, und leitet darüber hinaus drei weitere Gruppen. Nach einiger Zeit entscheidet sich die erste Gruppe, die durch Frank geleitet wurde, ihn freizustellen, damit er die beiden neuen Gruppen leiten kann. Harald übernimmt die Leitung dieser Gruppe.

Verlierst du schon den Überblick? Ist das nicht herrlich? Dies ist das Chaos einer Bewegung, doch alles bewegt sich in dieselbe Richtung – hin zu vielen Generationen von Trainern und Gruppen. Es ist die Kraft der Herrschaft des Königs über das Leben von Jüngern, die Jesus lieben. Es ist außerhalb deiner Kontrolle – doch unter **Gottes** Kontrolle, genau wie Er es geplant hat. Es ist eine Jüngerschafts-Revolution!

Lass dich nicht von der Unordnung ablenken! Strebe weiter nach einer GGB!

Gruppen oder Gemeinden?

Bei diesem Chaos kommt oftmals die Frage auf: „Wird jede neue Gruppe eine Gemeinde (z.B. Hauskirche) oder bleibt sie nur eine Jüngerschaftsgruppe?" Die Antwort ist „Ja". Beides geschieht.

Im Idealfall ist jede neue T4T-Gruppe darauf angelegt, eine Hausgemeinde zu werden – und oft geschieht das auch. In der Realität jedoch wird es nicht immer so sein. Manchmal treffen sich zwei oder drei Gruppen gemeinsam, doch weil alle miteinander verbunden sind entscheiden sie, sich regelmäßig auch als größere Gruppe zu Anbetung und Lehre zu treffen („Gemeinde").

Manchmal ist der Kontext nicht für Hauskirchen geeignet. Ying und Grace lehrten einmal über T4T in einer großen, von der Regierung registrierten Gemeinde in einem verschlossenen Land. Sie trainierten die über 1.000 Gemeindemitglieder, Freunde zu gewinnen und T4T-Gruppen zu starten. Versehentlich forderte Grace sie dabei auf, neue „Hauskirchen" zu gründen.

Als das Training vorüber war, sagte der Pastor zu Grace: „Wir dürfen ihnen nicht sagen, dass sie Hauskirchen gründen sollen, sonst bekommen wir Ärger! Sage ihnen, dass sie „offizielle Heim-Bibelstudienkreise" starten sollen, aber keine Hauskirchen." Gleich nach der Pause korrigierte sich Grace. Die Gemeinde begann genau das, was T4T lehrt, doch anstatt unabhängige Hauskirchen zu gründen wurden sie alle offizielle Heim-Bibelstudienkreise der Gemeinde.

Unter Umständen wird eine Mischform aus beiden am besten funktionieren. In einer Nation, die für das Evangelium sehr verschlossen war, übernahmen die Untergrundkirchen einer bestimmten Stadt

T4T. Anstatt sofort neue Hauskirchen zu gründen kamen ihre T4T-Gruppen am Sonntag zu Anbetung und Bibellehre zusammen. Wenn die Sonntagsgruppe größer wurde und Repressalien der Regierung zu erwarten waren (normalerweise bei 300 bis 400 Personen), begannen sie mit einigen T4T-Gruppen einen neuen Sonntagsgottesdienst in einem anderen Teil der Stadt.

Manchmal haben T4T-Gruppen die *Funktion* einer Gemeinde, obwohl sie nicht als solche bezeichnet werden. In einer sehr großen Megagemeinde der USA lehrte Ying über T4T. Der bekannte Pastor hörte Ying lehren und verkündete danach: „Wir werden T4T in unserer Gemeinde umsetzen!" Ying fragte ihn: „Bist du bereit dazu, dass die Gruppen zu Hausgemeinden werden?" Der Pastor antwortete: „Ja, wir werden ihnen erlauben, in ihren Gruppen zu taufen, das Abendmahl zu halten und Opfer zu sammeln. Wenn sie an den Wochenenden zum größeren Gottesdienst der Gemeinde kommen wollen – großartig! Doch wir wollen, dass sie als Gemeinden funktionieren. Wenn sie dies tun, ohne zu unseren Gottesdiensten zu kommen, ist das auch in Ordnung." Das war ein erstaunlicher Schritt für diese einflussreiche Gemeinde.

Mach dir nicht zu viele Gedanken darüber, wie du die T4T-Gruppen nennst. In 90 Prozent der Fälle, die ich kenne, werden sie zu Hausgemeinden, welche Wege finden, über ihre Grenzen hinaus miteinander Gemeinschaft zu pflegen. In anderen Fällen werden die Gruppen auch zu Kleingruppen einer größeren Gemeinde.

Dazu ein Wort der Warnung: Wenn du T4T lediglich als einen Weg gebrauchst, um neue Zellgruppen für deine Gemeinde zu bekommen, wird das Potenzial für eine Gemeindegründungsbewegung stark eingeschränkt sein. Alle Zellgemeinden haben eine innere Wachstumsgrenze, die sowohl von den Gaben und Fähigkeiten der leitenden Pastoren als auch von der Größe ihrer Räumlichkeiten abhängig ist. Wenn solche Gruppen dagegen die Freiheit – ja sogar die Bevollmächtigung – haben, zu neuen Gemeinden zu werden, befreit das die aufblühende Bewegung von allen Begrenzungen. Du kannst dich dann als Pastor einer großen Gemeinde betrachten. Wenn du bereits Pastor bist, wie viel besser ist es dann, dich selbst als *Pastor von Pastoren* und deine Gemeinde als *Trainingsbasis für eine Bewegung* zu sehen?!

Streife die Fesseln ab! Das ist es, was wir unter den übernatürlichen Wegen des Reiches Gottes verstehen!

Bete um das, was du brauchst, und gehe ein Risiko ein! (von Ying Kai)

Der Heilige Geist verfügt über alle Gaben. Er kann dir geben, was du brauchst. Wenn du zum Beispiel meinst, dass du kein guter Redner bist, kann der Heilige Geist dir helfen. Wenn du fühlst, dass du schwach im Glauben bist, kann der Heilige Geist dir Glauben geben.

Von 2000 bis 2002 arbeitete ich mit der allerersten Gruppe von Bauern, unter denen unsere erste GGB begonnen hatte. Irgendwann hörte ich auf, sie zu besuchen, da sie in der Lage waren, die Dinge eigenständig zu tun. Bis dahin jedoch trainierte ich sie regelmäßig.

Später, 2004, kam ein GGB-Bewertungsteam, um unsere GGB zu beurteilen. Sie wollten den Ort sehen, an dem die Bewegung begonnen hatte. Ich rief die erste Gruppe an und vereinbarte einen Termin. Als wir uns mit den Bauern trafen, stellte ich fest, dass ich nicht verstehen konnte, was sie sagten – und auch sie konnten mich nicht verstehen! Sie erklärten: „Wir alle gehören zu einer anderen Volksgruppe und sprechen einen Dialekt, der anders als die offizielle Landessprache ist."

Ich antwortete: „Früher konntet ihr alle die offizielle Landessprache sprechen."

Sie entgegneten: „Nein, wir sprechen nur unseren Dialekt." und fuhren dann fort: „Aber früher konntest *du* unseren Dialekt sprechen."

Ich erwiderte: „Nein, ich habe zu euch nur in der offiziellen Landessprache gesprochen." Über Monate hinweg hatte der Heilige Geist die Übersetzung übernommen. Es war ein Wunder!

Wenn du betest, dann bitte Gott, dir zu helfen! Der Heilige Geist kann dir jede Gabe geben. In deiner Stadt, deinem Umfeld, deinem Volk: Was immer du brauchst – sprich darüber mit dem Heiligen Geist, und er wird dir helfen.

Risiken eingehen

Bedeutet dies ein Risiko? Ja, absolut! Jede GGB erlebt eine Vielzahl an Herausforderungen. Doch jede tote Gemeinde erfährt eine ganze Reihe anderer Probleme. Die Herausforderungen einer Gemeindegründungsbewegung sind jeder anderen Alternative vorzuziehen.

Die vielleicht größten Bedenken gegenüber einer GGB bestehen darin, dass sie außer Kontrolle zu sein scheint. Und tatsächlich *ist* sie außer Kontrolle – außerhalb *deiner* Kontrolle. Stattdessen hast du sie unter die Kontrolle des Königs und unter Seine Herrschaft gestellt!

> „Als sie jener Stadt das Evangelium verkündigt und viele zu Jüngern gemacht hatten, kehrten sie nach Lystra und Ikonium und Antiochien zurück, indem sie die Seelen der Jünger befestigten, und sie ermahnten, im Glauben zu verharren, und dass wir durch viele Trübsale in das Reich Gottes eingehen müssen. Als sie ihnen aber in jeder Versammlung Älteste gewählt hatten, beteten sie mit Fasten und *befahlen sie dem Herrn an,* an den sie geglaubt hatten." (Apg. 14,21-23)

Die erste Missionsreise von Paulus dauerte etwa neun bis zwölf Monate. Gegen Ende der Reise kehrten Paulus und Barnabas zu den Gemeinden zurück, die sie gegründet hatten. Das heißt, sie besuchten die zuletzt gegründeten Gemeinden zuerst. Diese Gemeinden waren erst einige Wochen oder Monaten alt im Glauben. Paulus erklärte ihnen, dass es wegen der kommenden Verfolgungen ziemlich chaotisch werden würde. [15] Dann setzten Paulus und Barnabas einige Gläubige in jeder Gemeinde als Älteste und Aufseher ein, obwohl diese erst wenige Wochen oder Monate gläubig waren.

Bedeutsam ist hier die Formulierung *„befahlen sie dem Herrn an"*. Da sie wussten, dass sie nicht viel Zeit mit diesen neuen Gemeinden verbringen konnten, gingen Paulus und Barnabas das Risiko ein, sie dem Geist Gottes anzubefehlen, anstatt zu bleiben und sie von sich selbst als Leitern abhängig zu machen. Sie lebten auf den übernatürlichen Wegen des Reiches Gottes. Sie gingen das Risiko ein, dem Geist Gottes zu vertrauen, dass er als Lehrer vor Ort bleiben und die Bewegung viel besser leiten würde, als Paulus und Barnabas es konnten.

Als Paulus ein Jahr später zurückkehrte fand er eine ständig wachsende Bewegung vor.

„Die Gemeinden nun wurden im Glauben gestärkt und vermehrten sich täglich an Zahl." (Apg. 16,5)

Er trainierte und betreute sie weiter, war jedoch nicht ihr Babysitter. Stattdessen ließ er den Geist Gottes ihr Lehrer sein. Es war das Risiko wert!

Das Aufgeben persönlicher Kontrolle und das Zulassen des Priestertums aller Gläubiger und Gruppen ist ein wichtiger Schritt für einen Leiter, der eine Gemeindegründungsbewegung entstehen sehen will. Es ist der einzige Weg, neue Generationen von Gemeinden zu gründen, anstatt innerhalb eines geordneten Systems lediglich langsam wachsende und sich dann multiplizierende Gruppen zu haben. Die Kontrolle des Heiligen Geistes *ist* die Jüngerschafts-Revolution.

Biblisches Vorbild: Der Fluss von Leben zu Leben

T4T ist keine Revolution. Es ist eine *Re*-Revolution. Die Jüngerschafts-Revolution fand während der gesamten Kirchengeschichte statt, beginnend zur Zeit der Apostelgeschichte. Das Vorbild wurde bereits gegeben, während das Ziel von T4T darin besteht, uns zu helfen, gemäß den Erwartungen des Neuen Testaments an Jünger und Gemeinden zu leben.

Der Dienst des Paulus in Ephesus ist ein gutes biblisches Vorbild für eine GGB. In Apg. 19,1-7 kam Paulus nach Ephesus und fand dort einige „Jünger", die noch nicht vollständig im Reich Gottes angekommen waren. Sie hatten noch nicht die ganze Botschaft des Evangeliums gehört. Paulus führte sie zum Glauben, und die Männer wurden mit dem Heiligen Geist erfüllt. Die Phase der Evangelisation hatte begonnen.

Danach ging Paulus in die Synagoge und verkündigte dort drei Monate lang kühn das Evangelium vom Reich Gottes (Apg. 19,8). Er belegte aus den Schriften des Alten Testamentes, dass Jesus der Christus sei. Einige glaubten. Die Phase der Evangelisation hielt an. Mit einer Gruppe von Gläubigen aus diesen beiden Ereignissen kommen wir nun zu zwei der bedeutsamsten Verse der Apostelgeschichte:

„Als aber etliche sich verhärteten und nicht glaubten und vor der Menge übel redeten von dem Weg, *trennte er sich von ihnen und sonderte die Jünger ab,* indem er sich täglich in der Schule des Tyrannus unterredete. Dies geschah zwei Jahre lang, so dass alle, die in Asien wohnten, sowohl Juden als Griechen, das Wort des Herrn hörten." (Apg. 19,9-10)

Im wachsenden Chaos der Arbeit in Ephesus erfuhr Paulus den Widerstand der ungläubigen Juden. Auch bei seinen früheren Reisen war an diesem Punkt oftmals ähnliches geschehen: „Die Juden schleiften ihn zur Stadt hinaus, steinigten ihn und ließen ihn liegen in der Meinung, er sei gestorben." (Apg. 14,19). Die wohl wichtigsten Worte dieses Textes sind: *„Er trennte sich von ihnen".* Paulus spürte, dass der zunehmende Widerstand sein weiteres Bleiben in Ephesus gefährdete. Als er das erkannte änderte er sein Vorgehen. Er wechselte vom „Evangelisationsmodus" in den „Trainingsmodus". Erinnere dich an die zwei Prioritäten: Verlorene retten und Gerettete trainieren!

Er nahm seine Jünger, deren Zahl bereits sehr hoch gewesen sein muss, und führte sie in eine Unterrichtshalle – die Schule des Tyrannus – wo er sich *täglich* mit den Jüngern traf. Aller Wahrscheinlichkeit nach sah das Szenario wie folgt aus:

Mehrere hundert Menschen waren im großen Handelszentrum Ephesus zum Glauben gekommen. Paulus musste ihnen mehr Aufmerksamkeit widmen. Er und sein Team suchen sich einen sicheren Ort, wo sie sich abseits der wachsamen Augen der Synagogenvorsteher treffen können. Sie finden einen Raum, dessen Miete sie sich leisten können, oder der ihnen zur kostenlosen Nutzung überlassen wird. Paulus verlegt seine Operationsbasis in dieses „Klassenzimmer". Täglich kommen verschiedene Gruppen von Jüngern, um von Paulus, Silas und ihrem Team trainiert zu werden.

Eine Gruppe trifft sich am Montagmorgen, eine andere am Abend desselben Tages, während eine weitere Gruppe während der Siesta am Dienstag Nachmittag zusammenkommt. Einige Gruppen sind gut organisiert, andere Jünger kommen täglich, wann immer sie Zeit dazu finden. Es ist ein Ort voller geistlicher Energie und Progression. Die Vision ist gewaltig:

Die gesamte Provinz Asien zu erreichen! Evangelisation, Jüngerschaft und Gemeindegründung werden zu einer Erwartung an den Lebensstil jedes neuen Gläubigen.

Einer der neuen Jünger, Epaphras aus Kolossä, der auf einer Geschäftsreise in Ephesus das Evangelium hört, kehrt nach Hause zurück, gründet eine neue Gemeinde in Kolossä (Kolosser 1,7; 4,12) und hilft den neuen Gläubigen dann, im nahe gelegenen Laodicäa und Hierapolis ebenfalls neue Gemeinden zu gründen (Kolosser 4,13-16).

Andere Jünger verbreiten auf ihren Reisen zurück in ihre Heimatstädte oder auf Geschäftsreisen die Botschaft des Reiches Gottes und hinterlassen überall auf ihrem Weg neue Gemeinden. Sie geben das Muster weiter, das sie von Paulus gelernt haben (Philipper 3,17; 1. Kor. 4,17).

Das römische Straßennetz war gut entwickelt, und die Jünger kehrten regelmäßig nach Ephesus zurück – einige öfter als andere – um Anweisungen, Rat und weitere Lehre zu empfangen. Andere kommen und berichten von neuen Durchbrüchen. Wieder andere kehren mit Niederlagen zurück und benötigen Ermutigung aus dem Kreis der Jünger.

Sehr bald verbreitet sich dieses Muster von Evangelisation, Jüngerschaft und Gemeindegründung wie ein Virus über alle Handelsstraßen und selbst die kleineren Landstraßen innerhalb der römischen Provinz Asien. Tausende Menschen kommen zum Glauben. Wunder versetzen viele in Erstaunen (Apg. 19,11). Es geht ziemlich chaotisch zu, während einige Gläubige immer noch an Sünde festhalten, aber unter die zunehmende Überführung des Geistes gelangen, und tief verwurzelte dämonische Festungen ausgeräumt werden (Apg. 19,19).

Sehr viele, wahrscheinlich hunderte Gemeinden entstehen während dieser Zeit durch einfache Gläubige. Einige versammeln sich in Häusern, andere in Unterrichtshallen, wieder andere in Synagogen (zumindest für einige Zeit). Einige Gruppen verbinden sich zu einer Gemeinde, treffen sich jedoch gleichzeitig immer noch in den Häusern. Andere

Gruppen entwickeln sich zu unabhängigen Hausgemeinden. Es ist sehr verwirrend und ständig im Fluss. Sieben berühmte Gemeinden Kleinasiens entstehen in dieser Zeit und empfangen später besondere Worte Jesu in der Offenbarung. [16]

Das Muster ist so gut entwickelt und die Erwartung, Jesus nachzufolgen und zu Menschenfischern zu werden, so stark, dass *in einem Zeitraum von zwei Jahren jeder Jude und jeder Heide* in der Provinz Kleinasien das Wort des Herrn hört (Apg. 19,10). Nicht alle glauben, doch in der gesamten Provinz herrscht Aufregung, verursacht durch diese Reich-Gottes-Bewegung.

Die Bewegung ist chaotisch, während hunderte von Jüngern (Trainern) in dieser legendären Vorlesungshalle des Tyrannus ein- und ausgehen. Paulus bleibt an einem Ort; die Trainierten kommen und gehen. An jedem Ort werden nach und nach Leiter entwickelt. Ob sie mit Berichten von Siegen, Niederlagen, mit Ermutigung oder Entmutigung kommen – „Paulus hört nicht auf, über einen Zeitraum von drei Jahren jeden Einzelnen Tag und Nacht mit Tränen zu ermutigen und zu ermahnen" (Apg. 20,31).

TRAINING ist der lebensnahe Fluss tränenreicher, von Herzen kommender Interaktion, Herausforderung und Ermutigung für eine Bewegung Gottes. Training unter Tränen – kein steriles Training im Klassenraum. Es ist echtes Leben, echte Freude, echte Tränen, offener und ehrlicher Herzensaustausch. Der Ort gleicht mehr einem Umkleideraum für Sportler als einem Klassenzimmer! Generationen von Gläubigen entwickeln sich – völlig außerhalb der Kontrolle durch Paulus, doch immer noch stark von ihm beeinflusst.

Nach drei Jahren verlässt Paulus das Epizentrum der größten Bewegung der Apostelgeschichte. Hunderte von Gemeinden sind entstanden. Tausende und Abertausende von Gläubigen. Und all dies in der wahrscheinlich heidnischsten und am stärksten von Dämonen kontrollierten Stadt des römischen Reichs! Ein Ort voller schwarzer Magie und dämonischer Besessenheit (Apg. 19,11-20). Ein Zentrum des provinzweiten Kults der Artemis, der so stark war, dass er sogar einen Aufstand gegen den Weg des christlichen Glaubens hervorrufen konnte (Apg. 19,23).

Niemand, der bei klarem Verstand ist, würde dies einen empfänglichen Ort der Ernte nennen! Ein Ort, bekannt als Festung Satans. Ein Ort voller Feinde des Evangeliums. Es ergibt – menschlich betrachtet – keinen Sinn. Natürliches Denken sagt: „Finde einen empfänglicheren Ort! Hier wird es noch viele Monate oder Jahre dauern, bis die Ernte reif ist."

Aber war es wirklich so? Was war die Sicht von Paulus? Vielleicht diese: Zahlreiche Gegner sind ein Zeichen dafür, dass Gottes Reich auch in vielen Gesellschaftsschichten angekommen ist!

> „Ich werde aber bis Pfingsten in Ephesus bleiben, denn eine große und wirkungsvolle Tür ist mir aufgetan, und der Widersacher sind viele." (1. Kor. 16,8-9)

Entgegen menschlichem Empfinden – das ist das Kennzeichen von Reich-Gottes-Bewegungen. Das Ziel von T4T ist: Dir zu helfen, entgegen aller menschlicher Bedenken mit dem König zusammenzuarbeiten. Führe Menschen zum Glauben; *gründe neue Gruppen und wiederhole den Prozess. Multipliziere Trainer!* Bei GGBs geht es um die Entstehung neuer Generationen von Trainern und Gemeinden, nicht um kontrolliertes Wachstum. Es ist eine Jüngerschafts-**Re**-Revolution. Nicht unsere Herrschaft, sondern die Herrschaft des Königs.

> Bei GGBs geht es nicht um kontrolliertes Wachstum, sondern um die Gründung neuer Generationen von Trainern und Gemeinden!

Gründen bedeutet nicht Fallenlassen. Obwohl göttliche Bewegungen außerhalb deiner direkten Kontrolle sind, existieren Wege, sie auch weiterhin zu führen und die Bewegung zu formen. Wie dies funktioniert werden wir im nächsten Kapitel betrachten.

Sei ein Täter, nicht nur ein Hörer!

Schreibe auf, wie Gott zu dir gesprochen hat und was Er von dir erwartet, in Folge davon im Gehorsam zu tun:

Kapitel 10

Mentor einer Bewegung

Das Risiko, neue Gruppen ins Leben zu rufen, kann beängstigend sein. Darum starten wir sie auch nicht einfach so.

Es ist wie bei einer Rakete, die beim Start einen Prozess durchläuft – von der Heimatbasis (Mission Control) bis zur Kontrolle durch die Astronauten. Vom Start führt ein Prozess schrittweise hin zur Leitung durch die Besatzung. Die Heimatbasis schießt Astronauten nicht einfach in die Umlaufbahn. Stattdessen überwacht sie die Fortschritte und gibt sowohl Feedback als auch klare Anweisungen für nötige Änderungen des Kurses während der gesamten Reise.

Im Verlauf der acht bis zehn Jahre, in denen die drei Missionsreisen von Paulus stattfanden, scheinen sich (gemäß den Berichten der Apostelgeschichte und der Paulusbriefe) sechs bis sieben Gemeindegründungsbewegungen in der östlichen Hälfte des römischen Reiches durch die Kraft des Heiligen Geistes entwickelt zu haben. Diese GGBs hatten (in chronologischer Reihenfolge) ihren Sitz in den folgenden Provinzen: 1. Zypern, 2. Phyrgien, 3. Galatien, 4. Mazedonien, 5. Achaja, 6. Kleinasien und wahrscheinlich 7. Illyrien. [17]

In Kleinasien begann – wie wir im vorherigen Kapitel gesehen haben – die GGB in Ephesus, wo Paulus für drei Jahre bei seinen Leitern blieb (Apg. 20,32). Er blieb lange genug, bis eine Bewegung um ihn herum entstanden war (Apg. 19,10). Paulus befand sich in der Heimatbasis (seiner „Bodenkontrolle") und gründete neue Gemeinden in der gesamten Provinz.

In Korinth blieb Paulus 18 Monate bei der Bewegung, die sich dort entfaltete:

> „Und er hielt sich ein Jahr und sechs Monate auf und lehrte unter ihnen das Wort Gottes." (Apg. 18,11)

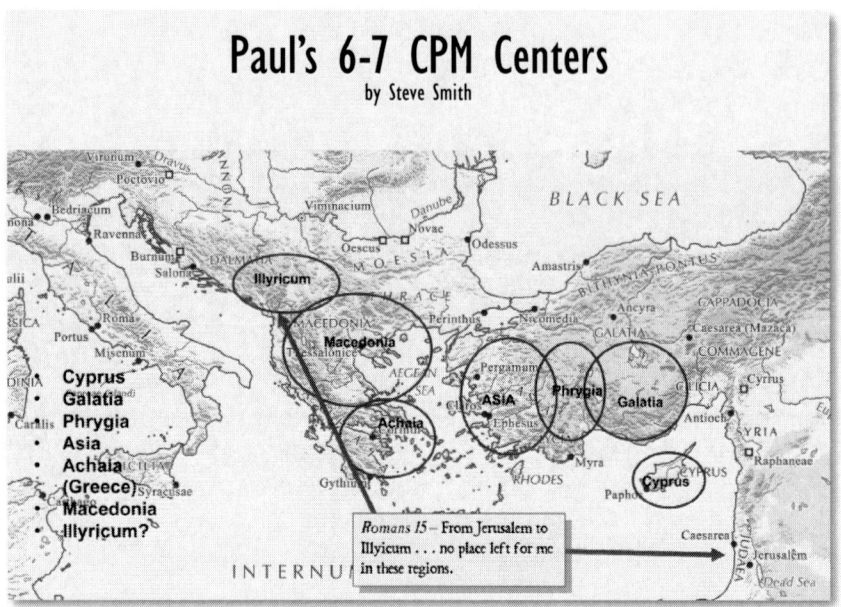

Paul's 6-7 CPM Centers
by Steve Smith

Erneut war er lange genug dort, dass eine Bewegung um ihn herum zur Geburt gelangen konnte. Von der Heimatbasis aus gründete er neue Gemeinden, die sich in der ganzen Provinz von Achaja (Griechenland) ausbreiteten:

> „Paulus, Apostel Christi Jesu durch Gottes Willen, und Timotheus, der Bruder, der Gemeinde Gottes, die in Korinth ist, ***samt allen Heiligen, die in ganz Achaja sind.***" (2. Kor. 1,1)

Aus anderen Provinzen (Galatien, Phyrgien und Mazedonien) wurde Paulus innerhalb von Wochen oder Monaten vertrieben. Dennoch kehrte er häufig zurück, schickte seine Gesandten und empfing Abgesandte der Gemeinden, um Briefe zu erhalten. Auch schickte er seinerseits Briefe, um diese jungen Gläubigen zu ermutigen und zu trainieren. Die Ergebnisse waren ähnlich – Bewegungen, die in den verschiedenen Provinzen aufblühten (Apg. 13,49; 16,5)

Paulus hatte einen Zweck, den er zu erfüllen suchte, egal, ob seine Besuche nur kurz waren oder Monate bzw. Jahre dauerten. Er half, eine Bewegung zu führen, nachdem sie begonnen hatte, indem er sie über die folgenden Monate und Jahre innerhalb einer Mentoren-Beziehung beaufsichtigte.

Wie lange sollte ich bei einer Gruppe bleiben?

Indem du eine langfristige Mentorbeziehung mit entstehenden Trainern und Gemeinden aufbaust, kannst du helfen, sie anzuleiten, ohne die Bewegung zu kontrollieren, zu dämpfen oder gar zum Stillstand zu bringen. Die Gesundheit der langfristigen Bewegung hängt davon ab, wie du mit neuen Gläubigen und Gemeinden in anhaltendem Kontakt bleibst, nachdem du die Arbeit gegründet hast.

Oft wird die Frage gestellt: „Wie lange sollte ich bei einer Gruppe bleiben, die ich trainiere?"

Die Antwort lautet: „Was ist dein Ziel?" Wenn du dich an das Ziel erinnerst, wirst du die richtige Antwort finden.

> *Das Ziel von T4T ist die Multiplikation von Generationen an Trainern und Gemeinden – mindestens vier Generationen und mehr.*

Ein Merkmal von Gemeindegründungsbewegungen ist, dass sie vier oder mehr Generationen von Gemeinden in verschiedenen Umgebungen bzw. unter verschiedenen gesellschaftlichen Rahmenbedingungen hervorbringen. Fast jede langfristig erfolgreiche GGB hat weitaus mehr als nur vier Generationen von Gemeinden hervorgebracht. Die vierte Generation ist lediglich der Anfang einer Gemeindegründungsbewegung.

Wie lange musst du bei einer T4T-Gruppe bleiben, um dieses Ziel zu erreichen? Die Antwort darauf fällt sehr unterschiedlich aus, doch es ist *immer* länger, als die Vermittlung der ursprünglichen sechs oder zehn Jüngerschaftslektionen in Anspruch nimmt.

In der Regel braucht es, um dieses Ziel zu erreichen und Gläubigen zu helfen, sich dem Heiligen Geist anzuvertrauen, neun bis 18 Monate mit deiner ursprünglichen T4T-Gruppe. Das setzt voraus, dass die von dir trainierten Gläubigen bereit sind, das umzusetzen, was du sie lehrst. Es setzt ebenfalls voraus, dass sie nicht eigensinnig sind und sich nicht weigern, in liebevoller Rechenschaft zu leben.

Es gibt zwei Gründe, so lange bei ihnen zu bleiben:

Grund 1: Anhaltender Erfolg von vier und mehr Generationen

Wenn dein Ziel darin besteht, eine Bewegung mit mehreren Generationen von Trainern und Gemeinden aufzubauen, musst du lange genug mit der Gruppe zusammenbleiben (oder aber oft genug zu ihr zurückkehren), um sie als Mentor durch diesen Prozess begleiten zu können und gesunde Muster der Jüngerschaft zu etablieren.

> Indem du eine langfristige Mentorbeziehung mit entstehenden Trainern und Gemeinden aufbaust, kannst du helfen, sie anzuleiten, ohne die Bewegung zu kontrollieren, zu dämpfen oder gar zum Stillstand zu bringen.

Beachte das unten dargestellte Szenario. Wir nennen hier deine Trainingsgruppe Generation Null (G0), weil du in diesem Fall bereits vorhandene Christen darin trainierst, die erste neue Generation innerhalb deiner Volksgruppe oder deiner Region zu Jesus zu führen. [18] Du gründest diese Gruppe Anfang Januar und verlässt sie nach sechs Wochen, weil du „T4T abgeschlossen hast" – womit du die ersten sechs Lektionen meinst, welche du am Anfang für die Jüngerschulung verwendet hast. Doch Generation Null beginnt erst im Februar eine neue Generation (Generation eins = G1). Wie viele *neue Generationen* von Gruppen hast du in diesem Szenario nach deinen ersten sechs Lektionen? *Eine einzige.* Du bist erst bei G1.

	Jan.	Febr.	März	April	Mai	Juni	Juli	Aug.	Sept.	Okt.	Nov.	Dez.	Jan.	Febr.	März	April	Mai	Juni	Neue Gruppen
Deine Gruppe	X																		1
Gen 1		X																	1
Gen 2																			
Gen 3																			
Gen 4																			
																			2

Einige T4T-Gruppen beginnen neue Generationen innerhalb von Monaten, manche auch innerhalb von Wochen. In seltenen Fällen könnten sie sogar noch schneller starten. Es hängt alles davon ab, wie gut du die Trainer trainierst, wie effektiv ihr Zeugnis ist, wie lange ihr *oikos* braucht, ihren Glauben in Christus zu setzen, usw. Jede Situation ist anders.

In diesem Beispiel hast du die anfängliche Jüngerschulung Ende Februar abgeschlossen. Doch du hast erst *eine* neue Generation. Dein Ziel sind jedoch wenigstes *vier* neue Generationen, um sicherzugehen, dass eine neue Bewegung entstanden ist. Die Gruppe reagiert positiv auf das Konzept von T4T und setzt es um. Du fängst darum mit langfristiger Jüngerschulung an, indem du innerhalb des zweiten Drittels induktives Bibelstudium einführst. Während der Praxiszeiten wiederholst du vielleicht die ersten Jüngerschaftslektionen, die sie mit ihren neuen Trainingsgruppen einüben sollen. Du verbringst Zeit mit Rollenspielen, wie sie eine weitere Generation beginnen oder wie sie ihrer G1-Gruppe helfen können, G2-Gruppen zu gründen. Unter der Herrschaft Christi trägst du so deinen Teil dazu bei, dass daraus eine Bewegung wird.

Sechs Monate vergehen. Sie haben Schwierigkeiten, dass ihre G1-Gruppen (sie haben zu diesem Zeitpunkt bereits mehrere) neue G2-Gruppen starten. Doch schließlich beginnt im Juni die erste Gruppe der zweiten Generation. Partyzeit! Du bist auf dem Weg zu einer Bewegung! Du hast eine entscheidende Hürde genommen: Neue Gläubige, die Gruppen mit anderen Menschen in ihrer Region beginnen. Würdest du jetzt die Arbeit verlassen, bist du immer noch nur bei G2. Also bleibst du.

	Jan.	Febr.	März	April	Mai	Juni	Juli	Aug.	Sept.	Okt.	Nov.	Dez.	Jan.	Febr.	März	April	Mai	Juni	Neue Gruppen
Deine Gruppe	X																		1
Gen 1		X																	4
Gen 2						X													3
Gen 3																			
Gen 4																			
																			8

> Um zu vier oder mehr beständigen Generationen an Trainern und Gemeinden zu gelangen ist es in der Regel erforderlich, zwischen neun und 18 Monaten bei der ursprünglichen Gruppe zu bleiben und sie durch den gesamten Prozess zu führen.

Jetzt stehst du vor einer größeren Herausforderung. Du musst G0 (deiner ursprünglichen Gruppe von Gläubigen) helfen, G1 zu trainieren, damit diese G2 trainiert, eine neue Generation zu gründen. Zum Glück weiß G2, wie es aussieht, wenn junge Gläubige effektiv evangelisieren und andere zu Jüngern ausbilden, weil sie es an dem sehen können, der sie trainiert! Sie fassen Mut und gewinnen ihren *oikos*. Drei Monate später, im September, startet die erste Gruppe der dritten Generation! Wieder ist Partyzeit. Nun ist offensichtlich, dass die DNA sich überträgt. In der Regel musst du, um zu beständigen vier und mehr Generationen an Trainern und Gemeinden zu gelangen, neun bis 18 Monate bei der ursprünglichen T4T-Gruppe bleiben, um sie durch den Prozess zu führen. Du bist begeistert. Doch wenn du jetzt gehst, bist du immer noch nur bei G3, und du weißt, dass es eine stabile vierte Generation (und darüber hinaus) benötigt, damit dein Dienst zu einer dauerhaften Bewegung wird.

	Jan.	Febr.	März	April	Mai	Juni	Juli	Aug.	Sept.	Okt.	Nov.	Dez.	Jan.	Febr.	März	April	Mai	Juni	Neue Gruppen
Deine Gruppe	X																		1
Gen 1		X																	6
Gen 2				X															10
Gen 3									X										5
Gen 4																			
																			22

Lass uns annehmen, G3 hätte aus irgendeinem Grund Probleme damit, G4 zu beginnen, doch sechs Monate später starten die ersten G4-Gruppen doch. Jetzt ist es Zeit für eine große Feier! Die Arbeit breitet sich durch vielfältige Beziehungsströme aus, wobei viele der Gruppen gar keine Beziehung mehr untereinander haben. Es ist jetzt Februar, mehr als ein Jahr später. Du könntest jetzt gehen, doch bisher ist lediglich die erste G4-Gruppe gegründet worden. Daher willst du so lange bleiben, bis du sicher bist, dass dies zu einem Muster geworden ist. Während dieser Zeit hilfst du den Gruppen, gesunde und langfristige Bibelstudien sowie Muster des Gehorsams zu etablieren. Mehr darüber später in diesem Kapitel.

Während diesen 18 Monaten der Mentorschaft starten die Generationen weiterhin neue Gruppen (unabhängig davon, dass auch du selbst neue G0-Gruppen gründest).

	Jan.	Febr.	März	April	Mai	Juni	Juli	Aug.	Sept.	Okt.	Nov.	Dez.	Jan.	Febr.	März	April	Mai	Juni	Neue Gruppen
Deine Gruppe	X																		1
Gen 1		X																	6
Gen 2				X															17
Gen 3								X											15
Gen 4														X					4
																			43

G0 gründet weiterhin neue Gruppen: 6 nach den 18 Monaten.

G1 gründet weiterhin neue Gruppen: 17 nach den 18 Monaten.

G2 gründet weiterhin neue Gruppen: 30 nach den 18 Monaten.

G3 gründet weiterhin neue Gruppen: 10 nach den 18 Monaten (sie hatten in diesem Szenario noch nicht viel Zeit, ihrerseits Gruppen zu beginnen).

G4 ist fast so weit, eigene Gruppen zu gründen.

	Jan.	Febr.	März	April	Mai	Juni	Juli	Aug.	Sept.	Okt.	Nov.	Dez.	Jan.	Febr.	März	April	Mai	Juni	Neue Gruppen
Deine Gruppe	X																		1
Gen 1		X																	6
Gen 2				X															17
Gen 3									X										30
Gen 4														X					10
																			64

> Wie lange du bei einer Gruppe bleibst ist nicht davon abhängig, wie viele Inhalte du ihnen vermittelst, sondern wie viele sich reproduzierende Generationen du entwickeln willst.

Warum bleibst du 18 Monate bei einer Gruppe? In diesem Beispiel hat es so lange gebraucht, um 64 Gruppen zu gründen, die beständige Ergebnisse der vierten Generation (G4) hervorbringen.

Manchmal wird dies neun Monate dauern, manchmal vielleicht auch drei Jahre. Wie lange du bei einer Gruppe bleibst ist nicht davon abhängig, wie viele Inhalte du ihnen vermittelst, sondern wie viele, sich reproduzierende Generationen du entwickeln willst.

Supervision und Begleitung von Gruppen der vierten Generation

Vor einem Jahr berichtete mir ein Missionarskollege über das wundervolle Werk, das Gott unter seiner muslimischen Volksgruppe tut. Wunder über Wunder geschehen, durch die der Bräutigam seine Braut zu sich zieht. Ich staunte.

Er zeigte mir eine Tabelle, die darlegte, wie viele neue Gemeinden gegründet und wie viele Gläubige getauft wurden. Ich pries den Herrn mit ihm. Dann stellte ich ihm eine diagnostische Frage, um herauszufinden, ob dies bereits eine Gemeindegründungsbewegung war oder nicht. Ich fragte: „Wie viele dieser Gemeinden gibt es in der 1., 2., 3., 4. oder darüber hinaus gehenden Generation?"

Der Missionar schaute mich verwirrt an: „Ich weiß es nicht; ich wurde das nie gefragt." Einige Wochen später erhielt ich eine Email von ihm, in der er mir das Ergebnis einer Umfrage unter den Leitern der neuen Gemeinden mitteilte und welche die Gemeinden nach Generationen auflistete. Zu dieser Zeit war es noch keine GGB, doch sie war nahe daran. Die Bewegung hatte das Potenzial, in Kürze zu einer GGB zu werden.

Was mich schockierte war seine Antwort: „Ich weiß es nicht; ich wurde das nie gefragt." Einer der Gründe, warum wir keine GGB bekommen, ist, dass wir unsere Ergebnisse nicht am Standard von GGB-Indikatoren überprüfen. GGB-Indikatoren sind beständige vier und mehr Generationen von Gläubigen, Taufen, Gruppen und Gemeinden. *Bevor du eine Bewegung nicht auf eine beständige vierte Generation und darüber hinaus zurückverfolgen kannst, hast du noch keine Gemeindegründungsbewegung.*

Grund 2: Bleibe lange genug, um starke Leiter zu entwickeln!

Der erste Grund, warum du eine Mentorenbeziehung von 18 Monaten entwickelst, besteht darin, dabei zu helfen, Generationen-Wachstum von vier und mehr Generationen zu erzeugen.

Der zweite Grund, warum du bei einer T4T-Gruppe mindestens neun bis 18 Monate bleibst, ist, starke Leiter in jeder Generation aufzubauen. Du arbeitest daran, ein System der Leiterentwicklung zu etablieren, das zusammen mit der Bewegung wächst. Gemeindegründungsbewegungen können deshalb auch Leiter-Multiplikations-Bewegungen genannt werden. Die Entwicklung von Leitern ist der Motor, den der Heilige Geist gebraucht, um eine dauerhafte Bewegung voranzutreiben.

Wie werden Leiter während dieser Phase entwickelt? Siehe Kapitel 17 für eine ausführliche Erklärung. Schauen wir uns jedoch hier bereits einen Aspekt der Entwicklung von Leitern an. Erinnere dich, dass jede Trainingssitzung drei Drittel beinhaltet. Im ersten Drittel beschäftigt sich der erste Teil mit pastoraler Fürsorge. Während dieser Zeit fragst du die einzelnen Teilnehmer: „Wie geht es dir?"

	Jan.	Febr.	März	April	Mai	Juni	Juli	Aug.	Sept.	Okt.	Nov.	Dez.	Jan.	Febr.	März	April	Mai	Juni	Neue Gruppen
Deine Gruppe	X																		1
Gen 1		X																	6
Gen 2				X															17
Gen 3						X													30
Gen 4										X									10
																			64

Schau dir die vorangegangene Generationentabelle an! Welche Art von Fragen wird deine G0-Gruppe in diesem Teil der pastoralen Fürsorge während der ersten Wochen bewegen?

Wie kann ich regelmäßig Zeit zum Gebet finden?

Wie kann ich diese oder jene Sünde überwinden?

Wie führe ich meinen Ehepartner zum Glauben?

Ich plane, aus der Wohnung meines Freundes auszuziehen. Bete für mich!

Ich fühle mich von Dämonen angegriffen. Bete um Schutz für mich!

Ich werde auf Arbeit verspottet und verliere vielleicht meinen Job. Was soll ich tun?

Die meisten Fragen werden sich mit den Grundlagen von Jüngerschaft und mit Problemen in Beziehungen beschäftigen. Welche Fragen werden deine G0-Mitglieder nach sechs Monaten haben?

Wie finde ich Zeit, mich mit meiner neuen Gruppe zu treffen?

Wie lange sollen wir uns treffen?

Wie bringe ich sie dazu, dem Wort zu gehorchen?

Sie geben kein Zeugnis; was soll ich tun?

Ich leite noch zwei weitere Gruppen (zusätzlich zu dieser Gruppe). Es wird mir zu viel. Helft mir!

Welche Anliegen werden sie nach neun bis zehn Monaten haben, wenn du fragst: „Wie geht es dir?"

Der Leiter einer G2-Gruppe ist in Sünde gefallen. Wie helfe ich dem G1-Leiter, ihm zu helfen?

Eine meiner G2-Gruppen hat noch keine einzige G3-Gruppe gegründet. Wie helfe ich ihnen?

Ich muss ein Leitertreffen einberufen, um sie zu ermutigen. Was schlägst du dafür vor?

Falsche Lehrer versuchen, einige unserer Gruppen in die Irre zu führen. Was sollen wir tun?

Ein G2-Leiter hat eine theologische Frage zu Ehescheidung. Der G1-Leiter und auch ich konnten darauf keine Antwort geben. Was lehrt die Bibel darüber?

Ich habe sehr viel zu tun, die Gläubigen in den Gruppen und ihre Leiter zu betreuen, doch meine eigene Seele trocknet dabei aus. Hilf mir, eine Auszeit mit dem Herrn zu nehmen, damit ich erfrischt werde!

Siehst du, was geschieht? Solange du diese Trainer weiterhin fragst, wie es ihnen geht, wirst du nicht nur auf ihre persönlichen Probleme eingehen, sondern darüber hinaus auch gute Arbeit darin leisten, *Leiterschaft zu entwickeln*. Es ist ein ausgezeichnetes Modell für praxisorientierte Leiterentwicklung. Du gibst ihnen zeitnah Feedback, Vermittlung und Hilfe für eine ganze Reihe von Themen. Du hilfst ihnen, solide Muster zu entwickeln, wie man das Wort versteht und ihm gehorcht. Dieser Prozess ähnelt dem, was Paulus tat, als er seine Briefe an Timotheus und Titus schrieb. Er half *ihnen*, während sie ihrerseits *einer Vielzahl an neuen Leitern* halfen (Titus 1,5). Es gibt weitere Mittel und Methoden, mit deren Hilfe du diese Leiter noch systematischer entwickeln kannst. Doch für den Anfang ist das bedeutendste Werkzeug der Drei-Drittel-Prozess. Wenn *du* lange genug bei ihnen bleibst und *sie wiederum* lange genug bei ihren Gruppen bleiben, von Generation zu Generation, dann hat jede neue Ebene von Leitern die Gelegenheit, Probleme, Nöte, Frustrationen sowie andere Fragen mitzuteilen und sofortige Hilfe zu erhalten.

Eine Bewegung von Leitern bauen

Solch ein schnelles Wachstum von Leitern muss keine oberflächliche Bewegung sein. Im Gegenteil, wie wir in Epheser 4,11-16 sehen können, gelangen Gläubige viel schneller zur Reife, wenn sie sofort damit beginnen zu dienen (siehe Kapitel vier). Vor T4T waren einige GGBs nur kurzlebig. Es gab einige wenige „Super-Verbreiter", die viele Menschen zum Glauben führten und viele Gemeinden gründeten. Doch neue Leiter wurden nicht in der erforderlichen Breite entwickelt. Nach einiger Zeit gab es viel mehr neue Gemeinden als es Leiter gab. Das Ergebnis war die *Überlastung von Leitern*. [19]

Gemeinde-Multiplikation

+

KEINE Multiplikation von Leitern

=

Leiter-Überforderung *(die GGB wird langsamer oder endet)*

Als T4T an immer mehr Orten umgesetzt wurde, entdeckten wir zufällig, dass die Anzahl der Leiter in der Regel mit der Anzahl neuer Gemeinden Schritt hielt. Es gab einige Ausnahmen, wo ein „Super-Verbreiter" viele Gruppen startete und leitete (und oftmals dabei ausbrannte). Doch insgesamt wuchs die Zahl der Leiter, weil jeder Gläubige trainiert wurde, wiederum ein Trainer zu sein.

> Wenn man die drei Drittel gut durchführt, entwickelt der T4T-Prozess Leiter ganz natürlich und wie von selbst. Während deine Trainer neue Generationen gründen, kommen automatisch Leiterschaftsfragen auf. Dadurch entwickeln sie sich als Leiter weiter – ungeachtet eines Titels, den du ihnen gibst.

Ying vermeidet es, jemals den Begriff „Leiter" zu gebrauchen, weil er glaubt, dass dies leicht zu Stolz führen kann. Stattdessen nennt er einen Gruppenleiter einfach einen „Trainer". Einige seiner Trainer leiten Bewegungen von tausenden an Gemeinden, werden jedoch immer noch „Trainer" genannt. Er will ihnen keine Titel geben, aus Furcht vor Stolz. Der Begriff „Trainer" verkörpert die grundlegende Idee, ein Jünger zu sein, der einfach Dinge empfängt und das Gelernte an andere weitergibt.

Der Punkt ist: Wenn man die drei Drittel gut durchführt, entwickelt der T4T-Prozess Leiter ganz natürlich und wie von selbst. Während deine Trainer neue Generationen gründen, kommen automatisch Leiterschaftsfragen auf. Dadurch entwickeln sie sich als Leiter weiter – ungeachtet eines Titels, den du ihnen gibst.

T4T hilft dir dabei, etwas umzusetzen, was der Apostel Paulus sehr gut konnte: Aus frisch Bekehrten Leiter für jede Phase zu entwickeln. [20] Indem er ihnen entlang des Weges Aufgaben anvertraute und gemeinsam mit ihnen Probleme löste entwickelte Paulus ziemlich schnell Leiter. Gegen Ende seiner dritten Reise, als er sich für die Rückreise nach Jerusalem vorbereitete, lesen wir einen interessanten Vers:

„Es begleitete ihn aber nach Asien Sopater von Beröa, des Pyrrhus (Sohn), von den Thessalonichern aber Aristarchus und Secundus und Gajus von Derbe und Timotheus und Tychikus und Trophimus aus Asien." (Apg. 20,4)

Schauen wir uns diesen Vers in einer etwas anderen Darstellung an. Gegen Ende seiner drei Reisen (welche sich über acht bis zehn Jahre erstreckten) wurde Paulus von Leitern begleitet, die Bewegungen in seinen Hauptarbeitsgebieten repräsentierten:

Gajus aus Derbe (Reise eins: sieben bis acht Jahre zuvor)

Timotheus aus Lystra in Ikonium (Reise zwei: fünf bis sieben Jahre zuvor; Apg. 16,1-3)

Sopater aus Beröa (Reise zwei: vier bis sechs Jahre zuvor)

Aristarchus und Secundus aus Thessalonich (Reise zwei: vier bis sechs Jahre zuvor)

Tychikus und Trophimus aus Asien (Reise drei: ein bis vier Jahre zuvor)

Die Leiter von Paulus entwickelten sich so schnell, dass er zur ursprünglichen Gemeinde – Jerusalem – mit reifen Leitern zurückkehrte, welche die wichtigsten GGBs repräsentierten, die sich durch seine drei Reisen entwickelt hatten. Wir könnten leicht über dreißig wichtige Partner nennen (nicht nur einfache Gläubige, die durch Paulus trainiert wurden), *die aus der Ernte seiner drei Missionsreisen resultierten.* Die Bewegungen, die begonnen hatten, mussten nicht durch einen beständigen Strom von Leitern aus Antiochia oder Jerusalem versorgt werden; stattdessen waren sie in der Lage, sich eigenständig zu versorgen.

Sein vielfältiges Team von Partnern spiegelt die hohe Effektivität wieder, mit der Paulus neuen Leitern ein Beispiel (sich selbst) und ein Modell von Jüngerschaft zu geben vermochte (Philipper 3,17).

> Der Dienst als Mentor sollte lang genug sein, um zwei Dinge zu bewirken: 1. Ihnen zu helfen, zu einem stabilen Wachstum von vier Generationen und mehr zu gelangen. 2. Ihnen zu helfen, sich zu starken Leiter zu entwickeln.

Zusammenfassung

Entscheidend für den Anfang einer Bewegung ist, sie für neun bis 18 Monate (oder länger) als Mentor zu begleiten. Der Dienst als Mentor sollte lang genug sein, um zwei Dinge zu bewirken:

1. Ihnen zu helfen, zu einem stabilen Wachstum von vier Generationen und darüber hinaus zu gelangen.

2. Ihnen zu helfen, sich zu starken Leitern zu entwickeln.

Du willst diese Bewegung nicht selbst kontrollieren, sondern du willst, dass der Geist Gottes sie kontrolliert. Dein Ziel ist es, mit Gott zu kooperieren, um mitzuhelfen, die Bewegung gesund zu erhalten.

Gründen und begleiten; nicht einfach nur in den Raum setzen. Nur dies befähigt die aufkeimende Jüngerschafts-Revolution, langlebig zu sein.

Die folgenden Kapitel entfalten die wesentlichen Elemente des T4T-Prozesses. Wie passt du diese Elemente praktisch an deinen eigenen Kontext an? Lies weiter, um es zu erfahren!

Sei ein Täter, nicht nur ein Hörer!

Schreibe auf, wie Gott zu dir gesprochen hat und was Er von dir erwartet, in Folge davon im Gehorsam zu tun:

DRITTER TEIL

DIE ANWENDUNG VON T4T

KAPITEL 11

DEIN T4T-PAKET: VISIONSVERMITTLUNG

Die letzten Kapitel haben dir den Geist und den Lebensstil einer Jüngerschafts-Revolution vor Augen geführt – den Prozess von T4T. Die Frage lautet nun: Wie kannst du eine solche Revolution auch in deiner Region auslösen? Wenn T4T sich in deiner Umgebung als effektiv erweist, dann sollte es dir helfen, diese Region von Verlorenheit hin zur Multiplikation von Trainern und Gemeinden zu verändern. *T4T sollte dir und deinen Trainern zeigen, was in jeder einzelnen Phase zu tun ist, wenn Menschen „Ja" dazu sagen, vorwärts zu gehen.* Es sollte ein umfassendes Paket sein, in welchem alles enthalten ist, was dir hilft, mit dem König darin zu kooperieren, dauerhafte GGBs zu gründen und zu bauen. Es unterstützt dich darin, innerhalb der göttlich-menschlichen Partnerschaft deinen Teil zu erfüllen, um Sein Reich kommen zu lassen.

Was sind die entscheidenden Bausteine für ein vollständiges T4T-Paket? Die verbleibenden Kapitel werden dir helfen, diese Bausteine zu entdecken und T4T in deinem Dienst effektiv zur Anwendung zu bringen. Während du dies tust, *wird T4T dich aufgrund der göttlich-menschlichen Partnerschaft leiten,* damit du, wenn Gott wirkt, einen Weinschlauch hast, der in der Lage ist, das aufzufangen, was Sein Geist hervorbringt.

Es sollte wirken, tut es aber nicht

Dennoch gibt es einige Gründe, warum T4T manchmal nicht funktioniert:

Manchmal verstehen wir nicht die Feinheiten und Phasen von T4T. Darum dieses Buch.

Manchmal verändern wir T4T so sehr, dass wir die zentralen Prozesse verlieren, die uns durch die entscheidenden Phasen einer Gemeindegründungsbewegung führen.

Manchmal trainieren wir unsere Trainer nicht ausreichend,
sodass diese nicht wissen, was sie tun müssen, wenn Menschen „Ja" in den verschiedenen Phasen sagen.

Es wäre möglich, dass du den Lehrplan von T4T so stark umgestal-
test und den Prozess dadurch so drastisch veränderst, dass du deinen
Trainern in der Folge nicht mehr ausreichend helfen kannst, erfolgreich die verschiedenen Phasen einer GGB zu durchlaufen. Sowohl
dieses als auch die folgenden Kapitel werden dir helfen, diesen Fehler zu vermeiden. Wir werden uns auf jene Phasen von T4T konzentrieren, die es dir ermöglichen, durch die wesentlichen Stadien einer
Gemeindegründungsbewegung zu gehen:

1) Mobilisierung der Geretteten, die Gott – mit Hilfe von
Visionsvermittlung – gebrauchen wird, eine Bewegung zu
beginnen.

2) Finden der Verlorenen, die Gott vorbereitet, das Evangelium zu empfangen, durch die Anwendung von Methoden,
die jeder neue Gläubige nachahmen kann.

3) Evangelisation in einer Art, die jeder neue Gläubige wiederholen kann.

4) Jüngerschaft, die jeder neue Gläubige nachvollziehen
und weitergeben kann.

5) Gemeindegründung, die jeder neue Gläubige nachahmen kann.

6) Heranbildung von Leitern, die jeder neue Gläubige
selbst erleben und an andere weitergeben kann.

Jedes lokale wie auch spezialisierte T4T-System muss so zusammen-
gesetzt sein, dass es neue Gläubige darin unterstützt, jede Phase einer
GGB erfolgreich zu durchlaufen. Andernfalls bleiben sie an irgendeinem Punkt stecken und die GGB kann sich nicht entfalten. *Von jetzt
an wird dir darum jedes Kapitel ein zusätzliches Element an die
Hand geben, das in deinem T4T-Paket enthalten sein muss*, und
dich zusätzlich dazu auf eine Reihe entsprechender Beispiele in den
„Ergänzenden Materialien" auf der Website hinweisen. Am Ende des
Buches sollte dann deutlich geworden sein, wie du dich von einer

Phase zur nächsten bewegst, wie du T4T an **deinen** Kontext anpassen kannst, und gegen welche Prinzipien innerhalb dieses Prozesses nicht verstoßen werden darf.

Deine Bestimmung

T4T hilft uns dabei, unsere Welt in einer klaren Zweiteilung zu sehen: Verlorene und Gerettete. Der erste Schritt in der Anwendung von T4T für deinen Dienst besteht darin, diejenigen Gläubigen zu finden, die Gott gebrauchen will, um eine Bewegung zur Geburt zu bringen. Jeder Gläubige hat eine Bestimmung, die von Gott vorbereitet wurde. Sie besteht darin, ihn in Christusähnlichkeit wachsen zu lassen und ihn gleichzeitig zu befähigen, in guten Werken zu wandeln, die Gottes Auftrag erfüllen. Es ist eine Bestimmung, die auf perfekte Weise Sein und Tun in Übereinstimmung bringt:

> „Denn die er vorher erkannt hat, *hat er auch vorherbestimmt, dem Bilde seines Sohnes gleichförmig zu sein,* damit er der Erstgeborene sei unter vielen Brüdern." (Römer 8,29)

> „Denn wir sind sein Gebilde, *in Christus Jesus geschaffen zu guten Werken, die Gott zuvor bereitet hat,* damit wir in ihnen wandeln sollen." (Epheser 2,10)

In der ganzen Welt finden wir unterentwickelte und unterbeschäftigte Gläubige, die herausgefordert werden müssen, in wahrer Übereinstimmung mit Christus zu leben und die Absicht Gottes zu erfüllen, eine unzählbare Schar an Menschen aus jeder Sprache, Volksgruppe und Nation für Sich zu erlösen. Jeder Gläubige ist dazu berufen, die Absichten Gottes *innerhalb seiner eigenen Generation* zur Erfüllung zu bringen (Apg. 13,36). Während Gott Gläubige dafür vorbereitet, ist es unsere Aufgabe, ihnen eine Vision zu vermitteln, damit sie es sehen und erfüllen können.

Visionsvermittlung für Sein und Tun

Visionsvermittlung ist ein Lebensstil, innerhalb dessen wir Brüdern und Schwestern fortwährend helfen, sowohl das Potenzial zu erkennen, wer sie in Christus sind und was sie in Ihm werden können (**Sein**), als auch, was Gott durch sie bewirken will (**Tun**). Da wir in einer gefallenen Welt leben, ist es für jeden von uns leicht, die geistliche Realität und die Bestimmung zu vergessen, die Gott für uns vorbereitet hat, und stattdessen nur im Schauen zu wandeln. Um das zu ändern müssen wir einander anspornen, im Glauben zu wandeln und nicht im Schauen.

> „Lasst uns aufeinander achthaben, um uns zur Liebe und zu guten Werken anzureizen, indem wir unser Zusammenkommen nicht versäumen, wie es bei einigen Sitte ist, sondern einander ermuntern, und das um so mehr, je mehr ihr den Tag herannahen seht." (Hebräer 10,24-25)

Jesus tat dies sehr oft, allein in Johannes 1 zwei Mal.

Simon Petrus wurde von seinem Bruder Andreas zu Jesus gebracht. Was für eine Art Mann war er? Er glich einer Welle, die hin- und hergeworfen wird, schwankend in seinen Gefühlen, stets zu irgendeinem Extrem neigend. Ich kann mir vorstellen, dass Simon zu Jesus kam und auf einen Neuanfang für sein Leben hoffte. „Vielleicht ist das ein Lehrer, der mein wahres Ich nicht kennt und mir die Chance gibt, anders zu sein."

Doch wie begrüßte Jesus ihn? „Du bist Simon, der Sohn des Johannes." (Joh. 1,42). Ich kann förmlich sehen, wie Simon aus der Fassung geriet. „Oh nein, Er kennt mich bereits! Hier gibt es keine zweite Chance." Was sind die nächsten Worte, die Jesus spricht? „Von jetzt an nenne ich dich Kephas – Felsen!" Wow! Er findet nicht nur eine zweite Chance, sondern eine Vision, wozu er werden kann! Nicht länger schwankend, sondern dauerhaft stabil! Jesus sprach über Simons Zukunft. Direkt danach brachte Philippus Nathanael zu Jesus. Zunächst war Nathanael skeptisch, doch Jesus sprach zwei Worte der Vision zu ihm:

> „Siehe, du bist ein Israelit, in dem kein Trug ist. Du bist wahrhaftig!" (Joh. 1,47)

„Du wirst Größeres als dieses und sogar himmlische Visionen sehen!" (Joh. 1,50-51)

Wie lange brauchte Jesus wohl, um diese Worte zu Nathanael zu sprechen? Du kannst dir mehr Zeit dafür nehmen wenn du willst – doch es ist nicht erforderlich.

In Apostelgeschichte 11,25-26 ging Barnabas nach Tarsus, um Saulus (Paulus) zu finden, der gerade erst zum Jünger geworden war, und ihn in die neue Gemeinde in Antiochia zu bringen, die man dort gegründet hatte. Was sagte er wohl zu ihm? Ich kann mir vorstellen, dass es Worte wie diese waren:

> „Bruder Saul, ich weiß, dass Gott dir die Heidenvölker aufs Herz gelegt hat. Und weißt du, was gerade passiert? In Antiochia wurde vor kurzem eine neue Gemeinde gegründet, die aus nichtjüdischen Gläubigen besteht. Komm, begleite mich dorthin, und lass uns sie all die Dinge lehren, die Gott für sie vorgesehen hat. Vielleicht wird das der Anfang einer Bewegung unter den Heidenvölkern sein."

Saulus begleitete ihn, und so wurde Antiochia das Zentrum, von dem aus eine neue Bewegung begann.

Gläubige mobilisieren, eine Bewegung zu starten

Der vielleicht wichtigste einzelne Schritt, den du unternehmen kannst, um eine GGB zu starten, die nach den Prinzipien von T4T arbeitet, besteht darin, Gläubige in deiner Umgebung (oder aus einer ähnlichen Volksgruppe) zu mobilisieren. (Mit „ähnlicher Volksgruppe" meine ich Gläubige aus einer anderen Region oder Volksgruppe, die dieselbe oder eine verwandte Sprache sprechen). Mobilisierung bedeutet, diesen Gläubigen eine Vision dessen zu vermitteln, was Gott *in ihnen* und *durch sie* tun kann, und danach diejenigen, die damit übereinstimmen, zu trainieren, mit Hilfe des T4T-Prozesses vorwärts zu gehen.

Bei T4T geht es vor allem darum, *die Geretteten für das Leben und den Dienst zu trainieren,* zu dem Gott sie berufen hat (Zurüstung der Heiligen für das Werk des Dienstes).

„Er gab die einen als Apostel und andere als Propheten und andere als Evangelisten und andere als Hirten und Lehrer, zur Ausrüstung der Heiligen für das Werk des Dienstes, für die Erbauung des Leibes Christi." (Epheser 4,11-12)

Darum besteht ein Schlüsselelement jedes T4T-Paketes in der Fähigkeit, anderen Gläubigen eine Vision zu vermitteln, durch die Gott sie in Christusähnlichkeit prägen und für Seine Absichten gebrauchen kann.

Von 2007 bis 2008 wurde eine interne Untersuchung über die erfolgreichsten Missionare in einem Teil Asiens gemacht. Die Untersuchung verglich ihre jährliche Statistik an Taufen, neuen Gruppen und Gemeinden mit externen jährlichen Fortschrittsberichten. Die Ergebnisse waren sehr überraschend. Das wichtigste Kennzeichen dieser erfolgreichsten Missionare war *nicht* Evangelisation oder Gemeindegründung, sondern *ihre Fähigkeit, den Gläubigen vor Ort eine Vision zu vermitteln und sie mit den Prinzipien des Reiches Gottes auf dem Weg zu einer Gemeindegründungsbewegung in Übereinstimmung zu bringen.*

In einer Untersuchung von neun städtischen GGBs resultierten bis zu 95 Prozent ihrer Ergebnisse aus bereits vorhandenen Gläubigen, die sie mobilisiert und trainiert hatten, anstatt aus Verlorenen, die sie persönlich für den Herrn gewannen.

Im Jahr 2010 untersuchte eine Forschungsgruppe über 100 GGB-fokussierte Teams in Südostasien. Diejenigen, die in Partnerschaft mit den Gläubigen vor Ort arbeiteten, waren zu 90 Prozent effektiver, was Taufen sowie den Start neuer Gruppen und Gemeinden betraf, als Teams, die dies nicht taten. [21]

Wo sollte Mobilisation beginnen?

Viel Zeit mit der Mobilisierung von Gläubigen vor Ort zu verbringen (Visionsvermittlung mit anschließendem Training), damit sie mit dir in T4T zusammenarbeiten, ist eine Aktivität von hohem Wert, um eine Jüngerschafts-Revolution zu initiieren. Wo genau du beginnst, hängt von deinem Kontext ab.

Missionare, die in fremden Kulturen arbeiten

Wenn du in einer fremden Kultur arbeitest, dann besteht die höchste Priorität in der Mobilisierung von Gläubigen darin, dass sie räumliche, sprachliche und kulturelle Nähe aufweisen zu derjenigen Volksgruppe, unter der du dienst. Vorausgesetzt, dass sie lernbereit sind und den Herrn suchen, werden Gläubige, die deiner Volksgruppe ähnlicher sind, sich in folgender Reihenfolge als effektiv erweisen: (Diese Abstufung illustriere ich mit dem Beispiel der Ina, unter denen ich gearbeitet habe, und die in ihrem Land als Volk eine Minderheit darstellen.) [22]

1. Dieselbe Kultur: Jeder Gläubige unter den Ina, den ich finden konnte.

2. Nationale Minderheit: Jeder Gläubige aus einer anderen Minderheit des gleichen Landes.

3. Nationale Mehrheit: Jeder Gläubige aus dem Hauptbevölkerungsanteil des gleichen Landes.

4. Ausländische Asiaten, die dieselbe Sprache sprechen: Jeder ausländische Asiate, der die Landessprache meiner Volksgruppe spricht.

5. Ausländische Asiaten: Beliebige Asiaten, einfach weil sie in die Dörfer hineinschlüpfen können und von ihnen weniger Notiz genommen wird, als es bei Weißen der Fall wäre.

6. Jeder andere.

Wenn du Gläubige derselben Kultur in deinem Kontext hast dann verbringe viel Zeit damit, sie zu mobilisieren, was bedeutet: Vision zu vermitteln und sie zu trainieren. Wenn es von ihnen nur wenige oder gar keine gibt, dann solltest du die Prioritätenliste durcharbeiten, um Partner zu finden. Du wirst bewerten müssen, was „verwandte" oder „nahestehende" Kultur in deinem

> Die wichtigste Eigenschaft fruchtbarer GGB-Arbeiter ist ihre Fähigkeit, den Gläubigen vor Ort eine Vision zu vermitteln und sie dazu zu bringen, mit Hilfe der Prinzipien des Reiches Gottes eine Gemeindegründungsbewegung zu beginnen.

Kontext bedeutet. Zum Beispiel kann es sein, dass jordanische, arabische Christen effektiver sind als ägyptische Kopten, um ägyptische, arabische Muslime zu erreichen. Wenn du in einer Region arbeitest, die von deiner eigenen Kultur geprägt ist, dann wird fast jeder Gläubige, den du mobilisierst, das Potenzial haben, effektiv zu sein, da er Kultur und Sprache bereits kennt.

Gemeindegründer

Wenn du in einer anderen Stadt oder Region deines Heimatlandes eine neue Gemeinde gründest (oder besser gesagt: eine *Bewegung* von Gemeinden!), dann wirst du nach Gläubigen in dieser Region Ausschau halten wollen. Zusätzlich zu dem Gemeindegründungsteam, das du vielleicht mitbringst, werden die Gläubigen vor Ort der Schlüssel sein, den Gott gebraucht, um diese Region aufzuschließen, da sie bereits über einen *oikos* und damit die entsprechenden Beziehungen verfügen. Du kannst sofort damit beginnen, ihnen Vision dafür zu vermitteln, was Gott in ihnen und durch sie tun kann. Vielleicht willst du dieses Buch – als Grundlage für die Bewegung – zusammen mit ihnen lesen. Manchmal hilft es, die Vision von Dritten vermittelt zu bekommen, um objektiver im Durcharbeiten der Themen zu sein.

Gemeindeleiter und Mitglieder

Wenn du versuchst, T4T in deinem Heimatort anzuwenden, dann sollte dein erster Schritt darin bestehen, die Ideen dieses Buches mit Gemeindemitgliedern und Mitarbeitern zu besprechen. Du kannst dich mit einer Gruppe von Leuten verbünden, um den Weg der Jüngerschafts-Revolution zu beschreiten, und gemeinsam zu lernen. *Du* kannst der Same sein, den Gott gebraucht, um eine Bewegung in deiner Stadt oder Region zu entzünden. Die Themen dieses Buches mit anderen durchzuarbeiten kann dir und deinen Partnern helfen, sich für die Bewegung bereit zu machen.

Visionsvermittlung

Die Brücke, um Gläubige für eine Partnerschaft mit dir für den T4T-Prozess zu mobilisieren, ist *die Vermittlung von Vision.* Genauso, wie Jesus und Paulus dies mit ihren Jüngern taten, müssen auch wir es tun. Obwohl Visionsvermittlung auch ein Teil deines normalen T4T-Trainings sein wird: Wie bringst du Gläubige am Anfang dazu, sich überhaupt für T4T zu verpflichten? Du musst ihnen eine Vision dessen vermitteln, was Gott in ihnen und durch sie tun kann!

Da die Vermittlung von Vision an potenzielle gläubige Partner eine der Aktivitäten mit dem höchsten Wert ist, wollen wir dir eine einfache Sammlung von Begriffen und Konzepten geben, die dich zu dieser Mobilisierung anleiten sollen. Nähere Details dazu findest du in den „Ergänzenden Materialien" auf der Website. Was hier folgt ist eine verkürzte Version:

Beziehung

Jeder maßgebliche Einfluss entsteht durch Beziehungen. Dein Ziel ist es, innerhalb eines Beziehungsgeflechts gemeinsam mit anderen Gottes Absichten zu verwirklichen. Es geht also nicht darum, andere Gläubige dazu zu benutzen, *deine* Programme umzusetzen. Die erste Form ist lebensspendend; die zweite manipulativ.

Der erste Schlüssel für die Vermittlung von Vision an Partner vor Ort ist Beziehung. Lerne die Geschwister kennen! Liebe sie! Bestätige sie! Trinke viel Kaffee oder iss viele Hamburger mit ihnen! Lerne sie einfach kennen in aufrichtiger Liebe! Besprecht gemeinsam ihre und deine Vision! Teile dein Herz mit ihnen!

Bewerte den Status!

Frage deine potenziellen Partner, wo sie auf dem Weg zur Erfüllung ihrer Vision stehen. Obwohl sie vielleicht jedes Jahr Menschen zum Herrn führen: Reicht das aktuelle Momentum aus, die Vision zu erfüllen, ihre Nachbarschaft, ihre Stadt, ihren Bundesstaat oder ihre Region innerhalb der nächsten Jahre mit dem Evangelium zu erreichen? Die meisten erkennen, dass dies nicht der Fall ist.

Das ist ein guter Zeitpunkt, um die Frage zu stellen: „Wenn wir einen biblischen, langfristigen Weg finden könnten, dies schneller zu erreichen, wärt ihr daran interessiert?" Nur sehr wenige Menschen werden diese Frage mit „Nein" beantworten.

Lege Gottes Vision dar!

Wenn sie die Auswirkungen des Weges erkennen, auf dem sie sich derzeit befinden, werden die meisten Menschen bereit sein, über eine Vision zu hören, wie dies geändert werden kann. Jeder von uns sollte eine Vision haben, welche die menschliche Vorstellungskraft übersteigt. Sie muss voller Glauben und dennoch realistisch sein. Du versuchst, Glauben aufzubauen, nicht, falsche Hoffnungen zu wecken. Du versuchst, ihnen eine himmlische Vision zu vermitteln – direkt aus dem Herzen Gottes.

Ein effektiver Weg zu beginnen besteht in einer dreiminütigen Visionsvermittlung. Da die Zeit oft begrenzt ist, oder du vielleicht unerwartet die Gelegenheit bekommst, zu örtlichen Gläubigen zu sprechen, solltest du in der Lage sein, *in der Muttersprache deiner Zuhörer die Vision jederzeit innerhalb von drei Minuten mitzuteilen!*

Nimm einmal an du sitzt in einem Café und siehst dort deinen Pastor. Er ist kurz davor zu gehen, bietet dir jedoch einige Minuten des Austauschs an. Oder du bist gerade im Bus unterwegs und triffst einen Gläubigen. Da er gleich aussteigen will, hast du nur noch einige Minuten, um mit ihm zu sprechen. Was könntest du zu ihm sagen, um sein Herz zu bewegen, dem *Herzen Gottes* zu folgen, damit Sein Reich in größerer Fülle kommt?

Du kannst deine Vision in drei oder weniger Minuten mitteilen. Es kann eine Geschichte über Verlorenheit sein, und wie sich das andern kann. Am Anfang meiner Arbeit unter den Ina versuchte ich, viele Partner aus einer verwandten Kultur zu mobilisieren. Ich erzählte oft die Geschichte einer alten Frau. Sie lag in einem nahe gelegenen Dorf im Sterben, doch ich sprach ihre Sprache nicht, um ihr Zeugnis geben zu können. Meine potenziellen Partner jedoch verstanden die Sprache. Ich forderte sie heraus, mit mir darin zusammenzuarbeiten, eine Bewegung zu starten, um viele von denen zu erreichen, die sonst in den Dörfern der Ina ohne Jesus sterben würden.

Dies kann Begeisterung für die Vision einer GGB oder Jüngerschafts-Revolution entfachen. Du kannst auch etwa folgendes sagen:

> „Ich habe ein Buch über die Rückkehr zur ursprünglichen Jüngerschafts-Revolution des Neuen Testaments gelesen (erkläre in Kurzform, was du gelernt hast) und glaube, dass

Gott eine Revolution genau dort entfachen kann, wo wir leben. Würdet ihr euch mir anschließen, um gemeinsam mehr darüber zu erfahren?"

Welche Vision bewegt *dein* Herz, während du dieses Buch liest? Vermutlich handelt es sich um etwas, das dich selbst tief berührt. Während du dies einem potenziellen Partner mitteilst, scheue dich nicht, offen Gefühle zu zeigen. Wenn Gott eine Last auf *dein* Herz gelegt hat, dann kann Er auch die Herzen deiner Gesprächspartner bewegen.

Praktische Anwendung: Halte inne und denke darüber nach, was auf deinem Herzen ist! Was hat dein Herz dazu bewegt, Menschen in deiner Volksgruppe oder Region zu erreichen? Was für Gedanken bewegen dein Herz, während du dieses Buch liest? Schreibe es auf! Dies ist der Same für deine dreiminütige Ansprache zur Vermittlung von Vision. Übe sie! Lerne sie auswendig! Hole dir Feedback von anderen Gläubigen, um zu sehen, ob es auch ihre Herzen bewegt.

Lade sie ein, sich für den nächsten Schritt zu verpflichten!

Wenn du Gläubigen eine Vision vermittelst, dann besteht der einzige Weg, um zu wissen, ob sie es ernst meinen, darin, sie einzuladen, *etwas Bestimmtes zu tun.* Diese Verpflichtung muss sowohl deiner Beziehung zu ihnen als auch dem, was du ihnen mitgeteilt hast, entsprechen.

Bitte andere, eine gewisse Verpflichtung einzugehen:

„Kommt doch zu unserem ersten T4T-Training am Sonntagabend, wenn wir Lektion eins durchgehen."

„Lasst uns dieses Buch zusammen lesen und jeden Freitagmorgen beim Kaffee darüber reden."

„Betet täglich darüber, wie ihr euch beteiligen könnt, und lasst uns in einer Woche zusammen essen, um darüber zu sprechen."

„Lasst uns am Samstag einen Gebetsmarsch durchführen."

„Unternehmt doch gemeinsam mit mir am Wochenende eine kurze Reise in eine unerreichte Region."

Vergiss nicht: Überführung ist nicht gleichbedeutend mit Gehorsam! Du weißt nicht, wer gehorsam ist, solange du ihnen nicht etwas gibst, zu dem sie sich verpflichten können. Dies ist das Gleichnis von den zwei Söhnen – einer, der „Ja" und einer, der „Nein" sagte (Matth. 21,28-32) – und sie wiederholt sich in deiner Situation. Wenn Jesus Vision vermittelte lud Er Menschen immer wieder ein, auf das zu reagieren, was sie gehört hatten – und du solltest das auch tun.

Versuchsgruppe für Zögernde (ein Daniel-Projekt)

Manchmal werden die Gläubigen, die du mobilisieren willst, trotz all deiner Versuche weiterhin „Nein" sagen. Du könntest jetzt mit leeren Händen weggehen, doch du hast immer noch eine Option. Schlage eine Versuchsgruppe vor, oder was ich ein „Daniel-Projekt" nenne – gemäß Daniel Kapitel 1. In diesem Kapitel werden Daniel und andere hebräische junge Männer gefangen nach Babylon geführt und in das Trainingsprogramm des Königs für zukünftige Leiter aufgenommen. Alles hörte sich gut an – bis auf ein Problem: Sie sollten Speisen vom Tisch des Königs essen, die nicht koscher waren.

Obwohl sie fest entschlossen waren, diese Art von Nahrung nicht zu essen, sprach der königliche Erlass gegen sie. Dennoch gaben sie nicht auf. Sie baten ihre Vorgesetzten, sie innerhalb einer Versuchsgruppe etwas anderes versuchen zu lassen: Eine kleine Gruppe sollte für eine bestimmte Zeit eine andere Methode ausprobieren, und anschließend würden sie es auswerten. Als ihr Vorgesetzter das Ergebnis sah verlängerte er das neue Programm.

> Eines der effektivsten Werkzeuge der Mobilisierung ist es, wenn du Gläubigen in ihrer eigenen Sprache zu jeder Zeit in drei Minuten die Vision vermitteln kannst! Die meisten von uns wissen, wie man innerhalb von zwei oder drei Minuten sein Zeugnis mitteilt. Warum nicht auch unsere Vision?

Nachdem du dieses Buch gelesen, die Bibel zu diesem Thema studiert, die Fallstudien betrachtet und dich mit deinen Mitarbeitern ausgetauscht hast, **bist du möglicherweise innerlich entschlossen, deinen Dienst nicht weiterhin auf die alte Weise zu tun.** Du bist entschlossen, gemäß den Regeln des Königreiches Gottes zu leben, die sich von unserem natürlichen

Empfinden unterscheiden. Doch die Gläubigen vor Ort sehen dieses Thema anders als du. Was wirst du daraufhin tun? Tue, was Daniel tat: Bitte um eine Versuchsgruppe – ein Daniel-Projekt.

Viele Gemeindeleiter werden dazu bereit sein, eine „Testgruppe" den Prozess von T4T ausprobieren zu lassen. Anstatt sie zu bitten, dich die ganze Gemeinde trainieren zu lassen, kannst du folgendes anbieten:

> *„Gib mir zehn bis 20 normale Gemeindemitglieder, keine Leiter oder solche, die für bestimmte Dienste verantwortlich sind."*

> *„Obwohl ich sie auch allein trainieren könnte würde ich mich freuen, wenn du sie gemeinsam mit mir trainierst. Du wirst also die ganze Zeit dabei sein."*

> *„Lass uns eine neue Methode testen – eine Methode, um eine Gemeindegründungsbewegung hervorzubringen. Sie nennt sich T4T."*

> *„Wir testen es sechs Monate lang."*

> *„Nach sechs Monaten wertest du es aus. Wenn dir gefällt, was du siehst, und wir bessere Ergebnisse in Bezug auf Evangelisation und geistliche Reife erzielen, dann lass uns weitermachen. Du kannst das Projekt ausweiten oder nicht. Wenn du mit den Ergebnissen nicht zufrieden bist kannst du es beenden – oder uns mehr Zeit einräumen."*

Wenn du es mit zögernden oder widerstrebenden Personen zu tun hast, die andernfalls „Nein" sagen würden, bitte um eine Versuchsgruppe!

Jedes Training beinhaltet mehr Visionsvermittlung

Wie ich im Kapitel über den Drei-Drittel-Prozess erwähnte, sollte Visionsvermittlung Teil eines jeden Treffens sein. ***Wenn du regelmäßig Partner vor Ort trainierst, dann vermittle ihnen in jedem Treffen erneut Vision!*** Gehe nicht davon aus, dass ein- oder zweimalige Visionsvermittlung ausreichend ist. Stattdessen ist in jedem Treffen ein kurzer Teil über Vision erforderlich.

Denke nicht, du müsstest jedes Mal eine gewaltige Vision bezüglich einer Gemeindegründungsbewegung vermitteln. Stattdessen vermittle eine Vision darüber, wie Gott die Verlorenen im Umfeld deiner Trainingsgruppe erreichen will. Eine GGB ist für viele Gläubige zu groß, als dass sie deren Bedeutung jede Woche erfassen könnten. Gib Gläubigen eine Vision für ihren *oikos*, indem du ihre Namensliste heranziehst. Während Gläubige einfach Zeugnis geben, mehr Menschen zum Glauben kommen, und sie diese zu Trainern ausbilden, beginnt ihre eigene GGB-Vision zu wachsen. Doch alles fängt mit einer praktischen Vision für die Verlorenen an.

Du musst deinen Partnern die Vision immer und immer wieder neu vermitteln, weil sie ziemlich leicht entmutigt werden können. Manchmal brauchen sie eine ganze Predigt, ein Bibelstudium oder eine visionsvermittelnde Botschaft, doch in den meisten Fällen genügt etwas kürzeres, das du ihnen leicht vermitteln kannst: Eine Illustration.

Eine Illustration zur Visionsvermittlung ist ein kurzes, bewegendes, leicht zu erinnerndes Bild, eine Geschichte oder Lektion, die von Generation zu Generation weitergegeben werden kann. Sie vermittelt eine Vision für das, was Gott *in Gläubigen* und *durch sie* tun kann, besonders in einer GGB.

Im Text dieses Buches sowie in den grau unterlegten Kästen finden sich Illustrationen, die du gebrauchen kannst, um deinen Trainern Vision zu vermitteln: „Jesu Missionsbefehl", „Das Herz des himmlischen Vaters", „Die vier Berufungen" sowie viele Bibelstellen, Beispiele und Zeugnisse. Mit der Zeit werden diese Illustrationen von Generation zu Generation weitergegeben werden.

Trainiere Gruppen unabhängig von ihrer Größe! (von Ying Kai)

Wenn Menschen zustimmen, dass du in ihrer Region Trainings abhältst, warte nicht ab, sondern fange einfach an! Du musst keine Helfer rekrutieren. Gehe einfach los!

In meiner Region habe ich Gruppen mit ein oder zwei Personen unterrichtet. Doch selbst wenn es 20 oder 100 Leute sind (die größte Gruppe, die ich trainierte, waren 1.500 Menschen in einem Raum), will ich sie einfach trainieren. Ich will sie alle trainieren. Verliere keine Zeit und verpasse kein Chance!

Türhüter oder solche, die die Dinge umsetzen: Wen willst du mobilisieren?

Wenn du Gläubige vor Ort findest, und sie zustimmen, von dir trainiert zu werden: In wen wirst du investieren? Wenn du jeden trainieren kannst, dann tue es. Wenn ein Pastor dir jedoch nur gestattet, zehn bis 20 Menschen zu trainieren, wen wirst du auswählen? Schau dir untenstehendes Diagramm an, welches die gegenwärtige Dienstverantwortung eines Gläubigen im Verhältnis dazu zeigt, wie lange er bereits gläubig ist. [23]

> **Aufgabe:** Wähle eins der vier Felder aus, von dem du denkst, dass sich darin diejenigen befinden, die T4T am fruchtbarsten umsetzen werden. Nachdem du gewählt hast schaue auf der nächsten Seite nach, aus welchem Quadranten nach unserer Erfahrung die effektivsten Umsetzer von T4T kommen.

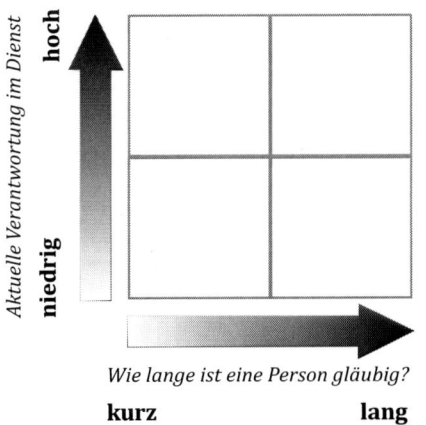

Wie lange ist eine Person gläubig?

kurz   **lang**

Die meisten Leute nehmen an, dass die produktivsten Umsetzer von T4T aus dem ***rechten oberen*** Feld kommen. Doch in Wirklichkeit werden die meisten Gemeindegründungsbewegungen durch Menschen aus dem ***linken unteren*** Feld zur Geburt gebracht. Überrascht uns das? ***Ein bedeutendes Prinzip in T4T ist, dass die fruchtbarsten Trainer oft ganz normale, in der Regel erst seit kurzem gläubige Personen, und nicht die bereits vorhandenen Leiter sind.***

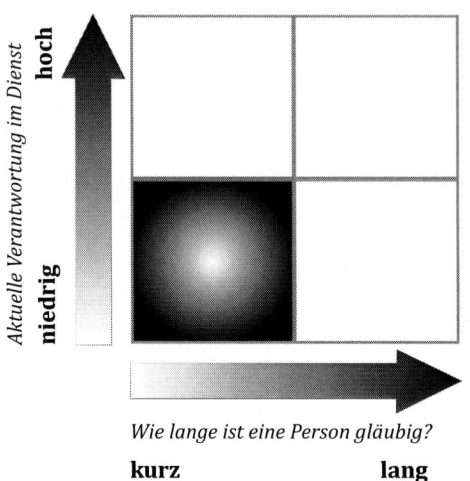

Wie lange ist eine Person gläubig?

kurz   **lang**

Dafür gibt es eine Reihe von Gründen:

Gegenwärtige Leiter haben in der Regel zu viele Verpflichtungen. Viele Menschen und Dienste beanspruchen bereits ihre Zeit. Deshalb können sie die Muster ihres Dienstes nur schwer verändern.

Gegenwärtige Leiter sind oft nur in geringem Maße offen für neue Ideen, weil sie bereits eine Menge gehört haben. Vieles davon unterscheidet sich stark von der Art, wie in Gemeindegründungsbewegungen gedacht und entschieden wird.

Gegenwärtige Leiter haben mehr zu verlieren, da sie mit dem existierenden System fest verwoben sind.

Gegenwärtige Leiter kennen nur wenige verlorene Menschen oder verfügen nicht über die Zeit, sie kennenzulernen. Ihr Hauptdienst gilt den Erretteten. Je länger eine Person bereits gläubig ist, desto weniger Kontakte hat sie in der Regel zu Menschen, die Jesus noch nicht kennen.

Oft wird es erforderlich sein, dass Leiter von Diensten (die Türhüter) den Gemeindegründungsbewegungs-Ansatz empfehlen und unterstützen. Doch wenn es darum geht, wer gewöhnlich am effektivsten sein wird, investiere in diejenigen, die das größte Potenzial haben, zu Umsetzern eines neuen Paradigmas zu werden! Wenn du alle zum

Training bewegen kannst, ist das natürlich am besten. Wenn jedoch nicht, dann versuche, diejenigen zu finden, die lernbereit sind und das Gehörte umsetzen werden.

Vermittle vielen die Vision, um die wenigen zu finden, die sich verpflichten werden!

Du teilst die Vision mit vielen Gruppen von Gläubigen. Dies wird auch erforderlich sein, um diejenigen Personen zu finden, die Gott vorbereitet hat, eine Bewegung ins Leben zu rufen. Von den vielen Gläubigen, denen du die Vision vermittelst, werden sich nur wenige verpflichten. Obwohl es harte Arbeit bedeutet ist dies eine der Aktivitäten von höchstem Wert für die Entstehung einer GGB.

> Ein bedeutendes Prinzip in T4T ist, dass die fruchtbarsten Trainer oft ganz normale, in der Regel erst seit kurzem gläubige Personen, und nicht die bereits vorhandenen Leiter sind.

Ying und Grace Kai taten mehr, als nur Menschen für Jesus zu gewinnen und sie zu trainieren. Sie teilten die Vision von T4T mit unzähligen Gläubigen und Leitern existierender Gemeinden. Von den vielen, mit denen sie über die Vision sprachen, sagten einige „Ja". Auch in unserem Dienst unter den Ina musste ich mit Dutzenden von potenziellen Partnern verwandter Kulturen über die Vision sprechen, um einige wenige zu finden, die bereit waren, in der Erreichung dieses Zieles mit uns zusammenzuarbeiten.

Damit eine GGB beginnen kann, musst du Dutzende, vielleicht sogar Hunderte, und nicht nur eine Handvoll Personen trainieren, um die fruchtbaren Personen zu finden, die sich als guter Boden erweisen.

Starte Lektion eins!

Wenn sich Gläubige verpflichten, mehr zu lernen, ist die Zeit gekommen, dein erstes T4T-Treffen zu organisieren – Lektion eins. In Kapitel fünf findest du dazu eine detaillierte Beschreibung. Du solltest ein etwa zweistündiges Treffen vereinbaren, in welchem du über das WARUM, WEM und WIE für den Beginn einer Jüngerschafts-**Re**-Revolution sprichst.

> **WARUM** – Vermittle ihnen die Vision, was Gott durch sie tun kann. Gebrauche die Illustration „Der Missionsbefehl" von Ying Kai, oder auch eine andere, die passend ist.

> **WEM** – Hilf ihnen, eine Namensliste von Menschen in ihrem *oikos* zu erstellen, die Jesus noch nicht kennen oder von Gott getrennt leben.

> **WIE** – Hilf ihnen, einen Lebensstil zu entwickeln, diesen Menschen mit Hilfe einer einfachen Brücke Zeugnis zu geben, die zur Präsentation des Evangeliums führt.

Dann sende sie aus, die Vision zu erfüllen, mit der Erwartung, in der darauf folgenden Woche zurückzukommen und einander zu berichten. Wiederhole diesen Prozess mit so vielen Gläubigen wie möglich. Fülle deinen Kalender mit weiteren T4T-Gruppen, mit denen du Lektion eins beginnst. Jetzt bist du auf dem richtigen Weg!

Zusammenfassung

Dies ist der erste Schritt deines T4T-Paketes, während du dich auf eine Jüngerschafts-Revolution zubewegst.

Suche aktiv nach Gläubigen vor Ort (bzw. einer nahen oder fernen Kultur) und vermittle ihnen die Vision für das, was Gott in ihnen und durch sie tun kann. Gebrauche den beschriebenen Prozess, um sie zu mobilisieren!

Sei bereit, anderen die Vision jederzeit innerhalb von drei Minuten auf einfache Weise mitzuteilen.

Vermittle vielen Gläubigen die Vision und starte so viele Treffen mit Lektion eins wie möglich.

Die Frage lautet: Nachdem sie sich verpflichtet haben, trainiert zu werden, wie hilfst du ihnen, die Verlorenen zu finden, die Gottes Geist bereits „angreift"? Darum geht es im nächsten Kapitel.

Die Kraft eines Zeugnisses (von Ying Kai)

Gott will dich retten, und durch dich all die Menschen, die zu dir gehören. Er kann selbst einen gerade erst zum Glauben Gekommenen dafür gebrauchen.

In Markus 5 überquerte Jesus mit Seinen Jüngern den See und kam in das Gebiet der Gerasener. Dort trafen sie auf einen dämonisch Besessenen, der Angst vor Jesus hatte. Jesus aber trieb die Dämonen aus ihm aus. Die Dorfbewohner kamen und hatten große Furcht, sahen jedoch, dass der Mann völlig verändert war.

Zuvor war er immer nackt und gewalttätig gewesen. Jetzt aber hatte er Kleider an, saß da und hörte Jesu Lehre zu. Als sie Jesus baten, die Stadt zu verlassen, sagte der Mann zu Ihm: „Herr, wo immer Du hingehst, will ich Dir folgen." Das ist die beste Reaktion eines neuen Gläubigen, richtig?

Doch was hatte Jesus auf dem Herzen? Er sagte: „Folge mir nicht, sondern geh zurück in deine Heimat!" Warum? „Erzähle ihnen dein Zeugnis! Sage ihnen, was der Herr für dich getan hat. Erzähle ihnen von dem Erbarmen, das dein himmlischer Vater dir erwiesen hat." Für mich war das eine neue Lektion.

Erstens: Jesus vertraute ihm. Wieso eigentlich? Er war psychologisch nicht einmal sehr gefestigt. Eben noch war er dämonisch besessen gewesen.

Zweitens: Wieviel Training hatte er empfangen? Fast keines! Nur eine Predigt.

Würdest du ihm zugetraut haben, das Evangelium zu verkünden und alle seine Leute zu trainieren? Sein Zuhause war die Dekapolis, das Zehnstädte-Gebiet. Doch Jesus vertraute ihm. Er sagte: „Geh zurück in deine Heimat und teile einfach nur dein Zeugnis mit." Neue Gläubige können sofort ihr Zeugnis weitergeben.

Jesus besuchte viele Orte, an denen Menschen gegen Ihn waren. Sie wollten Ihn einen Abhang hinunterstoßen oder Ihn steinigen. Als Jesus jedoch in das Zehnstädte-Gebiet zurückkehrte, kamen die Menschen Ihm entgegen und hießen Ihn willkommen. Was hatte sich verändert? Sie hatten das Zeugnis dieses Mannes gehört! So wirkt Gott durch Menschen. Alle zehn Städte gehörten zum Umfeld des dämonisch besessenen Geraseners.

Sei ein Täter, nicht nur ein Hörer!

Schreibe auf, wie Gott zu dir gesprochen hat und was Er von dir erwartet, in Folge davon im Gehorsam zu tun:

KAPITEL 12

DEIN T4T PAKET:
BRÜCKEN ZUM EVANGELIUM

Was ist deine Aufgabe, wenn Gläubige zu deinem ersten Treffen kommen? Du musst ihnen helfen herauszufinden, wie sie jene verlorenen Menschen finden, die der Heilige Geist in deiner Region bereits „angreift". Der zweite Schritt besteht also darin, deinen Trainees einen konkreten Weg zu zeigen, wie sie die Verlorenen finden können. Du hast damit bereits in Treffen eins mit der Einführung von WARUM-WEM-WIE begonnen. Darüber hinaus hast du ebenfalls begonnen, den Drei-Drittel-Prozess zu nutzen, obwohl dieser erst ab Lektion zwei vollständig entfaltet wird.

Erstes Drittel

Wie du dich erinnerst, ist das erste Drittel eines T4T-Treffens in vier Abschnitte unterteilt: Pastorale Fürsorge, Lobpreis & Anbetung, liebevolle Rechenschaft und Vermittlung von Vision. Da es sich bei der ersten Sitzung um das erste Treffen überhaupt handelt, wirst du vielleicht nicht alle diese vier Schritte durchgehen, aber du kannst auf jeden Fall mit pastoraler Fürsorge („Wie geht es dir?") und mit Lobpreis beginnen. Auch sollte das erste Treffen Visionsvermittlung und Rechenschaft enthalten.

Visionsvermittlung: Warum

Ausführliche Details dazu findest du in Kapitel fünf. Ziel von Sitzung eins ist es, dass Herzen dafür gewonnen werden, für Gott zu leben und Seine Absichten zu erfüllen. Wir tun dies, indem wir mit Gottes Vision beginnen. Du kannst Yings *Illustrationen des Missionsbefehls* dafür nutzen („Geht!, Nicht: Kommt!"; „Jeder, nicht nur einige"; „Entwickle Trainer, nicht nur Gemeindemitglieder" – Kapitel zwei und fünf) oder auch andere, die dafür geeignet sind.

Rechenschaft: Wem

Lass deine Trainees unter Gebet eine Namensliste der noch unerretteten Mitglieder ihres *oikos* erstellen und die Namen derjenigen Personen unterstreichen, denen sie diese Woche Zeugnis geben wollen. So beginnst du auf liebevolle Weise den Prozess der Rechenschaft, der jedem von euch ermöglichen wird, mit dem Wirken des Heiligen Geistes zu kooperieren. Diese Namensliste sollte jede Woche neu durchgegangen werden.

Damit deine Trainees fähig werden, jene Verlorenen zu finden, die der Heilige Geist bereits angreift, lass sie einen Lebensstil entwickeln, bei dem sie jede Woche *mindestens fünf Personen auf ihrer Liste* Zeugnis geben. [24] Auch Fremde sollten von ihrem Zeugnis nicht ausgeschlossen sein. Wenn sowohl du selbst als auch die Mitglieder deiner Gruppe damit beginnen, jede Woche fünf Menschen Zeugnis zu geben, dann wird Gott etwas Erstaunliches durch euch tun!

Diejenigen, die erst neu in die Gegend gezogen sind und deshalb nur über einen kleinen *oikos* verfügen, werden jede Woche fünf Fremden Zeugnis geben müssen, während sie nach „Personen des Friedens" Ausschau halten (siehe dazu unter „Ergänzende Materialien" auf der Website: „Wesentliche Elemente für eine GGB" für mehr Details, wie man Personen des Friedens findet). Dies geschieht am besten zu zweit, indem man sich gegenseitig ermutigt, Menschen anzusprechen, die man noch nicht kennt.

Letzte zwei Drittel: Wie

In den verbleibenden zwei Dritteln werden die übrigen drei Teile eines T4T-Treffens miteinander verbunden (neue Lektion, Übung, Zielsetzung unter Gebet). Anstatt mit der Anwendung des Gelernten bis zum Ende des Treffens zu warten praktizieren die Trainees das Gelernte bereits, *während* sie es lernen.

In Sitzung ein sind die letzten zwei Drittel dem WIE-Teil des Treffens gewidmet. In diesem Abschnitt benötigen die Trainees zwei Dinge: Einen Weg, um im Gespräch eine Brücke für das Evangelium zu schlagen sowie eine effektive Präsentation des Evangeliums, die sie nutzen können. Dieses Kapitel zeigt dir effektive Brücken auf, während das nächste Kapitel über die wirksame Präsentation des Evangeliums spricht.

Die meisten Christen, die noch nicht oft Zeugnis gegeben haben, sind unsicher darin, wie sie in Gesprächen eine Brücke für die Präsentation des Evangeliums bauen sollen. Dein Ziel in Sitzung eins ist es, ihnen zu helfen, diese Schwierigkeit zu überwinden.

Wie man diejenigen findet, die Gott vorbereitet hat

Dein T4T-Prozess muss den Trainees helfen, mit den Dynamiken des Reiches Gottes zu kooperieren, mit deren Hilfe Gott die Herzen verlorener Menschen in ihrer Umgebung vorbereitet, das Evangelium zu empfangen.

Wie wir in Kapitel vier gesehen haben, attackiert der Heilige Geist verlorene Menschen überall um dich herum, indem er sie von ihren Sünden überführt, ihnen Dinge zeigt, die sie in Ordnung bringen müssen und sie davon überzeugt, welche negativen Konsequenzen sich ergeben, wenn sie sich nicht ändern (Joh. 16,8). Personen des Friedens sind geistlich vorbereitete Menschen. Wir finden Personen des Friedens durch geistliche Mittel. Lukas 10 lehrt, dass dies durch die drei P's geschieht: Präsenz, Power und Proklamation.

PRÄSENZ – Wir sollen diejenigen finden, die interessiert am Evangelium sind, und ihnen auf liebevolle Weise die Gegenwart Gottes bringen (Lukas 10,5-7).

POWER – Wir sollen zu Gott rufen, dass Er sich auf wunderbare Weise durch Heilung, Befreiung von geistlichen Gebundenheiten und anderweitiges Eingreifen offenbart (Lukas 10,9).

PROKLAMATION – Wir sollen eine klare Botschaft der Errettung bringen, die eine verständliche Präsentation des Evangeliums und einen Aufruf zu Entscheidung und Hingabe enthält (Lukas 10,9).

Wir müssen uns geistlicher Mittel bedienen, um geistlich offene Menschen zu finden. Ein erfolgreicher Trainer formuliert es so: „Wir filtern Personen des Friedens heraus, indem wir das Evangelium zur Anwendung bringen."

In einem unserer Trainings wurde deutlich, dass ein langjähriger Kollege und sein Team dramatische Ergebnisse innerhalb einer sehr „resistenten" Volksgruppe verzeichnen konnten. Sieben Jahre lang hatten sie dort ohne jede Frucht gearbeitet: *Keine neuen Gläubigen und keine neuen Gemeinden.* Wie entmutigend! In unserem Treffen berichtete er, dass sie im achten Jahr damit begannen, völlig andere Ergebnisse zu sehen. So fragte ich ihn: „Was hat sich geändert?" Beschämt antwortete er: „Wir fingen an, das Evangelium zu verkünden."

Ich fragte: „Wie bitte? Was hast du gesagt?" Er schaute mir in die Augen und sagte traurig etwas lauter: „Wir fingen an, das Evangelium zu verkünden." „Was meinst du damit? Was habt ihr denn die sieben Jahre zuvor gemacht?"

„Steve, sieben Jahre lang glaubten wir die Lüge, dass wir zuerst Beziehungen bauen und erst dann langsam unsere christliche Identität offenbaren sollten. Das kostete uns Jahre. Wir sahen uns selbst als solche, die Steine aufsammeln, um den Acker für das Evangelium vorzubereiten. Wir teilten hier und da ein wenig Wahrheit mit, aber nicht wirklich das Evangelium. Während wir Beziehungen aufbauten und mit diesen verlorenen Freunden sehr vertraut wurden, fiel es uns spater sehr schwer, ihnen das Evangelium zu verkunden. Wir dachten: „Was, wenn sie uns ablehnen?" Wir fingen an zu vergessen, wozu wir überhaupt da waren.

Nach sieben Jahren, in denen wir keine Frucht gesehen hatten, wurden wir schließlich verzweifelt. Wir teilten unseren Freunden das Evangelium mit, doch fast alle lehnten es ab. Wir erkannten, dass unsere Methode der „Beziehungs-Evangelisation" uns nirgendwohin führte. So beschlossen wir als Team, *zuerst* das Evangelium zu verkünden und erst danach Beziehungen zu bauen.

Wir fingen an, überall Zeugnis zu geben, indem wir im Gespräch Brücken für das Evangelium bauten. Wir sprachen mit so vielen Menschen wie wir konnten. Viele waren nicht offen. Doch schließlich fanden wir einige, die Ja sagten, und durch diese neuen Gläubigen ist Gott gerade dabei, Sein Reich zu bauen."

Sieben Jahre lang hatten sie eine Rolle übernommen, die nur der Geist Gottes übernehmen kann: Das Steine-Einsammeln (Hesekiel 11,19). Und selbst dann wurden sie noch abgelehnt. Als sie schließlich die Methode änderten und nach Personen des Friedens suchten, begannen sie, Frucht zu sehen. Heute ist dieser Missionar ein starker Vertreter der Methode, sehr schnell Gesprächsbrücken für das Evangelium zu bauen.

Ein anderes Team arbeitete unter einer dem Evangelium sehr feindlich gesinnten Volksgruppe. Die Bedrückung dort ist so stark, dass man versucht sein könnte, *niemals* über Jesus zu sprechen. Doch es ist schwierig, geistlich vorbereitete Menschen *ohne geistliche Mittel* zu finden. Deshalb entschied sich das Team für eine „Fünf-Minuten-Regel": „In jedem Gespräch mit einer verlorenen Person geben wir uns innerhalb von fünf Minuten als Nachfolger Jesu zu erkennen." Dies war ihre Brücke, um in Gespräche über Jesus zu kommen.

Ein anderer Kollege, der viele Menschen zu Christus führte, wurde gefragt: „Welche Menschen sind für das Evangelium am offensten?" Er antwortete: „Diejenigen, denen ich das Evangelium mitteile. Hingegen nehmen 100 Prozent derer, denen ich das Evangelium *nicht* mitteile, es auch nicht an."

Finde diejenigen, die Gott bereits vorbereitet, und baue eine Brücke für das Evangelium!

Dein T4T-Paket muss Gläubigen helfen, verlorene Menschen zu finden – solche, die Gott bereits vorbereitet hat – und deinen Trainees aufzeigen, wie sie eine Brücke für Gespräche über das Evangelium bauen können. Wenn sie fünf Menschen pro Woche Zeugnis geben, wie sollen sie diese Gespräche beginnen? Sie brauchen eine Brücke, die ihnen hilft, von überhaupt keinem Gespräch oder auch von Smalltalk über Alltägliches (Sport, Wetter, Familie) zu einem Gespräch über Jesus zu kommen.

Im folgenden findest du einige Beispiele solcher Brücken. Sie werden detaillierter im Zusatzmaterial auf der Website erklärt.

Klassisches T4T — Zeugnis

In klassischem T4T sind Brücken sehr einfach. In Sitzung eins lernt der Trainer, wie man sein ein- bis zweiminütiges Zeugnis mitteilt. Das Ziel einer Brücke besteht darin, das Herz eines Menschen zu berühren, damit er dem Evangelium zuhört. Das Zeugnis ist **deine** Geschichte, während das Evangelium **die** Geschichte ist. Das kann sich etwa so anhören:

Sobald der Trainer sein Zeugnis mitgeteilt hat führt er die verlorene Person **sofort** durch T4T-Lektion eins „Wie man Gewissheit der Errettung bekommt". Der Trainer zieht die erste Lektion aus der Tasche und lehrt den Zuhörer, wie er ebenfalls in eine rettende Beziehung mit Gott als seinem Vater gelangen kann:

> „Herzlich Glückwunsch! Als Kind des himmlischen Vaters (Apg. 17,28-29) kannst du eine neue Beziehung mit Gott haben und all Seine Verheißungen empfangen."

Du beschließt dein Zeugnis mit den Worten: „Seitdem ich in eine neue Beziehung mit Gott gekommen bin, hat Er mich verändert, mich zu Seinem Kind gemacht und mir ewiges Leben geschenkt. Die Bibel sagt, dass Gott auch dich zu Seinem Kind gemacht hat. Das Problem besteht darin, dass du noch verloren bist, solange du nicht in eine Beziehung mit Ihm kommst! Doch ich kann dir zeigen, wie du gerettet wirst."

An dieser Stelle ziehst du die 1. Lektion aus der Tasche und fährst fort: „Die Bibel sagt, dass wir von Gott getrennt sind, aber Er will uns zurück in Seine Familie bringen, damit wir nicht verloren gehen, sondern in Ewigkeit mit Ihm leben." Diese Brücke stammt aus Apg. 17,28-29, wo Paulus deutlich macht, dass wir alle Gottes Geschlecht (Seine Kinder) sind. Unser Problem ist das des verlorenen Sohnes in Lukas 15, der das Haus seines Vaters verlassen hat. Wir sind verlorene Söhne und Töchter, die von der Beziehung mit dem Vater abgetrennt wurden und außerhalb der Sicherheit dieser ewigen Beziehung leben.

Ying lehrt seine Trainer auf sehr positive Weise, den Verlorenen in ihrer Umgebung dieses neue Leben anzubieten. Hunderttausende Menschen in Asien reagieren auf diese Brücke. Auch für viele von uns ist **ein Zeugnis** alles, was wir als Brücke benötigen.

TRT: Training ländlicher Trainer (Mündliches T4T)

Aus der Arbeit mit den Ina heraus entwickelten wir eine mündliche Version von T4T. In dieser Version ist es unser Ziel, das Evangelium über die Geschichte der Schöpfung bis hin zu Christus mitzuteilen (C2C – Creation to Christ; mehr darüber in Kapitel 13: Präsentation des Evangeliums). Wir begannen, C2C durch eine Kombination zweier Brücken mitzuteilen – Wunder und Zeugnis. Es ist erstaunlich, wie Wunder den Weg für das Evangelium bereiten können.

> **Wunder:** Wenn Evangelisten in ein neues Dorf kamen und von den Menschen gefragt wurden, weshalb sie gekommen wären, stellten sie sich oft als Botschafter des höchsten Gottes vor. Sie boten an, für Menschen im Namen des Sohnes Gottes, Jesus, zu beten, der ihnen Seine Liebe zeigen will. Wenn Wunder geschahen, wollten die Menschen die Botschaft des Evangeliums hören.

> **Zeugnis:** Manchmal teilten die Evangelisten ihr Zeugnis mit, bevor sie für die Nöte der Menschen beteten, manchmal auch erst hinterher. Sie sagten zum Beispiel: „Einst war ich in Finsternis an die Geister gebunden, wie ihr alle es seid. Doch der höchste Gott befreite mich. Ich will euch die Geschichte weitergeben, die überall auf der Welt Leben verändert." Dann erzählten sie ihnen die Geschichte der Schöpfung bis hin zu Christus (C2C – Creation to Christ) und beteten für die Nöte der Menschen.

Any³

Eine der am schnellsten wachsenden Evangeliumsbrücken in der muslimischen Welt ist „Any³": Teile das Evangelium mit jedem, an jedem Ort, zu jeder Zeit (anyone, anywhere, anytime). [25] Der Mann, der dieses Konzept entwickelte, steht im Zentrum einer schnell wachsenden Gemeindegründungsbewegung unter gläubigen Muslimen. Er und seine nationalen Partner waren es leid vorherzusagen, wer für das Evangelium offen sein würde und wer nicht.

Schließlich entschieden sie, offene Menschen mit Hilfe des Evangeliums selbst herauszufiltern. Um dies tun zu können brauchten sie eine Brücke, die ihnen half, jedem, an jedem Ort und zu jeder Zeit das Evangelium mitzuteilen.

Diese Brücke wurde ebenfalls bei Hindus, Buddhisten und Atheisten benutzt. Mit ein wenig Anpassung funktioniert sie innerhalb vieler Kontexte. Und das Großartige ist, dass uns selbst solche Menschen, die bisher noch nicht glauben, dennoch für unser Zeugnis dankten. Sie anerkennen, dass wir ihnen zuhören und ihnen erst danach *unsere* eigene Sicht von Herz zu Herz mitteilten.

Any[3] in Kurzform:

Natürlich willst du in einem Gespräch etwas über deinen Gesprächspartner erfahren – seine Familie, seinen Beruf etc. Doch so schnell wie möglich wirst du auch zu dem Punkt gelangen wollen, an dem du seine religiöse Weltanschauung herauszufinden versuchst.

1. Komm zum Punkt! Frage: *„Welcher Religion gehörst du an?* Bist du Hindu, Muslim, Ahnenanbeter, Buddhist?" Dein Gesprächspartner wird dir sagen, was er glaubt, und du stellst dich als Christ oder Nachfolger Jesu vor.

Oft wird er antworten: „Aber alle Religionen sind doch gleich!" Damit versucht er, die Unterschiede zu verwischen.

Für viele von uns ist das eine Gesprächsblockade. Was kannst du auf eine solche Aussage erwidern?

Gewöhnlich antworten wir darauf, indem wir ihm beipflichten: „Es stimmt, alle Religionen sind ungefähr gleich. Wir alle versuchen, mit dem Problem unserer Sünde fertig zu werden (oder: in den Himmel zu kommen, oder: genug Verdienste zu sammeln)."

Jetzt gehst du zum nächsten Konzept über, welches darin besteht, sie zur Erkenntnis ihrer Verlorenheit zu führen, indem du ihre eigene Religion der werkebasierten Errettung als Beispiel gebrauchst.

2. Führe sie zur Erkenntnis ihrer Verlorenheit! Stelle die Frage: *„In deiner Religion – Wie erlangst du Vergebung deiner Sünden?"* Oder: „Wie bezahlst du für deine Schuld?" Oder: „Wie kommst du in den Himmel?" Oder: „Wie erwirbst du genug Verdienste?"

Dann nimm dir Zeit, um ihnen zu helfen, mit Hilfe ihrer eigenen Religion ihre Verlorenheit zu erkennen! Der Apostel Paulus machte deutlich, dass das Gesetz ihn über seine Sünde belehrte, und er seine Unfähigkeit erkannte, aus sich selbst heraus jemals den Himmel zu erreichen (Römer 7,7-10). Ebenso kann auch kein anderes religiöses System durch gute Werke die Gewissheit der Errettung vermitteln (Epheser 2,8-9). Deshalb stelle ruhig einige Fragen, welche den Menschen helfen, die Unzulänglichkeit ihrer werkebasierten Religion zu erkennen. Zum Beispiel kannst du einen Muslim fragen, wie gut er darin ist, die fünf Säulen des Islam zu befolgen: Betet er wirklich fünfmal pro Tag? Gibt er Almosen, wie es ihm befohlen ist? Fastet er den gesamten Ramadan? Kann er es sich finanziell leisten, die islamische Pilgerfahrt zu unternehmen?

Danach stelle ihm diese Fragen:

„Wie wird es dir nun deswegen ergehen?"

„Sind deine Sünden bereits abbezahlt? (Wann wirst du wissen, ob du in den Himmel kommst?)"

„Werden deine Sünden zum Tag des Gerichts bezahlt sein?" (Oder für einen Buddhisten: „Wie viele Lebenszeiten wird es erfordern, um das Nirvana zu erreichen?")

Normalerweise wird dein Gesprächspartner zu diesem Zeitpunkt erkennen, dass es in seinem religiösen System keine Gewissheit gibt. Jetzt ist die Zeit reif, um ihm *deine* Perspektive eines nicht auf Werken basierenden Glaubens mitzuteilen.

3. Leite zum Evangelium über! Sage etwa: *„Nun, was ich glaube unterscheidet sich ein wenig von dem. Ich weiß, dass meine Sünden vergeben wurden. Und das ist nicht der Fall, weil ich eine gute Person bin – wer weiß, möglicherweise bist du eine bessere Person als ich! Hier ist, wodurch ich weiß, dass meine Sünden vergeben sind ..."* (an dieser Stelle folgt deine Evangeliums-Präsentation).

Oder: „Gott hat den Kreislauf durchbrochen, in welchem ich selbst genügend Verdienste ansammeln musste." Oder: „Ich habe Freiheit von der Bedrückung durch Geister gefunden. Das geschah auf folgende Weise ... (hier folgt deine Evangeliums-Präsentation)."

In Any[3] kannst du *die jeweilige Religion eines Menschen* als Brücke verwenden, um ihm sowohl seine Verlorenheit als auch sein Bedürfnis für das Evangelium aufzuzeigen.

Übe, praktiziere, wende an!

Finde eine Brücke, die in deiner Umgebung funktioniert! Trainiere die Trainees während des ersten Treffens, diese Brücke zu gebrauchen. Bevor du sie eine Evangeliums-Präsentation lehrst, lass sie die Brücke immer und immer wieder üben, bis sie diese im Schlaf beherrschen. Bevor sie nicht die Selbstsicherheit erlangten, es innerhalb ihrer T4T-Gruppe zu praktizieren, werden sie es in der folgenden Woche auch nicht mit fünf anderen teilen.

Beginne mit einem!

Egal ob es sich um die Brücke, die Evangeliums-Präsentation oder Jüngerschaftslektionen handelt: Beginne mit *einer einzigen Methode*, um deine Trainer am Anfang zu trainieren. Mache es ihnen einfach zu gehorchen und auch andere zu trainieren. Erinnere dich an dein Ziel: Die Multiplikation von Generationen an Trainern und Gemeinden.

Neue Gläubige benötigen am Anfang nur eine Methode, um zu lernen, wie man die Dinge tut. Wenn du ihnen mehr als eine Methode gibst, werden sie verwirrt und setzen keine davon richtig um. In einer Untersuchung von Gemeindegründungsbewegungen aus verschiedenen Regionen war diesen allen gemeinsam der Gebrauch von nur *einer einzigen, einfachen Methode*, um zu einer Gemeindegründungsbewegung zu gelangen.

Einer unserer Missionskollegen arbeitet unter einer der am wenigsten erreichten Gruppen der Welt. Vor etwa einem Jahr kamen die ersten Personen aus dieser Volksgruppe zum Glauben – nur eine Handvoll. Einer der neuen Gläubigen war ein Mann, der sehr begabt darin ist, Brücken für die Präsentation des Evangeliums zu schlagen. Dennoch konnte keiner derer, die er für Jesus gewann, andere zum Glauben führen. Obwohl dieser Mann aus ihrer eigenen Volksgruppe kam war er so gut darin, Brücken zu bauen, um das Evangelium mitzuteilen, dass alle anderen den Eindruck hatten, nicht mithalten zu können. Nachdem der Missionar das beobachtet hatte ermutigte er diesen Mann, aus Rücksicht auf seine Brüder und Schwestern nur *eine Methode* zu benutzen. Von da an wurden auch andere neue Gläubige zu effektiven Zeugen, weil sie jetzt ein klares Modell hatten, das sie imitieren konnten.

Beginne deshalb in deinem T4T-Paket mit *einer* Brücke für die Evangeliums-Präsentation und nutze sie dann immer und immer wieder – solange sie effektiv ist. Werde überaus gut darin!

Zusammenfassung

Von der ersten Sitzung an solltest du die Drei-Drittel-Struktur einhalten. Es geht um die drei Fragen:

> **WARUM** (Visionsvermittlung), **WEM** (erstelle eine Namensliste) und **WIE** (lehre sie eine Brücke für die Präsentation des Evangeliums, die sie einüben können).

Suche dir eine Brücke aus, die in deinem Kontext funktioniert und die jeder neue Gläubige nachahmen kann. Lass sie diese Brücke immer und immer wieder üben.

Dann ermutige jeden einzelnen, diese Brücke fünfmal pro Woche anzuwenden – und gehe selbst mit gutem Beispiel voran.

Da ihr jetzt wisst, wie man eine Brücke für die Präsentation des Evangeliums schlägt: Wie teilst du das Evangelium auf eine Weise mit, die sich als effektiv in deiner Nachbarschaft und deiner Umgebung erweist?

Darum geht es im nächsten Kapitel ...

Der Ruf von unten (von Ying Kai)

In Lukas 16 sehen wir einen Ruf von unten – aus der Hölle. Ein reicher Mann, der in der Hölle ist, ruft aus voller Kehle, damit jemand seine Familie warnt, nicht an diesen Ort zu kommen. Es gibt eine Dringlichkeit! Die Verlorenen in der Hölle rufen nach dir, das Evangelium zu verkünden. Wir müssen das Evangelium mitteilen und wir müssen es mit Dringlichkeit tun! Warte nicht! Verschwende keine Zeit! Denke nicht „Nächstes Mal", oder „Morgen"! Wenn du so denkst, wirst du die besten Gelegenheiten verpassen.

Während der Zeit, in der ich als Pastor in einem Krankenhaus diente, rief mich einmal um 3:00 Uhr morgens eine Krankenschwester an. Einer der Patienten litt unter großen Schmerzen und hatte keinen Frieden. Sie fragte: „Könnten Sie kommen und ihm helfen?" Ich fuhr zur Station und besuchte ihn. Er war etwa 30 Jahre alt und ein sehr starker, junger Mann, doch aufgrund seiner Drogenabhängigkeit hatte ihn ein Polizist ins Krankenhaus geschickt. Es ging ihm sehr schlecht.

Ich versuchte, ihn zu trösten, und sagte ihm, dass er mit mir reden könne, doch innerlich dachte ich: „Soll ich ihm jetzt das Evangelium mitteilen oder nicht? Vielleicht ist gerade keine gute Zeit." Also tröstete ich ihn lediglich, betete für ihn und sagte: „Wenn du mit mir reden willst sag der Krankenschwester, sie soll mich anrufen." Nachdem ich gebetet hatte, beruhigte er sich. Ich sagte ihm: „Ich komme morgen wieder." Bei mir selbst dachte ich: „Heute ist er sehr müde und hat große Schmerzen. Es ist keine so gute Zeit, mit ihm über das Evangelium zu sprechen".

Am nächsten Tag ging ich um 7:30 Uhr in mein Büro. Ich schaute mir die Liste der Patienten an und betete für jeden von ihnen. Nach 30 Minuten ging ich auf die Station. Als erstes schaute ich nach dem Drogensüchtigen und dachte dabei: „Vielleicht ist heute eine gute Zeit, ihm das Evangelium mitzuteilen." Doch sein Bett war leer. So ging ich zur Schwester und fragte: „Auf welche Station wurde der Mann verlegt?" Die Schwester schaute auf ihre Liste und antwortete: „Letzte Nacht ist er gestorben."

Sofort begann ich zu weinen! Die Worte klangen in meinen Ohren. Wenn ich eines Tages unseren Herrn treffe, wird er mich fragen: „Wo ist dieser Mann?"

Ich hatte eine Chance, doch mein professioneller Verstand dachte: „Dies ist kein gutes Timing. Er braucht mehr Zeit. Er muss sich wohler fühlen. Dann kann ich ihm das Evangelium mitteilen." Falsch! Innerhalb von nur einer Nacht hatte ich diese Person verloren. Noch am selben Tag beschloss ich, keine Chance mehr zu verpassen.

Kannst du den Ruf von unten hören: „Wer wird meiner Familie helfen? Wer wird ihnen das Evangelium bringen?"

Sei ein Täter, nicht nur ein Hörer!

Schreibe auf, wie Gott zu dir gesprochen hat und was Er von dir erwartet, in Folge davon im Gehorsam zu tun:

KAPITEL 13

DEIN T4T-PAKET:
EVANGELIUMS-PRÄSENTATION

Bevor du Lektion eins beendest solltest du deinen Trainees eine klare und effektive Präsentation des Evangeliums geben, die sie nutzen können. Die Brücke kann zwar das Herzen einer Person bewegen, dir zuzuhören, doch nur das Evangelium kann sie retten.

Die Bibel macht deutlich, dass niemand gerettet werden kann, ohne den Namen des Herrn anzurufen. Um das tun zu können müssen Menschen das Evangelium hören (Apg. 2,21; Apg. 4,12).

„Denn jeder, der den Namen des Herrn anrufen wird, wird errettet werden. Wie werden sie nun den anrufen, an den sie nicht geglaubt haben? Wie aber werden sie an den glauben, von dem sie nicht gehört haben? Wie aber werden sie hören ohne einen Prediger? Wie aber werden sie predigen, wenn sie nicht gesandt sind? Wie geschrieben steht: „Wie lieblich sind die Füße derer, die das Evangelium des Friedens verkündigen, die das Evangelium des Guten verkündigen!" Aber nicht alle haben dem Evangelium gehorcht. Denn Jesaja sagt: „Herr, wer hat unserer Verkündigung geglaubt?" Also ist der Glaube aus der Verkündigung, die Verkündigung aber durch das Wort Christi." (Römer 10,13-17)

In diesen Versen erklärt Paulus, dass Glaube durch Hören entsteht. Hören von was? Der **Botschaft über Christus** – des Evangeliums.

Was ist das Evangelium?

Viele haben eine Definition des Evangeliums, welche viel weiter gefasst ist als die der Bibel selbst. Manche haben es als die Summe nahezu aller geistlichen Wahrheiten definiert. Es ist gut, geistliche

Wahrheit mitzuteilen, doch dabei handelt es sich nicht unbedingt um das Evangelium.

Was ist das Evangelium? Es ist die gute Nachricht, dass Jesus Christus Erlösung für uns bewirkte und wir durch den Glauben an Ihn gerettet werden. Folgende Beispiele zeigen dies sehr klar:

> „Dann öffnete er ihnen das Verständnis, damit sie die Schriften verständen, und sprach zu ihnen: So steht geschrieben, und so *musste der Christus leiden und am dritten Tag auferstehen aus den Toten und in seinem Namen Buße und Vergebung der Sünden gepredigt werden allen Nationen,* anfangend von Jerusalem. Ihr aber seid Zeugen hiervon." (Lukas 24,45-48)

> „Ich tue euch aber, Brüder, *das Evangelium* kund, das ich euch verkündigt habe, das ihr auch angenommen habt, in dem ihr auch steht, durch das ihr auch errettet werdet, wenn ihr festhaltet, mit welcher Rede ich es euch verkündigt habe, es sei denn, dass ihr vergeblich zum Glauben gekommen seid. Denn ich habe euch vor allem überliefert, was ich auch empfangen habe: *dass Christus für unsere Sünden gestorben ist nach den Schriften; und dass er begraben wurde und dass er auferweckt worden ist am dritten Tag nach den Schriften; und dass er Kephas erschienen ist, dann den Zwölfen.* Danach erschien er mehr als fünfhundert Brüdern auf einmal, von denen die meisten bis jetzt übrig geblieben, einige aber auch entschlafen sind." (1. Kor. 15,1-6)

Was ist das Evangelium? *Es ist die Wahrheit über Jesus, der für unsere Sünden starb, begraben wurde, jedoch wieder auferstand, um Seine Worte als auch die Tatsache zu bestätigen, dass – aufgrund von Umkehr und Glauben – durch Ihn alle Menschen gerettet werden können.*

> Die einzige Weise, wie du eine reproduzierbare Methode erkennst, ist daran, *ob sie sich reproduziert.*

Jede Evangeliums-Präsentation, die du innerhalb deines T4T-Pakets gebrauchst, muss diese grundlegenden Wahrheiten über Jesus enthalten und Menschen dann zeigen, wie sie darauf reagieren können. Das ist das Evangelium.

Klar und effektiv

Eine wichtige Eigenschaft der Evangeliums-Präsentation, die du bei T4T in deinem Kontext verwendest, ist, dass sie für einen durchschnittlichen Verlorenen verständlich und darüber hinaus effektiv darin sein muss, ihn zu gewinnen. Sie sollte so einfach sein, dass, wenn Gott den Schleier von ihren Herzen entfernt, das Evangelium für Verlorene Sinn ergibt und tatsächlich eine gute Nachricht für sie ist.

> „So oft jemand das Wort vom Reich hört und nicht versteht, kommt der Böse und reißt weg, was in sein Herz gesät war; dieser ist es, bei dem an den Weg gesät ist." (Matth. 13,19)

Wir haben die Verantwortung, das Evangelium auf eine Weise mitzuteilen, die nicht unnötig schwer zu erfassen ist. Stattdessen muss es der Weltsicht unserer Zuhörer angemessen und für sie verständlich sein. Darum begann Ying seine typische Evangeliums-Präsentation mit den einfachen Worten: „Herzlichen Glückwunsch! Du bist ein Kind Gottes! Das Problem ist, dass du verloren bist, aber ich werde dir zeigen, wie du gerettet werden kannst!" Diese Präsentation sprach diejenigen Menschen, die er erreichen wollte, auf effektive Weise an.

Es ist entscheidend, die grundlegende Weltanschauung verlorener Menschen in deiner Region anzusprechen. Deine Evangeliums-Präsentation sollte *die Wahrheit des Evangeliums* aufnehmen und sie auf ihre Weltsicht *anwenden*. Das ist dein Ausgangspunkt.

> Was ist eine gute Nachricht für Animisten? Jesu Macht über die Geister.

> Was ist eine gute Nachricht für Buddhisten und Hinduisten? Jesu Macht, den Kreislauf von Reinkarnation zu durchbrechen und sie in den Himmel zu bringen.

> Was ist eine gute Nachricht für Muslime und Juden? Jesus hat die Macht, ihr System der vergeblichen Versuche, Errettung durch gute Werke zu erlangen, zu durchbrechen, und ihnen wahre Errettung zu schenken.

> Was ist eine gute Nachricht für postmoderne Menschen? Jesus bietet wahren Lebenssinn und ewige Bedeutung. Er kann ihr Leben wirklich verändern.

Du musst die gute Nachricht auf eine Weise mitteilen, die für andere verständlich ist und ihre Bedürfnisse anspricht. Das Evangelium ist immer dasselbe: Jesu Tod, Sein Begräbnis und Seine Auferstehung sowie die Errettung durch den Glauben an Seinen Namen. Die Art, *wie* du dies an verschiedenen Orten formulierst, kann jedoch unterschiedlich sein.

Was erweist sich in deinem Kontext als effektiv? Finde heraus (wenn es solche Personen gibt), wer in diesem Kontext beständig Menschen zum Glauben führt. Finde heraus, wie sie das Evangelium teilen. Vielleicht willst du diese Evangeliums-Präsentation nutzen oder sie etwas modifizieren. Du kannst auch herausfinden, wo viele Menschen innerhalb einer Kultur und Weltsicht zum Glauben kommen, die derjenigen deiner eigenen Umgebung entspricht. Dann nutze die dort verwendete Evangeliums-Präsentation für deinen eigenen Kontext!

Eine einfache, multiplizierbare Präsentation

Ein häufiger Erfolgsfaktor innerhalb der meisten Gemeindegründungsbewegungen ist der Gebrauch *einer einzigen*, einfachen Evangeliums-Präsentation (verbunden mit einem Aufruf zur Nachfolge), *welche jeder neue Gläubige leicht umsetzen kann.*

Nicht drei. Nicht zwei. *Eine einzige.* Beginne mit *einer* Evangeliums-Präsentation, die funktioniert. Verbessere sie mit der Zeit und passe sie an, wenn du siehst, dass Teile davon nicht verständlich sind oder die Bedürfnisse der Menschen innerhalb ihrer Weltsicht nicht ansprechen. Optimiere und verbessere – aber nutze nur eine!

Sie muss einfach und multiplizierbar sein, so dass jeder neue Gläubige sie verwenden kann. Ist sie zu kompliziert so wird sie sich niemals durchsetzen und zu einem Teil einer viralen Jüngerschafts-Explosion werden.

Keine effektive und multiplizierbare Evangeliums-Präsentation wurde je in einem Seminar- oder Studienraum entwickelt. Großartige Ideen mögen dort begonnen haben, doch effektive Evangeliums-Präsentationen werden dadurch erfolgreich, dass sie *in der Praxis erprobt und beständig verbessert* werden. Einige wollen endlos optimieren und perfektionieren, bevor sie etwas in der Praxis verwenden. Stattdessen *gebrauche* es immer und immer wieder; perfektioniere es, *während* du es tust.

Multiplizierbare Evangeliums-Präsentationen gelangen – wie alle Theorien – dadurch zur Reife, dass neue Gläubige sie erproben. Beobachte, wie leicht oder schwierig es für diese ist, damit zu arbeiten; verbessere sie, bis jeder sie nutzen kann. Die einzige Weise, wie du eine reproduzierbare Methode erkennst, ist daran, ob sie sich *reproduziert.*

Wenn du mehr als eine Evangeliums-Präsentation verwendest, werden deine Trainees sehr leicht verwirrt. Später, wenn sie diese eine Methode wirklich beherrschen, kannst du das Spektrum erweitern. Doch beginne mit nur einer Methode!

Das schließt zusätzliche Hilfsmittel wie Medien (z.B. der Jesus-Film) nicht aus. Jeder Trainee jedoch benötigt eine grundlegende Evangeliums-Präsentation: Wie man jemandem Zeugnis gibt, an jedem Ort und zu jeder Zeit. Und noch einmal: Die einzige Möglichkeit zu erkennen, ob eine Evangeliums-Präsentation reproduzierbar ist, besteht darin, ob sie sich *reproduziert.*

Beispiele für Evangeliums-Präsentationen

In den „Ergänzenden Materialien" auf der Webseite findest du Beispiele von Evangeliums-Präsentationen, die innerhalb von T4T-Paketen genutzt werden. Darin sind drei sehr effektive Präsentationen enthalten:

Die ursprüngliche Präsentation *„Wie erlangt man Gewissheit der Errettung?"*, welche Ying Kai verwendet.

Die Geschichte *„Von der Schöpfung zu Christus"*. Sie fasst in 15 Minuten chronologisch 40 Geschichten der Bibel zusammen. Obwohl dies die vielleicht effektivste Präsentation speziell für „Oral Learners" ist, wurde sie inzwischen mit guten Ergebnissen für fast alle Arten von Weltanschauungen adaptiert. Eine Kopie dieser Geschichte findest du im Anhang dieses Buches.

Die Any³-Evangeliums-Präsentation. Sie bietet einen schnellen und effektiven Weg, um Muslime durch ein freundliches und nicht-konfrontatives Gespräch zum Glauben zu führen.

Natürlich kannst du deine eigene Evangeliums-Präsentation verwenden: „Die vier geistlichen Gesetze", „Schritte zum Frieden mit Gott", „Die Evangeliumsbrücke" und andere mehr. Nur stelle sicher, dass die Präsentation, welche du verwendest, für diejenigen, die du trainierst, absolut reproduzierbar ist!

Integriere einen Aufruf zur Entscheidung

Ganz gleich, welche Evangeliums-Präsentation du in deinem T4T-Paket gebrauchst: *Integriere einen Aufruf zur Entscheidung.*

Johannes der Täufer, Jesus, die Apostel und andere Evangelisten in der Apostelgeschichte riefen die Menschen immer wieder dazu auf, eine Entscheidung zu treffen, nachdem sie die Gute Nachricht verkündet hatten. *Du weißt nicht, ob jemand bereit ist, das Evangelium anzunehmen, bevor du ihn nicht gefragt oder zu einer Entscheidung aufgerufen hast.*

Oft höre ich Leute sagen, dass wir warten sollten, bis sich der Zuhörer unter großer Sündenerkenntnis an uns wendet und ruft: „Was muss ich tun, um gerettet zu werden?" Diese Situation ist sehr selten, sogar in der Bibel. Selbst nach Pfingsten in Apg. 2,37 hielten Petrus und die Apostel darin an, ihre Zuhörer mit Nachdruck zu ermahnen und sie zur Umkehr aufzufordern (Apg. 2,40).

Effektive Evangelisation beinhaltet effektive Leiterschaft: Menschen in das Reich Gottes hineinzubringen. Gott überführt – doch wir müssen überzeugen. Menschen auf biblische Weise zu überzeugen bedeutet, sie aufzufordern, auf Gottes Überführung zu antworten. Dies ist keine Manipulation, sondern hilft ihnen, auf das zu reagieren, was Gott ihnen sagt. [26]

> „Als sie aber das hörten, drang es ihnen durchs Herz, und sie sprachen zu Petrus und den anderen Aposteln: Was sollen wir tun, ihr Brüder? Petrus aber sprach zu ihnen: Tut Buße, und

jeder von euch lasse sich taufen auf den Namen Jesu Christi zur Vergebung eurer Sünden, und ihr werdet die Gabe des Heiligen Geistes empfangen. ... *Mit vielen anderen Worten beschwor und ermahnte er sie* und sagte: Lasst euch retten aus diesem verkehrten Geschlecht!" (Apg. 2,37-38, 40)

„Da wir nun den Schrecken des Herrn kennen, so *überreden wir Menschen,* Gott aber sind wir offenbar geworden; ich hoffe aber, auch in euren Gewissen offenbar zu sein." (2. Kor. 5,11)

Menschen werden in der Regel nicht „Ja" sagen, bis du sie aufforderst zu reagieren.

Ein GGB-Initiator gab vielen Menschen Zeugnis, doch niemand kam zum Glauben. Schließlich lernte er, dass effektive Evangelisten solche sind, die einen Aufruf zur Hingabe machen oder die Frage stellen: „Willst du Jesus jetzt folgen?" Darauf veränderte er seine Methode, indem er einen Aufruf zur Entscheidung am Ende jeder Evangeliums-Präsentation integrierte.

Eines Tages gaben er und ein Partner Zeugnis in einem Seniorenheim. Sie teilten das Evangelium mit einer alten Frau. Diese lag halb im Koma und reagierte kaum. Sein Freund sagte: „Komm, lass uns gehen. Sie ist nicht interessiert." Als sie gehen wollten, wandte sich der GGB-Initiator nochmals ihrem Bett zu und fragte: „Großmutter, würdest du gern Jesus folgen?"

„Natürlich!" antwortete sie. An diesem Tag gab sie ihr Leben Christus, obwohl nichts in ihrem äußeren Verhalten darauf hingedeutet hatte, dass sie bereit dazu war. Der GGB-Initiator entdeckte dies erst indem er sie fragte.

Werde ein Überzeuger! Ying ist unglaublich gut darin. Er gibt verlorenen Menschen überall Zeugnis und fragt sie, ob sie an Jesus glauben wollen. Viele von ihnen sagen „Ja". Etliche seiner effektivsten Trainer sind Personen, die er zum Glauben führte und dann persönlich zu trainieren begann. Yings Philosophie

> Menschen auf biblische Weise zu überzeugen bedeutet, sie aufzufordern, auf Gottes Überführung zu antworten. Dies ist keine Manipulation, sondern hilft ihnen, auf das zu reagieren, was Gott ihnen sagt.

ist: „Bitte nicht um Erlaubnis! Erzähle einfach!" Während er das Evangelium mitteilt, ist seine Devise: „Verkünde das Evangelium nie, ohne Menschen auch zu einer Entscheidung einzuladen."

Die effektivsten Evangelisten laden Menschen ein, Jesus zu folgen. Erinnere dich: 100 Prozent derer, denen du das Evangelium *nicht* mitteilst und die du *nicht* zu einer Entscheidung aufrufst, werden Jesus auch nicht annehmen!

Genau so, wie du es mit der Evangeliums-Brücke getan hast, musst du dir in Lektion eins auch die Zeit nehmen, deine Trainees die Evangeliums-Präsentation immer und immer wieder üben zu lassen, bis sie das Selbstvertrauen und die Zuversicht haben, diese in der darauffolgenden Woche fünfmal mit anderen zu teilen. Nachdem ihr zusammen geübt habt, lass jeden die unterstrichenen Namen auf seiner Liste nochmals anschauen und für diese Verlorenen sowie füreinander beten. Die Trainees sollten für das Ziel beten, fünf vollständige Evangeliums-Präsentationen pro Woche zu haben und Menschen zur Entscheidung aufzurufen. Nachdem ihr dies in Lektion eins getan habt sendet einander aus, die Jüngerschafts-Revolution zu beginnen!

Zusammenfassung

Die nächste Phase in der Anwendung von T4T besteht in der Nutzung einer einzigen, jedoch effektiven, multiplizierbaren Evangeliums-Präsentation, verbunden mit einem Aufruf zur Entscheidung. Finde eine Präsentation des Evangeliums, die in deinem Kontext funktioniert! Dann vermittle diese deinen Trainees als Teil von Lektion eins (WIE). Bevor sie gehen sollten sie die Präsentation so lange geübt haben, bis sie sich sicher genug fühlen, diese innerhalb der folgenden Woche fünfmal zu nutzen. Nachdem sie das getan haben, lass sie für die unterstrichenen Namen auf ihrer Liste beten und einander aussenden.

Ihr Ziel sind fünf vollständige Evangeliums-Präsentationen jede Woche, verbunden mit einem Aufruf zur Entscheidung.

Wenn Menschen zum Glauben kommen: Wie hilfst du ihnen, durch einen Jüngerschafts-Prozess zu gehen, der sich Generation für Generation wiederholt? Lies das nächste Kapitel, um es herauszufinden!

Sei ein Täter, nicht nur ein Hörer!

Schreibe auf, wie Gott zu dir gesprochen hat und was Er von dir erwartet, in Folge davon im Gehorsam zu tun:

KAPITEL 14

DEIN T4T-PAKET: JÜNGERSCHAFT

Wenn deine Trainees in den folgenden Wochen Zeugnis geben, werden verlorene Menschen sich dafür entscheiden, Jesus zu folgen. Nachdem sie das getan haben: Wie können deine Trainer sie auf eine Weise durch den Jüngerschaftsprozess führen, dass dieser sich von Generation zu Generation reproduziert?

Anfängliche und langfristige Jüngerschaft

Die vorangegangenen Kapitel betonten den Jüngerschaftsprozess, welcher dazu führt, dass Trainer ausgebildet werden. Die Hauptbetonung lag auf dem Drei-Drittel-Prozess. Dieses Kapitel konzentriert sich auf diejenigen Inhalte des Trainings, die jedes T4T-Paket für Jüngerschaft enthalten sollte – sowohl in den Anfangsphasen als auch langfristig.

Jedes T4T-Paket muss eine reproduzierbare Sammlung von sechs bis zehn Lektionen für *anfängliche Jüngerschulung* enthalten, die einfach erlernt und gut weitergegeben werden können, und denen man leicht gehorchen kann. Du beginnst mit ihnen ab dem zweiten Treffen. Sie sollten für deinen Kontext passen und deshalb auf einfache Weise reproduzierbar sein. Wenn du herausfindest, dass neue Gläubige die Lektionen *nicht* an andere weitergeben, dann sind sie vermutlich nicht reproduzierbar genug.

Nachdem du die Basislektionen für Jüngerschaft abgeschlossen hast, muss ein *langfristiger Jüngerschaftsprozess* folgen, der den neuen Gläubigen hilft, sich selbst aus dem Wort Gottes zu ernähren und dem Heiligen Geist gehorsam zu sein. Langfristige Jüngerschulung erfordert einen induktiven, anwendungsorientierten Studienplan der Bibel, den sie über Monate und Jahre nutzen können.

Während du weitere Inhalte über Jüngerschaft in deinen T4T-Prozess einfließen lässt, hilfst du deinen neuen Gläubigen, in die nächste

Phase einer GGB zu gelangen – die Multiplikation von Jüngerschaft. Du rüstest deine Trainer dazu aus, ihren neuen Gläubigen dabei zu helfen, sich beständig vorwärts zu bewegen, indem sie bei jedem Treffen „Ja" sagen und „Ja" tun. Du bringst sie auf den Weg hin zu immer mehr Christusähnlichkeit und der Erfüllung von Gottes Absichten für ihre Generation. (Siehe auch in den „Ergänzenden Materialien" auf der Website: „Essential Elements for CMPs" (Wesentliche Elemente für GGBs). Dort findet sich auch eine ausführliche Erklärung, wie Jüngerschaft in einen GGB-Plan passt.)

Die Gefahr nicht reproduzierbarer Lektionen

Der Lehrplan für anfängliche wie auch langfristige Jüngerschaft ist einer der Bereiche, den diejenigen, die Anpassungen an T4T vornehmen, oftmals am wenigsten reproduzierbar gestalten. Warum? Weil sie eine vollständige Übersicht des Alten und Neuen Testaments einschließlich einer systematischen Theologie in sechs bis zehn Lektionen packen wollen! Ich weiß es, denn ich hätte beinahe den selben Fehler gemacht. Die ersten Lektionen meines Lehrplans, den ich für die Ina schrieb, sollte in acht Lektionen alles enthalten, was sie über das Leben und Gottseligkeit wissen sollten. Die Lektionen waren theologisch überladen, ziemlich kompliziert und gespickt mit viel zu vielen Anwendungen, die sie zwar umsetzen, jedoch nur in geringem Maße an andere weitergeben konnten. Für mich als Absolventen einer theologischen Akademie schienen sie sehr einfach zu sein. Für einen Analphabeten jedoch waren sie nahezu unverständlich! Durch Experimentieren fanden wir heraus, was funktioniert und was nicht, so dass mein Team und ich das Ganze schließlich auf acht Schlüsseleinsichten reduzierten, die einem Gläubigen helfen, sowohl Jesus als auch seine Nächsten zu lieben und den Missionsbefehl zu erfüllen.

Nachdem wir es aufgegeben hatten, alles in acht Lektionen integrieren zu wollen, waren wir befreit, zur Einfachheit zu gelangen. Da dies erst der Anfang einer gemeinsamen Jüngerschaftsreise war, konnten wir alles Weitere im Laufe der Zeit ergänzen. Als die Ina dann schließlich in der Lage waren, die acht Lektionen auf mündliche Weise von einer Generation zur nächsten weiterzugeben, wussten wir, dass wir bei einem guten Lehrplan für anfängliche Jüngerschaft angekommen waren.

Vergiss nicht, dass die sechs bis zehn Lektionen, welche du am Anfang gebrauchst, genau dies sind: ein Anfang! Halte sie einfach, damit sie leicht weitergegeben werden können!

Dein T4T-Paket

Du kannst eine Serie an Lektionen aus dem vorhandenen T4T-Lehrplan-Material nutzen. Auf der Webseite gibt es zahlreiche Lehrpläne in verschiedenen Sprachen und für verschiedene Kontexte. Sehr wahrscheinlich ist einer von ihnen genau das, was du brauchst – oder zumindest nahe daran. Nimm einen davon, nutze ihn und dann passe ihn an, während du mit ihm arbeitest! Wenn sich herausstellen sollte, dass einige Dinge in deiner Situation nicht funktionieren, dann passe sie an! *Lass dich jedoch durch den Prozess des Veränderns und Vorbereitens nicht vom Trainieren abhalten! Der schnellste Weg, ein System zu entwickeln, das funktioniert, besteht darin, einen mit Trainingstreffen gefüllten Kalender zu haben.*

Wenn du mehr als zehn Basislektionen für Jüngerschaft in dein Basispaket integrierst, wird es für die meisten Gläubigen schwierig, diese zu behalten und weiterzugeben. Stattdessen solltest du nach Abschluss der sechs bis zehn Basislektionen ein langfristiges Jüngerschaftskonzept entwickeln und deinen Trainees entsprechende Bibeltexte geben, die ihnen helfen, in den Grundlagen des christlichen Lebens zu wachsen (z. B. das Markusevangelium, der Epheserbrief, etc.).

Unentbehrliches für das Basispaket

Jeder Lehrplan an Basislektionen über Jüngerschaft sollte grundlegende Themen enthalten wie Gebet, tägliche Zeit mit Gott, Gewissheit der Errettung und Gottes Wort. [27] Doch für die Entstehung einer GGB gibt es einige weitere unentbehrliche Themen, die zusätzlich dazu in den Basislektionen enthalten sein müssen.

Taufe – Die meisten Anwender von T4T taufen neue Gläubige innerhalb weniger Stunden, Tage oder Wochen, nachdem sie zum Glauben gekommen sind. Viele haben es mittlerweile als die erste Jüngerschaftslektion nach der Errettung integriert. [28] Taufe ist wahrscheinlich der wichtigste Gehorsamsschritt, um das Bekenntnis des Glaubens zu festigen und Menschen zu wahren Jüngern zu machen (siehe Kapitel 15 über Taufe).

Gemeinde – Jeder T4T-Lehrplan, dessen Ziel in einer Gemeindegründungsbewegung besteht, enthält sehr früh eine Lektion, die der Gruppe von Jüngern bewusst darin hilft, zur Gemeinde zu werden. Gewöhnlich handelt es sich um die vierte oder fünfte Lektion der anfänglichen Jüngerschulung. Das bedeutet, dass T4T-Gruppen in der Regel ab der vierten oder fünften Lektion zur Gemeinde werden, was ohne diese Lektion vermutlich nicht der Fall wäre. Mehr zu diesem Thema findest du in Kapitel 16.

Abendmahl – Manchmal wird diese Lektion in Verbindung mit der Lektion über Gemeinde gelehrt, in manchen Fällen auch separat (siehe Kapitel 16). In jedem Fall ist das Abendmahl – richtig ausgeführt – wie kaum etwas anderes ein reinigender Akt der Anbetung für die Gemeinde und die Bewegung. Es hilft, Lehre und Praxis der Mitglieder rein zu erhalten.

Ausharren in Verfolgung – Es mag einige überraschen, doch werden viele junge, radikale Gläubige zumindest leichte Verfolgung viel eher erleben, als du denkst. Auch für die Autoren des Neuen Testaments war Umgang mit Verfolgung fast immer ein integraler Bestandteil ihrer Lehre. Wir sollten dies ebenso tun. Nur das Ausharren der Gläubigen ermöglicht dem, was wir tun, zu einer Bewegung zu werden (mehr dazu in Kapitel 20). Ausharren und Kühnheit sind die vielleicht wichtigsten Faktoren, dieser Generation von Gläubigen zu helfen, eine neue Generation von Gläubigen zur Geburt zu bringen.

Missionsbefehl – Obwohl Reproduktion (Multiplikation) bereits Teil des Drei-Drittel-Prozesses ist, erweist es sich als hilfreich, dem Missionsbefehl eine komplette Lektion zu widmen, um die Notwendigkeit vieler aufeinanderfolgender Generationen zu untermauern.

Schriftliche oder mündliche Vorgehensweise

Eine der Entscheidungen, die du bei der Zusammenstellung deines T4T-Pakets bereits frühzeitig treffen solltest, besteht darin, ob du schriftliche Lektionen im Training nutzt, oder ob sich die Lektionen eher an „Oral Learners" richten.

Einige Anwender haben eine natürliche Vorliebe für das eine oder das andere. Sie nutzen eher die mündliche Form, weil *sie* diese bevorzugen, nicht, weil diese *am effektivsten* in ihrem Kontext ist. Doch es ist gefährlich, eine bestimmte Methode der anderen vorzuziehen, nur weil *wir* sie besonders mögen, und nicht danach zu entscheiden, was die effektivste Methode für unsere Volksgruppe darstellt und innerhalb dieser am besten reproduzierbar ist. Wir sollten persönlichen Vorlieben niemals erlauben, optimalen Methoden zur Erreichung unserer Volksgruppe im Wege zu stehen.

Training über mündliche Methoden gleicht dem Fahren eines Autos mit angezogener Handbremse. Du kannst mit derselben Geschwindigkeit fahren, doch es ist viel anstrengender. Mündliche Methoden enthalten von Natur aus Geschwindigkeitsbremsen, die du kompensieren musst. Dies bedeutet – mit wenigen Ausnahmen – dass es mehr Arbeit erfordert, *sie multiplizierbar zu machen.*

Ein Beispiel dafür ist TRT (Training ländlicher Trainer), das wir für die Ina entwickelten. Da TRT damit arbeitet, Geschichten weiter zu erzählen und für Menschen bestimmt war, die nicht lesen können, mussten wir die Gruppe lehren, Geschichten, Bibelverse und Lieder auswendig zu lernen, und die Anwendungen im Gedächtnis zu behalten. Jede Geschichte, die wir ihnen beibrachten, mussten wir fünf bis zehn Mal üben, bevor sie sich sicher und kompetent genug fühlten, diese weiterzugeben. Zusätzlich mussten wir die Geschichten vergangener Wochen von Zeit zu Zeit wiederholen, um sie zu festigen.

Das erfordert im Trainingstreffen sehr viel Zeit. Damit eine Gruppe von Trainees dies an andere weitergeben kann, müssen es die Teilnehmer viele Male üben und die gesamte Trainingslektion – einschließlich der Geschichte – im Gedächtnis behalten, um denselben Prozess mit ihrer Gruppe zu wiederholen. Es ist machbar, aber sehr zeitintensiv. Für gewöhnlich erfordert es mehr Anstrengung als schriftliche Methoden.

Schriftlich basierte Lektionen sind hierbei weitaus effektiver. Während du die Mitglieder deiner Gruppe trainierst, können sie den biblischen Text und das Lektionsblatt mitlesen. Sie müssen die Lektion vielleicht nur ein bis drei Mal üben, um sie sicher und kompetent an andere weitergeben zu können. Das Bildungssystem hat deinen Trainern etwas vermittelt, das ihnen hilft, sich mit weniger Anstrengung zu vervielfältigen, vorausgesetzt, dass du sie richtig trainierst.

Einige berichten, wie einfach es für „Oral Learners" sei, Lieder und Geschichten zu lernen. Vielleicht ist es leichter für sie als für solche, die lesen können, doch es ist niemals *wirklich leicht*. Es bedeutet harte Arbeit und ist in der Regel sogar schwieriger zu reproduzieren als eine schriftliche Methode.

Gemeindegründungsbewegungen sind unter mündlich orientierten Volksgruppen genauso möglich wie unter schriftlich orientierten. Es gibt einige GGBs, die mündliche Versionen von T4T nutzen, doch es benötigt im Training eine Menge Zeit, um sicherzustellen, dass das Gelernte unverfälscht weitergegeben wird. Man muss die richtigen Methoden verwenden und sich genügend Zeit zum Üben nehmen, damit die Trainees es an andere weitergeben können.

> Einige Anwender nutzen die mündliche Form, weil sie selbst diese bevorzugen, nicht, weil diese am effektivsten in ihrem Kontext ist. Doch es ist gefährlich, eine bestimmte Methode der anderen vorzuziehen, nur weil wir sie besonders mögen, und nicht danach zu entscheiden, was die effektivste Methode für unsere Volksgruppe darstellt und innerhalb dieser am besten reproduzierbar ist. Wir sollten persönlichen Vorlieben niemals erlauben, optimalen Methoden zur Erreichung unserer Volksgruppe im Weg zu stehen!

Nach welchen Kriterien entscheidest du, ob eine mündliche oder schriftliche Methode verwendet werden sollte? Gründe deine Entscheidung auf die Bedürfnisse deiner Gruppe – nicht auf deine eigenen Vorlieben! *Denke an deinen durchschnittlichen, zukünftigen Gläubigen der dritten oder vierten Generation! Welche Art reproduzierbarer Methode wird für ihn die beste sein?* Vielleicht sind die Personen in deinem Kontext, mit denen du beginnst, gebildete Schulabgänger, die Jobs in der Stadt finden, und mit denen du leicht ein schriftliches T4T-Modell starten kannst. Wenn sie jedoch nach Hause in ihre Dörfer kommen: Werden sie dasselbe Modell nutzen können, um ihre Eltern und Großeltern zu erreichen? Wenn nicht, dann solltest du vielleicht von Anfang an mit einer mündlichen Methode beginnen.

Wenn die Mehrzahl der Menschen, die du in den ersten Generationen erreichen wirst, lesen können, dann wähle ein schriftliches Modell. Der Grund, warum viele ein mündliches Modell bevorzugen, ist, weil sie Geschichten lieben. Großartig!

> Denke an deinen durchschnittlichen, zukünftigen Gläubigen der dritten oder vierten Generation: Welche Art reproduzierbarer Methode wird für ihn die beste sein?

Gebrauche Geschichten in deinem *schriftlichen* Modell, aber bleibe beim schriftlich basierten Training! Auf diese Weise wird die Weitergabe nicht abhängig sein von auswendig gelernten, nur mündlich übermittelten Lektionen! Du wirst feststellen, dass der Kreislauf der Vervielfältigung sehr viel schneller funktioniert.

Eine häufige Fehleinschätzung in Bezug auf mündliche Methoden ist die Annahme, dass Geschichten alles seien, was man braucht. Wir erinnern uns an all die Geschichten, die Jesus erzählte, und nehmen daher an, Geschichten seien genug. Doch untersuche die Lehrweise Jesu genauer! Obwohl Er häufig Geschichten erzählte ging Er danach fast immer zu einer anschaulichen Anwendung über oder gab der Geschichte eine Moral im Sinne einer lehrmäßigen Wahrheit.

Denke nicht, dass „Oral Learners" nur Geschichten brauchen. Sie mögen bevorzugt durch Geschichten lernen, doch sie benötigen immer noch Lehre, Auslegung der Wahrheit und klare Anwendungsbeispiele, die ihnen zeigen, wie sie diese Geschichten innerhalb ihres Kontexts umsetzen können. In der Anfangszeit von TRT erwies es sich als Fehler, nach Ende der Geschichten keine klare Lehre und Anwendung zu geben. Nachdem wir dies korrigiert hatten, wurden die Ina bessere Täter des Wortes und konnten die Lektionen leichter weitergeben. (Nähere Erklärungen dazu, wie man mündliche T4T-Methoden einsetzt, findest du unter „How to Train Orally" (Wie man mündlich trainiert) auf www.T4Tonline.org)

Der Grundsatz lautet: Wähle einen Jüngerschaftslehrplan, der für deine Zielgruppe geeignet ist!

Trainees zu Trainern machen

Eine der Schwierigkeiten, die GGB-Initiatoren mit T4T in den ersten Jahren erlebten, bestand darin, Trainees zu helfen, den Drei-Drittel-Prozess zu verstehen. Wenn sie sich die ursprünglichen T4T-Lektionen ansahen (die anfänglichen Jüngerschaftslektionen im zweiten Drittel des Treffens) konnten sie den Multiplikationsprozess dahinter nicht erkennen.

Wenn Ying eine Gruppe von Gläubigen in den drei Dritteln trainierte, benötigten diese nur die Basislektionen, weil er ihnen zeigte, was sie in jeder Phase zu tun hatten. Er nutzte den Drei-Drittel-Prozess konsequent mit ihnen. Als jedoch T4T-Lektionen zu anderen GGB-Initiatoren in der ganzen Welt gesandt wurden, verpassten *fast alle von ihnen* den T4T-Prozess. Die Lektionen wurden lediglich als **Inhalte** betrachtet, nicht als ein Plan hinter einem Prozess. Die Vermeidung dieses Missverständnisses ist einer der Gründe für dieses Buch.

Wenn Menschen auf der ganzen Welt damit beginnen, den T4T-Prozess anzuwenden, kann es leicht passieren, dass sie nur die Inhalte sehen und das Momentum verlieren. Sie konzentrieren sich darauf, wie sie die Lektionen vermitteln, anstatt eine Bewegung zu bauen. Sie übersehen die drei Drittel sowie die Bedeutung der Multiplikation von Generationen an Trainern.

Eine Möglichkeit, dieses Problem in deinem eigenen Dienst mit T4T zu vermeiden, besteht darin, den Drei-Drittel-Prozess zu verstärken, indem du jede der anfänglichen Jüngerschaftslektionen in Form eines *Drei-Drittel-Lektionsplans* niederschreibst. Auf diese Weise kannst du jeden Teil der drei Drittel als einen separaten Lektionsplan schriftlich ausarbeiten, damit der Trainer zu jedem Zeitpunkt weiß, was er zu tun hat. Dies hilft, den Drei-Drittel-Prozess – ebenso wie die Inhalte der Lektionen – zu verstärken. [29]

Du kennst bereits den Lektionsplan für Treffen eins. Doch wie könnte ein solcher für Treffen *zwei* aussehen? Im folgenden findest du ein Beispiel für den Aufbau eines Lektionsplans, den du sehr leicht erweitern kannst:

Erstes Drittel des T4T-Treffens (40 Minuten)

Pastorale Fürsorge: Beginne mit einer Zeit, in der ihr einander aufrichtig fragt: „Wie geht es dir?" Helft einander mit Rat, betet, und ermutigt einander.

Lobpreis: Singt zwei bis drei Lobpreislieder.

Rechenschaft: Stellt einander die folgenden Fragen in Bezug auf die vergangene Woche. Teilt einander mit, wie ihr versucht habt, diesen Dingen zu gehorchen.

„Wem hast du Zeugnis gegeben? Wer kam zum Glauben?"

„Bist du mit denen, die zum Glauben kamen, Lektion eins durchgegangen? Wenn ja, wie lief es?"

Vermittlung von Vision: Teile die folgende Geschichte in fünf Minuten oder weniger mit: ***„Das Herz des himmlischen Vaters"*** (schreibe sie auf – siehe Kapitel drei!).

Ermutige sie, dass, selbst wenn ihr Zeugnis zurückgewiesen wurde, Gott ihre Familie retten will!

Zweites Drittel des T4T-Treffens

(40 Minuten; versuche jedoch, es kürzer zu halten)

Jüngerschaftslektion – Taufe: Lehre die Lektion über Taufe (schreibe sie unten auf)! Habe genügend Kopien für die Gruppenmitglieder zur Verteilung an ihre neuen Gläubigen. Stelle sicher, dass jeder Trainer den Zeitpunkt plant, zu dem er seine neuen Gläubigen tauft.

Letztes Drittel des T4T-Treffens (40 Minuten)

Übung. Lass die Gruppe üben, in Zweiergruppen einander die Tauflektion zu lehren! Gehe in der Gruppe umher und hilf ihnen, ihre Fragen zu beantworten! Ermutige und korrigiere sie liebevoll. Stelle sicher, dass sie solange üben, bis sie sicher und kompetent darin sind, es an andere weiterzugeben.

Besprich mit der Gruppe die drei Drittel des heutigen Treffens, so dass die Teilnehmer in der Lage sind, in dieser Woche dasselbe mit ihren neuen Gläubigen zu tun.

Zielsetzung und Gebet! Hilf der Gruppe, entsprechende Ziele zu setzen!

Wenn jemand in der Gruppe bisher noch nicht getauft wurde, setze einen Zeitpunkt fest, um dies zu tun!

Trainees sollten sich das Ziel setzen, weiteren fünf Personen auf ihrer Namensliste Zeugnis zu geben (einige von diesen könnten dieselben sein, denen sie letzte Woche Zeugnis gaben, für den Fall, dass diese mehr erfahren wollen).

Trainees sollten sich ebenfalls zum Ziel setzen, diejenigen sofort zu trainieren, die zum Glauben gekommen sind. Sei sicher, dass sie tatsächlich in Lektion eins (den Fragen: WARUM-WEM-WIE) sowie einer klaren Präsentation des Evangeliums unterwiesen wurden. Dann lehre sie die Lektion über Taufe!

Lass die Mitglieder der Gruppe kurz ihre Ziele mitteilen und dann füreinander beten. Wenn die Zeit kurz ist, lass sie dies in Zweier- oder Dreiergruppen tun.

Beispiele von Lehrplänen über anfängliche Jüngerschaft

Im Zusatzmaterial auf der Webseite findest du unter „Examples of T4T Curriculum Packages" (Beispiele zu T4T-Lehrplänen) einige Beispiele aus verschiedenen T4T-Paketen für anfängliche Jüngerschaft. Viele dieser Lektionen können von der Webseite heruntergeladen werden. Jede davon zeigt, wie man in der Anfangsphase Jüngerschaft mittels sechs bis zehn reproduzierbarer Lektionen vermitteln kann.

Anwendung anfänglicher Jüngerschaft

Bestimme die sechs bis zehn wichtigsten Dinge, die ein neuer Gläubiger in deinem Kontext wissen muss, um den Weg der Nachfolge Jesu zu beginnen. Weitere Ideen zu Lehrplänen findest du im Zusatzmaterial auf www.T4Tonline.org.

Nimm bereits vorhandene Lektionen und schneide sie auf diejenigen zu, die du trainierst, oder – falls erforderlich – entwickle sie ganz neu! Entscheidend ist, dass sie biblisch, auf deinen Kontext passend und reproduzierbar sind.

Schreibe sie in Form von Unterrichtseinheiten auf und beachte dabei die drei Phasen des Ablaufs! Sei jederzeit bereit sie anzupassen, je nachdem, wie leicht oder wie schwierig es für deine Trainees ist, sie an andere weiterzugeben.

Unentbehrliche Elemente für das langfristige Jüngerschaftspaket

Die letzte Lektion deines Basis-Jüngerschaftspakets sollte zeigen, wie man in die Phase langfristiger Jüngerschaft übergeht. Um dies effektiv zu tun gib deiner Gruppe einige induktive Bibelstudienfragen sowie eine Anleitung, welche Bibeltexte sie mit Hilfe deiner Fragen für den Anfang studieren sollen. Jede Gruppe kann lernen, die Bibel auf diese Weise zu studieren. „Induktiv" bedeutet, dass die Gruppe lernt, gemeinsam Antworten auf Fragen zu dem jeweiligen Text zu finden und den Heiligen Geist zu bitten, ihnen Verständnis und Anleitung zu geben und ihnen gleichzeitig zu zeigen, wie sie das Gelernte in ihrem Leben anwenden können.

Dies ersetzt nicht die Rolle von Predigt oder Lehre. Es ist lediglich ein Werkzeug, welches die Gruppe gebraucht, um sich selbst aus dem Wort zu nähren. Es befähigt sie, wirklich als Priester Gottes zu dienen. Andernfalls werden sie dazu neigen, das Wort nur dann zu studieren, wenn ein „qualifizierter" Bibellehrer oder Prediger in ihre Gruppe kommt.

Du solltest dieses Modell induktiven Bibelstudiums in derselben Lektion einführen, in der du zu langfristiger Jüngerschaft überleitest. *Mache es vor!* Lass deine Trainees die induktiven Studienfragen im praktischen Teil üben, bis sie sicher genug darin sind, den Prozess mit ihren Gläubigen wiederholen zu können.

Induktive Studienfragen – Das Muster

Induktiv zu lernen ist zu Beginn nicht einfach. Die Gruppe muss ein Muster gelehrt werden, welches sie immer wieder nutzen kann, bis es zur zweiten Natur für sie wird. Induktives Studium bedeutet nicht, dass ein Gruppenleiter keine Lektion vorbereitet oder keine Einsichten vermittelt. Doch es nimmt den Druck von ihm, von Anfang an ein redegewandter Lehrer sein zu müssen. Er teilt natürlich Einsichten mit und leitet das Lernen an, erlaubt der Gruppe jedoch, viele der Wahrheiten selbst „auszugraben". Auch befähigt er viele der Teilnehmer, die Gruppe ihrerseits während der Bibelstudienzeit zu leiten.

Du kannst jede Form von Fragen nutzen, solange sie 1. einprägsam sind, 2. die Bedeutung des Textes aufdecken und 3. Anwendung und Gehorsam betonen. Mit jeder Frage kannst du immer auch detailliertere oder abgeleitete Fragen stellen, welche zur Diskussion einladen und die Umsetzung fördern.

Die am häufigsten gebrauchten Fragen bei T4T sind:

> **Sagen:** *Was sagt dieser Text aus?*

> **Gehorchen:** *Welchen Dingen aus diesem Text sollen wir gehorchen?*

> **Mitteilen:** *Wem können wir diese Botschaft mitteilen?*

Hier ist eine weitere Liste von Fragen:

> *Was sagt dieser Textabschnitt? (Und: Was gefällt dir daran?)*

> *Was verstehst du nicht?*

> *Was lehrt es uns über Gott?*

> *Was sagt der Text darüber, was wir tun sollen?*

> *Was davon sollten wir anderen mitteilen?*

Wo beginnen wir?

Nachdem du über eine Liste induktiver Fragen verfügst, die deine Trainees verwenden können, gib der Gruppe eine Reihe geeigneter biblischer Texte, die sie studieren soll. In den meisten Fällen wird dies ein bestimmtes Buch der Bibel sein, wie z.b. das Markusevangelium. Im Fall von „Oral Learners" könnte es sich auch um eine Reihe biblischer Geschichten handeln. Wähle Bibeltexte aus, die die Gruppe zu einem grundlegenden Verständnis über Jesus, die Bibel und über Jüngerschaft führen – etwas, das ihnen einen Überblick darüber gibt, wie man Jesus folgt.

Lehrpläne für langfristige Jüngerschaft findest du unter „Examples of T4T Curriculum Packages" (Beispiele für T4T-Lehrplan-Pakete) auf www.T4Tonline.org.

Was tust du, wenn sie nicht lesen können?

Was kannst du tun, um T4T mit „Oral Learners" zu praktizieren, die nicht lesen können? Wie hilfst du ihnen, das Wort zu hören, so dass sie es studieren und ihm im Prozess langfristiger Jüngerschaft gehorchen können?

Du wirst entdecken, dass Gott in jeder Situation einen Weg bereithält, damit hungrige Gläubige das Wort hören und ihm gehorchen können, auch wenn sie nicht über die Fähigkeit zu lesen verfügen.

> Finde eine Person in der Gruppe, *die* lesen kann und lass sie den Bibeltext den anderen vorlesen! Dies könnte z.B. ein Jugendlicher sein, der zur Schule geht oder gegangen ist.

> Zeichne biblische Geschichten oder einzelne Abschnitte akustisch auf und lass die Gläubigen sie dann hören!

> Hilf ihnen, Geschichten der Bibel auswendig zu lernen und während der Woche darüber nachzudenken!

Anwendung langfristiger Jüngerschaft

Nachdem du Pläne mit sechs bis zehn Basislektionen für erste Schritte in Jüngerschaft entwickelt hast, solltest du noch einen weiteren Lektionsplan niederschreiben. Dieser stellt das induktive Bibelstudium für langfristige Jüngerschaft vor und macht der Gruppe Vorschläge, welche Abschnitte der Bibel sie studieren kann.

Nehmen wir an, du gehst folgendermaßen vor:

> **Lektion eins:** WARUM (Vermittlung der Vision), WEM (erstelle eine Namensliste) und WIE (Brücke und Evangeliums-Präsentation). Diese Lektion kann innerhalb von Minuten, nachdem eine Person zum Glauben gekommen ist, weitergegeben werden.

> **Lektion zwei bis neun:** Halte acht *elementare Lektionen über Jüngerschaft,* indem du dem Muster des Drei-Drittel-Prozesses folgst!

Danach benötigst du einen weiteren Lektionsplan für dein zehntes Treffen:

> **Lektion zehn:** Eine Einführung in die *induktive Bibelstudien-Methode* (mit induktiven Fragen für jede Woche), und einem Plan, welche Abschnitte der Bibel sie zu Anfang im Prozess *langfristiger Jüngerschaft* studieren sollen. Während dieses zehnten Treffens sowie in den darauffolgenden Wochen zeigst du ihnen, wie der induktive Ansatz funktioniert, bis sie sicher genug geworden sind, das Studium selbst zu leiten und es an andere weitergeben zu können. Vom elften Treffen an nutzen sie in Zukunft diese Methode.

Dein T4T-Paket muss Gläubigen helfen, erfolgreich durch jede Phase anfänglicher und langfristiger Jüngerschaft zu gehen. Es muss eine Anzahl reproduzierbarer Lektionen anfänglicher Jüngerschaft enthalten, die mit einer Einführung in induktives Bibelstudium abschließen, welche das Muster festlegt für langfristige Jüngerschaft.

> Dein T4T-Paket muss sowohl Basislektionen als auch Lektionen für langfristige Jüngerschaft enthalten.

Dein T4T Paket muss sowohl Basislektionen als auch langfristige Jüngerschaftsschulung enthalten.

Zwei wichtige Meilensteine dieses Jüngerschaftsprozesses sind 1. Taufe und 2. die Umformung von Gruppen in Gemeinden. Finde in den nächsten beiden Kapiteln heraus, wie du diese beiden Hürden nimmst!

Sei ein Täter, nicht nur ein Hörer!

Schreibe auf, wie Gott zu dir gesprochen hat und was Er von dir erwartet, in Folge davon im Gehorsam zu tun:

KAPITEL 15

DEIN T4T-PAKET:
DER SCHRITT ZUR TAUFE

Ein kritischer Meilenstein, um Menschen möglichst schnell in Jünger-schaft zu bringen, ist die Taufe. Taufe ist der entscheidende Schritt, den Jesus Seinen Nachfolgern gab, um die Entscheidung ihres Her-zens festzumachen.

Start der Jüngerschafts-Re-Revolution

Leider wird die Rolle der Taufe oft heruntergespielt, aus Furcht, neue Gläubige (oder die Kultur, in der sie leben) zu verärgern. Manchmal legen wir Nachdruck auf eine Entscheidung, nicht aber auf Jüngerschaft. Die Taufe abzuwerten oder gar abzulehnen bewirkt jedoch einen gro-ßen Schaden für die, die zum Glauben kommen. Es verletzt das Prin-zip des Reiches Gottes vom verborgenen Schatz im Acker und von der kostbaren Perle: *Menschen geben freudig alles, was sie haben, auf, um Jesus zu folgen, wenn sie erst einmal den Wert des Königs und die Qualität des Lebens in Seinem Reich erkannt haben.*

Taufe ist der Startpunkt für die Jüngerschafts-*Re*-Revolution von Jün-gern des Königreiches, die ein Leben voller Gehorsam und Freude führen. Es hilft ihnen, sich den Wert des Königs zu vergegenwärtigen und die Kosten zu überschlagen, Ihm zu folgen – was der wesentliche erste Schritt unter der Herrschaft des Königs ist.

Sicher oder reif?

Einige glauben, die Taufe solle aufgeschoben werden, bis es einen klaren Beweis dafür gibt, dass die Person, die getauft werden soll, wirklich ein Nachfolger Jesu ist. Diese Verzögerung kann Monate, ein Jahr oder sogar länger dauern, nachdem jemand an Jesus gläubig wurde. Die Absicht ist gut: Sich zu vergewissern, dass Gläubige tatsächlich in Christusähnlichkeit wachsen. Dennoch ist die Verzögerung der Taufe nicht biblisch.

Taufe ist ein Zeichen der Entschiedenheit, nicht der Reife. [(30)] Es ist ein Zeichen, sowohl für den neuen Gläubigen selbst, als auch für andere um ihn herum, dass er sicher ist, Jesus folgen zu wollen. Zeichen der *Reife* dagegen ist die Frucht des Geistes, welche sich mit der Zeit entwickelt. Wenn du dich an dieses Prinzip hältst wirst du *schnell* taufen wollen, anstatt die Taufe *aufzuschieben*. Tatsächlich ist die Taufe Bekräftigung der Entscheidung des neuen Gläubigen, die ihm hilft, sein altes Leben niederzulegen und einen neuen Weg einzuschlagen, auf dem er Christus ähnlich wird. Durch Verzögerung der Taufe schmälern wir die Mittel, die Jesus uns gegeben hat, um feste Hingabe in neuen Gläubigen zu bewirken.

In frühen Stadien der Jüngerschaft unter den Ina entwickelten wir eine Anzahl von Basislektionen. Die erste Lektion nach der Errettung war diejenige über Gewissheit der Errettung, gefolgt von einer Lektion über Taufe. Wir nahmen an, dass das erste, was ein neuer Gläubiger nach seiner Errettung wissen muss, darin besteht, dass er gerettet und sicher ist. Diese Annahme beruhte jedoch auf unserer eigenen Erfahrung, nicht auf der Bibel. Als wir neue Gläubige durch die Lektion über Gewissheit der Errettung führten, geschah etwas Interessantes: Sie hatten nur wenig Gewissheit darüber, ob sie errettet waren – und das trotz der vielen Bibelstellen, die wir ihnen dazu gegeben hatten.

Ich kratzte mir verwundert den Kopf. Auf der Suche nach Antworten las ich das Neue Testament wieder und wieder. In der Apostelgeschichte entdeckte ich, dass in jedem einzelnen Fall (mit einer einzigen Ausnahme) neue Gläubige sofort getauft wurden – und zwar am selben Tag, an dem sie zum Glauben kamen. Als ich Apostelgeschichte 2,38 las, schien es, dass Taufe ein Schlüssel zum Bekenntnis des Glaubens war, gleichbedeutend mit Römer 10,9-10, wo vom Bekenntnis mit dem Mund gesprochen wird.

Unsere neuen „Gläubigen" hatte keine Glaubensgewissheit, weil sie *nicht völlig sicher* waren, dass sie Jesus folgen wollten! Da sie Jesus nicht in der Taufe bekannt hatten schwankten sie in ihren Herzen immer noch und waren unentschieden. Sie hatten nicht den Frieden der Heilsgewissheit, weil sie in Wahrheit noch nicht das Zeichen gesetzt hatten, Jesus wirklich nachzufolgen.

Nach dieser Erkenntnis vertauschten wir die zwei Lektionen von 1. Gewissheit und 2. Taufe zu 1. Taufe und 2. Gewissheit. Danach änderte sich alles. Menschen, die Christus bekannten, wurden sofort den ersten Schritt des Gehorsams gelehrt – die Taufe – und aufgefordert, sich bald taufen zu lassen. Einige sagten „Nein". Viele schluckten tief, überschlugen die Kosten und überschritten die rote Linie zur Taufe. Als wir sie danach die Lektion über Gewissheit lehrten, erlebten sie oftmals innerhalb von Stunden tiefen Frieden und die Gewissheit ihrer Errettung.

> Taufe ist ein Zeichen der Entschiedenheit, nicht der Reife!

Wir mussten einfach nur die Reihenfolge korrigieren: *„Erst sicher, dann gewiss"!*

Kollegen, welche die Resultate von Gemeindegründungsbewegungen weltweit erleben, bestätigen dasselbe – die Wichtigkeit einer frühen Taufe, um feurige Nachfolger Jesu zu entwickeln. *In deinem T4T-Paket muss daher die Lektion über Taufe sehr frühzeitig enthalten sein.*

Das Taufmuster der Apostelgeschichte – Wer, Wann, Wo, Wie

Eine biblische Sicht der Taufe kann sehr gut auf der Grundlage der Apostelgeschichte gelehrt werden. Einer der Gründe dafür ist, dass sie die Ausführung des Befehls, den Jesus in Matthäus 28,19-20 gab, sehr gut illustriert. Er besteht darin, Jünger zu machen, indem sie getauft und alles gelehrt werden, was Er uns befahl. Der Befehl, andere zu Jüngern zu machen, beinhaltet für uns auch den Befehl, diejenigen zu taufen, die wir zum Glauben führen.

Viele der Bedenken, die christliche Leiter in Bezug auf eine frühzeitige Taufe haben, werden – zusätzlich zum Missionsbefehl – in der Apostelgeschichte zerstreut. Hier haben wir ein hilfreiches Modell, um außerbiblische Einwände gegen eine sofortige Taufe von neuen Gläubigen zu überwinden. Im Wesentlichen gibt es in der Apostelgeschichte zehn Belegstellen zur Taufe (die Taufe des Paulus wird zweimal erwähnt – Apg. 9,18-19 und Apg. 22,14+17). Die nachfolgende Studie kann sehr gut zur Grundlage für deine eigene Lektion über Taufe werden, während es in Bezug auf neue Gläubige im Normalfall genügt, ein oder zwei dieser Texte mit ihnen durchzugehen.

Studiere die zehn Belegstellen in der Apostelgeschichte und stelle grundlegende Fragen zu jedem Ereignis:

Wer wurde getauft?

Wer taufte?

Wann wurde getauft?

Wie und wo wurde getauft?

1. Apg. 2,41 – Dreitausend Personen wurden innerhalb eines Tages nach ihrem Bekenntnis des Glaubens getauft.

2. Apg. 8,6-13 – Samaritaner, frühere dämonisch Besessene, Zauberer und Kranke.

3. Apg. 8,36-38 – Ein äthiopischer Kämmerer, der auf der Straße reist.

4. Apg. 9,18-19 – Saulus, der Verfolger.

5. Apg. 10,47-48 – Heiden; Petrus befiehlt seinen Gefährten, nicht mit der Taufe zu warten.

6. Apg. 16,13-15 – Frauen am Ufer.

7. Apg. 16,33 – Ein römischer Gefängniswärter und seine Familie.

8. Apg. 18,8 – Der Vorsteher der Synagoge, seine Familie und viele weitere Gläubige.

9. Apg. 19,1-5 – Die Taufe des Johannes genügte nicht.

10. Apg. 22,14-17 – „Was zögerst du? Lass dich taufen!" sagte Ananias zu Saulus.

Die Antworten auf folgende Fragen sind sehr aufschlussreich:

Wer wurde getauft?

Neue Gläubige, die gerade zum Glauben an Jesus gekommen waren, gewöhnlich nur Stunden zuvor.

Lektion: Taufe ist der erste Gehorsamsschritt für Menschen, die Christus bekennen, und kann wohl am besten mit dem äußeren Bekenntnis des Mundes in Römer 10,9-10 verglichen werden.

Wer taufte?

In den meisten Fällen die Person, welche andere zum Glauben geführt hatte.

Lektion: Andere zu taufen ist allen Gläubigen befohlen, die den Missionsbefehl erfüllen. Nicht Ordination oder besondere Zertifikate scheinen in der Bibel von Bedeutung zu sein, sondern Gehorsam gegenüber dem Missionsbefehl. Auf dieser Grundlage kann jeder Gläubige andere taufen.

Wann wurden sie getauft?

Sofort. In allen Fällen – außer dem von Paulus – wurden sie anscheinend noch am selben Tag getauft, an dem sie zum Glauben kamen.

Lektion: Sofortige Taufe ist sowohl der Befehl (Matth. 28,19-20; Apg. 2,38) als auch das Muster der Bibel. Je früher, desto besser. Taufe festigt die Entscheidung, Jesus zu folgen, und ermutigt neue Gläubige zu mehr Kühnheit.

Wie und wo wurden sie getauft?

In Wasser und durch Untertauchen. Sie wurden getauft, wo immer sich Wasser fand – nicht unbedingt in einem Taufbecken. [31] In den klaren Belegstellen (wie bei dem Kämmerer aus Äthiopien) gingen sie ins Wasser hinab. Untertauchen bzw. Eintauchen ist die Bedeutung des griechischen Wortes **baptizo**.

Lektion: Untertauchen ist die biblische Art und Weise, welche am besten die geistliche Realität abbildet, mit Christus begraben und zu neuem Leben auferweckt worden zu sein (Römer 6,4). Taufe kann überall geschehen, wo sich genügend Wasser zum Untertauchen findet.

Ein hervorragendes Beispiel einer Jüngerschaftslektion über Taufe ist „Der Hammer der Taufe in der Apostelgeschichte" von George Tupper. Es kann unter „Material zur Taufe" unter den „Ergänzenden Materialien" auf www.T4Tonline.org gefunden werden. Während wir Lehrmaterial wie dieses manchmal als Argumentationshilfe für christliche Leiter verwenden müssen, haben die meisten neuen Gläubigen keine Vorbehalte oder Traditionen in Bezug auf Taufe. Sie sind bereit, getauft zu werden, wenn sie sehen, dass Gottes Wort es befiehlt.

Warum dies wahr ist:
Taufe als ein Bekenntnis des Glaubens

Einer der Gründe, weshalb Taufe so wichtig ist, besteht in der Funktion, die Gott ihr im Neuen Testament und bis heute zugedacht hat. Die Bibel befiehlt Taufe in eindeutiger Weise für alle Gläubigen (Matth. 28,19-20; Apg. 2,38), und der Missionsbefehl macht klar deutlich, dass jeder Jünger Jesu die Autorität zu taufen hat.

Warum ist dieser Befehl so wichtig? In letzter Zeit sind verschiedene Formen entwickelt worden, mit denen Menschen zeigen können, dass sie Verlangen nach Christus haben und an Ihn glauben wollen. Sie können zum Beispiel nach vorn zum Altar kommen oder eine Hand heben; sie können sich in der Menge erheben oder ein Gebet nachsprechen. All dies wurde in guter Absicht und dem Bestreben entwickelt, denen, die in ihrem Herzen glauben, eine Hilfestellung zu geben, welche es ihnen ermöglicht, diesem Glauben gemäß zu handeln und ihre Entscheidung öffentlich zu demonstrieren. Ein Beispiel dafür ist, wenn neue Gläubige auf einem Mittelgang nach vorn zum Altar kommen, während alle anderen zusehen – und nichts daran ist falsch.

Dennoch liegt in diesen Praktiken eine Gefahr: Sie können sehr leicht den Platz der Taufe als Bekenntnis des Glaubens einnehmen.

Sowohl im Neuen Testament als auch in der Geschichte ist Taufe das Zeichen dafür, den eigenen Glauben an Christus öffentlich zu bekennen. Indem andere Formen, den Glauben zu bekennen, in Mode kommen, kann die Taufe sehr leicht in den Hintergrund treten und deshalb aufgeschoben werden. Wenn wir jedoch Taufe als das erste und hauptsächliche Mittel zum Bekenntnis des Glaubens vor Zeugen sehen werden wir sie sehr bald nach der Entscheidung eines neuen Gläubigen, Jesus zu folgen, vollziehen.

Schau dir die Parallelen in diesen Versen an:

> „Die Zeit ist erfüllt, und das Reich Gottes ist nahe gekommen. *Tut Buße und glaubt* an das Evangelium." (Markus 1,15)

> Petrus aber sprach zu ihnen: „*Tut Buße, und lasst euch taufen* auf den Namen Jesu Christi zur Vergebung eurer Sünden, und ihr werdet die Gabe des Heiligen Geistes empfangen." (Apg. 2,38)

> „*So tut nun Buße und bekehrt euch,* dass eure Sünden ausgetilgt werden, damit Zeiten der Erquickung kommen vom Angesicht des Herrn." (Apg. 3,19)

> „Wenn du *mit deinem Mund Jesus als Herrn bekennst und in deinem Herzen glaubst,* dass Gott ihn aus den Toten auferweckt hat, wirst du errettet werden. Denn mit dem Herzen wird geglaubt zur Gerechtigkeit, und mit dem Mund wird bekannt zum Heil." (Römer 10,9-10)

> „Das Gegenbild dazu *errettet jetzt auch euch, das ist die Taufe* – nicht ein Ablegen der Unreinheit des Fleisches, sondern die Bitte an Gott um *ein gutes Gewissen* –, durch die Auferstehung Jesu Christi." (1. Petrus 3,21)

Der Ruf zu glauben beruhte stets auf der Reihenfolge:

1. Umzukehren und im Herzen zu glauben

2. Diesen Glauben auch öffentlich zu bekennen.

„Kehrt um und lasst euch taufen!" in Apg. 2,38 steht parallel zu „Kehrt um und bekehrt euch!" in Apg. 3,19 oder zu „Glaube in deinem Herzen und bekenne mit deinem Mund!" in Römer 10,9-10.

Taufe ist entscheidend, weil sie das Bekenntnis des Glaubens darstellt, welches wir nach außen hin geben. Bis dahin ist es für manchen noch leicht, in seinem Herzen zu schwanken. Die Taufe jedoch
schafft eine klare Entscheidung, welche lautet: „Ich folge Jesus." Sie
hilft allen, die in ihrem Herzen glauben, den Namen des Herrn nach
außen hin anzurufen und zu bekennen. Das ist der Grund, weshalb
die Verfasser des Neuen Testaments die Taufe so eng mit dem Punkt
der Erneuerung des Herzens verknüpften.

Weil Taufe eine öffentliche Handlung ist hilft sie den Gläubigen, ihre
innere Entscheidung zu besiegeln und Christus zu folgen. Es besteht
kein Zweifel: Der innere Schrei des Herzens eines Menschen nach
Errettung ist der Zeitpunkt, an dem die neue Geburt stattfindet.
Taufe ist eine äußere Handlung, die hilft, diese innere Entscheidung
festzumachen. Erinnere dich: Sie ist ein Zeichen der ***Entschiedenheit***, nicht der ***Reife***.

Die Taufe ist vergleichbar mit dem, was Abraham im Alten Testament
widerfuhr, als er beschnitten wurde.

> „Wir sagen, dass der Glaube dem Abraham zur Gerechtig-
> keit gerechnet worden ist. Wie wurde er ihm denn zuge-
> rechnet? Als er beschnitten oder unbeschnitten war? Nicht
> in der Beschneidung, sondern in dem Unbeschnittensein.
> Und er empfing das Zeichen der Beschneidung als ***Siegel
> der Gerechtigkeit des Glaubens,*** den er hatte, als er unbe-
> schnitten war." (Römer 4,9-11)

Zuerst glaubte er und empfing Gerechtigkeit. Seine Errettung kam
durch Glauben an Gott. Dies war eine innere Entscheidung seines
Herzens. Als Zweites empfing er das Siegel der Beschneidung, um
seine Hingabe zu besiegeln. Als er diesen Schritt tat, bestand kein
Zweifel mehr an seiner Zugehörigkeit zu Gott, seiner Treue und Loyalität. Bis zu diesem Zeitpunkt wäre es leicht für Abraham gewesen,
seinen Glauben zu verleugnen oder umzukehren, denn noch gab es
nichts, was er nicht hätte wieder rückgängig machen können.

***Wenn es zuvor noch irgendeinen Zweifel in Abrahams Herzen ge-
geben hatte, ob er Gott folgen solle, oder er vielleicht noch in seiner Hingabe schwankte, so beendete dieser Schritt sie vollständig!***
Die Beschneidung besiegelte seine Entscheidung, ein Nachfolger des

Herrn zu sein. Sie rettete ihn nicht, doch sie machte ihn gewiss. Seine Entschiedenheit war nun sichtbar. Es gab danach keinen Weg mehr zurück. Jeder Nicht-Israelit konnte sehr einfach Abrahams Hingabe bestätigen, wenn er dies wollte.

Die Taufe erfüllt eine ähnliche Rolle für Jünger des Neuen Bundes. Sie hilft, die Entscheidung unseres Herzens zu bestätigen, so dass wir nicht länger schwanken. Der Weg zurück ist viel schwerer. Die Taufe ist eine rote Linie. Bevor man diese Linie nicht überschritten hat, kann eine Person, die sich zum Glauben bekennt, leicht umkehren. Nach der Taufe ist das viel schwerer.

Wenn du starke Nachfolger Jesu willst, dann taufe sie!

Wechsel der Gefolgschaft

Taufe repräsentiert einen Wechsel der Zugehörigkeit, der Treue und Loyalität, den ein neuer Gläubiger weg von seinen alten Göttern und seinem früheren Glauben vollzieht. Sie bringt klar zum Ausdruck, dass Jesus nicht einer von vielen Göttern ist, an die du glaubst, sondern dass Er der *einzige* Gott ist, dem du folgst. Die Taufe hilft somit, die Tendenz zum Synkretismus zu reduzieren, innerhalb dessen manche Menschen Jesus als ***einen Gott unter vielen*** hinzufügen wollen.

Taufe ist sehr bedeutsam, um neuen Gläubigen zu helfen, der Zugehörigkeit und Loyalität gegenüber ihrer früheren Religion zu entsagen. Ein Weg, dies zu tun, besteht darin, ihnen zum Zeitpunkt ihrer Taufe Fragen wie diese zu stellen: [32]

1. Hast du dich entschieden, Jesus und Ihm allein zu folgen?

2. Weißt du, dass Er dir alle deine Sünden vergeben hat?

3. Bekennst du vor allen anwesenden Zeugen, dass du Jesus folgen und Ihm nie den Rücken kehren willst?

4. Wenn Leute in dein Haus kommen, dich verschleppen, dich ins Gefängnis werfen und drohen, dich zu töten: Wirst du immer noch Jesus folgen? (Oder: „Wenn Leute sich über dich lustig machen und dich schlecht behandeln: Wirst du Jesus immer noch folgen?")

Ein entscheidender Aspekt der Taufe ist es, Menschen zu helfen, *einen bewussten Gehorsamswechsel zu vollziehen.* Der große Missionar der Volksgruppe der Lisu in China, J. O. Frasier, rang mit den Rückfällen seiner Lisu-Bekehrten zu ihren alten Götzen, die manchmal sogar noch nach ihrer Taufe stattfanden. Der Durchbruch kam, als er schließlich Familien half, ihre Götzenaltäre für immer zu zerstören, ihre Amulette wegzuwerfen und jede Versuchung der Rückkehr zum Götzendienst zu entfernen.

Wenn du mit Menschen arbeitest, die versucht sind, in ihre alten Religion zurückzukehren, dann kann es enorm hilfreich sein, im Rahmen der Taufe mit ihnen zu gehen und jede Versuchung aus ihrem Haus und ihrem Leben zu entfernen – Altäre, Götzen, Amulette, Bücher etc. Dies hilft ihnen, in Zeiten der Schwachheit oder Versuchung – eine Krankheit, ein religiöser Feiertag oder ein kultureller Ritus – nicht in ihr altes Leben oder zu ihren alten Göttern zurückzukehren.

Falls dies ein Problem innerhalb deiner Volksgruppe ist, kannst du es leicht zu einem Teil deiner T4T Lektion über Taufe machen. Praktische Ideen dazu, wo und durch wen getauft werden kann, findest du unter „Hilfen zur Taufe" in den ergänzenden Materialien auf der Website www.T4Tonline.org.

Taufe und Kühnheit

Neben dem Heiligen Geist ist Taufe der wichtigste Faktor, neuen Gläubigen zu helfen, Zeugnis zu geben und kühn in ihrem Glauben zu werden. Es ist wunderbar, wie der Geist Gottes sie bei ihrem ersten Schritt des Gehorsams segnet. Sie fangen an, die Verheißungen von Apg. 2 zu ernten:

> „Tut Buße, und jeder von euch lasse sich taufen auf den Namen Jesu Christi zur Vergebung eurer Sünden, *und ihr werdet die Gabe des Heiligen Geistes empfangen.* Denn euch gilt die Verheißung und euren Kindern und allen, die in der Ferne sind, so viele der Herr, unser Gott, hinzurufen wird." (Apg. 2,38-39)

Wenn Gläubige willig alles hingeben, um Jesus durch die Taufe zu folgen, dann übernimmt der Geist Gottes größere Kontrolle über sie.

In der Apostelgeschichte wurden die Jünger wiederholt mit dem Heiligen Geist erfüllt. Das Zeichen, welches sich in der Apostelgeschichte jedes Mal zeigte, bestand darin, dass sie *das Wort Gottes mit Kühnheit sprachen* (Apg. 4,31). [33] Die Taufe hilft Gläubigen, kühn zu werden.

> Wenn du mutige und beständige Nachfolger Jesu haben willst dann ermutige sie, das Zeichen der Nachfolge so schnell wie möglich zu empfangen: Die Taufe. Das ist der Weg Jesu.

Wenn du mutige und beständige Nachfolger Jesu haben willst dann ermutige sie, das Zeichen der Nachfolge so schnell wie möglich zu empfangen: *Die Taufe.* Das ist der Weg Jesu.

Füge deinem T4T-Paket eine Lektion über Taufe hinzu!

Direkt nach der Errettung eine Lektion über die Taufe einzubauen kann einen vollständigen Unterschied bewirken. Wenn eine Person das Evangelium gehört und Christus angenommen hat, dann gehe mit ihr so bald wie möglich die Lektion über Taufe durch!

Ein typischer T4T-Ablauf, nachdem eine zuvor verlorene Person Jesus im Glauben angenommen hat, ist dieser:

1. Gehe sofort Lektion eins mit ihm bzw. ihnen durch – WARUM-WEM-WIE. Dies kann bereits in den ersten Minuten nach ihrer Errettung erfolgen. Zeige ihnen einige Möglichkeiten auf, wie sie beginnen können, anderen von dem zu berichten, was gerade mit ihnen geschehen ist, und bei wem sie damit beginnen sollen, ihren Glauben mitzuteilen.

2. Lass eine Lektion über Taufe folgen, entweder sofort, oder innerhalb einiger Stunden bzw. der nächsten ein bis zwei Tage! Wenn sie die Fragen zur Taufe beantworten, hilf ihnen zu verstehen, dass andere sie vielleicht für ihren Glauben verfolgen werden, Jesus ihnen jedoch beistehen wird.

Ein Missionar, der im Zentrum einer GGB dient, erlebte, wie viele Menschen zum Glauben kamen und neue Gemeinden entstanden. Bekenntnisse des Glaubens waren häufig, die Anzahl an Taufen jedoch gering. Der Missionar erkannte, dass er keine Lektion über Taufe direkt nach der Bekehrung hatte. Er fügte eine einfache Lektion über Taufe hinzu und trainierte seine Schlüsselleiter darin, welche wiederum die Mitglieder ihrer Gemeinden trainierten. Innerhalb weniger Wochen und Monate schnellte die Zahl der Taufen in neue Höhen. Es brauchte nicht mehr Arbeit, sondern nur einen neuen Fokus.

Wenn du starke Nachfolger Jesu willst dann taufe sie sofort!

Ist dies geschehen, dann hast du den ersten entscheidenden Meilenstein zu einer Jüngerschafts-*Re*-Revolution passiert. Der zweite folgt direkt darauf: Einer Gruppe von neuen Gläubigen zu helfen, zur Gemeinde zu werden. Lies weiter, um herauszufinden, wie du auch diesen Meilenstein nimmst!

Sei ein Täter, nicht nur ein Hörer!

Schreibe auf, wie Gott zu dir gesprochen hat und was Er von dir erwartet, in Folge davon im Gehorsam zu tun:

KAPITEL 16

DEIN T4T-PAKET: GEMEINDEN FORMEN

Du hast den T4T-Prozess begonnen. Du hast vielen Gläubigen die Vision vermittelt und mehrere T4T-Gruppen ins Leben gerufen.

Du hast sie in Lektion eins trainiert (WARUM-WEM-WIE) und sie geben jetzt ihr Zeugnis weiter und beginnen neue Gruppen.

Du bist mit ihnen die ersten Schritte der Jüngerschaft gegangen. Du hast mehrere Lektionen über Jüngerschaft gegeben, einschließlich der wichtigen Lektion über Taufe. Deine Trainees fangen an, zu Trainern zu werden, indem sie ihre neuen Gläubigen in T4T-Gruppen sammeln und die Lektionen über Jüngerschaft mit Hilfe des Drei-Drittel-Prozesses weitergeben.

Doch wie kommt es zur Bildung von Gemeinden? Ab wann werden diese Gruppen zu Gemeinden? Werden sie es überhaupt?

Neue Gläubige müssen in Gemeinden gesammelt werden. Das ist Gottes Plan seit Anbeginn der Geschichte. Gemeindegründung ist nicht nur deshalb unser Ziel, weil es ein praktischer Weg ist, Menschen zu erreichen. Es ist unser Ziel, weil die Vorbereitung einer Braut für den Sohn der Zweck der Schöpfung war (Epheser 1,23; 3,21; 5,27; Offb. 19,7-8; 21,9)! In einer Gemeinschaft als Gemeinde zu leben ist der Weg des Königs, Sein Volk zuzurüsten, um das zu sein, was es sein soll, und das zu tun, wozu Er es berufen hat.

Dein T4T-Paket sollte Gruppen gezielt zu Gemeinden formen als ein wichtiger Schritt zu Beginn des Jüngerschafts-Prozesses. Dies ist ein zweiter wichtiger Meilenstein, damit eine Jüngerschafts-*Re*-Revolution zu einer Gemeindegründungsbewegung wird. Dein T4T-Paket sollte ab dem vierten oder fünften Treffen eine Lektion enthalten, die der Gruppe hilft, zur Gemeinde zu werden.

Oft werden sich diese neu entstandenen Gemeinden in Häusern oder an anderen geeigneten Orten treffen. Manchmal werden sie auch zu

Hauszellgruppen einer größeren Gemeinde, die jedoch die Funktionen des Leibes Christi ausüben. Das Wichtigste ist, den neuen Gläubigen zu helfen, Teil des Leibes Christi zu werden, und zwar auf eine multiplizierbare Weise, die zu ihrer Umgebung passt.

Dabei existieren zwei Richtlinien, die für GGB-Gemeinden von Bedeutung sind:

BIBLISCH: Stimmt dieses Modell sowie jeder Aspekt von Gemeinde mit der Bibel überein?

Es gibt kein allein gültiges biblisches Modell darüber, wie Gemeinde auszusehen hat. Stattdessen finden wir eine Anzahl an Beispielen von kulturell relevanten Modellen im Neuen Testament. So hatten verschiedene Gemeinden kulturell passende Leiterschaftsmodelle: Pastoren, Älteste und Aufseher, abhängig vom jeweiligen Kontext. Doch jedes erfüllte die biblische Forderung, Leiter zu haben, die als Aufseher dienen.

Ebenso schlägt T4T nicht ein bestimmtes Modell von Gemeinde als *das* biblische Modell vor. Viele Modelle von Gemeinde können biblisch sein. Daher lautet die Frage nicht: „Ist dies das biblische Modell?", sondern *„Stimmt dieses Modell (und seine Elemente) mit der Lehre des Neuen Testaments überein?"*

KULTURELL MULTIPLIZIERBAR: Ist dieses Modell von Gemeinde so gestaltet, dass ein durchschnittlicher neuer Gläubiger es beginnen und organisieren kann?

Da viele Modelle von Gemeinde den neutestamentlichen Standards gerecht werden können, ist die zweite Frage: „Welches der vielen guten Modelle (oder Elemente) sollten wir wählen?" Die Antwort darauf ist: Das Modell, welches kulturell am besten passt und in deiner Region am besten multiplizierbar ist. Die generelle Richtlinie lautet: „Kann ein durchschnittlicher junger Gläubiger solch eine Gemeinde gründen und organisieren?" Andernfalls wird Gemeindegründung nur wenigen, hochgebildeten Individuen vorbehalten sein.

Mit diesen zwei Richtlinien im Sinn versucht T4T Gläubigen zu helfen, einfache Arten von Gemeinden zu gründen, welche Gläubige befähigen, treue Nachfolger Jesu als Leib Christi zu sein. Das ist keine Kritik an anderen Gemeindeformen. Im Reich Gottes gibt es Raum für verschiedene Arten von Gemeinden. Für die Entstehung von *Gemeindegründungsbewegungen* jedoch, und um wirklich alle Verlorenen erreichen zu können, empfehlen wir GGB-Gemeinden, die relevant und multiplizierbar sind. Diese Art von Gemeinde muss Treffen in Kleingruppen an Orten betonen, die leicht zu finden sind, wie Wohnungen, Cafés und Parks, anstatt an Orten, die teuer sind, was den Kaufpreis oder ihren Bau betrifft.

Vier Hilfen, um zur Gemeinde zu werden

Du brauchst bereits sehr früh in deinem T4T-Jüngerschaftsprozess einen klaren Schritt, der deiner Gruppe von Gläubigen hilft, bewusst zur Gemeinde zu werden. Um Gemeinden oder Kleingruppen zu gründen, die sich vervielfältigen, sind vier praktische Schritte sehr hilfreich. Ziel ist es zu helfen, dass die Trainingsgruppe bewusst zur Gemeinde wird.

1. Wisse, was du zu erreichen versuchst! Du brauchst eine klare Definition, wann eine Gruppe beginnt, eine Gemeinde zu sein.

Es ist schwer, eine Gemeinde zu gründen, wenn du keine klare Vorstellung davon hast, wann eine Gruppe von einer Zellgruppe oder Bibelstudiengruppe zu einer Gemeinde wird.

> **Szenario:** Eine Gruppe hat sich – unabhängig von irgendeiner Gemeinde – seit drei Monaten getroffen. Sie haben wunderbare Lobpreiszeiten und tief bewegende Bibelstudien. Sie hören das Wort und versuchen, ihm zu gehorchen, was immer es sagt. Sie machen Pläne, ein Seniorenheim zu besuchen, um den Nöten der Menschen dort zu dienen. Sind sie eine Gemeinde?

Es gibt noch nicht genug Informationen, um dies zu entscheiden. Ist es eine Gemeinde oder nur eine großartige Bibelstudiengruppe?

Wenn deine Definition, wann eine Gruppe zur Gemeinde wird, nicht klar ist, wirst du vielleicht versucht sein, diese Gruppe als Gemeinde zu bezeichnen. Doch der erste Schritt zur Gemeindegründung besteht in einer klaren Definition dessen, **was eine Gemeinde ist**.

Eine klare Definition

> **Aufgabe:** Lies Apostelgeschichte 2,36-47! Versuche nicht, die Dinge zu kompliziert zu machen! Was machte diese Gruppe zu einer Gemeinde? Schreibe deine Antwort auf!

Hier folgt eine Definition von Gemeinde, die aus diesem Text in Apostelgeschichte 2 abgeleitet wurde. Sie betont die drei Säulen von Gemeinde: Bündnis, Eigenschaften und fürsorgliche Leiter.

BÜNDNIS: Eine Gruppe von getauften Gläubigen (Matth. 18,20; Apg. 2,41), die sich selbst als Leib Christi sieht und die Verpflichtung eingegangen ist, sich regelmäßig zu treffen (Apg. 2,46).

EIGENSCHAFTEN: Sie bleiben in Christus durch die folgenden spezifischen Eigenschaften einer Gemeinde:

Lobpreis: Sie preisen Gott und genießen Seine Gegenwart

Gemeinschaft: Sie sorgen liebevoll füreinander. Dazu gehört auch, dass sie – aus einer Haltung der Anbetung heraus – zu finanziellen Opfern bereit sind, um den Nöten anderer zu begegnen.

Gebet

Wort: Sie studieren das Wort nicht nur, sondern *gehorchen* der Bibel als Autorität.

Abendmahl [34]

Sie leben in der Verpflichtung, **das Evangelium der Welt mitzuteilen** sowie **anderen in ihren Bedürfnissen zu dienen**.

FÜRSORGLICHE LEITER: Während sich die Gemeinde entwickelt, werden – gemäß biblischer Standards – Leiter eingesetzt (Titus 1,5-9), die einander Rechenschaft geben und – wo erforderlich – auch Gemeindezucht ausüben.

Für Gemeindegründung sind diese drei Säulen in der richtigen Reihenfolge von Bedeutung. Die wichtigste Säule ist *„Bündnis"*. Die Gruppe sieht sich als Gemeinde (Identität) und hat sich verpflichtet (Bündnis), Jesus gemeinsam nachzufolgen. (Wir sollten an dieser Stelle nicht unbedingt hineinlesen, dass sie eine *geschriebene* Verpflichtung haben müssen.)

Der zweite Teil der Definition ist *„Eigenschaften"*. Eine Gruppe nennt sich vielleicht eine Gemeinde; wenn ihr jedoch die Grundfunktionen oder spezifischen Charaktermerkmale einer Gemeinde fehlen, kann sie sich nicht wirklich als solche bezeichnen. Wenn ein Tier bellt, mit dem Schwanz wedelt und auf vier Beinen läuft, dann magst du es eine Ente nennen – doch in Wirklichkeit ist es natürlich ein Hund!

Drittens wird eine gesunde Gemeinde schließlich „fürsorgliche Leiter" hervorbringen. Es ist möglich, dass sich bereits eine Gemeinde entwickelt hat, ohne dass sich fürsorgliche Leiter herausbildeten. Ein gutes Beispiel dafür sehen wir gegen Ende von Paulus' erster Reise. In Apg. 14,21-23 besuchten er und Barnabas diejenigen Gemeinden, die sie in den vorangegangenen Wochen und Monaten gegründet hatten. Doch um Gemeinden auf Dauer gesund zu erhalten sollten Leiter sehr frühzeitig herangebildet werden.

Der erste Schritt, um mit Hilfe von T4T Gemeinden zu gründen, ist: *Du musst genau wissen, was du willst und brauchst: eine klare Definition, wann eine Gruppe zur Gemeinde wird.*

2. Wenn du eine Trainingsgruppe beginnst lebe ihnen von An-fang an die oben erwähnten charakteristischen Elemente des Gemeindealltags vor. Dies kannst du durch den Drei-Drittel-Prozess des Trainings von Trainern tun.

Wir erlebten einmal den Fall, dass ein Trainer große Schwierigkeiten damit hatte, seinen Trainingsgruppen zur Gemeindegründung zu verhelfen. In seinen Trainingsstunden wurden die Lektionen zwar vermittelt, doch wirkte alles sehr lehrhaft und in den Versammlungen ging es wenig warmherzig zu. Es herrschte die Atmosphäre eines Klassenraumes vor. Doch in ihren Häusern sollten sie etwas völlig anderes beginnen als das, was sie in seinem „Unterricht" erlebten. Es bestand *ein großer Unterschied* zwischen dem, was er ihnen vorlebte und dem, was er sie lehrte zu tun. Als der Charakter seiner Trainingstreffen sich veränderte und mehr den Charakter von Gemeinde annahm, war es relativ leicht, ihnen zur Gemeindegründung zu verhelfen.

Der einfachste Weg, von einer neuen Trainingsgruppe zu einer Gemeinde zu werden, besteht darin, sich vom ersten Treffen an wie eine Gemeinde zu verhalten und diese vorzuleben. Wenn du dann später zur Lektion über Gemeinde kommst, wird dies schließlich dasselbe sein, was ihr bereits gemeinsam ausgelebt habt. Indem du alle sieben Elemente des Drei-Drittel-Prozesses auf geisterfüllte, liebevolle Weise umsetzt, seid ihr bereits nahe daran, als Gemeinde zu leben.

Tue dein Bestes, um vom ersten T4T-Treffen an vorzuleben, wie deine neue Gemeinde aussehen soll! Lass es sich bis zu dem Punkt, an dem du zur Lektion über Gemeinde kommst, nicht wie steriles Training anfühlen! Die Lektion über Gemeinde sollte für deine Trainees keine Überraschungen sein. Ihr solltet nicht vier oder fünf Wochen als „Klasse" zusammen kommen, um dann plötzlich zu verkünden: „Heute haben wir die Lektion und sind ab jetzt eine Gemeinde", indem sich die Art eurer Treffen plötzlich vollkommen verändert. *Eine Gemeinde zu werden sollte der natürliche nächste Schritt der gemeinsamen Treffen sein.*

3. Stelle sicher, dass du *eine spezifische Lektion (oder Lektionen) über Gemeinde* **und ihre Ordnungen in deinem T4T-Paket hast!**

Wenn du über eine klare Definition von Gemeinde verfügst und die Trainingstreffen bereits gemeindeähnlich sind, ist es anschließend leicht, der Gruppe zu helfen, zur Gemeinde zu werden, sobald du die „Gemeinde"-Lektion deines anfänglichen Jüngerschaftspakets durchgehst. Wenn sich schnell multiplizierende Gemeinden dein Ziel sind, dann integriere ein oder zwei Lektionen darüber, wie man zur Gemeinde wird, ab Lektion vier oder fünf!

Habe ein klares Ziel vor Augen, während du die Lektion über Gemeinde mit ihnen durchgehst: *Diese Woche verpflichten wir uns, zur Gemeinde zu werden und uns die noch fehlenden Eigenschaften von Gemeinde zuzulegen.*

Wenn eine T4T-Gruppe bei den Lektionen über Gemeinde angelangt ist, geschieht in der Regel eines von zwei Dingen:

1. Eine Gruppe erkennt, dass sie bereits eine Gemeinde ist und die Eigenschaften von Gemeinde praktiziert. In diesem Fall vollziehen sie jetzt den letzten Schritt und verpflichten sich, gemeinsam eine Gemeinde zu sein, indem sie Bündnis und Identität hinzufügen.

2. Meistens jedoch erkennt eine Gruppe, dass ihr noch bestimmte Merkmale von Gemeinde fehlen. Sie unternimmt daher zwei bewusste Schritte vorwärts: Sie verpflichtet sich, diese Merkmale zu entwickeln (z.b. Abendmahl, Opfer, usw.) und gemeinsam eine Gemeinde zu werden.

4. Nutze Gemeinde-Gesundheits-Tests, damit eine Gruppe einschätzen kann, ob bei ihr alle Elemente eines Gemeindelebens vorhanden sind! (35)

Es existiert ein sehr gutes diagnostisches Werkzeug, das man mit einer Gruppe, den Leitern einer Gruppe oder auch einem ganzen Netzwerk an Gruppen durchgehen kann, um zu analysieren, ob eine Gruppe bereits eine Gemeinde ist. Dieses Werkzeug hilft dabei, Mängel aufzudecken und anschließend zu beheben. Es hilft auch zu erkennen, welche Gruppen noch keine Gemeinde sind. (Siehe: „Church Health Mapping" und „Church Circles" auf der Website!)

BÜNDNIS
- Taufe
- Bündnisidentität

EIGENSCHAFTEN
- Lobpreis
- Gemeinschaft/Opfer
- Gebet
- Abendmahl
- Zeugnis & Dienst

FÜRSORGLICHE LEITER

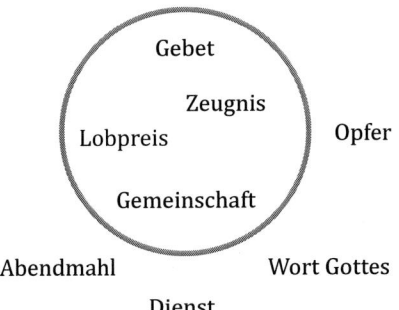

10 Teilnehmer / 6 Zeugen / 2 Getaufte

Gebet

Zeugnis

Lobpreis

Opfer

Gemeinschaft

Abendmahl

Wort Gottes

Dienst

Die Grundidee der „Gemeinde-Kreise" kann am besten am Beispiel einer Gruppe verdeutlicht werden. In diesem Beispiel trifft sich eine Gruppe regelmäßig. Zeichne hierfür einen Kreis mit einer gestrichelten Linie, welcher ein Gruppentreffen darstellen soll.

Wenn die Gruppe sich selbst als Gemeinde sieht (Bündnis und Identität), dann ändere die gestrichelte in eine volle Linie.

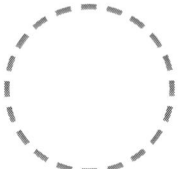 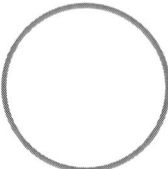

Schreibe über den Kreis drei Zahlen: die Anzahl der Gruppenmitglieder, die Zahl neuer Gläubiger und die Zahl derer, die bereits getauft sind. In diesem Beispiel hast du zehn Teilnehmer, sechs bekennende Gläubige und zwei Getaufte. Diese Zahlen sagen dir und deinen Partnern sehr viel. Anscheinend muss mehr getan werden, um den Teilnehmern das Evangelium zu vermitteln. Außerdem ist das Verhältnis zwischen Teilnehmern und Taufen sehr gering. Sie benötigen also wahrscheinlich eine Lektion über Taufe, oder aber die Bedeutung der Taufe muss ihnen besser deutlich gemacht werden.

Du hast gerade das erste Element einer Gemeinde analysiert: Bündnis. Jetzt ist es an der Zeit, das zweite Element einer Gemeinde zu bewerten: ihre Merkmale. Gehe zurück zu deiner vereinfachten Definition von Gemeinde und beschreibe jedes Merkmal mit einem Wort oder einem Symbol an der Tafel. Praktiziert eine Gruppe regelmäßig eine bestimmte Eigenschaft, dann setze sie *in den Kreis.* Praktizieren sie es nicht, oder wartet die Gruppe darauf, dass jemand von außen kommt und es für sie tut, dann setze es *außerhalb des Kreises.*

10 Teiln. / 6 Zeugen / 2 Getaufte

Im nächsten Schaubild hast du beispielsweise ermittelt, dass die Gruppe betet, Zeugnis gibt, Lobpreis hält, Gemeinschaft pflegt und fürsorgliche Leiter hat. Also verschiebst du all diese Eigenschaften in das Innere des Kreises.

Gebet
Lobpreis
Gemeinschaft
Zeugnis

Während du damit fortfährst, die Gruppe zu bewerten, stellt sich heraus, dass ihr noch immer einige Dinge fehlen. Sie feiern noch nicht das Abendmahl zusammen, welches eines der zwei Sakramente des Herrn ist, noch dienen sie gezielt bedürftigen Menschen in ihrer Nachbarschaft und ihrer Stadt (Dienst). Auch haben sie noch nicht damit begonnen, Opfer zu geben. Obwohl sie manchmal die Bibel studieren (Wort) sind sie darin von einem Lehrer abhängig, der von außerhalb kommt. Dieser schaut jedoch nur einmal im Monat vorbei. Sie nähren sich also noch nicht wirklich selbst aus dem Wort. Deshalb platzierst du all diese Elemente außerhalb des Kreises.

Gebet   Abendmahl
Lobpreis   Dienst
Gemeinschaft   Opfer
Zeugnis   Wort Gottes

10 Teiln. / 6 Zeug. / 2 Getaufte

An diesem Punkt ist ziemlich leicht zu erkennen, was die Gruppe davon abhält, wirklich zur Gemeinde zu werden. Sie sind eine Verpflichtung eingegangen, könnten aber Dinge verbessern, indem sie den Rest der Gruppenmitglieder für den Glauben gewinnen und alle Gläubigen taufen. Es würde die Gemeinde sehr stärken, wenn sie Abendmahl halten und Opfer sammeln würden. Für diese Gruppe wird es darauf ankommen, ihr Selbstvertrauen zu stärken, eigenständig Gottes Wort zu studieren und auf das eigene Leben anzuwenden. Auch musst du ihnen helfen, Wege zu erkennen, wie sie den Bedürfnissen von Menschen außerhalb ihrer eigenen Gruppe dienen können.

Obwohl es ihnen noch an bestimmten Dingen mangelt, siehst du jetzt eine Möglichkeit, wie du diese Gruppe in eine Gemeinde umwandeln kannst – und auch die anderen können es sehen! Es ist eine wundervolle Stärkung für eine Gruppe, wenn sie unter Gebet darüber nachdenkt, wie sie jedes dieser bisher fehlenden Elemente beginnen zu praktizieren und damit in das Innere des Kreises verschieben kann. Dies wird zu klaren Aktionsplänen für die Gruppe führen.

Du kannst den Gemeinde-Gesundheits-Test für sich allein nutzen oder ihn zu einem Teil der Lektion über Gemeinde machen. Während du mit deinen Trainern eine Reihe von Gemeinden gründest, wird dir diese Analyse aller Gruppen helfen, genau zu verstehen, wo jede Gruppe oder Gemeinde steht und welche Bereiche gestärkt werden müssen.

Anwendung: Gemeinden formen

Du musst deine Trainer darin trainieren, den Gruppen gezielt dabei zu helfen, bereits zu Anfang des Jüngerschaftsprozesses zur Gemeinde zu werden, indem du eine oder mehrere spezielle Lektionen darüber hast, **wie** man eine Gemeinde wird.

Wenn du über eine klare Definition verfügst und Gemeinde in jedem Treffen vorlebst, dann wird die Lektion über Gemeinde der natürliche nächste Schritt sein. Das Werkzeug der Gemeinde-Kreise kann dich in diesem Prozess unterstützen. Damit hast du bereits den nächsten Meilenstein genommen hin zu einer Jüngerschafts-**Re**-Revolution. Denke einmal darüber nach, wie begeisternd es ist, wenn fortlaufende Generationen von Trainern alle ihre Gruppen ab dem vierten oder fünften Treffen zu Gemeinden formen! Das ist der Punkt, an dem Gemeindegründungsbewegungen entstehen!

> *Hast du keine Gemeindelektion? Dann erwarte auch nur wenige Gemeinden!*
>
> *Verfügst du über eine frühzeitige Lektion über Gemeinde? Dann erwarte neue Generationen von Gemeinden!*

Während sich Gemeinden entwickeln, ist die parallele Entwicklung von Leitern entscheidend. Multiplikation von Leitern ist der Schlüssel, um eine Gemeindegründungsbewegung aufrecht zu erhalten. Doch wie ist das möglich, wenn die Mehrzahl deiner Gläubigen noch relativ jung im Glauben ist? Lies das nächste Kapitel, um es herauszufinden.

Sei ein Täter, nicht nur ein Hörer!

Schreibe auf, wie Gott zu dir gesprochen hat und was Er von dir erwartet, in Folge davon im Gehorsam zu tun:

KAPITEL 17

DEIN T4T-PAKET:
REPRODUKTION VON LEITERN

Nehmen wir an, dein Jüngerschaftsmodell entwickelt sich gut, Menschen kommen zum Glauben und T4T-Gruppen werden zu Gemeinden. Doch woher kommen die Leiter für diese Gemeinden? Dein T4T-Paket muss spezifische Wege enthalten, damit parallel zur Anzahl der Gemeinden auch die Zahl der Leiter wächst.

Bevor wir darauf eingehen, was dein T4T-Paket über dieses Thema enthalten sollte wollen wir untersuchen, wie Leiter sich im Reich Gottes herausbilden, da dies sich oft von unserem natürlichen Empfinden unterscheidet. Wenn wir diesen Unterschied nicht verstehen, wird eine Bewegung schnell zum Stillstand kommen.

Leiter-Multiplikations-Bewegungen

Dauerhafte Gemeindegründungsbewegungen sind im wesentlichen Leiter-Multiplikations-Bewegungen. Die Entwicklung und Multiplikation von Leitern ist das, was der Geist gebraucht, um die Bewegung voranzutreiben. Es ist der geistliche Motor anhaltender GGBs. Diese können zwar ohne effektive Entwicklung und Multiplikation von Leitern **beginnen**, werden jedoch ohne sie nur von kurzer Dauer sein. Deshalb musst du über ein System verfügen, welches in Generationen von *sich vervielfältigenden Leitern* resultiert.

Bevor es T4T gab, war die Überlastung von Leitern eine verbreitete Schwachstelle in Gemeindegründungsbewegungen. Durch die effektive Umsetzung von T4T wurde dieses Problem nun größtenteils überwunden, da T4T Leiter mit Hilfe des Drei-Drittel-Prozesses entwickelt und multipliziert.

Wie ich in Kapitel vier erwähnte, reifen Gläubige weitaus schneller, wenn ihnen sofort Verantwortung zum Dienst übertragen wird (Epheser 4,11-16). Wie du bereits weißt, geben wir einander in T4T liebevolle Rechenschaft, um Trainees zu helfen, zu Trainern zu werden, die 1. Jesus folgen und 2. Menschenfischer sind. Weil jeder ermutigt wird, anderen das weiterzugeben, was er selbst gelernt hat, erhält damit auch jeder die Gelegenheit, als Leiter zu wachsen.

Im Grunde wählst also nicht *du* die Leiter aus. Vielmehr *wählen sie sich selbst aus,* indem sie sich durch Gehorsam bewähren. Sie werden zu Leitern indem sie ihre eigenen Gruppen beginnen und Verantwortung für diese übernehmen. Das bedeutet nicht, dass du den Prozess der Entwicklung von Leitern komplett ihnen selbst überlässt. Wie wir sehen werden, musst du am Anfang viel Aufmerksamkeit darauf verwenden, *Vision in ihr Leben zu sprechen* und ihnen passende Verantwortungsbereiche als Leiter zu übertragen, bis ein heiliges Klima gewachsen ist, welches geistliche Leiterschaft auf natürliche Weise fördert.

Anfängliche Nöte versus spätere Nöte

Eine wichtige Voraussetzung für die Entwicklung von Leitern besteht darin, zu wissen, *was ein neuer Leiter einer kleinen Hauskirche an Charakter und Fähigkeiten benötigt im Vergleich zu dem, was ein reifer Leiter einer großen Gemeinde braucht.* Darin liegt ein großer Unterschied. Beide sind Leiter, doch die Erfordernisse in Bezug auf Charakter und Fertigkeiten sind sehr verschieden. Dessen musst du dir bewusst sein. *Während du neue Leiter heranbildest solltest du dich auf die grundlegenden Eigenschaften für geistliche Leiter konzentrieren, die für die jeweilige Phase erforderlich sind.*

Der Leiter einer Gemeinde mit 500 Mitgliedern benötigt sehr viel mehr an Charakterbildung (Geduld, geistliche Vision, Selbstdisziplin) und Fertigkeiten (Management, Lehrgabe, Zeitplanung, Umgang mit menschlichen Konflikten), als der Leiter einer Gemeinde mit nur 20 Personen. *Was ein Leiter am Anfang benötigt unterscheidet sich in Bezug auf Charakter und Fertigkeiten somit von dem, was er in späteren Phasen braucht.*

Der Entwicklungsprozess

Wie entwickeln wir neue Leiter in GGBs? Wir tun es auf dieselbe Weise, wie Jesus und Paulus es taten, indem wir ihnen viele Möglichkeiten zur Bewährung geben. Bedenke einmal, wie es war, als Jesus die ersten vier Jünger auswählte, und wie dies sich von unserer Vorstellung unterscheidet, dass sie einfach ihre Netze verließen, um jemandem zu folgen, den sie nie zuvor getroffen hatten.

Solch eine Sichtweise ist naiv. Wenn wir alle vier Evangelien zu diesem Thema sprechen lassen entdecken wir, dass ihrer Berufung bereits einiges vorausgegangen war.

> **Übung:** Lies jeden der folgenden Texte, die darüber berichten, wie Jesus die zwölf Apostel berief, und beantworte danach die zwei untenstehenden Fragen.
>
> **Erste Begegnungen** – Joh. 1,35-51
>
> **Zweiter Ruf an sie am Ufer** – Markus 1,16-20, Lukas 5,1-11
>
> **Endgültige Berufung der Zwölf** – Lukas 6,12-16; Markus 3,13-19
>
> *1. Wie erkannte Jesus, dass sie die richtigen Männer waren?*
>
> *2. Wie förderte er ihr Wachstum in dieser Phase?*

Phase eins: Erste Begegnungen – Joh. 1,35-51

Lange bevor Jesus die vier Brüder berief, ihre Boote zu verlassen und Ihm zu folgen, hatte Er bereits mehrere Begegnungen mit ihnen. Die erste Begegnung fand statt, als Johannes der Täufer sie auf Jesus verwies. Obwohl sie sich dort bereits für Jesus interessierten, war dieser noch nicht bereit, sie in die vollzeitliche Nachfolge zu berufen oder sie zu Aposteln zu machen. Stattdessen prüfte Er sie mit kleinen Bemerkungen oder Bitten und beobachtete dann, wie sie auf diese reagierten. Wie trainierte Jesus sie? Er übertrug ihnen kleine Aufgaben und prüfte so, ob sie gehorchen würden – „Bleibt heute Nacht bei mir!", „Geh und hole deinen Bruder!", „Bedenke, was du werden kannst: ein Fels!"

Zusätzlich verbrachte Er immer wieder Zeit mit ihnen und beobachtete ihr Leben, so wie sie das Seine. Zu diesem Zeitpunkt stellte Jesus
noch keine großen Anforderungen an sie.

Phase zwei: Ruf zur Nachfolge – Mk. 1,16-20; Lk. 5,1-11

Die berühmte, uns allen bekannte Geschichte, wie Jesus die vier Männer, welche Geschäftspartner waren, beruft (Andreas, Petrus, Jakobus und Johannes), ereignete sich Wochen oder Monate nach Johannes 1. Diese Männer kannten Jesus und hatten Zeit mit Ihm verbracht.
Das hilft uns zu verstehen, wie Jesus zu ihnen sagen konnte: „Es ist
Zeit. Verlasst eure Arbeit und folgt mir vollzeitlich nach." Auf der
Grundlage dessen, was sie zu diesem Zeitpunkt bereits über Jesus
wussten, überschlugen sie die Kosten und entschieden, dass es die
Sache wert war.

Wie erkannte Jesus, dass sie die richtigen Männer waren? Er hatte
bereits Zeit mit ihnen verbracht. Als Er sie nun um größere Dinge
bat: „Fahre mich in deinem Boot hinaus!", „Lasst eure Netze zum Fang
hinab!", „Verlasst eure Netze und folgt mir!", gehorchten sie erneut.

Wie entwickelte Er sie? Indem Er ihnen größere Aufgaben übertrug
und viel Zeit mit ihnen verbrachte. Dies war der Zeitpunkt, an dem Er
begann, ihnen größere Aufmerksamkeit zu widmen.

Phase drei: Auswahl der Zwölf – Lk. 6,12-16; Mk. 3,13-19

Beachte, dass die Zwölf noch keine Apostel waren. Tatsächlich hatte
Jesus viel mehr Männer und Frauen, die Seine Jünger waren, als nur
die Zwölf (Lukas 6,12). Doch es war an der Zeit, zwölf Männer auszuwählen und sie zu „Aposteln" zu machen, sodass sie mehr Autorität
empfangen und mehr Verantwortung als Leiter übernehmen würden. Ihnen wurde mehr von der Rolle eines Leiters anvertraut. Selbst
nachdem Jesus die Apostel ausgewählt hatte, investierte er weiter in
viele andere Jünger (siehe die Zweiundsiebzig aus Lukas 10), doch
die Zwölf empfingen Seine größte Investition.

Wie erkannte Jesus noch, dass dies die richtigen Männer waren?
Durch eine Nacht des Betens und Fastens (Lukas 6,12).

Wie brachte Er sie in dieser Phase voran? Er schenkte ihnen mehr Aufmerksamkeit und erweiterte ihren Verantwortungsbereich (Markus 3,13-15).

Schlussfolgerungen für uns

Jesus brachte diese Männer ziemlich schnell in Verantwortung, obwohl sie noch nicht einmal vom Heiligen Geist erfüllt waren. Doch auch dies geschah nicht sofort. Sie mussten zuerst einen Prozess der Bewährung durchlaufen. In T4T nehmen wir die Gelegenheit wahr, Leiter auf die gleiche Weise zu entwickeln.

Was können wir lernen, wenn wir sehen, wie Jesus die richtigen Männer erkannte und entwickelte?

> *Gib neuen Jüngern kleinere Aufgaben und beobachte, ob sie treu sind! Dann übertrage ihnen mehr Verantwortung (Matth. 25,21)!*

> *Es ist leichter, einem treuen Menschen Fertigkeiten beizubringen, als einen begabten Menschen Treue zu lehren.* [36]

In T4T lässt sich das sehr leicht umsetzen. Am Anfang erwartest du nicht, dass deine neuen Trainees eine Bewegung leiten. Du versuchst lediglich zu erkennen, wer „guter Boden" ist. Du fragst dich: Wer wird dem Wort gehorchen? Wer wird anfangen, Zeugnis zu geben? Wer wird danach eine neue Gruppe mit seinen neuen Gläubigen beginnen? Werden diese gut trainiert? So führst du sie auf einfache Weise in mehr Verantwortung als Leiter.

> *Wenn Menschen sich als treu erweisen, schenke ihnen mehr Zeit und Aufmerksamkeit! Die besten Leiter bzw. Trainer werden mitten im Dienst entwickelt.*

Nachdem sich gezeigt hat, wo guter Boden ist, beginnst du, diesen Menschen mehr Aufmerksamkeit zu schenken. Einer der häufigsten Fehler von Leitern besteht darin, dass wir 90 Prozent unserer Zeit mit den 10 Prozent verbringen, die am wenigsten offen oder fruchtbar sind. Wir reden ihnen gut zu und versuchen, was immer wir können, um sie voranzubringen. Erfolgreiche Leiter von Gemeindegründungsbewegungen dagegen tun, was Jesus tat: Sie verbringen ihre meiste Zeit mit den wenigen, die am meisten Frucht bringen.

Diejenigen, die Frucht bringen, benötigen mehr Aufmerksamkeit, weil sie zunehmende Verantwortung übernehmen und mit den Problemen konfrontiert werden, die damit einhergehen. Sie müssen trainiert werden während sie den Dienst tun. Dein T4T-System muss Zeiten enthalten, in denen diesen Leitern geholfen wird zu wachsen. Später in diesem Kapitel werden wir noch ausführlicher darüber sprechen.

Oftmals erwählt Gott ausgerechnet diejenigen, die nicht wie Leiter aussehen, weil sie einen Hunger nach Gott haben und belehrbar sind (1. Samuel 22,2; 1. Chronik 11,10 ff).

Das, was Menschen werden können, mag weit von dem entfernt sein, was sie jetzt sind. Wir müssen ihr Potenzial erkennen und mit ihnen darüber sprechen (siehe Petrus, der Fels – Joh. 1,42).

In GGBs erwachsen die Leiter der Bewegung **aus der Ernte** – wie Davids mächtige Helden in der Wildnis (1. Samuel 22,2). Mein Kollege Kevin Greeson sagt: „Männer des Friedens steigen nicht vom Himmel herab, sondern erstehen aus der Hölle!" Die künftigen Leiter der Bewegung waren noch gestern Menschen mit einem sündigen Leben, voller Probleme, doch hungrig nach Veränderung. Während du mit ihnen betest und Zeit mit ihnen verbringst wirst du ihr Potenzial unter ihren Sünden und Problemen durchscheinen sehen.

Wenn **du** nicht ihr Potenzial erkennst und mit ihnen darüber sprichst, wer wird es sonst tun? Diese Männer und Frauen werden sich oft zu der Vision aufschwingen, über die du zu ihnen sprichst, indem du sie während des Weges treu begleitest. Es ist riskant. Doch oft werden hungrige Menschen die Barrieren durchbrechen und sich als der Situation gewachsen erweisen. Jesus beschreibt sie als „gewaltsame" oder „kraftvolle" Männer, die nicht zulassen, dass irgend etwas sie daran hindert, den Schatz im Acker zu erlangen (Matth. 11,12; Lukas 16,16; siehe Matth. 23,13 für den Grund, warum sie gewalttätig sein mussten).

„Aber von den Tagen Johannes des Täufers an bis jetzt wird dem Reich der Himmel Gewalt angetan, und Gewalttuende reißen es an sich." (Matth. 11,12)

T4T gibt dir viele Gelegenheiten, wie du dabei helfen kannst, Trainer zu entwickeln und ihre Treue innerhalb einer geschützten Umgebung zu beobachten. Du bist da, wenn sie stolpern und hilfst ihnen bei jedem Schritt auf ihrem Weg. Es ist Training „on-the-job".

Das Gebetsleben von Ying Kai

Nur widerstrebend erzählte Ying einmal einer Gruppe von Missionaren etwas über sein persönliches Gebetsleben. Er brachte Beispiele von erfolglosem Zeugnis und Widerstand durch dämonische Geister, wenn er anderen Zeugnis gab, ohne vorher die Situation durchgebetet und für den Einzelnen gebetet zu haben.

Er beschrieb selbst so normale Ereignisse wie seine Arbeit als Pastor im Krankenhaus, wo er vergaß, für Patienten zu beten, bevor er den Raum mit der Absicht betrat, ihnen Zeugnis zu geben, oder Situationen des Versagens, in denen er zurückging und mehr als eine Stunde für die Person betete, die sein Zeugnis zurückgewiesen hatte.

Als verschiedene Teilnehmer ihn fragten, ob es möglich sei, immer im Voraus zu beten, beschrieb er seine tägliche Praxis, früh aufzustehen und ein bis zwei Stunden für seinen Dienst zu beten – jeden einzelnen Tag. Darauf zog er die Hosenbeine hoch und zeigte seine schwieligen Knie. Bezüglich seiner „Großen Trainer" besteht er darauf, dass sie Personen des Gebets werden, und sagt ihnen, dass sie am besten jeden Morgen wenigstens zwei Stunden beten sollten, bevor sie hinausgehen, um ihren Dienst zu tun.

Als Ying gefragt wurde, wie er für andere Fürbitte halte, entgegnete er, er würde immer für andere beten, wenn sie ihn darum ersuchen. Als das Thema der Heilung angesprochen wurde, sagte er, dass er Gott vorher fragen würde, wofür er konkret beten solle und dann so bete, wie Gott es ihm gezeigt habe und wie es Seine Absicht sei.

Ying folgt diesem Muster des Gebets, egal ob es um Heilung, Befreiung, Freiheit von sündigen Gewohnheiten, die Wiederherstellung von Beziehungen oder eine Vielzahl anderer Dinge geht. Weil er immer zuerst Gott im Gebet fragt, worum er beten soll, hat er kein Problem damit, öffentlich oder privat „Gott in Verlegenheit zu bringen" und für dramatische Ergebnisse zu bitten.

Aus: „Warum T4T erfolgreich ist" von Bill Smith

Nach Pfingsten

Wie in Kapitel vier bereits erwähnt trainierte Paulus seine Leiter viel schneller als Jesus, weil er in einer nachpfingstlichen Situation arbeitete, während der Dienst Jesu *vor* Pfingsten geschah. Nachdem der Geist gegeben war, entwickelten sich selbst die Zwölf viel schneller als vorher und zeigten erstaunliche Kühnheit (Apg. 2). Paulus vertraute dem Heiligen Geist, wenn es darum ging, seine Leiter zur Reife zu führen, während er sie *im Prozess des Dienstes* entwickelte.

In Gemeindegründungsbewegungen operieren wir aus einer nachpfingstlichen Perspektive. Wir gebrauchen die wachstumsorientierten Leiterschaftsprinzipien Jesu und profitieren gleichzeitig von *der Gegenwart Jesu im Leben jedes Gläubigen durch Seinen Geist*. Aus diesem Grund ist es für dich nicht erforderlich, ständig bei deinen Trainern zu sein, damit *Jesus* bei ihnen ist. Stattdessen besteht deine Rolle darin, ihnen dabei zu helfen wie man lernt, auf Jesus zu hören und auf Seine Führung zu reagieren.

Nach Pfingsten ist es daher noch viel schneller möglich, neuen Leitern zur Reife zu verhelfen, als zu der Zeit, als Jesus bei Seinen Jüngern auf der Erde war.

> „Wahrlich, wahrlich, ich sage euch: Wer an mich glaubt, der wird auch die Werke tun, die ich tue, und wird *größere Werke* als diese tun, weil ich zum Vater gehe." (Joh. 14,12)

Grundlegende Qualifikationen: Kreta versus Ephesus

Einer der häufigsten Einwände gegenüber GGBs besteht darin, dass in ihnen sehr junge Gläubige als Leiter von Gruppen und Gemeinden trainiert werden. Dies scheint dem zu widersprechen, was Paulus über die Erfordernisse von Aufsehern schreibt:

> „Er soll kein Neubekehrter sein, damit er nicht, aufgebläht, dem Gericht des Teufels verfalle." (1. Tim. 3,6)

Doch dies ist nicht die einzige paulinische Liste, welche Anforderungen an Aufseher enthält. Vergiss nicht: *Wir müssen biblische Erwartungen an Leiter entwickeln, die ihrer jeweiligen Phase von Verantwortung und Reife angemessen sind.* Das Verbot, Neubekehrte einzusetzen, ist sehr wichtig – jedoch im richtigen Zusammenhang.

Tatsächlich gibt Paulus uns in seinen Briefen *zwei* Listen von Qualifikationen für Gemeindeleiter (Älteste oder Aufseher): Titus 1,5-9 und 1. Timotheus 3,1-7. Beide Listen haben ihre Bedeutung, doch sind sie für völlig verschiedene Situationen bestimmt.

Den Titusbrief schrieb Paulus, als er gerade mit Titus eine Gemeindegründungsreise auf der Insel Kreta abgeschlossen hatte. [37] Die Sprache in Titus 1 macht klar, dass es eine Reihe neuer, nur wenige Wochen oder Monate alter Gemeinden auf dieser Insel in verschiedenen Städten gab. Paulus ließ Titus mit der apostolischen Aufgabe zurück, die Grundlage für die Bewegung auf Kreta zu vollenden (Titus 1,5). Der letzte Schritt bestand darin, Leiter für diese Gemeinden einzusetzen. Vergiss nicht, dass zu diesem Zeitpunkt *alle Gläubigen dort jung in ihrem Glauben* waren. Paulus gab Titus klare Richtlinien, welche Art von Männern er aus dieser Gruppe auswählen sollte. *Deshalb handelt es sich bei der Aufzählung aus Titus 1 um diejenige, die für neue Gemeinden zur Anwendung kommen soll.*

Vergleiche dies mit der Liste in 1. Timotheus 3. Als Paulus an Timotheus schreibt weist er ihn an, auf welche Kriterien er bei neuen Leitern achten soll, die Gottes Berufung spüren, als Aufseher zu dienen. Sowohl die Gemeinde als auch die GGB sind gereift und zwischen zehn und 15 Jahre alt! *Deshalb ist die Liste aus 1. Timotheus 3 diejenige, die für reife Gemeinden zur Anwendung kommen soll.*

> Bei der Aufzählung aus Titus 1 handelt es sich um diejenige, die für neue Gemeinden zur Anwendung kommen soll.

Das erklärt die Unterschiede zwischen diesen beiden Listen.

Die Liste der Anforderungen an Leiter in Titus 1 ist diejenige, die in *neuen Gemeinden* verwendet werden sollte.

Lektionen aus Kreta und Ephesus

Leiter-Qualifikationen	Neue Gemeinde Kreta - Titus 1,5-9 *„Einsetzen"*	Reife Gemeinde Ephesus - 1. Tim. 3,1-7 *„Trachten"*
	Unbeschuldbar	Unbeschuldbar
	Mann einer Frau	Mann einer Frau
	Nicht ausschweifend	Würdig des Respekts
	Nicht rebellisch	Nicht streitsüchtig
	Nicht eigensüchtig	
	Nicht aufbrausend	Sanftmütig
	Nicht trunksüchtig	Nicht trunksüchtig
Charakter	*Nicht* gewalttätig	Nicht gewalttätig
	Nicht habsüchtig	Frei von der Liebe zum Geld
	Gastfreundlich	Gastfreundlich
	Freund des Guten	Gutes Zeugnis von Außenstehenden
	Vernünftig	Besonnen
	Gerecht	
	Gottesfürchtig	*KEIN* Neubekehrter (um nicht stolz zu werden)
	Enthaltsam	Maßvoll
Fähigkeiten	HALTEN FEST am Wort, um zu ermahnen	Fähig, das Wort zu LEHREN
	Gläubige Kinder	Dem eigenen Haus trefflich vorstehen, Kinder in Unterordnung
	(Mann einer Frau?)	(Mann einer Frau?)

Charakter geht vor: Die offensichtliche Lehre aus diesen beiden Listen besteht in der ***Betonung des Charakters, welcher vor Fertigkeiten kommt.*** Wenn wir nach grundlegenden Qualifikationen für Gemeindeleiter Ausschau halten, steht Charakter an erster Stelle.

Was für ein Unterschied zu dem, wonach *wir* oftmals suchen! Diplome, Erfahrung, die Fähigkeit, wortgewandt zu predigen, und vieles mehr. Wenn wir stattdessen Menschen mit wachsendem Charakter finden dann haben wir gutes Ausgangsmaterial, womit wir arbeiten können, um darauf aufbauend die nötigen Fertigkeiten zu entwickeln.

Die wesentlichen Unterschiede

Bemerkenswert an diesen beiden Listen sind die vier Schlüsselunterschiede. In *neuen Gemeinden* erweisen sich diese als hilfreich. Es versetzt uns in die Lage, unsere Erwartungen an Leiter für neue Gruppen und Bewegungen entsprechend anzupassen.

Unterschied 1: „Einsetzen" versus „Trachten"

In der reifen Bewegung der Provinz Kleinasien (mit Ephesus als ihrem geistlichen Zentrum) hatte sich eine geistliche Atmosphäre entwickelt, die sich vielleicht nur wenig von derjenigen unterscheidet, in der du aufgewachsen bist. Gläubige und Gemeinden wuchsen in ihrer Reife und es gab viele Leiter. Junge Gläubige erlebten Woche für Woche gottgefällige Beispiele von Leiterschaft. Während diese jungen Gläubigen dem Herrn folgten, legte Er ein Verlangen in ihre Herzen, Ihm in stärkerer Weise zu dienen – als Gemeindeleiter oder Missionare. Sie spürten eine „Berufung" von Gott – genau wie du es vielleicht erlebst:

> „Das Wort ist gewiss: Wenn jemand nach einem Aufseherdienst *trachtet,* so begehrt er ein schönes Werk." (1. Tim. 3,1)

Unter den vielen, die nach Leiterschaft strebten, musste Timotheus diejenigen erkennen, die *qualifiziert* waren, auf dieser Ebene zu dienen. Im Vergleich dazu hatten die neuen Gläubigen der beginnenden Bewegung auf Kreta kaum eine Vorstellung davon, wie ein Gemeindeleiter auszusehen hat. Sie strebten nicht nach Leiterschaft. Da ein solches geistliches Klima von Streben nach Leiterschaft sich noch nicht entwickelt hatte, war Titus dafür verantwortlich, neue Leiter auszuwählen und *einzusetzen.* Er musste nach dafür qualifizierten Männern Ausschau halten, mit ihnen über ihr Potenzial sprechen und ihnen helfen, auf sanfte Weise in Leiterschaft hineinzuwachsen.

> „Darum ließ ich dich in Kreta zurück, damit du, was noch mangelte, in Ordnung bringen und in jeder Stadt Älteste *einsetzen* solltest, wie ich dir geboten hatte." (Titus 1,5)

Das griechische Wort für „Einsetzen" hier ist in seiner Bedeutung sehr ähnlich dem Wort für „Einsetzen" in Apg. 14,23.

„Als sie ihnen aber in jeder Gemeinde Älteste *eingesetzt* hatten, beteten sie mit Fasten und befahlen sie dem Herrn, an den sie gläubig geworden waren." (Apg. 14, 23)

Gegen Ende ihrer ersten Reise taten Paulus und Barnabas in neuen Gemeinden, die gerade erst einige Wochen und Monate alt waren, dasselbe, was Paulus jetzt Titus auftrug: Sie setzten junge Gläubige ein, um die neuen Gemeinden zu leiten. Am Anfang einer GGB oder auch der Gründung einer einzelnen Gemeinde musst *du* die Initiative ergreifen, Leiter auszuwählen und zu entwickeln. Dies tust du, während sie beginnen, sich durch ihre Treue und Frucht als Leiter zu bewähren. Du musst einige Risiken eingehen und sie dann „Gottes Gnade anbefehlen". Einige werden es nicht schaffen (siehe Judas), doch das ist ein Risiko, welches du eingehen musst, wenn du Leiter heranbilden willst. Sie werden sich nicht bewerben; *du musst sie einsetzen*.

Ein hilfreiches Prinzip besteht darin, *mehrere Leiter in jeder Gemeinde einzusetzen*. Das ist die Bedeutung der griechischen Worte in Apg. 14,23. Paulus und Barnabas setzten mehrere Älteste in jeder Gemeinde, die sie gegründet hatten, ein. Da deine neuen Leiter recht junge Gläubige sind, die noch nicht viele Fertigkeiten entwickelt haben, hilft dies dabei, die Lasten zu verteilen und Furcht zu verringern. Es schafft eine sichere Umgebung, in der sie wachsen können.

Unterschied 2: Kein Neubekehrter

Ein zweiter Hauptunterschied zwischen den beiden Listen besteht darin, dass Paulus für die Situation in Kreta auf das Verbot „Kein Neubekehrter!" verzichtet. Warum? Weil alles, was Titus hatte, *Neubekehrte* waren, genau wie in Apg. 14,23! Wenn alles, worüber du verfügst, Neubekehrte sind, musst du einige von ihnen entwickeln, die anderen zu leiten.

In seinem Brief an Titus entfernt Paulus zwar das Verbot „kein Neubekehrter" aus der Liste, fügt jedoch „fromm" hinzu, was nicht auf der Liste an Timotheus steht. Er will damit sagen: „Titus, auch wenn du einen Neubekehrten als Leiter einsetzen musst, stelle sicher, dass er fromm ist – hingegeben an Jesus."

> Wenn es nur neue Gläubige gibt, musst du einige von ihnen zu Leitern heranbilden.

Warum das Verbot für Neubekehrte in 1. Timotheus 3,6? Paulus sagt:

> „Nicht ein Neubekehrter, *damit er nicht, aufgebläht, dem Gericht des Teufels verfalle.*"

Im Grunde sagt Paulus damit: „In einer reifen Gemeinde darfst du auf keinen Fall *einen Neubekehrten* zum Leiter über eine reife Gruppe machen. Er wird sonst stolz werden und schnell fallen."

Die logische Folge daraus ist:

> *In einer neuen Gemeinde, die nur aus jungen Gläubigen besteht, gilt das Verbot für Neubekehrte nicht. Du darfst Neubekehrte trainieren zu leiten – aufgrund der Notwendigkeit.*

Unterschied 3: Die „nicht länger" aus Titus 1

Schau dir die Kriterien in der Liste an Titus an und beachte, wie viele von ihnen mit „nicht" beginnen!

Kein ausschweifendes Leben

Nicht rebellisch

Nicht eigenmächtig

Nicht jähzornig

Nicht dem Wein ergeben

Nicht gewalttätig

Nicht schändlichem Gewinn nachjagend

Im Griechischen kann „nicht" in diesem Kontext auch mit „nicht länger" übersetzt werden. Schau dir an, wie die Liste sich dann verändert:

Nicht länger ausschweifend lebend

Nicht länger rebellisch

Nicht länger für sich selbst lebend

Nicht länger schnell zu erzürnen

Nicht länger abhängig vom Alkohol

Nicht länger gewalttätig

Nicht länger für Geld lebend

Die „nicht" oder „nicht länger" deuten an, dass viele von ihnen genau das waren. Schau dir an, was ihre Ausgangslage war:

> „Es hat einer von ihnen, ihr eigener Prophet, gesagt: „Kreter sind immer Lügner, böse, wilde Tiere, faule Bäuche." Dieses Zeugnis ist wahr; aus diesem Grund weise sie streng zurecht, damit sie im Glauben gesund seien." (Titus 1,12-13)

Titus arbeitete nicht mit moralischen Juden oder Gottesfürchtigen, die dem Gesetz des Alten Testaments gehorchten (Titus 3,3). Stattdessen hatte er es mit fleischlichen Heiden zu tun, die erst vor kurzem zu Kindern Gottes geworden waren! Daher lautete die Anweisung, die Paulus ihm gab: „Halte nach Menschen Ausschau, die ihr Leben von einer verdorbenen Vergangenheit reinigen; solche, die nicht länger selbstsüchtige Genussmenschen, Trunkenbolde, Streitsüchtige, Rebellen oder Materialisten sind. Finde diejenigen, die sich verändern!"

Im Gegensatz dazu waren in Ephesus die Qualifikationen strenger. Schau dir die Unterschiede an! Timotheus erhält eine „gereifte" Version der Liste an Titus.

Kreta (eher)	Ephesus (später)
Nicht länger ein ausschweifendes Leben	Würdig des Respekts
Nicht länger jähzornig oder hart	Sanftmütig
Nicht länger geldgierig	Frei von der Liebe zum Geld

Dies ist eine Lektion darüber, wie wir Leiter in neuen Gemeinden auswählen: Suche diejenigen, die negative Dinge aus ihrem alten Leben „nicht länger" tun. Sie sind noch nicht reif oder vollkommen, doch sie wachsen in einem gottgefälligen Charakter. Darum können sie als Vorbilder der Herde dienen (1. Petrus 5,3). Sie sind so, dass andere neue Gläubige sie nachahmen können auf dem Weg zur Lebens-Transformation.

Unterschied 4: „Halte fest am Wort" versus „fähig zu lehren"

Es gibt mindestens eine sehr wichtige Fertigkeit, die Gemeindeleiter benötigen: Sie müssen fähig sein, mit dem Wort Gottes gut umzugehen und es ihrer Herde so zu vermitteln, dass diese es auch verstehen und ihm gehorchen kann. Das ist nicht verhandelbar. Das zweite Kriterium ist, dass sie ihrem Hause gut vorstehen. Der Unterschied der beiden Listen in diesem Punkt liegt in der Fertigkeit im Umgang mit dem Wort.

> *„Der an dem der Lehre gemäßen zuverlässigen Wort festhält,* damit er fähig ist, sowohl mit der gesunden Lehre zu ermahnen als auch die Widersprechenden zu überführen."
> (Titus 1,9)

> *„Fähig zu lehren ...*" (1. Tim. 3,2)

Die einzige Weise, wie Leiter ihre Gemeinden treu leiten und sie in Reinheit der Lehre und moralischer Aufrichtigkeit bewahren können, ist, ihnen zu helfen, das Wort Gottes als Autorität wertzuschätzen und ihm in allem zu gehorchen. An der Autorität des Wortes festzuhalten und ihm in allem gehorsam zu sein sind die Flussufer, zwischen denen die Bewegung in der richtigen Lehre und moralischen Reinheit fließen kann. [38] Innerhalb gerade erst entstandener Gemeinden sind Neubekehrte noch nicht in der Lage, das Wort Gottes zu lehren – zumindest nicht souverän. In reifen Gemeinden hingegen besteht eine der grundlegenden Fähigkeiten in der Gabe, die Herde die Bedeutung des Wortes Gottes zu lehren.

Was ist dann aber *für eine neue Gemeinde* erforderlich? Der neue Leiter muss das Wort *festhalten,* damit er es als Autorität für Ermutigung und Korrektur der Herde einsetzen kann. Er mag noch nicht in der Lage sein, darüber zu lehren (eine Fertigkeit, die er lernen wird), doch er muss das Wort *wertschätzen* und darin nach Antworten suchen. Mit der Bibel als Leitfaden ist es ihm möglich, mittels gesunder Lehre zu ermahnen, zu ermutigen und – wo erforderlich – zu widerlegen. Gesunde Lehre bedeutet, dass er Antworten aus dem Wort und nicht aus anderen Quellen bezieht.

Für Leiter in *neuen Gemeinden* gebrauche die Kriterien des Titusbriefs! Gehe sicher, dass sie das Wort lieben und sich in der Leitung anderer auf seine Autorität verlassen!

Die Kraft der Danksagung,
um Leben zu verändern (von Ying Kai)

Als ich jünger war hatte ich ständig Wutausbrüche. In meiner Kindheit stotterte ich. Ich konnte nicht einmal einen ganzen Satz sagen. Darum war mein Verhalten gegenüber anderen sehr schlecht und ich gebrauchte ständig meine Fäuste. Eines Tages sagte mein Vater: „Wir wissen, dass du immer wieder Wutanfälle hast und können dich nicht davon abhalten. Aber wenn du den nächsten Ausbruch kommen spürst, halte ein und bete für drei Minuten. Wenn du dann immer noch einen Wutanfall haben willst - kein Problem."

Ich sagte: „Papa, wenn ich es schaffen würde, drei Minuten zu warten und zu beten, dann würde ich nicht die Beherrschung verlieren. Aber es ist unmöglich." Wenn ich verärgert war, konnte ich nicht einmal eine Sekunde warten. Ich betete für mich selbst, und auch viele andere beteten für mich – doch es gab keine Veränderung.

Bevor ich Grace heiratete, wusste sie bereits, dass mein Temperament sehr hitzig war. Doch sie dachte wohl, dass sie vielleicht Glück haben und ich nicht mit ihr streiten würde. Nachdem wir geheiratet hatten stritten wir jeden Tag. Ich verlor ständig die Geduld mit ihr. Jedes Mal knieten wir uns danach nieder und beteten wegen meines schlechten Verhaltens. Aber ich konnte mich nicht ändern. Es war sehr schwer. Nach jedem Wutausbruch schwor ich, dass es kein nächstes Mal geben würde. Als das nächste Mal kam, hasste ich mich dafür. Ganz gleich, wie viel Reue ich an den Tag legte, es änderte sich nichts.

Zu dieser Zeit studierten wir am theologischen Seminar. Eines Tages, als ich nach Hause kam, war Grace bereits da. An diesem Tag war sie völlig verändert. Sie war sehr glücklich! Ich fragte: „Was ist mit dir?", und sie gab zur Antwort: „Heute hat Gott zu mir gesprochen und mir gesagt, wie ich für dich beten soll. So dankte ich Gott für deine Wutausbrüche und pries den Herrn!"

Ich sagte: „Was?! Für gute Dinge dankt man dem Herrn und preist Ihn. Aber für schlechte?" Dann gab mir der Herr Psalm 22,4, wo es heißt: *„Doch du bist heilig, der du wohnst unter den Lobgesängen Israels."* Gott wohnt im Lobpreis deines Herzens. Wenn du Ihn preist, wird Gott in deinem Herzen wohnen! Die Bibel sagt, wir sollen für alles Dank sagen.

„Sagt allezeit für alles dem Gott und Vater Dank im Namen unseres Herrn Jesus Christus!" (Epheser 5,20) Das bedeutet: Für gute und für schlechte Dinge – nicht nur für gute. Meine Frau sagte: „Gott erschuf dich und Er liebt dich. Du bist mein Mann und selbst wenn du jeden Tag die Fassung verlierst, werde ich Gott danken, weil ich weiß, dass Er dich liebt. Gott wird dich verändern. Er wird dir helfen. Du hast bereits alles versucht und gesehen, dass du aus dir selbst heraus nichts tun kannst. Aber heute solltest du mit mir niederknien und beten. Danke dem Herrn und preise Ihn für dein schlechtes Verhalten!"

Mir kam das sehr seltsam vor. Ich glaubte noch nicht wirklich daran, doch ich betete: „Gott, ich weiß, dass es sehr seltsam ist, aber ich danke Dir, weil Du mich geschaffen hast. Mein Verhalten ist oft schlecht und ich werde ständig ärgerlich, aber ich danke Dir, weil ich Dir gehöre. Ich weiß, dass ich mich aus mir selbst heraus nicht ändern oder heilen kann. Darum bete ich zu Dir. Lass mich heute erkennen, dass ich nichts bin; nur Du kannst mir helfen." Ich versuchte, dem Herrn einfach zu danken und Ihn zu preisen. Ich pries Ihn und sang – Tag für Tag.

Eines Tages bat mich meine Frau, einen Blick auf den Kalender zu werfen. Seit wir verheiratet waren, hatte sie jeden Tag markiert, an dem ich meine Fassung verlor. An manchen Tagen war dies dreimal, manchmal auch fünfmal. Dann sagte sie: „Was meinst du, wie viele Tage es her ist, seit du das letzte Mal deine Fassung verloren und mit mir gestritten hast? Sechs Monate!"

26 Jahre hatte ich dafür gebetet – und auch viele andere hatten es getan. Ich betete und betete, doch jetzt sang ich einfach für den Herrn und lobte Ihn. Gott hatte mein Denken und meine Einstellung verändert. Wenn du den Herrn preist, dann verändert Er alles!

Grace sagte: „Wenn du den Herrn preist, bringt dies zum Ausdruck, dass du Gott und Seine Kraft ehrst." Wenn Gott nicht Seine Erlaubnis erteilt, dann geschieht nichts vom dem, was geschieht. Wem auch immer du heute begegnest und was auch immer heute geschieht: Gott hat Seine Erlaubnis dafür gegeben. Auf diese Weise habe ich es gelernt und lehre jetzt auch meine Trainer, Gott für alles zu danken.

Fallstudie: Wie man junge Gläubige als Leiter entwickelt

In unserer Arbeit kam der Punkt, wo Partner von außen eine Reihe von Gemeinden unter den Ina gründeten. Zusätzlich fingen auch die Gläubigen der Ina an, dasselbe zu tun. Die Schwierigkeit bestand darin, die Ina selbst zu trainieren und als Leiter der Gemeinden einzusetzen, denn sie wollten weiterhin von den reifen, nationalen Partnern geleitet werden – und die reifen nationalen Partner wollten das auch!

Bei einem Trainingstreffen, das ich mit meinen nationalen Partnern hatte, spitzte sich das Thema zu. Wir versuchten herauszufinden, warum sich nur sehr wenige Leiter unter den Ina herausbildeten, in dem Wissen, dass dies die Bewegung im Keim ersticken konnte. Im Laufe der Diskussion wurde deutlich, dass meine nationalen Partner einige außerbiblische Sichtweisen darüber hatten, wer eine Gemeinde leiten kann, und wie man diese Leiter entwickelt.

Zu dieser Zeit hatten wir ungefähr 30 bis 40 neue Gemeinden. Ich schaute mir mit ihnen die Kriterien für Leiter aus 1. Timotheus 3 sowie Titus 1 an und betonte die Bedeutung von Charakter, der noch *vor* Fertigkeiten steht. Sie jedoch hielten Ausschau nach einer Art von Charakter, der dem glich, was sie in ihren Heimatgemeinden gesehen hatten – reife, gottesfürchtige Männer (1. Timotheus 3)! Natürlich konnten die Gläubigen unter den Ina noch nicht mit den Leitern der ausländischen Muttergemeinden mithalten, die schon seit vielen Jahren mit dem Herrn lebten. Als ich dies erkannte führte ich meine nationalen Partnern durch folgenden Dialog:

„Ihr müsst in jeder Gemeinde der Ina einheimische Leiter einsetzen!" (siehe Apg. 14,23)

Sie antworteten: „Wir haben keine qualifizierten Leiter."

„Hmm, okay. Aber hat irgend jemand unter euch Lügner in seiner Gemeinde?"

Viele Hände gingen nach oben. „Oh, wir haben viele! Du wirst nicht glauben, wie viele Ina lügen!"

Ich antwortete: „Okay. Hat jemand von euch Trinker oder Maßlose in seiner Gemeinde?"

Wieder gingen viele Hände hoch. „Du wirst es nicht glauben. Viele Männer unter den Ina betrinken sich jeden Abend."

„Okay," sagte ich, „habt ihr faule Typen in euren Gemeinden, die ihre Frauen und Kinder ausnutzen und sie die ganze Arbeit tun lassen?"

Jetzt gingen fast alle Hände nach oben. „Diese Männer sind so faul. Sie lassen ihre Frauen die ganze Arbeit allein machen und rühren keinen Finger, um ihnen zu helfen!"

„Habt ihr Männer, die einfach gemein und böse sind?" Wieder gingen viele Hände in die Höhe, und eine Menge Stöhnen war zu hören.

„Großartig!" sagte ich. „Ihr habt eine wunderbare Gruppe von Männern, aus der ihr Leiter auswählen könnt." Ich konnte die Verwirrung in ihren Gesichtern sehen. Sie dachten, nun sei ich endgültig verrückt geworden. Gemeinsam lasen wir laut die Verse im Titusbrief, die direkt nach den Eigenschaften für Älteste folgen:

„Es hat ihr eigener Prophet gesagt: „Kreter sind immer Lügner, böse, wilde Tiere, faule Bäuche." Dieses Zeugnis ist wahr; aus diesem Grund weise sie streng zurecht, damit sie im Glauben gesund seien." (Titus 1,12+13)

Ich erklärte ihnen: „Paulus trug Titus auf, Männer auszuwählen, die im Charakter wuchsen. All diese Männer waren Lügner, schlechte Menschen und faule Trunkenbolde. **Doch sie waren dabei, sich zu ändern.** Äußerlich sahen sie noch nicht sehr gut aus, aber die Dinge veränderten sich. Daher fragte ich sie:

„Habt ihr Männer, die sich früher jeden Abend betranken, dies jedoch jetzt nicht mehr tun?" Einige Hände gingen nach oben.

„Habt ihr Männer, die aufgehört haben, sich ständig gemein zu verhalten, und stattdessen freundlicher werden?" Weitere Hände. „Habt ihr Männer, die sich schließlich aufraffen, ihrer Frau und ihren Kindern bei der Hausarbeit zu helfen?" Noch mehr Hände.

„Großartig! Wählt diese Männer als Leiter aus! Sie werden ein gutes Beispiel für die anderen Männer sein, wie Jesus ein Leben verändern kann."

Obwohl sie anfangs widerstrebten verstanden sie langsam. Sie begannen, die Namen derjenigen Männer aufzuschreiben, die geistlich wuchsen. Ich sandte sie aus, diesen Männern die Hände aufzulegen und sie mit ihrer neuen Verantwortung zu betrauen – wenigstens zwei in jeder Gemeinde. Als sie zum nächsten Training zurückkehrten hatten sie mehrere Älteste in jeder Gemeinde eingesetzt. Endlich verfügten wir über eine Gruppe von Leitern unter den Ina selbst, in die wir künftig investieren konnten. ***Dies wurde möglich, weil die Gemeindegründer ihre Erwartungshaltung geändert hatten und die richtigen Kriterien für die entsprechende Phase der Arbeit anwandten.***

Dein T4T Paket:
T4T als Entwicklungsprozess für Leiter

Nachdem du jetzt deine eigenen Erwartungen an die Heranbildung von Leitern entsprechend den biblischen Kriterien korrigiert hast: Wie kann dir der T4T-Prozess helfen, diese Leiter auszuwählen und zu trainieren? Was muss in deinem Basis-T4T-Paket enthalten sein? Es gibt drei Wege, dies zu tun, abhängig von der Größe ihrer Verantwortung. Leiter befinden sich für gewöhnlich auf einer von drei Ebenen:

TRAINER

TRAINER DER MITTLEREN EBENE

GROSSE TRAINER

Jede Ebene kann durch einen anderen Aspekt des T4T-Prozesses entwickelt werden.

TRAINER (Gemeindeleiter): Ihre Entwicklung geschieht im ersten Drittel jedes Treffens innerhalb der ersten neun bis 18 Monate.

In Kapitel zehn hast du gelernt, wie wichtig es ist, mindestens neun bis 18 Monate bei einer T4T-Gruppe zu bleiben, um die Leiter während des pastoralen Fürsorgeteils im ersten Drittel des Treffens zu trainieren. Wenn du ihnen genug Zeit gibst, auf die Frage zu antworten „Wie läuft es bei dir?", wirst du auf alle Leiterschaftsfragen, die sie haben, antworten können, während sie Trainer trainieren, die wiederum andere Trainer trainieren.

Es ist sehr hilfreich, den Drei-Drittel-Prozess über die gesamte Zeit beizubehalten. Er hilft dir (und weiteren Generationen von Trainern), neue Leiter mitten im Dienst und inmitten von Leitungsaufgaben zu entwickeln. Anstatt Leiter auszuwählen und zu trainieren, *bevor* sie leiten, baust du eine Bewegung, in welcher potenzielle Leiter sich bewähren und entwickeln können *während* sie dienen. *Wenn dies für jede neue Generation von T4T-Gruppen normal geworden ist, gibt es keine Barrieren mehr für den Aufbau und die Multiplikation von Leitern.*

TRAINER DER MITTLEREN EBENE (Leiter mehrerer Generationen): Die Entwicklung dieser Leiter geschieht in speziellen Schulungen, die ein Wochenende, einige Tage oder auch eine Woche dauern können.

Während sich die Generationen entwickeln, werden einige Leiter (repräsentiert durch die grauen Kreise) damit beginnen, mehrere Generationen von Gemeinden zu beaufsichtigen. Indem sie sich darin als fruchtbar erweisen, mehrere Generationen hervorzubringen, werden sie zu *Trainern der mittleren Ebene.*

Aufgrund ihrer gewachsenen Verantwortung benötigen sie mehr Aufmerksamkeit. Sie brauchen dich und andere Leiter, um sie zu ermutigen und weiter zu trainieren. Die effektivste Weise, dies zu tun, besteht darin, Trainer der mittleren Ebene regelmäßig für besondere Zurüstungszeiten beiseite zu nehmen, um zu ruhen, Erfrischung zu erfahren und für die nächste Phase ermutigt und ausgerüstet zu werden. Sie sind die Lebensadern der Bewegung, durch die ganze Ströme neuer Gemeinden entstehen. Schenke ihnen besondere Aufmerksamkeit, um sie beständig zu machen!

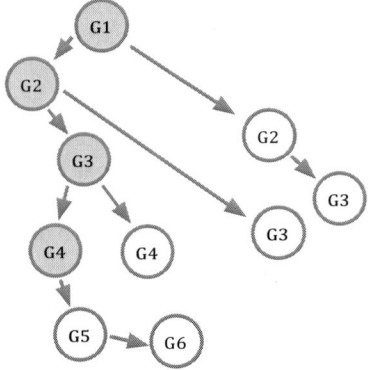

Abhängig von deinem Kontext kann solch eine besondere Zeit für mittlere Leiter an einem Tag stattfinden (ein Samstag jeden Monat) oder auch eine ausgedehntere Zeit umfassen (vier bis zehn Tage). Es kann sich um ein verlängertes Wochenende handeln, eine Urlaubsperiode oder eine „tote Phase", in der die Trainierten frei von Verpflichtungen sind (z.B. nach der Erntesaison).

> Es ist sehr hilfreich, den Drei-Drittel-Prozess über die gesamte Zeit beizubehalten. Er hilft dir (und weiteren Generationen von Trainern), neue Leiter mitten im Dienst und inmitten von Leitungsaufgaben zu entwickeln.

Als Ying zum ersten Mal über seine GGB berichtete erwähnte er auch „Trainingszentren". Zum Beispiel konnte ein Bericht im Januar für ein bestimmtes Gebiet folgendes enthalten: „1.503 neue Gläubige, 174 neue Gemeinden, acht aktive Trainingszentren, in denen 85 Personen trainiert wurden." Die Erwähnung von Trainingszentren und trainierten Personen war rätselhaft für uns, denn Ying bezog sich nicht auf solche, die *grundlegendes* T4T-Training erhielten.

Was Ying stattdessen sagte, war: „Die Bewegung wächst. Wir haben viele neue Gläubige und viele neue Gemeinden, in denen Neubekehrte T4T-Training erhalten. Zusätzlich haben wir acht Orte, an denen wir Training für die mittlere Ebene von Leitern durchführen. In diesem Monat wurden 85 Leiter der mittleren Ebene trainiert."

Ying nahm diese Leiter der mittleren Ebene sowie ihren jeweiligen „Großen Trainer" (derjenige, der dieses Netzwerk von Gemeinden leitete) für vier bis zehn Tage beiseite, um Zeit mit ihnen zu verbringen. Während dieser Zeit durchlief er mit ihnen die grundlegenden drei Drittel auf neue Art.

In einer Zeitspanne von sechs Tagen verbrachte er zum Beispiel die ersten zwei Tage damit, mit ihnen das Vergangene auszuwerten, zu ruhen (Schlaf!), Seelsorge und Rat zu geben, sich eingehend zu unterhalten, Gott zu preisen, zu beten und einander zu dienen. Die nächsten zwei Tage nährte er oder ein anderer sie aus dem Wort. Dies konnte z.B. eine Lehre über den Kolosserbrief sein. Diese war nicht zum Weitergeben bestimmt, sondern als Dienst an ihrer eigenen Seele. Die letzten zwei Tage dienten dem Nachdenken über die Zukunft und der Entwicklung von Plänen für die nächste Phase. [39]

Bald versammelten er und seine großen Trainer diese Leiter der mittleren Ebene so oft wie möglich, durchschnittlich mindestens drei- bis viermal pro Jahr.

Jeder Kontext ist anders. Vielleicht hast du nur ein freies Wochenende an dem du deine Leiter der mittleren Ebene versammeln kannst. Doch finde eine Zeit, in der du sie zur Seite nimmst, damit sie ausruhen können, sie frische Vision, persönliche Seelsorge und Nahrung aus dem Wort erhalten, ihr zusammen betet und für die Zukunft plant. Du kannst es dir nicht leisten, dies zu vernachlässigen.

Organisiere diese Treffen ebenfalls nach dem Drei-Drittel-Schema:

Der Blick zurück: Persönliche Fürsorge, Lobpreis, Visionsvermittlung, Rechenschaft, Seelsorge und Rat, Ruhe, persönliche Stille, Gebet etc.

Der Blick nach oben: Lehre aus dem Wort, um ihre Seelen zu nähren. Sie sind es gewohnt, *andere* zu nähren. Dies jedoch ist die Zeit, in der *sie selbst* genährt werden.

Der Blick nach vorn: Planung, gemeinsames Gebet, das Treffen von Entscheidungen etc.

Die tickende Uhr

Wenn die aufkeimende Bewegung anfängt, deinen persönlichen Einfluss zu übersteigen: Wie sorgst du weiterhin dafür, dass sie im Strom biblischer Moral und Lehre bleibt? Lies dazu „Die Flussufer einer Bewegung" im zusätzlichen Material der Website, um es herauszufinden. Nachdem eine Bewegung begonnen hat entfaltet sie sich danach sehr schnell. Während die Uhr zu ticken beginnt, plane bereits deine ersten, ausgedehnteren Zeiten für Trainer der mittleren Ebene lange bevor du sie hast! Sei deiner Zeit voraus! Stelle dich auf ihre Bedürfnisse bereits im Voraus ein! Lass nicht zu, dass Überlastung der Leiter die Bewegung zum Erliegen bringt!

GROSSE TRAINER (Diejenigen, die einen ganzen Strom einer Bewegung leiten): Der Weg, diese Art von Leitern zu entwickeln, ist V.H.B.L. (Vorleben, Helfen, Beobachten und Loslassen).

Während sich die Generationen entwickeln, werden einige Leiter damit beginnen, mehrere Generationen von Gemeinden zu beaufsichtigen. Indem sie sich darin als fruchtbar erweisen, mehrere Generationen hervorzubringen, werden sie zu Trainern der mittleren Ebene.

Jede GGB entwickelt eine Reihe von „Strömen", durch die das Wachstum fließt. Dabei handelt es sich für gewöhnlich um verschiedene Segmente der Arbeit, die durch unterschiedliche Beziehungsnetzwerke entstanden und stark gewachsen sind. Meistens bilden dabei ein oder zwei Gläubige (welche ursprünglich Personen des Friedens waren) die Speerspitze für einen ganzen Strom von Gläubigen und Gemeinden. Sie beaufsichtigen nicht nur mehrere Generationen von Gemeinden, sondern verfügen auch über die Gaben und die Vision, die ganze Bewegung vorwärts zu führen. Diese Personen bezeichnen wir als „Große Trainer".

Sie sind es auch, die die ursprünglichen GGB-Initiatoren (Missionare oder ursprüngliche Gemeindegründer) in die Lage versetzen, sich von der aktiven Leitung eines GGB-Stroms zurückzuziehen. Wie Titus und Timotheus verfügen sie über die besondere Begabung oder Qualität, eine Bewegung zu leiten.

Die beste Weise, sie zu trainieren, ist diejenige, wie Jesus und Paulus ihre großen Leiter trainierten: V.H.B.L. – Vorleben, Helfen, Beobachten und Loslassen. Das bedeutet im wesentlichen, dass du dich besonders darauf konzentrierst, den „großen Trainern" in angemessener Weise ein Mentor in jeder Phase zu sein. Mit Hilfe von V.H.B.L. ist es nicht nur möglich, Leiter während des Aufbaus ihres Dienstes zu führen, sondern auch bei speziellen Aufgaben. Mehr über den Prozess von V.H.B.L. sowie Beiträge zu weiteren Leiterschaftsfragen findest du im Zusatzmaterial unserer Webseite auf www.T4Tonline.org unter „Leader Development Resources" (Materialien zur Entwicklung von Leitern).

Dein Ziel für „Große Trainer" ist es, sie zu befähigen, weite Teile einer GGB ohne deine ständige Aufmerksamkeit zu leiten – was die eigenständige Ausbildung von mittleren Trainern einschließt. Du findest Große Trainer durch viel Fasten und Gebet.

Zusammenfassung

Multiplikation von Leitern ist der Motor, den der Geist gebraucht, um eine Bewegung dauerhaft zu machen. Die Entwicklung von Leitern innerhalb von Gemeindegründungsbewegungen ist ein ähnlicher Prozess wie der, den Jesus gebrauchte, als Er die Zwölf auswählte. Leiter werden entwickelt während sie sich im Dienst bewähren.

Zusätzlich müssen wir die passende Liste von Leitereigenschaften aus Titus 1 vor Augen haben, um Leiter für eine neue Gemeinde auszuwählen.

Auch muss dein T4T-Prozess Wege enthalten, um alle drei Arten von Leitern in der Praxis auszubilden: Trainer, Trainer der mittleren Ebene und Große Trainer.

Enthält dein T4T-Paket solche Pläne, die der Entwicklung von Leitern dienen?

Jetzt hast du sowohl den Prozess als auch das T4T-Paket für deinen Dienst durchdacht – von der Mobilisierung der Gläubigen, die Verlorenen zu gewinnen, über anfängliche und langfristige Jüngerschaft bis hin zur Bildung von Gemeinden und der Entwicklung von Leitern – Generation für Generation.

Was ist anwendbar und was nicht? Lies das nächste Kapitel, um es herauszufinden.

> Wenn die aufkeimende Bewegung anfängt, deinen persönlichen Einfluss zu übersteigen: Wie sorgst du weiterhin dafür, dass sie im Strom biblischer Moral und Lehre bleibt? Lies dazu „Die Flussufer einer Bewegung" im zusätzlichen Material der Website, um es herauszufinden!

Sei ein Täter, nicht nur ein Hörer!

Schreibe auf, wie Gott zu dir gesprochen hat und was Er von dir erwartet, in Folge davon im Gehorsam zu tun:

Kapitel 18

Dein T4T-Paket:
Was ist anwendbar und was nicht?

In diesem Buch geht es vor allem darum, wie man Gemeindegründungsbewegungen durch den Prozess der Jüngerschafts-*Re*-Revolution von T4T initiiert.

Die *Prinzipien* des Reiches Gottes, GGBs zu starten, sind *zeitlos*, während *die praktischen Methoden*, um diese Prinzipien anzuwenden, *flexibel* sind.

Das erste Ziel dieses Buches bestand darin, dir ein Verständnis der Prinzipien zu vermitteln, wie Gott innerhalb Seines Reiches arbeitet, damit du lernst, deine Segel in Übereinstimmung mit dem Wind Seines Geistes zu setzen. Das zweite Ziel ist es, dir ein praktisches Werkzeug oder eine Methode an die Hand zu geben, wie du diese Prinzipien anwenden kannst. T4T ist eine sehr bewährte und gut verwendbare Methode (oder ein Prozess), um die Prinzipien einer GGB umzusetzen. Es hilft dir, deinen Teil innerhalb der menschlich-göttlichen Partnerschaft zu erfüllen.

Gott ist bereit. Bist du es auch?

Die Gefahr der Verwirrung

Verwechsle nicht Gemeindegründungsbewegungen und T4T! Eine GGB ist eine Bewegung, während T4T eine Methode ist. Ich glaube, dass auch noch in 50 oder 100 Jahren die GGB-Prinzipien dieses Buches für eine neue Generation anwendbar sein werden. Unser Gebet für diesen Aspekt dieses Buches war, dass wir Wahrheiten weitergeben, die für alle Generationen gelten, damit sich Psalm 78 erfüllt:

„Damit das künftige Geschlecht sie kenne, auch die Söhne, die noch geboren werden, und auch sie aufstehen und ihren Söhnen davon erzählen." (Psalm 78,6)

Auf der anderen Seite gibt es Teile dieses Buches, die bereits dann schon nicht mehr aktuell sein werden, wenn das Buch gedruckt wird, da wir beständig lernen und deshalb Dinge verändern, wie man Gemeindegründungsbewegungen startet – insbesondere was die Umsetzung von T4T betrifft. Weil T4T eine Methode (oder ein Prozess) ist, ist es anpassungsfähig. Dabei existieren zwei Gefahren in der Anwendung einer Methode wie T4T:

Fehler 1: Die Methode als unveränderbar zu betrachten. Manche glauben, die „Kraft" sei in der Methode; darum müsse alles ganz genau angewandt und nichts dürfe verändert werden.

Fehler 2: Die Anwendung der Methode auf eine Weise, welche die grundlegenden Prinzipien verletzt. Das andere Extrem besteht darin, dass du die Methode gemäß deiner Vorlieben anwendest und dir der zugrundeliegenden Prinzipien des Reiches Gottes nicht bewusst bist. Du willst beispielsweise alles „logisch" umsetzen und fängst an, die grundlegenden Reich-Gottes-Prinzipien zu verletzen, welche höher sind als alle Vernunft und unserem natürlichen Empfinden oftmals zuwiderlaufen.

Wenn du die Wege des Reiches Gottes nicht verstehst wirst du Sein Königreich vermutlich nicht willkommen heißen, wenn es kommt, und vielleicht sogar in Opposition dazu geraten! Wenn du Gemeindegründungsbewegungen nicht verstehst wirst du versucht sein, einem der folgenden Wege zu folgen:

Methodenverliebtheit: Du setzt T4T sklavisch um, in genau derselben Weise, wie Ying Kai es für seinen Kontext tat, und kannst nicht verstehen, warum du nicht dieselben Ergebnisse erzielst. [40]

Verstoß gegen Prinzipien: In nie endender Weise versuchst du, alles an T4T anzupassen, zu verändern und zu modifizieren. Am Ende hast du einen Prozess, in dem es mehr um das Lehren deines bestimmten Paketes an Lektionen als um die Entwicklung von Trainern und um eine Bewegung geht. Du bist der Meinung, dass du alles treu an deinen Kontext angepasst hast, und kannst nicht verstehen, warum du nicht dieselbe Frucht wie Ying siehst.

T4T ist kein Gesetz. Es ist eine Methode. Darum musst du einige Anpassungen vornehmen, es sei denn, deine Situation ist identisch mit der von Ying. Die Kapitel 11 bis 17 dieses Buches beschreiben viele dieser Anpassungen und Anwendungen.

Was ist also anwendbar und was nicht? Was muss in jedem grundlegenden T4T-Paket vorhanden sein? Hier sind einige Empfehlungen:

1. Analysiere den Kontext deines Dienstes: den Prozentsatz derer, die lesen und schreiben können; die Kenntnis des Evangeliums; die Kultur usw. So erkennst du, wie die verschiedenen Teile deines T4T-Pakets zur Anwendung kommen können.

2. Das muss nicht viele Jahre dauern! Tue den nächsten Schritt!

Integriere solche Teile in dein T4T-Paket, die auf leichte Weise multiplizierbar sind!

3. Stelle sicher, dass jeder Teil deines T4T-Pakets ganz natürlich in die nächste Phase mündet, welche nötig ist, um eine Bewegung zu gründen.

Passe dein T4T-Paket an deinen Kontext an und danach nenne es, wie immer du willst.

Verstoße jedoch *niemals* gegen den Drei-Drittel-Prozess – das Herz des Trainings für Trainer (außer, du findest einen noch effektiveren Weg, Trainer zu trainieren, welche Trainer trainieren, die wiederum Trainer trainieren)!

Wende es an! Dann erst verändere Kleinigkeiten während du siehst, was sich multipliziert und was nicht. Fange an, Gläubige dafür zu mobilisieren, andere zu trainieren (oder die Verlorenen zu gewinnen und sie *dann* zu trainieren), auch wenn du noch nicht alle deine Lektionspläne angepasst hast.

Wenn sich keine neuen Generationen von Gläubigen und Gemeinden entwickeln: Prüfe alles, was du tust, hole dir weisen Rat und verändere, was nötig ist!

Was angepasst und verändert werden kann

Erinnere dich, dass dein T4T-Paket Gläubige jeder Generation mit dem Wissen ausstatten muss, wie sie in die nächste Phase einer GGB gelangen, nachdem sie „Ja" zur vorherigen Phase gesagt haben. In der folgenden Liste musst du dir Punkt eins in Klammern vorstellen, weil er zwar auf dich zutrifft, nicht jedoch für künftige Generationen von neuen Gläubigen.

1. **Mobilisierung der bereits Geretteten,** die Gott gebrauchen will, durch Visionsvermittlung eine Bewegung zu starten.

2. **Diejenigen Verlorenen zu finden,** in denen Gott bereits wirkt. Tue dies auf eine Weise, die jeder neue Gläubige nachahmen kann.

3. **Evangelisation,** zu der jeder neue Gläubige in der Lage ist.

4. **Jüngerschaft,** die jeder neue Gläubige nachahmen kann.

5. **Gemeindegründung,** die jeder neue Gläubige wiederholen kann.

6. **Entwicklung von Leitern,** die jeder neue Gläubige an sich selbst erfahren und weitergeben kann.

Jede dieser Phasen sollte auf natürliche Weise zur nächsten Phase führen. Danach sollte der gesamte Prozess sich von Generation zu Generation vervielfältigen, bis wenigstens vier Generationen von Gläubigen und Gemeinden entstanden sind. Erinnere dich, dass der Prozess nicht der Reihe nach verläuft. Die meisten dieser Dinge laufen gleichzeitig ab:

Während du zum Beispiel deine ersten Jüngerschaftsschulungen durchführst, werden ab der vierten Lektion bereits neue Gemeinden gegründet. Bevor du deine ersten Phasen der Jüngerschaft für neue

Gläubige abschließt hast du wahrscheinlich schon deine ersten Leiter herangebildet. Noch bevor du die ersten Lektionen beendet hast, werden viele aus der ersten Generation den Prozess bereits wiederholen, indem sie ihrerseits Verlorene evangelisieren und sie zu Jüngern machen.

> Wenn sich keine neuen Generationen von Gläubigen und Gemeinden entwickeln: Prüfe alles, was du tust, hole dir weisen Rat und verändere, was nötig ist!

Doch noch immer benötigst du zusätzlich einen klaren Prozess, wie du jeden neuen Teil des Planes umsetzen kannst. Du musst wissen, was zu tun ist, wenn jemand „Ja" in jeder einzelnen Phase sagt.

Dein T4T-Paket sollte Komponenten enthalten, die genau das tun. Jedes T4T-Paket sollte deshalb die folgenden Komponenten beinhalten. Wenn du beabsichtigst, Komponenten zu verwenden, die jemand anderes, du selbst oder dein Team entwickelt hat, stelle sicher, dass sie diese drei Kriterien erfüllen: Sie müssen 1. biblisch, 2. effektiv und 3. reproduzierbar innerhalb deines Kontextes sein. Vollständige T4T-Trainingspläne und -pakete findest du unter: www.T4Tonline.org.

Entscheidende Elemente

Der folgende Überblick fasst zusammen, was du in den vorherigen sieben Kapiteln gelernt hast. Jeder der Punkte steht für ein wichtiges Element, das in deinem T4T-Paket enthalten sein sollte.

Die Mobilisierung der bereits Geretteten: *Ein Weg, Christen die Vision für das T4T-Training zu vermitteln* (3-Minuten-Visionsvermittlung *plus* Lektion eins; siehe Kapitel 11).

Lektion eins sollte folgendes beinhalten (siehe Kapitel 5):

WARUM: Visionsvermittlung (Kapitel 11)

WEM: Ein Weg, wie man eine Namensliste des persönlichen Umfelds (*oikos*) erstellt

WIE: Eine liebevolle Evangelisationsmethode, die eine Brücke (siehe Kapitel 12) sowie eine Evangeliums-Präsentation

(Kapitel 13) mit einem Aufruf zur Entscheidung enthält. Diese Evangelisationsmethode muss neue Gläubige in die Lage versetzen, fünf Menschen pro Woche das Evangelium mitzuteilen.

Sechs bis zehn Lektionen für anfängliche Jüngerschaft, welche einem Gläubigen grundlegende Dinge vermitteln, um in Christus zu wachsen (siehe Kapitel 14). Lektionen, die keinesfalls ausgelassen werden sollten, sind:

Taufe (siehe Kapitel 15)

Abendmahl

Ein bis zwei Lektionen darüber, **wie man zur Gemeinde wird,** mit einem klaren Plan, der den Trainierten hilft, die Verpflichtung einzugehen, eine Gemeinde (oder Teil einer Gemeinde) zu werden (siehe Kapitel 16).

Ausharren in Verfolgung (siehe Kapitel 20)

Die Vision **des Missionsbefehls**

Hilfen zur Visionsvermittlung für das erste Drittel jedes Trainingstreffens, insbesondere während der ersten Wochen, findest du in Kapitel 11 sowie unter „Ergänzende Materialien über Visionsvermittlung" auf der Website.

Auch sollten Rechenschaftsfragen enthalten sein, welche die Gruppen schrittweise zur vierten Generation (und darüber hinaus) von Gläubigen und Gemeinden führen (siehe Kapitel 7).

Start der langfristigen Jüngerschaft: Eine Lektion über induktives Bibelstudium und einen Plan, was zuerst studiert werden sollte. Das Ziel ist es, Gläubigen zu helfen, sich selbst aus dem Wort zu ernähren (siehe Kapitel 14).

Ein **empfohlener Studienplan** wie z.B. das Markusevangelium, 40 chronologische biblische Geschichten etc.

Ein Plan, Gemeindeleiter (Trainer) zu entwickeln, im ersten Drittel jeder Trainingssitzung: Die meisten derer, die eine Gruppe gründen, werden mit der Zeit automatisch zu Leitern; dennoch solltest du dies am Anfang bewusst fördern (siehe Kapitel 17).

Einzelne oder auch mehrere Trainingstage am Stück für die mittlere Leiterebene (siehe Kapitel 17).

Ein Plan für V.H.B.L. (Vorleben, Helfen, Beobachten, Loslassen) für fortgeschrittene Trainer (siehe Kapitel 17).

Ein System, um Fortschritte zu verfolgen und zu messen: Es sollte Rechenschaft in Form der richtigen Rechenschaftsfragen vorhanden sein, um das Wachstum bis zur vierten Generation und darüber hinaus zu ermöglichen. Auch sollten Berichte verfasst werden, um sicherzustellen, dass tatsächlich neue Generationen beginnen. Du benötigst sowohl ein System der Fortschrittsverfolgung, um sicher zu sein, dass dies geschieht, als auch ein gutes Berichtssystem, um Fortschritte auswerten zu können.

Was NICHT angepasst oder verändert werden sollte

Während du Dinge wie die Evangeliums-Präsentation oder Jüngerschaftslektionen anpasst achte darauf, dass sie *1. biblisch, 2. effektiv für deinen Kontext und 3. multiplizierbar für neue Gläubige sind!*

1. Die drei Drittel des Trainingsprozesses – insbesondere *die fett gedruckten Teile* (gegenseitige Rechenschaft, Visionsvermittlung, Anwendung der Lektionen, Zielsetzung und Gebet) – führen dich zu Reproduktion und Multiplikation.

Obwohl es möglich ist, die Reihenfolge der sieben Elemente zu ändern, solltest du – wenn Multiplikation dein Ziel ist – keinen der Hauptteile auslassen. Diese bestehen in: Rechenschaft, Visionsvermittlung, praktischer Anwendung sowie Zielsetzung mit Hilfe von Gebet.

2. Stelle sicher, dass es eine klare Präsentation des Evangeliums gibt, die häufig erfolgt und mit einem Aufruf zur Entscheidung verbunden ist. Eine Gemeindegründungsbewegung kann nicht beginnen, ohne dass das Zeugnis des Evangeliums von Person zu Person und von Mund zu Ohr viele Male weitergegeben wird.

3. Habe unter allen Umständen ein bis zwei klare Lektionen über Gemeinde, die eine Gruppe in die Phase bringen, in der sie selbst zur Gemeinde wird. (Mögliche Anwendungen innerhalb eines Kontexts, in dem bereits Gemeinden existieren, findest du im folgenden Kapitel.)

4. Verwende gute Bilder und Beispiele zur Visionsvermittlung, die leicht weitergegeben werden können!

5. Stelle sicher, dass deine Rechenschaftsfragen Gläubige schrittweise bis zur vierten Generation führen!

ZEUGEN: Wem gibst du Zeugnis? Wer ist zum Glauben gekommen?

STARTER: Wann trainierst du deine Gruppenmitglieder in demselben Prozess?

TRAINER: Auf welche Weise geben diese neuen Gläubigen anderen Zeugnis? Wie gewinnen sie andere für den Herrn?

TRAINER VON TRAINERN: Wann trainieren sie ihre Gruppen?

TRAINER VON TRAINERN, die wiederum TRAINER TRAINIEREN: Wie trainieren die Trainer, die du trainierst, ihre neuen Gruppen?

6. Sorge dafür, dass die Bewegung gehorsamsorientiert bleibt und sich auf die beiden großen Befehle Jesu (Gott zu lieben von ganzem Herzen und unseren Nächsten wie uns selbst) sowie den Missionsbefehl konzentriert (Markus 1,17 – Nachfolger Christi und Menschenfischer zu sein).

Eine liebevolle Umgebung ist entscheidend – Liebe für Gott und Liebe füreinander. Persönliche, liebevolle Beziehungen sind von überragender Bedeutung, um Trainer zu trainieren. Liebe bewahrt die Bewegung davor, trocken und werkeorientiert zu werden. Darum muss Rechenschaft nicht nur in Bezug auf Evangelisation und Training, sondern auch hinsichtlich persönlicher Gottesfurcht – welche ein ungeteiltes Herz für Gott demonstriert – vorhanden sein.

„Ich kenne deine Werke und deine Mühe und dein Ausharren, und dass du Böse nicht ertragen kannst; und du hast die geprüft, die sich Apostel nennen und es nicht sind, und hast sie als Lügner erkannt; und du hast Ausharren und hast (vieles) getragen um meines Namens willen und bist nicht müde geworden. Aber ich habe gegen dich, dass du deine erste Liebe verlassen hast." (Offb. 2,2-4) *Jesus spricht hier zu einer Gemeinde im Zentrum der größten Gemeindegründungsbewegung des Neuen Testaments!*

7. Fordere Trainer heraus, nach einigen Wochen mehr als nur eine Gruppe zu beginnen! Die Kraft von mindestens zwei Gruppen pro Trainer wird helfen, eine Bewegung in Gang zu bringen.

8. Stelle sicher, dass die Trainer in jeder Phase wissen, wie sie von einem Schritt nahtlos zum nächsten übergehen können! Sie müssen wissen, was sie tun sollen, wenn Menschen „Ja" in jeder Phase sagen.

Sei dir bewusst, dass man in der Evangelisationsphase oft sein Zeugnis mehrmals geben muss. Habe immer einen einfachen Evangeliums-Leitfaden zur Hand, den du Menschen in Kürze mitteilen kannst, um sie zum Glauben zu führen! Ziehe in Erwägung, *einen erweiterten Evangeliumskurs* von mehreren Wochen durchzuführen, wenn Menschen interessiert sind, jedoch mehr Zeit benötigen (z.B. „Von der Schöpfung bis Christus")!

Wenn du die geeigneten Elemente entsprechend anpasst und gleichzeitig die GGB-Prozesse beibehältst (d.h., die nicht veränderbaren Teile), dann wirst du auf einem guten Weg der Umsetzung eines effektiven Gemeindegründungs-Planes sein.

Gemeindegründungsbewegung und T4T: Das erste ist eine Bewegung Gottes; das andere ein Prozess oder eine Methode, um uns in die Lage zu versetzen, die Prinzipien dieser Bewegung zu leben. Bewahre die ewigen Prinzipien des Reiches Gottes! Verliere und verändere sie nicht!

> Wenn du beabsichtigst, Komponenten zu verwenden, die jemand anderes, du selbst oder dein Team entwickelt hat, stelle sicher, dass sie diese drei Kriterien erfüllen: Sie müssen 1. biblisch, 2. effektiv und 3. reproduzierbar innerhalb deines Kontexts sein.

Gleichzeitig gebrauche die Methoden von T4T, passe und wende sie an, sodass sie dir helfen, die Prinzipien der GGB auszuleben! Passe sie an deinen Kontext an, ohne das Wesentliche zu verlieren! Nur dann wird die Jüngerschafts-**Re**-Revolution beginnen.

Können Gemeindegründungsbewegungen in einer kirchlichen oder auch post-kirchlichen Kultur wie Nordamerika, Australien, Europa oder Lateinamerika entstehen? Lies das folgende Kapitel, um es herauszufinden.

Sei ein Täter, nicht nur ein Hörer!

Schreibe auf, wie Gott zu dir gesprochen hat und was Er von dir erwartet, in Folge davon im Gehorsam zu tun:

KAPITEL 19

T4T FÜR DEN KIRCHLICHEN UND POST-KIRCHLICHEN KONTEXT

Kann T4T in einer kirchlichen oder post-kirchlichen Kultur wie den USA, Europa oder Lateinamerika funktionieren? Die Antwort ist: Ja!

Gemeindegründungsbewegungen können sich in jedem Kontext entwickeln. Du musst jedoch ihre Prinzipien auf die Weltanschauung und Kultur deiner Region anpassen. Wenn du das in effektiver Weise tust, wird ein Modell entstehen, das andere sehen können. Nachdem dies geschehen ist, wird das Ganze zum Allgemeingut und für viele verständlich werden. Bevor jedoch kein effektives Modell entsteht, werden Zweifel vorherrschen.

In jedem Kontext ist ein Verständnis der GGB-Prinzipien des Reiches Gottes erforderlich. Dann beginnt eine Phase des Experimentierens, von Versuch und Irrtum, bis sich eine erfolgreiche Anpassung der Prinzipien auf den jeweiligen Kontext ergibt. An dieser Stelle wird dann ein kulturell geeignetes Modell zu Tage treten.

Ich glaube, dass GGBs sich zuerst in Asien und etwas später in Afrika entwickelten aufgrund einer großen Verzweiflung und der daraus folgenden Bereitschaft, Risiken einzugehen und neue Wege zu erproben, sowie der unglaublichen Verlorenheit, denen sich Missionare und nationale Leiter in diesen Regionen gegenüber sahen. *Die Unmöglichkeit, in vielen dieser oft für Missionare verschlossenen Länder traditionelle Modelle von Gemeindegründung anzuwenden, hat uns dazu getrieben, Wege zu finden, neue Gläubige schnell in kleinen Gemeinden zu vervielfältigen, die sich dann – ohne Leiterschaft und Finanzen von außen – unbegrenzt im Land ausbreiten können.*

Ein glücklicher Nebeneffekt davon ist die Wiederentdeckung von Prinzipien und Methoden der ursprünglichen Jüngerschafts-Revolution, die in jedem Kontext angewandt werden können. Aufgrund

> Was heute radikal erscheint wird morgen als normal gelten. Es gab eine Zeit, als GGBs in Asien und Afrika ungewöhnlich waren. Heute scheint jeder davon zu sprechen. Der Tag kommt und hat bereits begonnen, an dem es gute GGB-Modelle in kirchlichen und post-kirchlichen Kulturen geben wird.

von Notwendigkeit waren wir dazu gezwungen – doch nun können viele in offenen oder kirchlich geprägten Nationen den Nutzen aus diesen Prinzipien und Methoden ziehen.

Damit sich jedoch eine GGB in einem kirchlich geprägten Umfeld entwickeln kann, müssen Gläubige die Hindernisse überwinden, welche Traditionen mit sich bringen. Sie müssen ebenfalls bereit sein, zu Anfang einigen Spott zu ertragen und im Glauben auszuharren, damit Generationen von Verlorenen erreicht werden können.

Einige sind der Auffassung, dass sich innerhalb von christlich geprägten Kulturen, in denen es kaum Verfolgung gibt, keine GGB entwickeln kann. Doch es verhält sich umgekehrt. Sobald eine GGB beginnt, kommt es aufgrund der radikalen Natur der Bewegung zu vielerlei Arten von Verfolgung. Einige wurden als kultartig oder als „Sekte" verschrien, aufgrund ihres radikalen Verlangens, Jesus zu lieben, indem sie 1. Ihm nachfolgen und 2. zu Menschenfischern werden.

Andere sagen Dinge wie: „Als wir innerhalb unserer kirchlichen Kultur zum ersten Mal in eine Hausgemeinde gingen dachten wir, dass etwas fehlt. Es *fühlte* sich nicht wie Gemeinde an. Jetzt, nachdem wir an vielen Orten Hauskirchen gegründet haben, in denen wir großartige Gemeinschaft und geistliches Leben erfuhren, lächeln wir über unsere ersten Eindrücke. Wir werden nie zu unserem alten Weg zurückkehren."

Was heute radikal erscheint wird morgen als normal gelten. Es gab eine Zeit, als GGBs in Asien und Afrika ungewöhnlich waren. Heute scheint jeder davon zu sprechen. [41]

Der Tag kommt und hat bereits begonnen, an dem es gute GGB-Modelle in kirchlichen und post-kirchlichen Kulturen geben wird. Gerade innerhalb des gegenwärtigen Rufs einer neuen Generation nach Authentizität werden GGB-Gemeinden ein großes Bedürfnis erfüllen. Hier sind – in loser Reihenfolge – einige Lektionen, die Leiter von GGBs in kirchlich geprägten Kulturen gelernt haben.

Wichtige Anpassungen

Multipliziere besondere Gottesdienste! Viele Christen wollen einfach an einer größeren Lobpreiszeit mit guter Predigt teilnehmen. Kämpfe nicht dagegen an, sondern nutze es! Predigen nimmt – im richtigen Kontext – eine wichtige Rolle ein. Habe regelmäßig größere Gottesdienste (wöchentlich oder monatlich). Wenn vorhanden, nutze dafür die Räumlichkeiten von Gemeinden! In dem Bewusstsein, dass alle Gemeinden und Gottesdienste ein natürliches Limit in Bezug auf ihre Größe haben, beginne weitere, gemeinsame Zusammenkünfte von Hausgruppen in anderen Teilen deiner Stadt oder Region!

Lass auch Kleingruppen wie Hausgemeinden funktionieren – ganz gleich, wie du sie nennst! Gestatte den Gruppentreffen, die Eigenschaften einer Gemeinde zu haben: Taufe, Abendmahl, Opfersammlung, usw., auch wenn du sie nicht als Gemeinde bezeichnest. Sie können weiterhin mit der größeren Gemeinde verbunden sein. Andere werden vielleicht zu eigenständigen Gemeinden oder Gemeinde-Netzwerken, entsprechend der Bedürfnisse vor Ort. Dein Ziel sollte es sein, sie zu befähigen, mit deinem Segen und deiner Unterstützung *Bewegungen* zu beginnen. Gib ihnen Autonomie innerhalb einer größeren Vision (siehe dazu auch die Fallstudie am Ende dieses Kapitels, als Beispiel dafür, am Anfang den Begriff „Gemeinde" zu vermeiden.)

Beginne Gruppen anstatt sofort zu multiplizieren! Gestalte die Veränderung subtil! Anstatt neue Gläubige zur Hauptgruppe einzuladen, um sich irgendwann zu multiplizieren, ermutige die Mitglieder der Kleingruppe, neue Gruppen in ihrem *oikos* zu starten, wenn Menschen zum Glauben kommen.

In der Gründungsphase kannst du den Prozess der Leiterschulung, um eine Kleingruppe zu leiten, verkürzen oder sogar eliminieren. Dein T4T-Prozess als Gruppe ist ihr Training. Sei bereit, Risiken einzugehen! Wenn die Teilnehmer andere zum Glauben führen, ermutige sie, eine neue Gruppe zu gründen, während sie weiterhin in deine Gruppe kommen. Viele Gemeinden haben eine ganze Trainingsphase für neue Leiter installiert, innerhalb derer ein potenzieller Leiter zuerst Mentoring erfährt, dann Co-Leiter wird und schließlich seine eigene Gruppe leitet. Eliminiere diese langwierige, „sichere" Vorgehensweise! Fahre mit der Trainingsphase für neue Leiter fort,

. doch erkenne, dass dies *in der Praxis* geschieht, während die Person zu deiner T4T-Gruppe kommt *und* ihre eigene Gruppe leitet.

Konzentriere dich auf die Verlorenen, insbesondere auf die Personen des Friedens, *nicht* auf Transfer- oder Wiedergewinnungs-Wachstum! Jede GGB weltweit tut *eine* Sache sehr gut: Die Evangelisierung einer Menge verlorener Menschen. In Ländern mit christlichem Hintergrund besteht das überwiegende Wachstum oftmals aus 1. Transferwachstum (Gemeindemitglieder, die sich einer anderen Gemeinde anschließen) oder 2. Wiedergewinnungs-Wachstum (Wiedergewinnung von Menschen, die als Kinder oder in anderen früheren Phasen ihres Lebens bereits einmal zur Kirche gingen).

Entwickle eine Kultur, dorthin zu gehen, wo die Verlo-renen sind! Finde Personen des Friedens; lass sie nicht *dich* finden müssen! Dies erfordert sowohl eine neue Atmosphäre der Kühnheit, das Evangelium mitzuteilen, als auch eine neue Atmosphäre der Liebe, um dahin zu gehen, wo die Verlorenen sind. Die aufkommenden Bewegungen innerhalb kirchlicher Kulturen erreichen Drogensüchtige, Prostituierte, Obdachlose, Atheisten, Intellektuelle, Partygänger, weltliche Geschäftsleute etc. Gemeinden sprießen an Orten aus dem Boden, an denen Gemeinde früher vollkommen unbekannt war.

Hilf anderen, völlig neu zu definieren, wer in ihrem *oikos* verloren ist! Die Fallstudie am Ende dieses Kapitels zeigt ein Beispiel, wie man Menschen, die „weit von Gott entfernt sind", als „Verlorene" identifiziert.

Gehe hinaus mit dem Ziel der Evangelisation, des Trainings und der Gründung von Gemeinden! Der Leiter einer GGB, welcher vielversprechende Ergebnisse innerhalb des Bibelgürtels der USA erlebt, berichtet, dass sein fruchtbarstes T4T-Training in Restaurants, Cafés oder Wohnungen und nicht innerhalb von Gemeindegebäuden geschieht. Indem sie eine Gruppe von Geschäftsleuten in einem Restaurant trainieren, können diese sich leicht vorstellen, dasselbe mit ihren verlorenen Freunden zu tun.

Dasselbe gilt für Wohnungen. Wenn Training dagegen in den Räumen einer Gemeinde geschieht, so schafft die sterile und oft künstliche Natur der Räume bereits eine Barriere in den Köpfen der Trainees: „Wie soll das an einem anderen Ort laufen?" Wenn dein Ziel Gruppen und Gemeinden sind, die sich in **Wohnungen** treffen, dann trainiere sie in Wohnungen! Wenn dein Ziel Gruppen und Gemeinden sind, die sich in **Restaurants** treffen, trainiere sie in Restaurants!

Ziehe auch längere Evangelisationsprozesse in Erwägung, die in Kleingruppen resultieren können! Wenn Menschen in deiner Region misstrauisch auf Konfrontationen mit dem Evangelium reagieren (welche oftmals nicht sehr liebevoll geschehen), trainiere deine Mitglieder, neue Gruppen mit verlorenen Menschen zu starten – Gruppen zum reinen Kennenlernen oder für Studien zur Entdeckung des Christentums. Ebenso sollte Evangelisation in Bars, Restaurants, Cafés, Firmen, Parks und Wohnungen zu Zeiten stattfinden, an denen die Leute verfügbar sind – wo immer sich Menschen über die Fragen des Lebens austauschen. Viele evangelistische Bemühungen funktionieren nicht, weil wir nicht *innerhalb der Zeiten* zu den Menschen gehen, in denen sie verfügbar sind, was gewöhnlich an Abenden und an Wochenenden der Fall ist.

Kennenlern-Gruppen können sich sechs bis zehn Wochen (oder länger) treffen, um gemeinsam die Bibel zu studieren und verlorenen Menschen die Wahrheiten der Bibel näher zu bringen. Indem der Drei-Drittel-Prozess für diese Treffen angewandt wird, können sie ihren verlorenen Freunden auf diese Weise Geschichten oder Passagen der Bibel weitergeben. Spätestens bei der letzten Lektion wird ein Aufruf gemacht, so dass Menschen sich für den Glauben entscheiden können. Die Gruppe verwandelt sich dann in eine Hausgemeinde oder Hauszellgruppe, die den Drei-Drittel-Prozess lebt.

Sorge für eine Abdeckung! Da andere sich am Anfang einer Bewegung in deiner Region sehr wahrscheinlich über diese lustig machen werden, benötigen die neuen Gruppen oder Hauskirchen eine geistliche Abdeckung, die anderen, traditionellen Kirchen erklärt, was hier geschieht, und ihnen hilft, der Sache mit Akzeptanz zu begegnen und sie nicht öffentlich zu kritisieren. Obwohl du vielleicht zahlreiche Hauskirchen gründest kannst du ihnen einen anderen Namen geben und sie zu einem Teil deiner Gemeindestruktur machen. Auf diese Weise haben sie eine Abdeckung während sie sich entwickeln und in neue Regionen vordringen. Mitglieder können z.B. sagen: „Wir sind Teil des XYZ-Netzwerks von Gemeinden." Diese Art von Abdeckung hilft neuen Gläubigen, Identität und Selbstvertrauen zu entwickeln, obwohl sie kein Teil einer „traditionellen" Gemeinde sind.

Rede am Anfang nicht zu viel darüber – gib der Sache eine Chance zu wachsen! In Regionen, wo Verfolgung oder Spott wahrscheinlich sind, bzw. in denen andere vom Einfluss einer neuen Bewegung profitieren wollen, indem sie die Schafe stehlen, ist es hilfreich, nicht publik zu machen was geschieht. Gib der aufkeimenden Bewegung die Chance, zuerst zu wachsen! Die Zeit wird kommen, wo du öffentlich darüber reden kannst, ohne dass es eine schädliche Wirkung hat.

Führe ein Daniel-Projekt durch! Beende nicht das bestehende Programm und die Gottesdienste deiner Gemeinde, um ein GGB-Modell zu starten, wenn dies die Gemeinde auseinanderreißen würde! Beginne stattdessen ein Daniel-Projekt mit einigen Personen, die hungrig nach etwas anderem sind (siehe Kapitel 11). Wähle Leute aus, die keine Leiter sind und keine großen zeitlichen Verpflichtungen in der Gemeinde haben. Beginne das Projekt mit jüngeren Gläubigen und setze den reinen T4T-Prozess mit ihnen um.

Entledige dich der Aktivitäten von geringem Wert! Stattdessen vermittle Vision, gib Zeugnis und trainiere! Einer der Gründe, weshalb nicht mehr GGBs innerhalb kirchlicher Kulturen entstehen, besteht darin, dass Leiter von Gemeinden und Diensten bereits so stark mit anderen Aufgaben beschäftigt sind. Wenn dein Ziel darin besteht, eine GGB zu initiieren, finde Wege, dich von Aktivitäten von geringem Wert frei zu machen (Aktivitäten, die wenig zu einer GGB beitragen) und investiere stattdessen in Aktivitäten von hohem Wert! Nimm dir Zeit, den Verlorenen Zeugnis zu geben, Christen die Vision zu vermitteln und jeden zu trainieren, der willig ist zuzuhören! *Gemeindegründungsbewegungen entwickeln sich nur, wenn Aktivitäten von hohem Wert viel Zeit eingeräumt wird.* Jemand fragte einmal, ob es für ihn möglich sei, eine GGB zu beginnen, wenn er als Leiter dieser Bewegung nur fünf bis zehn Stunden pro Woche in GGB-Aktivitäten investiert. Die Antwort lautet „Nein". Wer immer den Start einer GGB beaufsichtigt, muss am Anfang mehr Zeit und Aufmerksamkeit investieren – zumindest bis andere Leiter sich entwickelt haben, die ihrerseits mehr Zeit in die Leitung der Bewegung investieren können.

Trainiere jeden! Überdenke deine gegenwärtigen Gemeindetreffen! Du hast vielleicht bereits eine Menge Gläubige in den Gottesdiensten, Bibelgruppen, der Sonntagsschule und den Hauskreisen. Starte eine Initiative, mit deren Hilfe du viele dieser Treffen auf Training auszurichten beginnst. Beginne diese Initiative mit einem besonderen Wochenende oder sogar einer ganzen Woche, innerhalb derer du über die Prinzipien von Gemeindegründungsbewegungen aus der Bibel und mit Hilfe dieses Buches lehrst. Vielleicht möchtest du sogar, dass die Mitglieder deiner Gemeinde das vorliegende Buch zusammen lesen. Lass die gewohnten Treffen weitergehen! Du musst sie nicht stoppen. Doch sei entschlossen darin, jeden zu trainieren, andere zu gewinnen und diese ihrerseits zu trainieren!

Passe Hauskreise an den Drei-Drittel-Prozess an, indem du die fettgedruckten Teile hinzufügst! Ein Netzwerk an Gemeinden nahm eine einfache Änderung in ihren Hausgruppen vor: Sie veränderten die Gestalt des Treffens entsprechend dem Drei-Drittel-Prozess und betonten die sieben Elemente, insbesondere *die fettgedruckten Teile*, welche sie bislang vernachlässigt hatten. Das war nicht traumatisch für sie. Es stellte keine radikale Veränderung dar, denn sie trafen sich bereits in Hausgruppen und wandten einige der sieben Elemente an. Stattdessen war es ein Schritt vorwärts für sie. Sie starteten mit einem Training für alle ihre Hausgruppenleiter, indem sie ihnen erklärten, dass dies ein Fortschritt in Bezug auf ihre Vision sei, alle Menschen ihrer Stadt zu erreichen.

Verwandle Gemeindegebäude in Trainingszentren! Wir treten nicht dafür ein, Gemeindegebäude zu verkaufen und die Mitglieder zu zerstreuen (außer natürlich, der Herr sagt dir, dies zu tun!). Viele Pastoren sind bereits tief im gegenwärtigen System verwurzelt und würden nicht den Weg einer GGB beschreiten, wenn das die Voraussetzung wäre. Dennoch kannst du (als Pastor oder Leiter eines Dienstes) sehr leicht den Wechsel hin zu einer Gemeindegründungsbewegung vollziehen, indem du deinen Horizont veränderst und dich – anstatt als Pastor von Einzelpersonen – fortan als *Pastor von Pastoren* siehst. Du kannst deine Sicht des Gemeindegebäudes als reinen Versammlungsort verändern, sodass es zu einem Trainingszentrum und damit zum Epizentrum einer Bewegung wird! Beginne damit, deine Gemeindemitglieder als künftige Leiter und Pastoren zu sehen, durch die eine Bewegung zur Geburt gelangt! Viele werden am Ende zwar keine Trainer von Trainern – doch einige werden es (siehe Kapitel sechs). Mit der Zeit wird dein Gemeindezentrum zu einer Trainingsbasis, um die Welt zu erreichen.

Die Bereitschaft, für die Entstehung einer Bewegung zweiberuf- lich zu arbeiten. Früher traf ich eine persönliche Entscheidung, welche die Anfänge unserer Gemeinde in Los Angeles von einer potenziellen Bewegung in eine einfache Gemeinde verwandelte – genau die entgegen gesetzte Richtung, für die wir eintreten! Bevor unsere Gemeinde „begann", wuchs unser Gemeindegründungsteam, indem wir Universitätsstudenten und Menschen in unserer Nachbarschaft erreichten. Wir saßen im Wohnzimmer und spielten Gitarre, priesen Gott, beteten und forderten einander mit dem Wort heraus.

Als wir „die Gemeinde begannen" schoben wir die Sofas beiseite und stellten Stühle in Reihen auf, obwohl wir uns immer noch im selben Haus trafen! Bis zu diesem Punkt hatte die Gruppe ein sehr natürliches Empfinden von Familie gehabt. Doch das Bild von Gemeinde, das unser Denken prägte, war jetzt organisierter und strukturierter – obwohl wir damals als ziemlich innovativ galten. Auch wenn ich noch nebenbei arbeitete träumte ich davon, eines Tages der vollzeitliche Pastor zu werden. Wieviel besser wäre es gewesen, wenn wir einfach neue Gruppentreffen in anderen Häusern, in Cafés und Parks begonnen hätten, anstatt den Raum in unserem Wohnzimmer durch Stuhlreihen zu vergrößern, bis wir in eine Schule und schließlich in unser eigenes Gemeindegebäude umzogen!

Wir hatten das Potenzial, eine Bewegung zu beginnen, doch stattdessen taten wir, was Gemeinde nach *unserer* Vorstellung sein sollte. Könnte ich heute noch einmal von vorn beginnen dann würde ich planen, so lange wie möglich zweiberuflich zu arbeiten und eine Bewegung von Nachfolgern Jesu zu betreuen, die Ihn lieben und sich überall dort treffen, wo sie Raum finden. Vermutlich würde ich sie im Abstand einiger Wochen regelmäßig zusammenbringen, um ihnen Vision zu vermitteln, Gott gemeinsam anzubeten und richtungsweisende Lehre zu geben. Die Bereitschaft, einen Teil seines Einkommens um einer Bewegung willen zu opfern, könnte eine der strategisch bedeutsamsten Entscheidungen sein, die du treffen kannst. Viele frühe Bewegungen in England und den USA wurden von zweiberuflichen Leitern gegründet und als Hirten geleitet.

Beginne ganz von vorn! Beginne ohne eine Investition in bestehende Gemeindesysteme oder -verantwortlichkeiten. Starte etwas, das ganz von vorn beginnt (vielleicht nebenberuflich), indem du dahin gehst, wo verlorene Menschen sind und sie gewinnst. Zusätzlich findest du vielleicht einige Gläubige, die keine Gemeinde mehr haben und die bereit sind, Jesus durch eine alternative Vorgehensweise zu begegnen. Vielleicht sind sie einverstanden, diesen Weg mit dir zu gehen. Das ist am leichtesten in Regionen, in denen es bisher nur wenige Gemeinden gibt.

Vermittle eine Vision! Wenn schließlich eine GGB in einer Kultur beginnt, in der es bereits viele Gemeinden gibt, werden Gläubige aus deinem Netzwerk bald auf mehr traditionell geprägte Christen stoßen. Diese werden Meinungen äußern, die eine fremde DNA, welche nicht der einer GGB entspricht, in die Bewegung einfließen lassen. So sehr du es auch versuchst wirst du deine Gläubigen nicht von ihnen isolieren können. Vergleichbares geschieht auf der ganzen Welt. Gläubige aus Gemeindegründungsbewegungen stoßen auf traditionelle Christen und die Funken fliegen. Wie kannst du die DNA der Bewegung bewahren, wissend, dass die Mitglieder der Bewegung auf andere Gläubige treffen werden? *Ein Weg besteht darin, eine Vision darüber zu vermitteln, warum du tust, was du tust.* Die Vermittlung der Vision sollte ermutigend sein – niemals herabsetzend, bitter oder scharf. Entwickle stattdessen eine einfache Form der Visionsvermittlung, in der du ungefähr Folgendes sagst:

„In dieser Welt gibt es alle Arten von Gläubigen und Gemeinden. Jesu Braut ist fantastisch! Du wirst eine Menge andere Gläubige treffen, und eine Vielzahl von ihnen lebt anders oder hat ein anderes Verständnis von Gemeinde als wir. Das ist normal. Sie haben Gründe dafür, warum sie auf diese Weise leben. Es ist nicht unbedingt besser oder schlechter – einfach anders. Wir sind anders aufgrund unserer Vision. Unsere Vision ist es, unsere Stadt zu erreichen, und wir glauben, dass dies am schnellsten geschehen kann, wenn wir uns auf diese Weise strukturieren und bestimmte Dinge betonen (füge hier die genauen Punkte ein). Wenn du daher andere Gläubige triffst erfreue dich an der Gemeinschaft mit ihnen! Ermutige sie und werde durch sie ermutigt, während du gleichzeitig nicht vergisst, warum wir so leben, wie wir leben – damit Gottes Reich sich in Fülle in unserer Stadt und unserer Region entfalten kann!"

Fallstudie: T4T in den USA

In den zwölf Monaten, bevor dieses Buch geschrieben wurde, entwickelte sich eine T4T-Bewegung in einer Region North Carolinas (USA), in der es bereits viele Gemeinden gab. Die Bewegung wuchs innerhalb eines Jahres von Null auf Gruppen von 30 oder mehr Personen und hält darin an, die Verlorenen zu erreichen. Ihr Gründer war ein erfolgreicher GGB-Initiator aus Südasien, der dieselben T4T-Prinzipien, die er in Asien angewandt hatte, jetzt auf eine Bewegung in den USA anpasste. Hier ist eine Zusammenfassung dieser Anpassungen aus seiner Perspektive: [42]

> „Um den Übergang von T4T in Asien zu T4T in christlichen Kulturen zu bewerkstelligen mussten wir uns mit traditionellen Formen von Gemeinde auseinandersetzen. **Unsere erste Anpassung war: Wir verzichteten auf Begriffe wie „Hauskirche", „einfache Gemeinde" oder „organische Gemeinde" und nannten den T4T-Prozess schließlich den „Jüngerschafts-Zyklus".** Dies beschrieb den T4T-Prozess sehr gut und war nicht mit fremder Bedeutung belastet. Es machte den T4T-Prozess neutral, was uns ermöglichte, neue Grundlagen zu legen, anstatt gegenwärtige Verständnisse von Gemeinde korrigieren zu müssen.
>
> Jede Woche trafen wir uns und gebrauchten die Drei-Drittel-Struktur für unsere Treffen. Die Hauptinhalte waren, dass jeder Gläubige wissen muss, wem er in seiner Nachbarschaft Zeugnis von Jesus gibt, wie er sein Zeugnis sowie das Evangelium mitteilt, und – wenn die Personen zum Glauben gekommen waren – wie er sie zu Jüngern macht. Am Anfang beteten wir wöchentlich für unsere verlorenen Freunde in unserem *oikos* und spornten jeden an, sein Zeugnis anderen mitzuteilen, doch die meisten taten es nicht. Der Grund dafür war, dass viele der langjährigen Christen in der Gruppe keine verlorenen Menschen kannten.
>
> **Das führte zu einer zweiten Anpassung: „Verlorenheit" genau zu definieren, um jedem eine klare Vorstellung davon zu geben, wo er beginnen sollte.**

Wir entwickelten eine zweifache Antwort auf diese Frage:

1. Wir hörten auf, den Begriff „verloren" zu verwenden und begannen stattdessen, Gläubige zu fragen, ob sie zehn Personen kennen würden, die „weit von Gott entfernt" sind. Der Grund dahinter war, dass Gläubige jetzt an Personen denken konnten, die zwar in der Gemeinde aufgewachsen waren, doch jetzt einen weltlichen Lebensstil hatten und nicht länger eine Gemeinde besuchten. Durch die Änderung des Begriffs konnten unsere Trainees plötzlich viele Namen aufschreiben. Dies war ein großer Durchbruch für alle Gruppen.

2. Wir baten sie, eine Person aus den zehn auf ihrer Liste zu identifizieren, in deren Leben Gott gerade in irgend einer Weise am Wirken war – eine besondere Not, eine schwere Krise oder auch eine kürzliche Entscheidung für Jesus. Wir sagten ihnen, dass sie ihr Zeugnis dieser Person und ihrer Familie mitteilen sollten, da Gott in diesem „Haus des Friedens" offensichtlich am Wirken war. Um diese neuen Häuser des Friedens darin zu unterstützen, dass ihr Glaube ihrer vertrauten Umgebung entsprach, ermutigte uns ein lokaler Pastor, die Familienmitglieder in ihrem eigenen Kontext zu taufen – in einem Fall sogar in einer Pferdetränke auf einem Bauernhof.

Die dritte Anpassung, die wir mit unseren T4T-Gruppen und -gemeinden vornahmen, bestand darin, Wege zu finden, Zutritt zu den Häusern von Menschen zu erhalten, die weit von Gott entfernt sind, um dort evangelistische Bibelgruppen zu leiten. Wir hörten auf, Menschen *zur Gemeinde* einzuladen und luden sie stattdessen *zu Jesus* ein. Vorher hatten unsere Gläubigen immer noch den Fehler gemacht, es genau andersherum zu tun. Wenn Menschen jetzt zum Glauben kamen, war es unsere Verantwortung, sie zu Jüngern zu machen. Wir halten die Neubekehrten nicht davon ab, in eine Gemeinde zu gehen, doch wir ermutigen unsere Trainer, die Neubekehrten in einer kleinen T4T-Gruppe in Jüngerschaft zu trainieren, ganz gleich, welcher Art von Gemeinde sie sich anschließen.

Ernte die Verheißung der Schrift-
gelehrten des Reiches Gottes!

Erinnere dich an das Gleichnis über den Schriftgelehrten, der ins Reich Gottes kommt (Kapitel vier):

> „Er sprach zu ihnen: Darum ist jeder Schriftgelehrte, der vom Reich der Himmel unterrichtet ist, gleich einem Hausherrn, der aus seinem Schatz Neues und Altes hervorbringt." (Matth. 13,52)

In Kapitel vier wandten wir dies wie folgt an:

> T4T hilft uns nicht nur, neue Gläubige zu gewinnen, sondern gibt uns auch einen praktischen Prozess an die Hand, um gläubige Christen, die bereits über viel biblisches Wissen verfügen, zu mobilisieren, in den übernatürlichen Wegen des Reiches Gottes zu leben. Wenn sie anfangen, das zu tun, können sie kraftvolle Multiplikatoren sein. Bereits vorhandene Christen zu mobilisieren und zu trainieren ist ein wichtiger Faktor in GGBs überall auf der Welt.

Sowohl Kulturen, in denen es bereits viele Gemeinden gibt, als auch solche, in denen das nicht der Fall ist, sind voll von „Schriftgelehrten", die über ein hohes biblisches Wissen verfügen. Wenn solche Gläubigen die wahre Natur des Königs und Seines Reiches verstehen verfügen sie über einen enormen biblischen Schatz, den sie nun in einem neuen Licht sehen. Durch diesen Schatz können sie schnell reifen und großartige Dinge weitergeben. Von all den Orten dieser Welt, die reif für Gemeindegründungsbewegungen sind, stehen Kulturen, in denen es bereits viele Gemeinden gibt, an oberster Stelle! Mögest du die Verheißungen vieler „Schriftgelehrter" ernten, die dort, wo du lebst, in die Ernte eintreten und das Kommen des Reiches Gottes beschleunigen!

> Kulturen, in denen es bereits viele Gemeinden gibt, sind voll von „Schriftgelehrten", die über ein hohes biblisches Wissen verfügen. Wenn solche Gläubigen die wahre Natur des Königs und Seines Reiches verstehen haben sie enormes Potenzial für die Entstehung von Gemeindegründungsbewegungen.

Ungeachtet dessen, ob du in einer kirchlichen oder nicht-kirchlichen Kultur lebst, bleibt die Frage bestehen: Was wird es dich kosten, damit eine Gemeindegründungsbewegung entsteht? Bist du bereit, den Preis zu bezahlen? Lies das nächste Kapitel, um mehr darüber zu erfahren!

Sei ein Täter, nicht nur ein Hörer!

Schreibe auf, wie Gott zu dir gesprochen hat und was Er von dir erwartet, in Folge davon im Gehorsam zu tun:

KAPITEL 20

TOD – AUSHARREN FÜR DIE GEBURT EINER GEMEINDEGRÜNDUNGSBEWEGUNG

Es gibt einen geistlichen Auslöser für jede GGB, und dieser heißt: Tod. Alle bisher erwähnten Pläne, Methoden und Erwartungen können in den Startlöchern stehen, doch solange der Auslöser nicht gezogen ist, wird nicht viel passieren. Der Auslöser ist dies: Bereit zu sein, sehr viel auszuhalten, um eine Gemeindegründungsbewegung zu erleben. Du musst bereit sein zu leiden und sogar zu sterben, um Christus mutig bekannt zu machen.

Der geistliche Auslöser: Tod

„Wahrlich, wahrlich, ich sage euch: Wenn das Weizenkorn nicht in die Erde fällt und stirbt, bleibt es allein, wenn es aber stirbt bringt es viel Frucht." (Joh. 12,24)

Das letzte Prinzip des Reiches Gottes in diesem Buch heißt: *Der einzige Weg zur Fruchtbarkeit besteht darin, unser Leben aufzugeben – der Tod.* Dies war der Weg, den Jesus gehen musste – der Weg des Kreuzes, um unsere Sünden zu sühnen. Es ist auch der Weg, den *wir* gehen müssen – der Weg des Kreuzes – um den Menschen diese Sühne bekannt zu machen. Tod (ob körperlicher Tod oder ein Leben der Aufopferung) ist der geistliche Auslöser, den Gott zu benutzen scheint, um eine Bewegung zur Geburt zu bringen.

Der kühne, aufopfernde Gläubige legt sein auf sich selbst fokussiertes Leben und seine persönlichen Träume nieder, und aus diesem Boden geht eine revolutionäre Jüngerschaftsbewegung hervor. Du musst ausharren, um eine Bewegung zu sehen.

Bedenke folgende Aussagen von Paulus:

„Jetzt freue ich mich in den Leiden für euch und ergänze in meinem Fleisch, was noch aussteht von den Bedrängnissen des Christus für seinen Leib, das ist die Gemeinde." (Kolosser 1,24)

„Folglich wirkt der Tod in uns, das Leben aber in euch." (2. Kor. 4,12)

Was fehlt an den Leiden Christi? Nichts, was **Sühne** betrifft. Vieles jedoch zur Erfüllung des Missionsbefehls. Christus tat Seinen Teil, um unsere Erlösung zu erkaufen. Nun müssen wir **unseren** Teil tun, um diese der Welt zu verkünden. Christus wich nicht zurück. Tun wir es? Wir haben ewiges Leben empfangen. Was also können wir verlieren? Paulus sagte im Wesentlichen dies zu seinen Gemeinden:

„Ich wusste im voraus, dass es hart werden würde, euch das Evangelium zu verkünden, doch was für eine Wahl hatte ich? Christus nötigte mich. Ihr wart verloren, darum kamen wir mit der Nachricht der Errettung zu euch. In dem Moment, als wir unseren Mund öffneten, wurde uns verbale Misshandlung entgegengeschleudert, und schließlich waren es sogar Steine. Wir wurden gejagt, geschlagen und eingesperrt. Das Wort Gottes jedoch war nicht gefangen. Weil wir die Kosten überschlugen und freudig unseren Mund öffneten, erhieltet ihr ewiges Leben! So wirkte der Tod in unserem sterblichen Leib, das Leben aber in eurem geistlichen Körper!"

Bevor nicht jemand auf kühne Weise bereit ist – ohne Rücksicht darauf, was es ihn kosten wird – zu riskieren, die Befehle des Königs, Jünger zu machen, zu erfüllen, befinden sich Bewegungen im Schlafzustand. Es gibt keine Ausnahmen! Jede GGB kam durch einen hohen persönlichen Einsatz der GGB-Initiatoren zustande. Jede GGB resultierte daraus, dass eine Person des Friedens Jesus freudig annahm und sich dafür entschied, der (oder die) Erste zu sein, um Jesus in seinem Umfeld bekannt zu machen, auch wenn dies sehr unbeliebt oder sogar lebensbedrohlich wäre.

> Christus tat Seinen Teil, um unsere Erlösung zu erkaufen. Nun müssen wir unseren Teil tun, um es der Welt zu verkünden.

Der Weg des Kreuzes ist der auslösende Faktor für Bewegungen. Jede Bewegung wird Verfolgung erfahren. Die Frage lautet nicht **ob**, sondern **wie lange** es dauert, bevor Verfolgung beginnt.

Wer leidet in Bewegungen?

Leiden für die Verkündigung des Evangeliums und das Leben der Jüngerschafts-Revolution ist nicht auf einige wenige begrenzt. Es betrifft viele:

Die GGB-Initiatoren leiden

Beginne kühn, eine Bewegung ins Leben zu rufen, und schaue zu, was passiert! Oft fragen wir GGB-Initiatoren: „Wollt ihr wirklich eine GGB gründen – selbst wenn es Leiden oder sogar Tod bedeutet?"

Vergiss für einen Moment die Erhabenheit deiner Träume ... Verliere nicht die Vision! Lege sie nur für einen Moment zur Seite und öffne deine Augen! Wenn das eintritt, worum du betest, wirst du die Brandmale Jesu an deinem Körper tragen!

Die Leiterin einer Untergrundgemeinde unterstützte mich darin, Gemeindegründer in einer sehr schwer zugänglichen Nation zu trainieren. Ich hatte gerade die Vision und die Methode vermittelt. Im Anschluss stand sie auf und sagte: „Bruder Steve gab uns eine himmlische Vision. Lasst mich euch nun die irdische Realität zeigen!" Dann fing sie an, zu den Anwesenden über die Schwierigkeiten zu sprechen, denen sie begegnen würden, wenn sie versuchen, eine neue Stadt oder ein neues Dorf zu betreten.

> „In Zukunft mache mir niemand Mühe! Denn ich trage die Malzeichen Jesu an meinem Leib." (Galater 6,17)

Doch sie sind es wert! Eine große Anzahl an GGB-Initiatoren im Zentrum von GGBs leidet aufgrund dessen, was sie tun. Ying war bereits dem Tode nahe. Meine Familie und ich tragen die Malzeichen an unserem Körper. Doch unbestreitbar ist Er es wert!

Ihre Familien leiden

Es fühlt sich an, als würde man unter der Gürtellinie getroffen. Oft greift der Feind nicht dich direkt an, sondern diejenigen, die du liebst. Wenn er dich dadurch aufhalten kann, dass er deine Familie angreift, wird er es tun. Zahllose Familienmitglieder von GGB-Initiatoren tragen an ihrem Körper und an ihrer Seele die Malzeichen Jesu.

Ich erinnere mich, wie meine drei Söhne in der Schule diskriminiert, eingeschüchtert und misshandelt wurden. Damals dachte ich: „Okay, Satan, sei hinter *mir* her, aber nicht hinter meinen Jungs! Das ist kein fairer Kampf." Aber er kämpft nicht fair. Meine Frau und ich mussten an den Punkt gelangen, an dem wir entschieden, dass, sogar wenn unsere Kinder aufgrund unserer Verkündigung des Evangeliums leiden müssten, es dies wert sei. Ich sage nicht, dass es leicht ist; doch es ist es wert. Wir vergossen viele Tränen – und ich tue es heute noch, wenn ich an jene Tage denke. Doch unsere Söhne würden auf keinen Tag ihres Lebens verzichten, den sie in Übersee gelebt haben. Sie würden dir sofort sagen: „Es war es wert!" Und das ist es tatsächlich!

Neue Gläubige leiden

Das ist vielleicht das Schwierigste. In vielen Regionen der Welt werden Missionare lediglich des Landes verwiesen, wenn man sie bei der Verkündigung des Evangeliums erwischt. Nicht so die neuen Gläubigen. Sie müssen bleiben und die Konsequenzen tragen. Allein diese Tatsache lässt viele Missionare davor zurückschrecken, in Kühnheit zu arbeiten, oder neue Gläubige zu ermutigen, kühn zu sein.

Wenn wir neue Gläubige aufgrund eines Dienstes, den wir gegründet haben, leiden sehen, fühlen wir uns schuldig und sind versucht, uns zurückzuziehen. Wir befürchten, sie seien nicht reif genug, derartige Schwierigkeiten zu ertragen.

In den Monaten vor der Veröffentlichung dieses Buches mussten die einheimischen Leiter von Yings Arbeit große Verfolgung erleiden – einer von ihnen wurde sogar zu Tode gequält. Trotzdem würden sie jedem sagen, das es dies wert ist.

Zur selben Zeit als die ersten Berichte großer Durchbrüche unter den Ina bei mir eingingen kamen zugleich auch folgende Berichte:

> „Bruder Zaccheus und seine Mitarbeiter sind im Gefängnis und werden gefoltert."

> „Die Brüder J. und Y. mussten fliehen, nachdem sie von einem wütenden Mob verfolgt wurden."

> „Das Red Canyon Team wurde versprengt. Mehrere von ihnen sind im Gefängnis."

„Das Green Valley Team wird vermisst – tagelang keine Nachricht."

Als diese Nachrichten hereinkamen, fühlte ich mich, als würden Gewichte auf meine Schultern gelegt. Als jeden Tag weitere solcher Nachrichten eintrafen, kam ich an meine Grenzen. Meine Mitarbeiter wollten mir keine weiteren schlechten Nachrichten mehr bringen, aus Furcht, ich könnte zusammenbrechen.

Eines Morgens, in meiner stillen Zeit, brachte ich meine Last vor den Herrn und fragte, warum meine Männer so leiden müssten. In diesem Moment spürte ich deutlich, wie Er sagte: „Steve, es sind *meine Männer*, nicht *deine*. *Ich* werde für sie sorgen!" Im gleichen Augenblick wurde die ganze Sorgenlast von meinen Schultern genommen. Ich war frei von der Schlinge, die der Feind für mich gelegt hatte. Kurz nachdem dies geschehen war, kamen meine Mitarbeiter, um mir die bis dahin schlimmste Nachricht zu bringen, doch sie scheuten davor zurück. Ich sagte zu ihnen: „Sagt es mir einfach!" Sie taten es, doch zu ihrer großen Überraschung rollte diese Last sofort wieder von meinen Schultern.

Insgesamt wurden 75 Prozent unserer 33 einheimischen Partner festgenommen, geschlagen und aus ihrer Region vertrieben. Einer kam dem Tode nahe. Nach zwei bis drei Monaten ihrer Arbeit in den Gebieten der Ina mussten wir sie für eine Weile von dort zurückziehen. Sie verließen die Gebiete und kehrten heim.

Einige Monate später traf ich sie erneut. Nervosität erfüllte mein Herz. Was würde ich diesen Männern sagen? Sie hatten gelitten – und ich nicht. Sie trugen an ihrem Körper die Malzeichen Jesu – ich nicht. Wie sollte ich ihnen ins Gesicht sehen? Ich konnte es aufgrund meiner Vision – der Vision, die ich ihnen vermittelt hatte – dass Leiden auf sie warten würden.

Ich betete und forschte in der Schrift, wie ich ihnen begegnen sollte. Schließlich kam der Tag, sie wieder zu sehen, doch mir fehlten immer noch die Worte, was ich zu ihnen sagen würde. Ich reiste mehrere Stunden in die Berge zu ihren Heimatgemeinden und wurde schließlich in ein einfaches Zwei-Zimmer-Haus am Berghang geführt, in welchem ein Raum hinter dem anderen lag. Als ich den hinteren Raum betrat, war niemand da, doch an der Rückwand befand sich ein großer Kleiderschrank. Ich fühlte mich nach Narnia versetzt.

Als mein Gastgeber die Tür des Kleiderschranks öffnete, drangen Klänge von Gesang an mein Ohr. Ich ging durch den Kleiderschrank hindurch – nicht in eine andere Welt, sondern in einen schalldichten Raum, der in den Berghang gebaut war. Als ich ins Licht trat, standen meine einheimischen Partner im Kreis, klatschten in die Hände und tanzten voller Freude. Von ihren Lippen kamen die Worte des Liedes:

Wer sind wir, dass wir würdig befunden wurden, für Deinen Namen zu leiden?!

Tränen der Freude strömten ihre Wangen herab, als sie ihren König anbeteten, meine Gegenwart nicht wahrnehmend. In diesem Moment sagte der Geist zu mir: „Steve, du musst nichts sagen. Sie haben eine größere Freude aufgrund dessen, was sie gelitten haben."

Das ist der Weg des Kreuzes. Es ist es wert! Als ich dort mit meinen Brüdern zusammensaß, mit ihnen weinte, mit ihnen lachte und ihren Geschichten zuhörte, wurde das Bild vollständiger. Sie waren an ihre jeweiligen Heimatorte zurückgegangen, hatten Personen des Friedens gesucht und das Evangelium ganzen Familien gepredigt. Sie beteten für die Kranken, und viele wurden geheilt. Dennoch wurden wenige errettet, bis die Verfolgung begann. Als nichtgläubige Ina sahen, dass sie bereit waren, für das zu leiden, was sie predigten, begannen die Ina, ihren Glauben auf den Herrn zu setzten. Sie fühlten: „Wenn es ***ihnen*** wert ist, dafür zu leiden, dann muss es auch wert sein, dass ***wir*** dafür leiden!"

In den kommenden Monaten und Jahren folgten die neuen Gläubigen der Ina dem Vorbild der Aufopferung und Kühnheit, das ihnen vorgelebt worden war. Viele von ihnen litten, und einer starb sogar. Doch sie bekennen bis heute: Der König ist es wert! Sein Königreich ist es wert!

Eines meiner wertvollsten Besitztümer ist die Videoaufnahme einer Ina-Frau, die Worte aus Johannes 3,16 singt. Sie singt es zwei Mal und stockt an einigen Stellen, von Dankbarkeit überwältigt. Es ist, als würden ihre Augen sagen:

> „Für alle ist er gestorben, damit die, welche leben, nicht mehr sich selbst leben, sondern dem, der für sie gestorben und auferweckt worden ist." (2. Kor. 5,15)

Es ist es wert!

Die Kühnheit, einem schwierigen Vater Zeugnis zu geben (von Ying Kai)

Vor Jahren hörte ich das Zeugnis eines klugen und gebildeten chinesisch-amerikanischen jungen Mannes in unserer Gemeinde in Texas. Er sagte: „Pastor, letzte Woche hast du uns gesagt: „Verliert keine Zeit! Denkt an eure Familie und an jede Person, die bisher nicht an Jesus glaubt! Schickt ihnen einen Brief, eine Geschichte oder euer Zeugnis.“" So ging er nach Hause und dachte zuerst an seinen Vater, der nicht gläubig war. Er sagte: „Bereits seit elf Jahren glaubte ich an Jesus, doch ich habe es nie mit meinem Vater geteilt, weil ich ihm gegenüber Hemmungen hatte." Sein Vater war zuvor ein mächtiger General in Taiwan. Die letzten zehn Jahre hatte er in Washington D.C. gelebt.

Elf Jahre lang hatte dieser junge Mann mit seinem Vater nicht über das Evangelium gesprochen. Er sagte: „Ich betete jeden Tag für meinen Vater und bat Gott: „Sende Menschen, um meinen Vater zu retten, aber nicht mich, weil ich nicht mit meinem Vater reden kann. Er wird sehr böse auf mich werden."

Doch vergangene Woche gabst du uns diese Botschaft. Deshalb ging ich heim und betete für meinen Vater. Dann begann ich, mein Zeugnis aufzuschreiben. Es waren drei Seiten. Am Montagmorgen steckte ich den Brief in den Briefkasten und betete noch einmal darüber. Ich sagte: „Heiliger Geist, bring diesen Brief in die Hand meines Vaters!" Mittwochabend rief mein Vater mich von Washington D.C. aus an. Sein erster Satz war: „Bist du Christ?" Ich entgegnete: „Ja." Er fragte: „Wie lange schon?" „Elf Jahre." „Warum hast du mir nichts davon erzählt?" fragte er. Ich antwortete: „Weil ich Angst hatte, du würdest wütend auf mich sein." Er sagte: „Das bedeutet: Du würdest in den Himmel gehen und dein Vater in die Hölle?!" Noch in dieser Nacht teilte der junge Mann am Telefon das Evangelium mit seinem Vater und führte ihn zu Jesus. Er sagte: „Elf Jahre lang betete ich für meinen Vater, doch die Verantwortung lag in meinen Händen. Gott wartete darauf, dass ich meinem Vater das Evangelium mitteile."

Das ist das Herz des himmlischen Vaters! Er wirkt durch dich. Ermutige jeden deiner Trainer: „Gott wird durch dich wirken, um jeden auf deiner Namensliste zu erretten." Wenn sie das Herz Gottes kennen sind sie vertrauensvoll. Sie sorgen sich nicht und sind nicht aufgeregt, denn sie werden Glauben haben.

Eine Studium über Verfolgung in der Apostelgeschichte

Wie überschlagen du selbst, deine Familie und deine neuen Gläubigen die Kosten? Es beginnt damit, sich auf den Wert des Königs und Seines Königreichs zu konzentrieren. *Er* ist die Perle von großem Wert und der verborgene Schatz im Acker.

Ein sehr praktischer Weg, das zu tun, besteht darin, mit Gläubigen gemeinsam das Thema Verfolgung in der Apostelgeschichte zu studieren. Ich tat etwas ähnliches mit meinen nationalen Partnern, bevor sie losgingen, um das Evangelium zu verkünden. Es bereitete uns alle maßgeblich auf das vor, was uns widerfahren würde. Hier ist ein Beispiel: [43]

Neun Texte der Apostelgeschichte zum Studium:

(in neun Kleingruppen oder einzeln)

1. 3,1 bis 4,31 – Petrus heilt einen Bettler

2. 5,12-42 – Viele geheilt, die Apostel gefangen genommen, ein Engel befreit sie

3. 6,8 bis 8,4 – Stephanus gesteinigt, die Gemeinde zerstreut

4. 12,1-24 – Jakobus getötet, Petrus ins Gefängnis geworfen

5. 13,13-52 – Barnabas und Saulus

6. 14,1-28 – Paulus und Barnabas (mehrere Geschichten)

7. 16,16-40 – Paulus und Silas in Philippi

8. 17,1-9 – Paulus und Silas in Thessalonich und Beröa

9. 18,1-17 – Paulus und Silas in Korinth

Sechs Fragen, die wir an jeden Text stellen und mit der Gruppe besprechen:

1. Wie fingen sie an zu sprechen und was haben sie gesagt?

2. Was löste die Verfolgung aus?

3. Was für eine Art von Verfolgung resultierte daraus und durch wen geschah sie?

4. Was passierte nach der Verfolgung?

5. Was war die Reaktion der Verkündiger des Evangeliums auf die Verfolgung?

6. Was waren die Folgen für die örtlichen Gläubigen?

Wenn die Gruppen von diesem Studium zurückkehren, schreibe alle ihre Antworten in neun Spalten auf. Während du dies tust, werden eine Reihe von Ähnlichkeiten auftauchen. Vor allem wird *eine* Wahrheit offensichtlich: ***Wenn du das Evangelium verkündest wirst du verfolgt werden.*** Die logische Ableitung ist: Wenn du nicht verfolgt werden willst, bleibe still.

Von da an beginnen die Unterschiede: Manchmal griff Gott auf wundersame Weise ein; manchmal nicht. In manchen Fällen entkamen sie; andere Male wurden sie geschlagen oder starben sogar.

Doch dann läuft es wieder zusammen: Fast immer ist die Folge zunehmende Freude und Kraft, vorausgesetzt, dass Gläubige mit Kühnheit und Aufopferung auf Verfolgung reagieren. Fast immer kamen aufgrund ihres Opfers mehr Menschen zum Glauben.

Die Reaktionen auf Verfolgung variierten: Weglaufen, Stehenbleiben und Annahme der Schläge, Gebet für die Peiniger, Verstecken, offensichtliche Feindesliebe, Zeugnis gegenüber den Verfolgern, Freude und Lobpreis zu Gott. Es gibt nicht nur *eine* richtige Reaktion auf Verfolgung, außer dieser: Vertraue dem Heiligen Geist, dir zu zeigen, was du sagen und wie du reagieren sollst.

„Wenn sie euch aber überliefern, so seid nicht besorgt, wie oder was ihr reden sollt; denn es wird euch in jener Stunde gegeben werden, was ihr reden sollt." (Matth. 10,19)

Wir gebrauchen diese Studie, um uns selbst und unsere Mitarbeiter darauf vorzubereiten, die Kosten zu überschlagen. Es hilft uns, die verschiedenen Möglichkeiten im Blick zu haben, die Gott uns vielleicht aufträgt zu tun, wenn wir verfolgt werden. Einmal sagt Gott uns vielleicht, dass wir fliehen sollen, ein anderes Mal, stehen zu bleiben und es zu ertragen.

Furcht ist ansteckend, doch Glaube ist es auch!

In Gesprächen mit vielen Gläubigen, die eingesperrt und geschlagen wurden, zeigt sich nahezu immer dieselbe Reaktion. „Ich hatte Angst, verfolgt zu werden, **bevor** die Zeit kam. Doch als ich mich dann in der Verfolgung befand, war Gott mit mir. Es war nicht annähernd so schwierig, wie ich es mir vorgestellt hatte."

Es ist die Furcht vor Verfolgung, die uns lähmt – nicht die Verfolgung selbst!

Meine nicht, dass Verfolgung automatisch eine GGB zur Folge hat; *es sind Kühnheit und Ausdauer im Angesicht von Verfolgung, die es tun.* Verfolgung kann aufkeimenden Glauben sogar töten, wie der felsige Boden im Gleichnis vom vierfältigen Acker zeigt:

> „Wenn Bedrängnis entsteht oder Verfolgung um des Wortes willen, nimmt er sogleich Anstoß." (Matth. 13,21)

Die Furcht vor Verfolgung kann Gläubige lähmen, kühn über Jesus zu sprechen und für Ihn zu leben. Sie entdecken die logische Schlussfolgerung aus dem Studium über Verfolgung in der Apostelgeschichte: Wenn du nichts sagst wirst du möglicherweise auch nicht verfolgt.

Furcht ist ansteckend. Sie breitet sich in einer Gruppe von Gläubigen aus und lähmt jeden einzelnen von ihnen. Jedes Mal, wenn ich eine Gruppe von Gläubigen treffe, die kein Zeugnis geben und sich nicht vervielfältigen, untersuche ich zuerst ihre Kühnheit. In der Mehrheit aller Fälle ist dies das Problem.

Furcht ist ansteckend, doch Glaube ist es auch! Ein einziger, bei dem das Wort auf guten Boden gefallen ist und der auf Gottes Fürsorge vertraut, kann ein Leben der Kühnheit führen, das viele andere inspiriert. Durch einen Einzigen kann eine ganze Gruppe von ängstlicher Gelähmtheit zu glaubensvoller Kühnheit verwandelt werden.

> Überall in der Apostelgeschichte sehen wir, dass die Verkündigung des Evangeliums Verfolgung hervorrief. Wenn du kühn über Jesus sprichst wirst du sehr wahrscheinlich verfolgt werden.

Drei Wege, um zu Kühnheit zu ermutigen

T4T kann dir und deinen Gläubigen helfen, Joh. 12,24 auszuleben:

> „Wahrlich, wahrlich ich sage euch: Wenn das Weizenkorn nicht in die Erde fällt und stirbt, bleibt es allein; wenn es aber stirbt, bringt es viel Frucht." (Joh. 12,24)

In der Weitergabe von T4T musst du dich sowohl selbst als kühn erweisen als auch Zeugnisse über Kühnheit weitergeben, um deine Trainer zu ermutigen, nach dem zu handeln, was sie hören. Jedes Mal, wenn ich Ying zuhöre, wie er trainiert, bin ich erstaunt, wie viele Zeugnisse über Kühnheit er mitteilt.

In einem anderen Kontext wurde ein Leiter, der in einem bestimmten Land Gemeinden gründete, festgenommen und in ein Militärgefängnis geworfen. Am ersten Tag ergriff Furcht sein Herz, weil er als früherer Soldat wusste, was für Dinge Armeeoffiziere in seinem Land Leuten im Gefängnis antun. Bevor der Tag um war, entschied er jedoch, im Glauben zu leben. Während er mit den Händen die Gitterstäbe umfasste sagte er mit zitternder Stimme zu den Wachen:

> *„Wenn ihr mich nicht aus dem Gefängnis entlasst, wird das Blut von 50.000 verlorenen Menschen über euer Haupt kommen."*

Er hatte Todesangst, dies zu sagen, tat es aber dennoch. ***Kühnheit bedeutet: Handeln trotz Furcht.*** Nachdem er diese Worte ausgesprochen hatte, erkannte er, dass Gott mit ihm war. Am nächsten Tag sagte er es lauter:

„Wenn ihr mich nicht aus dem Gefängnis entlasst, wird das Blut von 50.000 verlorenen Menschen über euer Haupt kommen."

Während die Tage ins Land gingen, stand er an seiner Gefängnistür und rief so laut er konnte:

„Wenn ihr mich nicht aus dem Gefängnis entlasst, wird das Blut von 50.000 verlorenen Menschen über euer Haupt kommen."

Schließlich waren die Gefängniswärter derart beunruhigt, dass sie ihn aus dem Gefängnis entließen, ihn an die Grenze des Landes geleiteten und wegschickten. Dieser Bruder hatte die Wahl zwischen Furcht und Kühnheit gehabt und die Kühnheit gewählt.

Es ist von großer Bedeutung, eine Lektion über Kühnheit und Ausharren zu integrieren. Sie kann dem Studium über Verfolgung in der Apostelgeschichte ähneln. Liebevolle, ermutigende Rechenschaft hilft dir dabei, die Gruppe von Furcht zu Glauben zu bewegen. Es ist ebenfalls wichtig, deinen Trainees einen Lebensstil der Kühnheit, Ausdauer und Opferbereitschaft vorzuleben. Indem du deinen Gläubigen hilfst, eine Namensliste zu erstellen und anderen Zeugnis zu geben, führst du sie von Furchtsamkeit zu Kühnheit. Zusätzlich gibt es drei Dinge, die helfen, Gläubige zu Kühnheit zu ermutigen:

1. **Umgehende Taufe.** Je früher sie getauft werden, desto kühner werden neue Gläubige. Das ist ihre erste Gelegenheit, die Kosten zu überschlagen.

2. **Verheißungen auswendig zu lernen und ihnen zu vertrauen.** Ermutige Gläubige, Verheißungen über Gottes Fürsorge auswendig zu lernen und sich in schwierigen Zeiten daran festzuhalten.

3. **Die Kosten überschlagen.** Hilf Gläubigen, die Kosten zu überschlagen und ein wirkliches Verständnis dafür zu entwickeln, was es heißt, Gottes Herz zu suchen. Dies klärt ihren geistlichen Blick, sodass sie fähig werden, freudig alles zu verkaufen, um den Schatz im Acker zu erwerben.

Wenn Brüder und Schwestern, die du trainiert hast, durch Verfolgung gehen, kannst du Trost darin finden, dass ihr gemeinsam die Kosten überschlagen habt. Ihr seid mit offenen Augen in die Schwierigkeiten gegangen, und sie ernten einen besonderen Segen, der nur inmitten von Verfolgung erlangt wird. Sie gewinnen mehr von dem Schatz:

> „Wenn ihr im Namen Christi geschmäht werdet, glückselig seid ihr! Denn der Geist der Herrlichkeit und Gottes ruht auf euch." (1. Petrus 4,14)

> „Denn das schnell vorübergehende Leichte unserer Bedrängnis bewirkt uns ein über die Maßen überreiches, ewiges Gewicht von Herrlichkeit." (2. Kor. 4,17)

Durchhalten, um eine Bewegung zu erleben

Sowohl Yings Beispiele als auch die einer Vielzahl an Leitern anderer Gemeindegründungsbewegungen zeigen die unglaublich harte Arbeit und Ausdauer, die es erfordert, um mit Gott für den Start einer GGB zusammenzuarbeiten. Neben erlittener Verfolgung investieren erfolgreiche GGB-Initiatoren sehr viel Zeit, um eine Bewegung zur Geburt zu bringen.

Sie leiten die Stunden ihrer Woche um und konzentrieren sie auf GGB-Aktivitäten von höchstem Wert. Gleichzeitig verringern sie ihre Investition in Aktivitäten von niedrigem Wert. Ohne eine erhebliche Zeitinvestition in Reich-Gottes-Aktivitäten von hohem Wert wird keine Gemeindegründungsbewegung entstehen. Paulus beschrieb seine Investition in die GGB von Ephesus mit den Worten:

> „Darum wacht und denkt daran, dass ich drei Jahre lang Nacht und Tag nicht aufgehört habe, einen jeden unter Tränen zu ermahnen." (Apg 20,31)

Ein nachlässiger, undisziplinierter Hieb wird niemals Erfolg haben. Du musst Reich-Gottes-Bewegungen verpflichtet sein und sehr viel Zeit in sie investieren, wenn du tatsächlich in diese Richtung gehen willst. Du musst unglaubliches Durchhaltevermögen an den Tag legen, um sowohl in dir selbst als auch in den Gläubigen um dich herum Denkweisen zu verändern und eine Jüngerschafts-*Re*-Revolution zur Geburt zu bringen. Und du musst ausharren – durch jedes Hindernis und jede Verfolgung hindurch.

Dennoch, es ist es wert! Jesus ist es wert!

> **Kühnheit bedeutet:**
> **Handeln trotz Furcht!**

Vielleicht hast du bisher noch keine Jüngerschafts-**Re**-Revolution erlebt. Doch fasse Mut! Dasselbe gilt für die meisten Orte, **bevor** der Durchbruch geschieht. Es existiert ein Weg, um eine Bewegung Realität werden zu lassen. Lies das letzte Kapitel, um es herauszufinden!

Sei ein Täter, nicht nur ein Hörer!

Schreibe auf, wie Gott zu dir gesprochen hat und was Er von dir erwartet, in Folge davon im Gehorsam zu tun:

> Meine nicht, dass Verfolgung automatisch eine GGB zur Folge hat; es sind Kühnheit und Ausdauer im Angesicht von Verfolgung, die es tun!

Gottes Schutz beim Trainieren (von Ying Kai)

Gott wird dich in allem beschützen! Bete jeden Tag, bevor du anfängst zu arbeiten, und du wirst den Unterschied spüren. Gott wird dich schützen!

Eines Tages lud mich ein Mann ein, die Manager und Leiter seiner Fabrik zu trainieren. Es waren über 40 Menschen und ich war so glücklich, sie zu trainieren. Doch als ich geendet hatte, wartete die Polizei draußen bereits auf mich. Ich dachte, dass meine Arbeit in diesem Land nun vielleicht für immer enden würde.

In diesem Land gibt es verschiedene Arten von Fabriken. Eine davon wird von der Regierung gebaut und sehr günstig an den Eigentümer vermietet. Die Regierung bereitet alles vor. Der Eigentümer muss lediglich das Geld für die Herstellung der Produkte investieren. In diese Art von Fabriken jedoch sendet die Regierung jemanden als Manager, der Mitglied der politischen Partei ist. Die Fabrik, in der ich gerade gelehrt hatte, war eine solche. Der Agent der Regierung hörte meinem Training zu und rief dann die Polizei. Nach dem Training kam die Polizei, doch sie war sehr freundlich zu mir. Sie führte mich in das Büro des Bezirksobersten. Dieser war sehr wütend und befahl, dass alle hinausgehen sollten. Auch ich wollte den Raum verlassen, doch er sagte: „Du bleibst!" So blieb ich.

Ich betete: „Oh Herr, hilf mir! Ich will nicht ins Gefängnis gehen!" Nachdem alle anderen gegangen waren, forderte mich der Beamte auf, die Tür zu schließen. Dann sagte er: „Tue das nicht noch einmal! Du hast Glück, weil ich Christ bin, jedoch gebe ich dir eine Warnung. Ich bin Parteimitglied, doch vor zwei Jahren bekam ich Krebs. Sechs Mal sagte mir der Arzt, dass ich sterben würde, aber schließlich kamen vor ein paar Jahren zwei Pastoren ins Krankenhaus, um mich zu besuchen und für mich zu beten – und Gott heilte mich! Von jetzt an bitte den Fabrikeigentümer, eine Wohnung für dein Training zu mieten. Ich erlaube dir, dort zu trainieren, aber tue es nicht in der Fabrik!" So wurde ich durch Gott bewahrt.

Der Mann hinter der Methode

Ein wichtiger Punkt – abgesehen davon, dass Ying Kai einige Missionare für mehrere Tage trainiert – ist die heilige, lebensspendende Kraft für den Dienst. Es ist wahr, Ying stellt einfache Werkzeuge bereit und besteht darauf, dass seine Lektionen exakt in derselben Art und Weise weitergegeben werden, wie er sie lehrt. Auch sagt er den Bekehrten, dass sie keine anderen Bücher außer der Bibel benutzen sollen. Die Hauptsache besteht jedoch darin, dass nicht die Werkzeuge der Schlüssel sind. Vielmehr handelt es sich um das Beispiel, das er gibt, sein heiliges Leben, seine intensive Konzentration auf Himmel, Hölle und Gericht sowie die Notwendigkeit der Errettung, welche einige der Schlüssel seiner Wirksamkeit sind.

Damit will ich sagen, dass diejenigen, die seinen „Geist" erfassen und diesen Geist ihren neuen Gläubigen vorleben, sehr viel wahrscheinlicher dieselbe Art von Resultaten sehen werden als solche, die nur kamen, die Lektionen kopierten und nun planen, zurückzugehen und einfach die Methode zu wiederholen.

Aus „Warum ist T4T erfolgreich?" (von Bill Smith)

KAPITEL 21

PRÄZEDENZFALL UND VERHEISSUNG

Selbst wenn du jede Lektion dieses Buches meisterst, kann ein Mangel an Glauben dich immer noch stoppen.

Als Trainer von T4T und Ansprechpartner für Fragen zu Gemeindegründungsbewegungen erhalte ich regelmäßig Bitten von Missionaren und Missionsleitern, Gemeindegründern und Pastoren, ihnen GGB-Fallstudien zu senden. Am liebsten möchten sie eine Fallstudie, die genau auf ihre eigene Situation passt. So erhalte ich Anfragen wie diese: [44]

> *„Hast du ein Beispiel einer GGB unter gebildeten, postmodernen Arabern aus dem Nahen Osten, die in Westeuropa leben?"*

Hmm! Ich überprüfe meine Dateien. Leider nicht. Keine Fallstudie für solch eine Gruppe. Manchmal ist dann ihre – ausgesprochene oder unausgesprochene – Reaktion:

> *„Also, da haben wir es: Eine Gemeindegründungsbewegung kann in meiner Volksgruppe nicht entstehen!"*

Ihre Logik ergibt keinen Sinn. Das Fehlen einer Fallstudie beweist nichts, außer, dass wir **bisher** noch keine GGB innerhalb dieser Volksgruppe haben!

So sende ich ihnen einige Fallstudien von GGBs aus China, bekomme jedoch oftmals zur Antwort:

> *„Was soll ich mit **diesen** Fallstudien! Natürlich können **dort** GGBs entstehen; es handelt sich schließlich um China!"*

Nur wissen sie nicht, dass einige der ersten GGB-Initiatoren in China in den späten neunziger Jahren direkt nach ihrer Ankunft gesagt bekamen: „Es erfordert durchschnittlich vier Jahre, um einen chinesischen Atheisten für den Herrn zu gewinnen."

Als nächstes sende ich ihnen eine Fallstudie aus Indien – vielleicht die langlebigste und größte GGB der Welt – zusammen mit einigen anderen indischen Fallstudien. Sie schauen sie an und antworten:

> *„Was soll ich mit **diesen** Fallstudien. Natürlich können GGBs dort entstehen. Es ist Indien. Viele dort sprechen englisch!"*

Was sie nicht wissen, ist, dass die Region, in welcher die größte Gemeindegründungsbewegung Indiens entstand, bis vor kurzen „Friedhof der Missionare" genannt wurde, aufgrund der Unempfänglichkeit der dort lebenden Menschen für das Evangelium.

Nun sende ich ihnen Fallstudien von mehreren städtischen GGBs. Doch ihre Antwort ist:

> *„Was soll ich damit? Natürlich können GGBs in Städten entstehen. Dort herrscht genügend Anonymität! In Städten kannst du den Leuten mit allem kommen."*

Wieder wissen sie nicht, dass vor nur zwei oder drei Jahren erfahrene Leiter von Missionswerken sich ihre Köpfe zerbrachen auf der Suche nach Wegen, Städte zu erreichen, und erklärten, dass wir keine Beispiele von GGBs in diesen geistlichen Wüsten hätten!

Etwa zu dem Zeitpunkt werde ich ein wenig frustriert. Sie bringen zum Ausdruck, dass sie wirklich gern einige gute Fallstudien wollen, um Muslime zu erreichen. Darum schicke ich ihnen eine Fallstudie der größten GGB der Welt mit muslimischem Hintergrund. Doch ihre Antwort ist:

> *„Gib mir **etwas anderes**. Das ist Südasien. Dort ist es einfach!"*

Sie wissen nicht, dass man dort jeden Monat die Gläubigen um Spenden bittet, um abgebrannte Häuser verfolgter Christen wieder aufzubauen und Frauen zu unterstützen, die von ihren Verfolgern vergewaltigt wurden.

So sende ich ihnen zwei Fallstudien von GGBs aus Südostasien mit muslimischem Hintergrund. Diesmal ist ihre Antwort:

> *„Das sind keine richtigen Muslime!"*

Was sie nicht wissen, ist, dass genau jene Gebiete, in denen diese GGBs gedeihen, die traditionellen Saatbeete und Trainingslager islamistischer Terroristengruppen waren.

Schließlich sende ich ihnen eine äußerst vertrauliche Fallstudie einer GGB unter Muslimen in einem der am wenigsten zugänglichen Gebiete des Mittleren Ostens. Hier lautet ihre Antwort, die ich schließlich erhalte:

„Das kann nicht der Wahrheit entsprechen.“

An dieser Stelle hebe ich meine Hände und gebe auf. Ich erkenne, dass, um einige Leute zu überzeugen, es niemals genügend Fallstudien geben wird. Es herrscht eine grundlegende Fehlverbindung ihres Glaubens zu Gottes Charakter und dem Wunsch Seines Herzens, die Nationen zu erreichen.

Einer muss immer der Erste sein

Es gibt eine Reihe von Orten, für die wir keine Beispiele von Gemeindegründungsbewegungen haben – bis jetzt. Die Anzahl und Vielfalt derjenigen Orte, *an denen wir GGBs haben*, wächst jedoch Jahr für Jahr. Meine eigene Kenntnis neuer Bewegungen erstaunt mich stets aufs Neue. Noch vor einigen Jahren konnte ich nur zehn bis 15 GGBs zählen. Im letzten Jahr waren es mit ziemlicher Sicherheit 30 bis 35. Doch der Austausch mit anderen GGB-Trainern und Missionsleitern zeigt, dass ihre vermutliche Anzahl viel, viel höher liegt. Wovon wir wissen ist nur ein kleiner Teil dessen, was Gott tatsächlich tut.

> „Es gibt aber auch viele andere Dinge, die Jesus getan hat; wenn diese alle einzeln aufgeschrieben würden, so würde, scheint mir, selbst die Welt die geschriebenen Bücher nicht fassen.“ (Joh. 21,25)

Du musst mit der Annahme leben, dass – auch wenn dein Herz zweifelt – Gott *mehr* tut, als du weißt.

Wenn heute junge Missionare aufs Missionsfeld kommen, bereiten wir sie darauf vor, an Orte wie Ostasien, Südasien und Südostasien mit der Erwartung zu gehen, dass sich dort eine GGB entwickeln wird.

Dies ist nicht schwer, da wir bereits über gute Beispiele von anderen GGBs in demselben Kontext verfügen. Wir haben *Präzedenzfälle.*

Doch es gab eine Zeit, zu der es keine GGBs an jenen Orten gab.

Es gab eine Zeit, als in China keine einzige GGB existierte; *jemand musste der Erste sein.*

Es gab eine Zeit, als in Indien keine einzige GGB existierte; *jemand musste der Erste sein.*

Es gab eine Zeit, als in Südostasien keine einzige GGB existierte; *jemand musste der Erste sein.*

Es mag dort, wo du lebst, keine GGB geben. Ausgezeichnet! *Jemand muss der Erste sein.* Sei *du* dieser Erste! *Am Anfang, wenn es noch keinen Präzedenzfall gibt, muss einer der Erste sein!*

Präzedenzfall

Glücklicherweise verfügen wir an einigen Orten der Welt über Präzedenzfälle für GGBs. Diese Präzedenzfälle sind für andere Gemeindegründer eine große Ermutigung zu glauben, dass eine GGB möglich ist, und geben ihnen gleichzeitig ein Beispiel dafür, wie eine solche aussehen kann. In 2. Samuel wird dies hervorragend illustriert:

> „Wieder einmal hatten die Philister Krieg mit Israel. Und David zog hinab und seine Knechte mit ihm, und sie kämpften mit den Philistern. Und David war ermüdet. Und *Jischbi-in-Nob, der zu den Söhnen des Rafa gehörte, die von den Riesen abstammen* – das Gewicht seiner Lanzenspitze war dreihundert Schekel Bronze, und er war mit einem neuen Schwert gegürtet – der sagte, er wolle David erschlagen. Aber Abischai, der Sohn der Zeruja, kam ihm zu Hilfe, schlug den Philister und tötete ihn. Damals schworen die Männer Davids ihm und sagten: Du sollst nicht mehr mit uns in den Kampf ausziehen, damit du die Leuchte Israels nicht auslöschst.
>
> Und es geschah danach, da kam es wieder zum Kampf mit den Philistern bei Gob. Damals erschlug Sibbechai, der Huschati-

ter, **den Saf, der zu den Söhnen des Rafa gehörte, die von den Riesen abstammen.** Und wieder kam es bei Gob zum Kampf mit den Philistern. Und Elhanan, der Sohn des Jaare-Oregim, der Bethlemiter, **er schlug Goliath, den Gatiter, und der Schaft seines Speeres war wie ein Weberbaum.**

Und wieder kam es zum Kampf bei Gath. **Da war ein langer Mann, der hatte sechs Finger an seinen Händen und sechs Zehen an seinen Füßen, vierundzwanzig an der Zahl; und auch er war dem Rafa (den Riesen) geboren worden.** Und er verhöhnte Israel; da erschlug ihn Jonathan, der Sohn Schammas, des Bruders Davids. **Diese vier wurden dem Rafa (den Riesen) in Gat geboren; und sie fielen durch die Hand Davids und die Hand seiner Knechte."** (2. Samuel 21,15-22)

Dies ist ein erstaunlicher Bericht. Vier Riesen werden durch die Hand von Davids Gefolgsleuten getötet. Stell dir die Situation mit dem ersten, Jischbi-in-Nob, vor! Der Text sagt, dass er ein Nachkomme „des Riesen" – wahrscheinlich Goliaths – war. David befindet sich also im Kampf gegen einen der Söhne Goliaths. Der Riese hat Rache im Sinn. Er erkennt David an der Front und rennt mit einem neuen Schwert auf ihn zu, um David zu töten und so den Tod seines Vaters zu rächen. Doch David ist nicht derjenige, der ihn erschlägt. Stattdessen tut dies Abischai, einer der Befehlshaber der Armee.

Kurz darauf kämpft ein anderer Nachkomme Goliaths namens Saf gegen die Israeliten. David erschlägt auch ihn nicht. Sibbechai tut es.

Später kämpft ein Nachkomme Goliaths, der sogar dessen Namen trägt, gegen Israel. Auch ihn erschlägt David nicht. Elhanan tut es.

Schließlich kämpft der größte Nachkomme Goliaths, welcher namenlos bleibt, gegen Israel. Doch auch ihn erschlägt David nicht. Sein Neffe Jonathan tut es.

Was geschieht hier? Warum können diese vier Männer der Reihe nach rachsüchtige Riesen erschlagen, wenn weniger als eine Generation zuvor die ganze Nation Israel (einschließlich dem größten Mann in Israel – Saul) sich vor Furcht versteckte? Was war der Unterschied? Wie lernten sie, Riesen zu besiegen?

Sie hatten einen Präzedenzfall

David zeigte ihnen, wie man Riesen tötet. Jetzt hatten sie ein Vorbild und den Glauben, dies wiederholen zu können. Sie wussten, wie man Riesen schlägt! Einer nach dem anderen – selbst Davids Neffe – erschlugen diese Männer Riesen, welche eine Generation zuvor eine ganze Armee gelähmt hätten. Das ist die Kraft eines Präzedenzfalls!

> Es mag dort, wo du lebst, keine GGB geben. Ausgezeichnet! Jemand muss der Erste sein. Sei du dieser Erste! Am Anfang, wenn es noch keinen Präzedenzfall gibt, muss einer der Erste sein.

Wenn du über einen *Präzedenzfall* verfügst, dann weißt du, wie du in deinem Kontext den Sieg erringst. Ein Präzedenzfall gibt dir ein Beispiel und den Mut, dasselbe zu versuchen.

Vergiss nicht: Was heute radikal erscheint wird morgen alltäglich sein. Es gab eine Zeit, als GGBs in Asien und Afrika ungewöhnlich waren. Jetzt scheint es, als rede jeder über sie. Und sie entstehen schneller als je zuvor. Das ist die Kraft eines Präzedenzfalls.

Was aber tust du, wenn du keinen Präzedenzfall hast?

Verheißung

Es gab eine Zeit in Israel, in der es keinen Präzedenzfall für das Töten von Riesen gab. Weniger als eine Generation zuvor war Israel gelähmt bei dem bloßen Gedanken, sich einem Riesen im Nahkampf zu nähern. 1. Samuel 17 erzählt die bekannte Geschichte. Goliath war ein Riese von einem Mann, der fast drei Meter groß war (Vers 4), und dessen Rüstung allein etwa 60 kg wog (Vers 5)!

Saul war einen Kopf größer als alle Männer Israels (1. Samuel 9,2), doch selbst bei all seiner Kraft versteckte er sich voller Angst. Wochenlang lagerte das Volk Israel im Tal Ela und folgte seinem Beispiel, gelähmt von Furcht (1. Samuel 17,10-11; 23-24).

> Wenn du über einen Präzedenzfall verfügst dann weißt du, wie du in deinem Kontext den Sieg erringst. Ein Präzedenzfall gibt dir ein Beispiel und den Mut, dasselbe zu versuchen.

Jeden Tag verhöhnte Goliath sie und forderte sie heraus. Jeden Tag flohen sie von der Kampflinie. Sie lebten **einen Lebensstil,** der bestimmt war von Mangel an Glauben und Furcht.

Als David von den Weiden und Schafhürden kam und diese Szene beobachtete war er entsetzt. Aus der Sicht eines Außenstehenden erschien ihm die irrationale Furcht und der Mangel an Glauben lächerlich. Was hatte David auf den Weiden und bei den Schafhürden getan, das ihn auf diesen Tag vorbereitete?

> Er hatte über die Größe und die Verheißungen Gottes nachgedacht und in Liedern (Psalmen) darüber geschrieben.

> Er wehrte Löwen und Bären ab, um seine Schafe zu schützen (Verse 34-36).

Aus seinem Blickwinkel ergab die verfahrene Situation mit dem Riesen keinen Sinn. Der Riese hatte keine Chance – doch die Krieger konnten es nicht sehen! Warum? Weil es keinen Präzedenzfall für das Töten von Riesen gab!

David glaubte der Verheißung, dass Gott den Riesen überwinden würde, weil er Seinen Willen kannte. Er verstand Gottes Herz. Gott hatte verheißen, Seinem Volk sowohl das Land als auch den Sieg über seine Feinde zu geben. Als ein Mann nach Gottes Herzen **kannte David Gottes Herz** und glaubte deshalb der Verheißung. Der Riese war unbeschnitten – außerhalb der Verheißung des Bundes (Vers 26). In Davids Vorstellung bedeutete dies: Goliath wagte es, gegen Gott anzutreten. Deshalb hatte Goliath keine Chance.

Was tust du, wenn du keinen Präzedenzfall hast? Du hast die Verheißung, und die Verheißung ist genug!

David glaubte der Verheißung auch deshalb, weil er über einen **persönlichen** Präzedenzfall verfügte. Er hatte noch nie einen Riesen, dafür aber Löwen und Bären getötet. Wie konnte es mit diesem Riesen irgendwie anders sein, wo Gott doch Seine eigene Herde schützen wollte (Vers 36)?

Dreimal zitiert David in diesem Abschnitt die Verheißung – für sich selbst, für das Volk Gottes und für den Feind. Er hatte keinen Präzedenzfall, doch er hatte eine Verheißung, und diese war genug.

Gegenüber sich selbst: Als David die Männer um sich herum ausfragt denkt er bei sich selbst:

> „Was soll mit dem Mann geschehen, der diesen Philister da erschlägt und die Schande von Israel abwendet? Wer ist denn dieser unbeschnittene Philister, der die Schlachtreihen des lebendigen Gottes verhöhnt?" (siehe 1. Samuel 17,26)

David stimmte persönlich mit der Verheißung überein. Gott kann diesen Riesen ausliefern. Warum sollte David nicht derjenige sein, der dies vollbringt?

Gegenüber Gottes Volk: Als David vor Saul und seinen Offizieren steht ist er selbst bereits mit der Verheißung übereingekommen und verkündet sie jetzt auch Gottes Volk: „Gott kann es tun, und Er wird mich gebrauchen!"

> „Dein Knecht hat den Löwen und den Bären erschlagen. Und diesem unbeschnittenen Philister wird es genauso ergehen, wie einem von ihnen, weil er die Schlachtreihen des lebendigen Gottes verhöhnt hat." (1. Samuel 17,36)

David ermutigt sie, das Risiko mit ihm einzugehen.

Gegenüber dem Feind: Jetzt nähert sich David Goliath. Er kommt näher und näher, und der Riese beginnt, ihn zu verhöhnen: „Denkst du, ich bin ein Hund, dass du mit diesem Stock zu mir kommst? Ich werde dein Fleisch heute den Vögeln des Himmels zu fressen geben, Junge!"

Das sollte einen eigentlich aus der Fassung bringen. Was aber geht durch Davids Sinn? Es wird uns nicht gesagt, doch er fängt an, dem Feind die Verheißung Gottes laut entgegen zu rufen:

> „Du kommst zu mir mit Schwert, Lanze und Kurzschwert. Ich aber komme zu dir mit dem Namen des Herrn der Heerscharen, des Gottes der Schlachtreihen Israels, den du verhöhnt hast. Heute wird der Herr dich in meine Hand ausliefern und ich werde dich erschlagen und dir den Kopf abhauen. Und die Leichen des Heeres der Philister werde ich heute noch den Vögeln des Himmels und den wilden Tiere der Erde geben. Und die ganze Erde soll erkennen, dass Israel einen Gott hat. Diese ganze Versammlung soll erkennen, dass

der Herr nicht durch Schwert oder Speer rettet. Denn des Herrn ist der Kampf, und er wird euch in unsere Hand geben." (1. Samuel 17,45-47)

Ob Furcht in Davids Herz kroch oder nicht, wissen wir nicht. Doch sein Herz dachte im Angesicht des Feindes über die Verheißung Gottes nach. Goliath wollte Davids Körper den Vögeln geben. David jedoch wollte nicht nur **Goliaths** Körper, sondern die Körper **der gesamten Armee der Philister** den Vögeln geben!

Die Verheißung ist genug

Selbst wenn du keinen Präzedenzfall für eine Jüngerschafts-**Re**-Revolution sondern nur die Verheißung hättest, so wäre dies genug! David handelte aufgrund der Verheißung und wurde so zu jemandem, der Riesen erschlägt. Sein Beispiel diente als Präzedenzfall für andere, und als ein Vorbild, von dem sie lernen konnten. Was heute radikal erscheint wird morgen alltäglich sein.

Vor 15 Jahren waren GGBs, wie wir sie heute kennen, größtenteils nur ein Traum. Heute sind sie eine Realität, die an vielen Orten als nahezu selbstverständlich angesehen wird. Warum? Es ist die Kraft, die in einem Präzedenzfall liegt.

In Indien hielten einige Wenige an der Verheißung fest und brachten die erste Gemeindegründungsbewegung

> Der Tag wird kommen, wo es eine erste, eine zweite und eine dritte GGB in deinem eigenen Kontext geben wird. Aber es wird auch der Tag kommen, wo Leute über dich und dein Umfeld sagen werden: „Gib mir keine GGB-Fallstudie von dort, das ist ....!"

unserer Generation zur Geburt. In China glaubte eine andere Gruppe an die Verheißung und verhalf der ersten GGB, die wir in China kennen, zur Geburt. Und so entfaltete sich das Schauspiel rund um die Welt. Einige wenige, die jedoch Glauben hatten, trotzten den gelähmten Frontlinien. Sie hatten nichts als eine Verheißung – und zogen damit voran. Jetzt sagen wir Dinge wie: „Was soll ich mit einer GGB-Fallstudie von da und da; das ist Indien oder China!" Dies war nicht immer so. Jemand musste der Erste sein! Es ist die Kraft des Präzedenzfalls.

Der Tag wird kommen, wo es eine erste, eine zweite und eine dritte GGB in deinem eigenen Kontext geben wird. Aber es wird auch der Tag kommen, wo Leute über dich und dein Umfeld sagen werden: „Gib mir keine GGB-Fallstudie von dort, das ist ....!"

> Was tust du, wenn du keinen Präzedenzfall hast? Du hast die Verheißung, und die Verheißung ist genug!

Doch auch wenn du noch keinen Präzedenzfall hast, ist die Verheißung der Bibel klar: Gott wird eine große Ernte aus jeder Volksgruppe für Sich einbringen. Er wird Jüngerschafts-Revolutionen in Gang setzen, welche die Welt erschüttern (Matth. 24,14; Offb. 7,9; Joh. 4,35; Matth. 9,37-38; Markus 1,15-17; Matth. 13,23; Matth. 13,31-32; Markus 4,26-29; Apg. 19,10).

Meinst du, Gott beabsichtigt, dass du für etwas betest, was Er nicht erhören will? Die Verheißung ist klar. Führe ein Leben, das auf sie gegründet ist!

Er will Seine Verheißung an deinem Ort erfüllen – zu dieser Zeit, durch dich!

NACHWORT

DER VERGESSENE PRÄZEDENZFALL

Gemeindegründungsbewegungen sind kein Phänomen der Moderne. In der ganzen Kirchengeschichte gab es GGB-ähnliche Bewegungen – Jüngerschafts-Revolutionen. Manchmal gibt es Präzedenzfälle der Geschichte, die wir jedoch vergessen haben. Dies war auch der Fall mit David und Goliath.

Etwa 400 Jahre zuvor hatte Kaleb im Alter von 85 Jahren drei Riesen aus dem Gebirge, das Gott ihm verheißen hatte, vertrieben (Josua 15,14). Aus den alten Berichten geht hervor, dass die Rasse der Riesen, die er besiegte, größer als diejenige Rasse war, welche David und seine Männer töteten.

Noch einmal 40 Jahre zuvor hatten Mose und die Israeliten Og von Baschan besiegt (4. Mose 21,33-35), der laut der Bibel noch größer gewesen sein muss. Er schlief in einem 4,50 Meter langen Bett (5. Mose 3,11). Erinnere dich: Goliath war nur drei Meter groß! Og war so furchterregend, dass der Herr Mose persönlich die Verheißung der Befreiung gab, indem Er sagte:

> „Der Herr sprach zu Mose: „Fürchte ihn nicht! Denn in deine Hand habe ich ihn gegeben und sein ganzes Volk und sein Land. Und tue ihm, wie du Sihon, dem König der Amoriter, getan hast, der zu Heschbon wohnte.‟‟ (4. Mose 21,34)

Mose besaß eine Verheißung von Gott. Und er hatte einen persönlichen Präzedenzfall kleineren Ausmaßes (Sihon). Das genügte.

Erinnerte sich die Armee Israels, die im Tal von Ela kampierte und von dem Riesen Goliath verhöhnt wurde, an diese Geschichten, welche 400 Jahre zuvor geschehen waren? *Wenn ja*, dann verwarfen sie diese anscheinend als irrelevant.

> „So etwas kann *hier* nicht geschehen. Unsere Situation ist anders.‟

„Es kann nicht **durch uns** geschehen. Mose und Kaleb waren besonders."

„So etwas kann **in unserer Zeit** nicht geschehen. Das sind alte Geschichten. So wirkt Gott nicht mehr."

> Meinst du, Gott beabsichtigt, dass du für etwas betest, was Er nicht erhören will? Die Verheißung ist klar. Führe ein Leben, das auf sie gegründet ist!

Wenn sie diese Geschichten vergessen hatten, dann war es ihr eigener Nachteil, denn es existierte ein Präzedenzfall, der sie hätte ermutigen können, den Kampf zu kämpfen und von Gott zu erwarten, dass Er sie befreien würde.

Kannte David diese Geschichten? Wir wissen es nicht. Wenn ja, dann halfen sie ihm vermutlich, als er auf die Schlachtlinie zulief. Er hatte einen Präzedenzfall.

Doch auch falls es vergessene Geschichten waren, die auf verstaubten Schriftrollen in einem Zelt aufbewahrt wurden – unerreichbar für einen gewöhnlichen Hirtenjungen – dann spielte dies keine Rolle.

David kannte das Herz Gottes. Die Verheißung genügte ihm.

Sei ein Täter, nicht nur ein Hörer!

Schreibe auf, wie Gott zu dir gesprochen hat und was Er von dir erwartet, in Folge davon im Gehorsam zu tun:

Anhang

Von der Schöpfung zu Christus

Eine Zusammenfassung der grundlegenden Botschaften der Bibel

Ich möchte dir eine Geschichte erzählen, die das Leben von Menschen auf der ganzen Welt verändert ...

Teil 1 – Eine wahre Geschichte aus der Bibel

Dies ist eine Zusammenfassung der Geschichte der Beziehung des höchsten Gottes mit dieser Welt. Sie stammt aus einem Buch, genannt Bibel. Die Bibel wurde nicht von Menschen erdacht. Sie ist das Wort des allmächtigen Gottes. Dieser höchste Gott ist machtvoller als jeder Vorfahre, jede Person, jede Regierung und alle Götter, die von Menschen angebetet werden. Die Geschichte ist wahr und zuverlässig, weil sie das Wort des höchsten Gottes ist.

Teil 2 – Geschaffen für eine Beziehung mit Gott

Schöpfer: Es gibt nur einen Gott, und Er ist der höchste Gott. Er existierte von Anfang an, bevor irgend etwas anderes erschaffen wurde. Der höchste Gott ist der Schöpfer. Er schuf alles auf der Erde und im Himmel und ist allmächtig über alles. Als Gott anfing, Dinge zu erschaffen, tat Er das nur durch Seine Worte. Er sprach, und alles kam ins Sein. Er schuf Engel, damit sie Ihn anbeten und Ihm dienen. Sie waren sehr schön. Er schuf auch alles, was wir sehen können – den Himmel, das Land, Wasser, Berge, Meere, Sonne, Mond und Sterne, alle Pflanzen und Tiere. Schließlich schuf Gott den Menschen nach Seinem Bild. Er schuf den Menschen, damit dieser sich an allem erfreut, was Gott geschaffen hatte. Gott schuf alles und sah, dass es gut war.

Gott und Mensch in Beziehung miteinander: Gott setzte den Mann und die Frau in einen schönen Garten, damit sie dort leben sollten.

Sie hatten eine sehr gute Beziehung mit Ihm und miteinander. Er sagte ihnen, dass sie den Garten bewirtschaften und sich an allem erfreuen sollten. Doch gab Er ihnen einen besonderen Befehl: Sie durften von jedem Baum des Gartens essen – außer von einem. Wenn sie von diesem einen Baum essen würden, dann würden sie bestraft und müssten sterben. Der Mann und die Frau hörten auf Gott und hatten eine wunderbare Beziehung mit Ihm. Gott schuf uns, damit wir in Ewigkeit eine wundervolle Beziehung mit Ihm haben!

Teil 3 – Die Trennung der Menschen von Gott

Der Fall Satans: Erinnerst du dich an die Engel, die Gott erschuf? Einer der Engel war überaus klug und schön. Dieser Engel wurde sehr stolz. Er wollte wie Gott sein. Sein Ziel war es, dass die anderen Engel *ihn* anbeteten anstatt Gott. Doch nur Gott verdient alle Anbetung und allen Dienst. Darum warf Gott diesen ungehorsamen Engel – Satan – und diejenigen Engel, die auf ihn hörten, aus dem Himmel. Diese bösen Engel sind als Dämonen bekannt.

Ungehorsam: Eines Tages verführte Satan die Frau dazu, von der Frucht des verbotenen Baumes zu essen. Die Frau hörte auf Satan, aß die Frucht und gab auch ihrem Mann davon. Beide waren Gottes Gebot ungehorsam. Doch Ungehorsam gegen Gottes Gebot ist Sünde. Gott ist gerecht und heilig. Er muss die Sünde bestrafen. Gott warf den Mann und die Frau aus dem Garten hinaus, und ihre Beziehung mit Gott war zerbrochen. Die Menschen und Gott waren jetzt für immer getrennt.

Alle haben gesündigt: Ebenso wie der erste Mann und die erste Frau haben alle Menschen seitdem gesündigt, indem sie nicht auf Gottes Gebote geachtet haben, und sind deshalb von Gott getrennt. Die Folge der Sünde ist ewige Strafe in der Hölle. Wir können nicht für immer mit Gott leben, obwohl wir dazu geschaffen waren.

Teil 4 – Menschen können nicht zu Gott zurückkommen

Die Zehn Gebote: Mit der Zeit vermehrten sich die Menschen auf der Erde. Gott liebte sie noch immer sehr und wollte, dass sie wieder eine Beziehung mit Ihm haben. So gab Er ihnen zehn Gebote, denen sie folgen sollten. Erinnere dich: Gott ist vollkommen und heilig, darum müssen auch wir vollkommen und heilig sein, um mit Ihm leben zu können. Die zehn Gebote lehren uns, wie wir mit Gott und Menschen in Beziehung leben sollen. Einige der Gebote sind: Du sollst keine anderen Götter anbeten und dir keine Götzen machen; ehre deine Eltern; lüge nicht, stehle nicht, töte nicht und begehe keinen Ehebruch. Dennoch war kein Mensch in der Lage, allen Geboten zu gehorchen.

Opfer: Jedes Mal, wenn Menschen sündigten, erlaubte Gott ihnen, von ihren Sünden Buße zu tun und ein Blutopfer darzubringen, das stellvertretend ihre Strafe empfing. Dieses Opfer erforderte das Vergießen von Blut eines vollkommenen Tieres, wie das eines Lammes. Wenn sie Buße taten und ein Blutopfer darbrachten, vergab Gott ihnen und ließ das Tier an ihrer Stelle sterben. Nur durch Blutvergießen kann die Sünde eines Menschen vergeben werden. Doch die Menschen sündigten weiter, und so wurde das Sündenopfer zu einem Ritual. Es kam nicht von Herzen. Gott wurde ihrer unaufrichtigen Opfer leid. Menschen waren immer noch von Gott getrennt. *Wir können aus eigener Anstrengung nicht zu Gott zurückkommen – ganz gleich, was wir tun.*

Teil 5 – Jesus kommt auf die Erde

Gott sendet Jesus: Trotz allem liebte Gott uns immer noch sehr. Darum bereitete Er uns einen vollkommenen Weg, um wieder mit Ihm in Verbindung zu kommen. Gott sandte Jesus, um uns den Weg zu Sich zurück zu zeigen.

Wer ist Jesus? Jesus ist Gottes einziger Sohn.

Lehrer: Als Jesus auf der Erde lebte war Er ein weiser Lehrer. Viele kamen, um Ihn darüber lehren zu hören, wie sie zu Gott zurückkommen könnten.

Sturm: Jesus war auch ein kraftvoller Wunderwirker. Einmal überquerte Er mit einigen Seiner Jünger einen großen See in einem Boot. Es war bereits Nacht. Während Jesus schlief, erhob sich ein starker Sturm. Seine Jünger hatten große Angst. Sie weckten Jesus und riefen: „Wir werden sterben!" Jesus bedrohte den Wind und befahl den Wellen: „Ruhig! Seid still!" Sofort legte sich der Wind, und der Regen hörte auf. *Die Kraft Jesu ist größer als die Kräfte dieser Welt.*

Nahrung für 5.000: Ein anderes Mal kamen über 5.000 Menschen, um Jesus über Gott lehren zu hören. Als es Abend geworden war, hatten sie noch nicht gegessen und waren hungrig. Sie hatten insgesamt nur fünf Brote und zwei Fische. Jesus nahm die fünf Brote und die zwei Fische und versorgte damit über 5.000 Menschen. *Jesu Kraft ist in der Lage, die Nöte der Menschen zu befriedigen.*

Ein dämonisch besessener Mann: Ein anderes Mal sah Jesus einen Mann, der viele Dämonen in sich hatte. Dieser Mann war überaus stark und gefährlich. Doch Jesus liebte den Mann und trieb die Dämonen aus ihm aus. *Jesus ist mächtiger als die böse geistliche Welt.*

Die Toten auferwecken: Bei einer anderen Gelegenheit wurde ein guter Freund von Jesus krank und starb. Mehrere Tage später kam Jesus im Haus seines Freundes an. Sein Freund lag bereits im Grab. Jesus stellte sich vor das Grab und sagte: „Freund, komm heraus!" Sein Freund stand auf und kam lebendig aus dem Grab! *Die Kraft Jesu ist mächtiger als der Tod.*

Liebe: Jesus tat all diese Dinge, weil Er Menschen liebt und will, dass wir alle zu Gott zurückkommen.

Teil 6 – Jesus, das vollkommene Opfer

Vollkommen: Im Unterschied zu uns sündigte Jesus niemals. Er gehorchte Seinem Vater im Himmel vollkommen. Er allein verdiente es, niemals bestraft zu werden.

Das Kreuz: Aufgrund dessen, was Er für sie tat, wurde Jesus von den meisten Menschen geliebt. Doch einige religiöse Leiter waren neidisch auf Ihn. Sie nahmen Jesus gefangen und entschieden, Ihn zu töten. Sie hingen Ihn an ein großes Kreuz – zwei große Balken in der Form eines „T". Sie nahmen Seine Hände und Füße und nagelten sie an das Kreuz. Sein kostbares Blut floss von Seinen Händen, Seinen Füßen und aus Seinem Körper. Jesus erlitt großen Schmerz am Kreuz.

Ersatzopfer: Jesus ist das vollkommene Opfer. Er war vollkommen und verdiente es nicht zu sterben. Stattdessen starb Jesus für die gesamte Menschheit. Gott liebt uns und ließ deshalb zu, dass Jesus am Kreuz an unserer Stelle starb. Nur indem Jesu kostbares Blut vergossen wurde, konnte Gott unsere Sünde vergeben. Jesu Tod zeigte Gottes Liebe zu uns.

Auferstehung: Nachdem Jesus gestorben war wurde Er in ein bewachtes Grab gelegt. Doch hier endet diese Geschichte nicht. Am dritten Tag stand Jesus von den Toten auf und zeigte sich Seinen Nachfolgern. Dann kehrte Er zu Seinem Vater in den Himmel zurück. Jesus nahm unsere Strafe auf sich und bereitete uns einen Weg, zu Gott zurückzukehren.

Teil 7 – Der verlorene Sohn

Als Er auf dieser Erde lebte erzählte Jesus Seinen Nachfolgern eine Geschichte über einen Vater und seine Söhne.

Ein Sohn geht: Ein Vater hatte zwei Söhne. Der jüngere von beiden sagte zu seinem Vater: „Vater, gib mir meinen Teil des Erbes." So teilte der Vater seinen Besitz unter seine Söhne auf. Der jüngere Sohn nahm alles, was er bekommen hatte, reiste weg in ein fernes Land und verschwendete dort all seinen Reichtum durch ein zügelloses Leben. Nachdem er alles aufgebraucht hatte geriet er in Armut. So nahm er einen niedrigen Job an und fütterte die Schweine. Er verlangte danach, seinen Magen mit den Schoten zu füllen, die die Schweine fraßen, doch niemand gab sie ihm.

Er kommt zur Besinnung: Eines Tages kam er zur Besinnung und sagte zu sich selbst: „Die Diener meines Vaters haben Essen im Überfluss, während ich hier zu Tode hungere! Ich will mich aufmachen, zu meinem Vater zurückgehen und ihm sagen: „Vater, ich habe gegen den Himmel und gegen dich gesündigt. Ich bin nicht länger wert, dein Sohn zu heißen. Mache mich zu einem deiner Diener!""

Umkehr: So machte er sich auf und ging zurück zu seinem Vater. Als er noch weit entfernt war, sah sein Vater ihn und wurde von Erbarmen erfüllt. Er rannte seinem Sohn entgegen, warf seine Arme um ihn und küsste ihn. Der Sohn sagte zu ihm: „Vater, ich habe gegen den Himmel und gegen dich gesündigt. Ich bin nicht länger wert, dein Sohn zu heißen."

Wiederhergestellt: Sein Vater jedoch sagte zu seinen Dienern: „Schnell! Bringt das beste Gewand und legt es ihm um! Steckt einen Ring an seinen Finger und Sandalen an seine Füße! Bringt das gemästete Kalb und schlachtet es! Lasst uns ein Fest haben und feiern! Denn mein Sohn war tot und ist wieder lebendig; er war verloren und ist gefunden." Und so begannen sie zu feiern.

Teil 8: Wie wir zu Gott zurückkehren können

Jesus bringt uns zurück: Wir alle gleichen dem jüngeren Sohn. Wir alle haben Gott verlassen und sind für immer von Ihm getrennt. Wir alle müssen von unseren Sünden umkehren und zu Gott zurückkommen. Nur Jesus kann uns an Gottes Seite zurückbringen und uns zu Seinem Sohn oder Seiner Tochter machen. So können wir für immer mit Ihm im Himmel leben.

> „Jesus spricht zu ihm: Ich bin der Weg und die Wahrheit und das Leben. Niemand kommt zum Vater als nur durch mich." (Joh. 14,6)

Frage: Wir müssen *durch Jesus* zu Gott zurückkehren. Wie können wir durch Jesus zu Gott kommen? Du musst Gott bekennen, dass du gegen Ihn gesündigt hast. Du musst glauben, dass Jesus an deiner Stelle starb. Du musst dein Vertrauen in Jesus setzen, dass Er dich zu Gott zurückbringt und dir ewiges Leben als Gottes Sohn oder Tochter schenkt. Von diesem Moment an lässt du Jesus deinen Herrn sein und gehorchst Seinem Wort. Willst du Jesus erlauben, dich zurück zu Gott zu bringen?

Wie du zu Gott zurückkommst

Die gesamte „Schöpfung zu Christus"-Geschichte wird in einem Vers zusammengefasst:

> „So sehr hat Gott die Welt geliebt, dass Er Seinen einzigen Sohn gab, damit jeder, der an Ihn glaubt (in Ihn vertraut), nicht verloren geht, sondern ewiges Leben hat." (Joh. 3,16)

Um zu Gott zurückzukommen, musst du deinen Glauben (dein Vertrauen) in Jesus setzen. Dafür müssen wir uns von unserem alten, sündigen Leben abwenden und Gott bitten, uns zu vergeben.

> „Wenn wir unsere Sünden bekennen, ist Er treu und gerecht, uns unsere Sünden zu vergeben und uns von aller Ungerechtigkeit zu reinigen." (1. Joh. 1,9)

Er ist ein Schatz, der es wert ist, dass du – um Ihn zu erlangen – freudig dein Leben gibst!

Um zu Gott zurückzukehren musst du Buße tun (dich von deinen Sünden abwenden) und an Jesus als deinen neuen Meister glauben.

Gebet: Gott will, dass du selbst, deine Familie und deine Freunde zu Ihm zurückkehren. Um zu Ihm zurückzukehren musst du in deinem Herzen glauben und bekennen:

> „Gott, ich weiß, dass Du mich liebst, aber ich habe gegen Dich gesündigt.
>
> Doch Jesus ist das vollkommene Opfer für meine Sünden. Ich glaube an Jesus und setze mein Vertrauen in Ihn, dass Er meine Strafe auf sich genommen hat.
>
> Ich bekenne, dass ich gesündigt habe, und es tut mir leid. Gott, bitte vergib mir!
>
> Ich setze mein Vertrauen in Dich, Jesus, und bitte Dich, mich zu Gott zurückzuführen.
>
> Ich stimme zu, Dir von diesem Moment an freudig als meinem Meister zu gehorchen, und werde die Bibel lesen.
>
> Danke für mein neues und ewiges Leben als Dein Kind."

Du kannst zu Gott im Gebet sprechen, und Er wird dich hören. Wenn du es tatsächlich so meinst, dann kannst du hier unterschreiben, um dich zu erinnern, dass du heute zu Gott zurückgekehrt bist!

Name: _____ Datum: _____

Gewissheit

Wenn du aufrichtig zu Gott zurückgekehrt bist, dann bist du jetzt Gottes Kind! Du hast ein völlig neues Leben! Die Bibel sagt: *„Dies habe ich euch geschrieben, damit ihr wisst, dass ihr ewiges Leben habt, die ihr an den Namen des Sohnes Gottes glaubt." (1. Joh. 5,13)*

Ganz gleich was geschieht, du bist jetzt für immer Gottes Kind! Er will, dass du Frieden und Gewissheit darüber hast, dass du ein neues Leben erhieltest, und nichts dich wieder von Ihm trennen kann!

Es ist wichtig, dass du dich mit anderen Gläubigen triffst, regelmäßig
Gottes Wort liest und zu Ihm betest, damit du in deiner neuen Beziehung zu Gott wächst.

Erzähle es auch anderen und trainiere sie!

Gottes Plan ist nicht nur, dich zu Ihm zurückzubringen, sondern durch
dich auch deine Familie und deine Freunde. Gott wartet darauf, dass
deine ganze Familie an Ihn glaubt. Geh nach Hause und gib diese gute
Nachricht an deine Familie und deine Freunde weiter! Gott liebt auch
sie! Schreibe hier mindestens fünf Namen von Personen auf, denen du
diese Geschichte noch in dieser Woche erzählen willst. Wer, glaubst
du, würde diese Geschichte am liebsten hören?

_____

_____

_____

_____

_____

Lass uns gemeinsam einige Male üben, wie man diese Geschichte
weitererzählt, und lass uns dann für die Menschen beten, denen du
sie weitergeben wirst. Wenn sie sich entscheiden, Jesus zu folgen,
trainiere sie, in der kommenden Woche mit fünf ihrer Freunde oder
Familienmitglieder dasselbe zu tun! Ich gebe dir fünf Kopien dieser
Lektion, damit du sie an sie weitergeben kannst. *Ich werde dich
bald wiedertreffen, um zu sehen, wie es dir geht, und dich dann
im nächsten Schritt des Wachstums deiner neuen Beziehung zu
Gott trainieren.*

Fussnoten und Anmerkungen

(1) In diesem Buch werde ich häufig über Gemeinden sprechen. Später werde ich genauer definieren, was ich darunter verstehe. Hier sei so viel gesagt, dass diese Gemeinden die grundlegenden Eigenschaften von Apostelgeschichte 2 erfüllen, unabhängig davon, ob sie sich in privaten Häusern oder in entsprechenden Gebäuden treffen. Meistens meine ich Hauskirchen oder gemeindeähnliche Kleingruppen, welche zu einer größeren Gemeinde gehören, die Zeiten der Gemeinschaft und der Anbetung haben.

(2) „Ina" ist ein Pseudonym für eine zuvor unerreichte Volksgruppe, unter der wir in einem Land mit begrenztem Zugang für das Evangelium arbeiteten. Aus Sicherheitsgründen wurden viele Namen in diesem Buch geändert.

(3) Die Apostelgeschichte heißt im Griechischen einfach „Taten". Dies kann als „Taten der Apostel" oder – besser noch – als „Taten des Heiligen Geistes durch die Apostel" interpretiert werden.

(4) Obwohl es inzwischen rund um die Welt viele Bezeichnungen dafür gibt, und verschiedenste Varianten davon existieren, wollen wir es der Einfachheit halber den T4T-Prozess nennen (Training für Trainer).

(5) Aus Sicherheitsgründen nennen wir den Namen dieses Landes nicht. Die Bewegung dort ist durch starke Verfolgung gegangen. Würde der Ort identifizierbar sein, so könnte dies zu stärkerer Verfolgung führen.

(6) Fast jede GGB, die ich studiert habe, legt großen Wert auf die Mobilisierung und das Training von bereits vorhandenen Gläubigen – entweder innerhalb derselben Kultur oder innerhalb einer Kultur, die der Zielgruppe ähnlich ist.

(7) Ich schulde meinem Kollegen Kevon Greeson Dank, der mir geholfen hat, diesen Punkt besser zu verstehen. Kevin ist einzigartig darin, vorbereitete Personen zu erkennen.

(8) Viel zum Thema „Person des Friedens" und „oikos", auf das wir uns in diesem Buch beziehen, wurde erstmals von Dr. Thomas A. Wolf

populär gemacht in seinem Buch „Oikos Evangelism: The Biblical Pattern" 110-117, in Win Arn (editor), The Pastor's Church Growth Handbook. Pasadena: Church Growth Press, 1979.

(9) Eine ausführliche Erklärung, wie T4T die grundlegenden Elemente eines GGB-Plans umsetzt, findest du auf unserer Webseite www.T4Tonline.org in „T4T Supplement Materials" unter „The Basic CPM Plan and T4T".

(10) Wie du später sehen wirst, ist es wichtig, sehr schnell auch eine Lektion über Taufe zu haben.

(11) Wenn eine T4T-Gruppe sich zu einer Gemeinde entwickelt, wird oftmals das letzte Drittel (Praxis) verkürzt und der Drei-Drittel-Prozess geht in den wöchentlichen Gottesdienst über.

(12) Einige kombinieren die Abschnitte für pastorale Fürsorge und für Rechenschaft.

(13) Ich stehe in der Schuld meines Kollegen Allen James für das Konzept der „fett gedruckten Teile" und der Methode, diejenigen Abschnitte von T4T hervorzuheben, die zu Vervielfältigung führen, indem sie Trainees helfen, zu Trainern zu werden.

(14) In T4T ermutigen wir Trainees normalerweise nicht, neue Gläubige mit in die ursprüngliche Gruppe zu bringen. Befände ich mich in einer anhaltenden T4T-Beziehung mit „D" hätte ich ihn ermutigt, an einem anderen Tag dieser Woche mit „L" eine neue Trainingsgruppe zu beginnen.

(15) Tatsächlich bestand eine der ersten Kontroversen der Gemeinde des ersten Jahrhunderts darin, ob es Gläubigen, die aufgrund drohender Verfolgung ihren Glauben verleugnet hatten, erlaubt sein sollte, der Gemeinde wieder beitreten zu dürfen, wenn sie ihre Verleugnung bereuten.

(16) Die meisten Ausleger glauben, dass die sieben Gemeinden im Buch der Offenbarung, welche alle nur ein oder zwei Tagesreisen auf römischen Straßen entfernt lagen, innerhalb dieser Zeit gegründet wurden.

(17) Wann genau Paulus oder seine Begleiter Illyrien erreichten ist ungewiss. Es ereignete sich irgendwann während seiner drei Missi-

onsreisen, da er in Römer 15,19 sagt, dass er dort eine Grundlage für das Evangeliums legte.

(18) Wenn du selbst die Personen in deiner ersten Trainingsgruppe zum Glauben geführt hast, dann wären diese Generation G1.

(19) Ich stehe in der Schuld meines Kollegen Bill Fudge, der diesen Begriff in Bezug auf Gemeindegründungsbewegungen prägte.

(20) Eine Erörterung von Paulus' Verbot, dass Neubekehrte keine Leiter sein dürfen, findest du in Kapitel 17.

(21) Dank gilt meinen Kollegen Bryan Galloway für diese Information.

(22) Es war mein Kollege Bill Fudge, der dies zum ersten Mal in ähnlicher Weise darlegte.

(23) Die Idee für das Diagramm stammt von Bill Smith.

(24) Abhängig vom Hintergrund der Personen in deiner Gruppe kann dieses Ziel erhöht oder verringert werden. Vollzeitliche Missionare setzen das Ziel oft höher. Mütter, die ihre Kinder zu Hause unterrichten, setzen vielleicht eine geringere Anzahl wöchentlicher Zeugnisse an. Doch die Norm für Menschen im Berufsleben ist fünfmal pro Woche.

(25) Weitere Materialien zu Any^3 finden sich auf www.T4Tonline.org.

(26) Weitere Bibelstellen in Bezug auf ein biblisches Modell, Menschen zur Entscheidung aufzurufen, findest du in den ergänzenden Materialien „Examples of Calls to Commitment" (Beispiele für Aufrufe zur Entscheidung) auf der Website.

(27) Eine Erklärung von Ying, warum er seine ursprünglichen sechs Lektionen auswählte, findest du in den ergänzenden Materialien unter „An Overview of the Original Six T4T Lessons" (Eine Übersicht der ursprünglichen sechs T4T-Lektionen).

(28) Ying Kai setzt es normalerweise nicht so früh an den Anfang, sondern führt Taufe in Lektion vier als Teil der Formung zur Gemeinde ein. Dies ist jedoch trotzdem sehr bald nach der Errettung.

(29) Ein gutes Beispiel eines Drei-Drittel-Lektionplans sowie „How to Train Orally" (Wie man mündlich trainiert) findest du unter „Trai-

ning Rural Trainers – TRT-Curriculum" auf www.T4Tonline.org sowie in den ergänzenden Materialien.

(30) Mein Pastor, Thom Wolf, lehrte mich erstmals dieses Prinzip.

(31) Es ist nichts falsch daran, ein dafür bestimmtes Taufbecken zu benutzen, doch es ist wichtig zu sehen, dass ein solches für die Taufe nicht erforderlich ist.

(32) Unter „Baptism Resources" (Materialien zur Taufe) in den ergänzenden Materialien von www.T4Tonline.org findest du weitere Beispiele von Fragen.

(33) Dr. Jack McGorman, mein Professor für Neues Testament am Southwestern Baptist Theological Seminary, machte mich erstmals darauf aufmerksam.

(34) Weitere Information zur Bedeutung des Abendmahls in neuen Gemeinden findest du unter „Church Formation Resources" (Materialien über Formung zur Gemeinde) in den ergänzenden Materialien auf www.T4Tonline.org.

(35) Vielen Dank an Jeff Sundell und Nathan Shank für das Konzept des „Church-Health Mapping" (Konzept zur Diagnose der Gesundheit von Gemeinden), welches mittlerweile weit verbreitet ist.

(36) Dies ist eine Aussage, die mich mein Pastor und Mentor Thom Wolf zu Anfang meines Dienstes lehrte und welche sich für mich in den letzten 25 Jahren als wahr erwiesen hat.

(37) Die Apostelgeschichte schweigt dazu. Die meisten Theologen glauben, dass dies nach Paulus' erster Gerichtsverhandlung in Rom geschah. Möglicherweise wurde er wieder freigelassen und reiste für eine Weile. Während dieser Zeit kam er auch nach Kreta. Später wurde er in Rom erneut inhaftiert. Dies ist sehr wahrscheinlich, obwohl wir die Zeit nicht genau bestimmen können.

(38) Siehe dazu auch: „Banks of a Movement" (Ufer oder Flussbett einer Bewegung) in den ergänzenden Materialien auf www.T4Tonline.org

(39) In den ergänzenden Materialien unter „Leadership Development Resources" (Materialien zur Leiterentwicklung) auf der Website fin-

dest du einen Leitfaden für Trainingskonferenzen der mittleren Ebene, den Ying Kai verfasste. Es beschreibt detailliert, wie Ying diese Zeiten gestaltet.

(40) Wie ich bereits zuvor erwähnte, kenne ich niemanden, der Ergebnisse in derselben Breite und Schnelligkeit erzielt wie Ying Kai. Einer der Gründe dafür liegt im Kontext von Ying und der großen Anzahl an Personen und Gruppen, die er, seine Frau und seine Leiter unermüdlich trainieren. Dennoch erleben auch viele andere T4T-Initiatoren rasantes Wachstum über viele Generationen.

(42) Dank gilt meinem Kollegen Jeff Sundell, der T4T in North Carolina anwendet.

(43) Mein Kollege Neill Mims entwickelte die erste Fassung dieser besonderen Studie.

(44) Aus Sicherheitsgründen gebe ich die tatsächlichen Ortsnamen nicht an.

Kontakt & Bestellmöglichkeit:

William Carey Verlag

www.T4Tonline.de

E-Mail: info@T4Tonline.de

Staffelpreise:

1 bis 9 Exemplare: 16,95 Euro
10 bis 49 Exemplare: 15,95 Euro
ab 50 Exemplare: 14,95 Euro

Support:

Haben Sie Fragen zum Inhalt dieses Buches?
Suchen Sie Unterstützung bei Fragen der Umsetzung bzw.
der Initiierung einer Gemeindegründungsbewegung?

Sind Sie interessiert an weiterführendem Training oder
Kontakt zum Autor dieses Buches, Steve Smith?

Kontaktieren Sie uns gern unter:

info@T4Tonline.de

Aufschließen der Abraham-Verheißung

Sieben Schlüssel zur Multiplikation

Es gibt eine Verheißung im Wort Gottes, die für alle Christen gilt, männlich und weiblich, ungeachtet der Rasse oder des sozialen Hintergrunds. Diese Verheißung führt zu großer Fruchtbarkeit und Segnungen im Leben des Gläubigen.

Sie garantiert ein Leben im Sieg über alle Feinde und eröffnet das Potenzial, Nationen zu erreichen und zu segnen. Sie wird durch einen Schwur des Allerhöchsten bekräftigt und wartet darauf, aufgeschlossen zu werden: Der Abraham-Segen! Als Christen sind wir Erben der Verheißung Gottes an Abraham, dass alle Familien der Erde Seinen Segen erfahren und göttliche Vermehrung erleben.

Autor und Dienst: Berin Gilfillan ist der visionäre Gründer der ISDD Bibelschule sowie der Organisation „Good Shepherd Ministries", wohinter Gottes Vision steht, Gemeinden zu helfen, Christen im Wort Gottes als Jünger Jesu und für den Dienst auszubilden. Dieses Buch beschreibt die Vision der Multiplikation hinter der ISDD Bibelschule und beschreibt die Aufgabe, welche Gott uns gegeben hat, mit Ihm zusammenzuarbeiten. Heute gibt es über 200.000 aktive Bibelschüler in über 145 Nationen der Welt und in 60 Sprachen. ISDD ist ein Hilfsdienst für Pastoren und Leiter, eine neue Generation von Christen auszubilden und die große Endzeiternte einzuholen. Die Arbeit erfährt explosive Multiplikation in der ganzen Welt.

Berin Gilfillan - 133 Seiten - 9,95 Euro

Erhältlich unter: http://williamcareyverlag.rakuten-shop.de

Gottes reinigender Strom

Befreiung in der Ortsgemeinde

Chris Hayward ist Präsident von Cleansing Stream International (Reinigender Strom), einer christlichen Organisation, die zum Ziel hat, Ortsgemeinden in biblisch ausgewogenem, effektiven Heilungs- und Befreiungsdienst auf der Grundlage von Jüngerschaft auszubilden.

In diesem wichtigen Buch zeigt Chris Hayward auf, dass Befreiung ursprünglich ein fester Bestandteil der Urgemeinde war. Im Laufe der Zeit zog sich die Kirche von diesem lebensnotwendigen Dienst zurück und überließ das Feld dem Humanismus sowie säkularen Selbsthilfeprogrammen. Es ist höchste Zeit, dass der Leib Christi wieder zu seinem biblischen Mandat des Heilungs- und Befreiungsdienstes zurückfindet. Dieses Buch zeigt auf, wie solch ein Dienst auf gesunde Weise in die Gemeinde integriert werden kann, und erklärt eingehend den Dienst von „Reinigender Strom".

Befreiung ist Gottes Idee …

… und Er stellt sie in Seiner Gemeinde wieder her!

Chris Hayward – 185 Seiten – 10,00 Euro

Erhältlich unter: http://williamcareyverlag.rakuten-shop.de

City Impact

Wie Gemeinden in Einheit ihre Stadt für Gott gewinnen

Daniel Bernard bringt praktische, motivierende Beispiele aus seinem Dienst „Somebody Cares Tampa Bay" und anderen Orten, um aufzuzeigen, wie Einheit unter Gläubigen und die Partnerschaft mit christlichen Unternehmen Städte beeinflussen kann.

Dieses Buch verbindet erstaunliche biblische Einsichten in Bezug auf Einheit mit dem „sozialen Beweis": Es *ist* möglich, Städte wirksam mit dem Evangelium zu erreichen und zum Guten zu verändern.

Der Autor bietet eine Menge effektiver Ideen, einschließlich:

- 80 Wege, um Einheit unter Gemeinden zu fördern
- 25 Vorschläge, um Pastoren zusammenzubringen
- 56 Wege, um christliche Unternehmen in die Erreichung der Stadt einzubeziehen

Daniel Bernard – 200 Seiten – 9,95 Euro

Vorwort von Axel Nehlsen, „Gemeinsam für Berlin"

Erhältlich unter: www.verlag-fuer-weltmission.de